高等院校应用型本科会计创新人才培养规划教材
高等教育改革工程应用型本科会计系列特色教材

政府与非营利组织会计

（第二版）

Accounting for Government and Nonprofit Entities

曲远洋 ◎ 主 编
赵丽莉 李春艳 武 文 ◎ 副主编

上海财经大学出版社

图书在版编目(CIP)数据

政府与非营利组织会计/曲远洋主编．—2版．—上海：上海财经大学出版社，2016.8
高等院校应用型本科会计创新人才培养规划教材
高等教育改革工程应用型本科会计系列特色教材
ISBN 978-7-5642-2503-2/F·2503

Ⅰ.①政…　Ⅱ.①曲…　②赵…　③李…　④武…　Ⅲ.①预算会计-高等学校-教材②非营利组织-会计-高等学校-教材　Ⅳ.①F810.6②F235

中国版本图书馆CIP数据核字(2016)第154653号

□ 责任编辑　顾晨溪
□ 封面设计　杨雪婷

ZHENGFU YU FEIYINGLI ZUZHI KUAIJI
政府与非营利组织会计
(第二版)
曲远洋　主　编
赵丽莉　李春艳　武　文　副主编

上海财经大学出版社出版发行
(上海市中山北一路369号　邮编200083)
网　　址：http://www.sufep.com
电子邮箱：webmaster@sufep.com
全国新华书店经销
上海叶大印务发展有限公司印刷装订
2016年8月第2版　2019年8月第3次印刷

787mm×1092mm　1/16　24印张　592千字
印数：41 001—42 000　定价：43.00元

编 委 会

总 序

随着全球经济的深入发展、我国经济与世界经济的进一步融合、全球经济一体化进程的进一步加快,我国在世界经济中的影响力与日俱增。与此同时,知识经济方兴未艾,会计人才在经济社会发展中的基础性、战略性、关键性作用更加凸显,会计人才的竞争已经成为国家、地区和单位间竞争的焦点之一。为了适应新的社会经济形势,作为为社会培养和输送人才的高等院校来说,更应该以培养创新型会计人才为己任,走在时代前沿,与时俱进,放眼未来,日益进取,加快教学改革,以适应未来发展的需求。

在这种形势下,如何培养合格会计人才、培养符合现代社会经济发展需要的会计人才是会计界与高等院校会计专业教学的首要任务,而符合创新人才培养的会计系列教材的编写就是保证会计教学质量、培养创新会计人才的具体措施之一。

哈尔滨金融学院是我国第一所银行院校,为全国培养了大量的优秀金融和会计人才。自2010年转为应用型本科院校以来,会计学专业一直是黑龙江省重点精品课程,会计教学是学院的重要组成部分。在加强会计专业建设上,结合应用型本科专业的建设特点,组织有经验的教学和实践能力较强的教师,在学院的大力支持下,在上海财经大学出版社的鼎力协助下,组织编写了"高等院校应用型本科会计创新人才培养规划教材",同时作为"高等教育改革工程应用型本科会计系列特色教材"。本系列教材主要适用于普通高等院校本科,力主创新,以培养创新型会计人才为主要目标,强化会计基本技能、创新能力、实践能力和综合业务能力等方面,做了多方位尝试,具有独特的特色。主要表现在以下几个方面:

(1)本系列教材基于最新会计准则和审计准则,紧跟知识最前沿。

(2)本系列教材在知识内容安排上更加丰富、更加合理。

(3)本系列教材力求由浅入深,每个知识点都用大量例子予以解释说明,并以实际业务为依托,理论与实践相结合、知识与能力相结合、实践与实务相结合。例如,配有相关案例分析,培养学生的自学能力和解决问题能力。

(4)本系列教材均配有大量练习题,便于学生综合性地理解和掌握各个章节的内容,并可以自主练习来巩固所学知识,同时便于教师教学使用。

(5)本系列教材配有课件、教案和教学大纲,便于教师根据自身教学实际情况,参考使用,有利于教师提高教学效果。

本系列教材编委会自2015年开始,陆续编写了《基础会计》《会计学》《中级财务会计》《高级财务会计》《审计理论与实务》《财务管理》《成本会计》《管理会计》《会计信息系统》《会计软件应用》《财经基本技能》《会计模拟实训》《会计制度设计》《纳税模拟实训》《成本与管理会计》《会计报表分析》和《政府与非营利组织会计》(第二版)17 本教材，突出应用型本科创新性人才培养的特色，具有可操作性强、应用性能好、立体化程度高、与实践教学有效结合的特色，并提供相应的习题集、教学课件、教学大纲和教案等丰富的教学资料，便于教师教学和学生自学使用。

本系列教材在编写过程中，由于时间和精力有限，难免存在缺点和谬误，我们恳请同行及广大读者提出批评和建议，以便于我们进一步修改和完善，为社会及广大师生服务。

本系列教材编委会

2016 年 7 月

第二版前言

政府与非营利组织会计是以预算(政府预算和单位预算)管理为中心,以经济和社会事业发展为目的,以预算收支核算为重点,用于核算社会再生产过程中属于分配领域中的各级政府部门、行政单位、非营利组织预算资金运动过程和结果的会计体系。

作为现代会计的两大分支之一,政府与非营利组织会计体系的完善极为重要。2012 年,财政部颁布了《事业单位会计制度》和《事业单位会计准则》。2013 年,财政部颁布了《高等学校会计制度》和《科学事业单位会计制度》。2014 年 12 月,国务院转批了财政部制定的《责权发生制政府综合财务报告制度改革方案》,财政部发布了《政府会计准则——基本准则(第二次征求意见稿)》。2015 年 11 月 16 日,《政府会计准则——基本准则》已经财政部部务会议审议通过,现已公布,自 2017 年 1 月 1 日起施行,标志着我国政府会计改革和政府会计体系的构建已经进入一个新的阶段。2014 年,我国颁布了《中华人民共和国预算法》。2015 年 10 月 10 日,财政部发布了新的《财政总预算会计制度》,进一步完善了财政总预算会计的核算体系。

为了让读者能够利用有限的时间掌握政府与非营利组织会计的基本原理与方法,作者紧跟国家会计法规的制定和政策的更新,编写了《政府与非营利组织会计》(第二版)。本教材简明扼要、重点突出、通俗易懂,并与现行制度紧密结合,每章最后配有大量的练习题,便于学生消化和理解相关知识,同时在书末配有练习题参考答案。

本教材共分四篇二十五章,由哈尔滨金融学院会计系副教授曲远洋担任主编,哈尔滨金融学院会计系赵丽莉、李春艳、武文担任副主编。其中:曲远洋编写第一章、第十章、第十六章和第二十五章,赵丽莉编写第三章至第八章,李春艳编写第十七章至第二十二章,武文编写第二章、第九章、第二十三章和第二十四章。全书由曲远洋总纂。

本教材可供高等院校会计学专业和公共管理学专业的学生使用,也可供高等院校其他财经类专业的学生或其他学校的学生使用。在职财会人员尤其是在职预算会计人员在进修提高时也可使用本教材。

本教材在编写过程中得到了哈尔滨金融学院会计系主任刘东辉教授的大力支持,同时得到了上海财经大学出版社的鼎力支持和帮助,借此表示由衷感谢。本书在编写过程中参考和借鉴了一些最新的科研成果和相关教材,借此也向有关专家和作者表示诚挚的谢意。

由于学识和时间的限制,本教材可能存在不足或疏漏,恳请读者批评指正。

编　者
2016 年 7 月

目 录

第三篇　行政单位会计

第四篇 事业单位会计

第五篇　民间非营利组织会计

第一篇

基础理论篇

第一章　政府与非营利组织会计概述

学习目标

通过本章的学习，了解政府与非营利组织会计的概念及特点，熟悉政府与非营利组织会计的分级及其组成体系，掌握政府与非营利组织会计的职能以及会计主体、会计目标、会计原则和会计要素等主要内容。

第一节　政府与非营利组织会计的概念与特点

一、会计的两大体系

(一)企业会计(营利性会计)

企业会计的主体包括工业、农业、商品流通、交通运输、施工和房地产开发、饮食服务等企业单位。

(二)政府与非营利组织会计(非营利性会计)

政府与非营利组织，主要是各级政府部门、行政单位和各类非营利组织。

1. 各级政府部门

各级政府部门是组织财政收支，办理国家预算、决算(中央及地方)的行政机关，包括中央、省(自治区、直辖市)、县(市、区)、乡(镇)等各级政府机关。其中，财政部的主要职能是组织预算收入，合理安排国家预算支出，完成各级政府核定的预算任务，对国民经济进行宏观调控和管理。

2. 行政单位

行政单位包括国家权力机关、国家行政机关、司法机关、列入国家行政编制的各党派和人民团体。行政单位的职能是对社会公共事务实施有效管理，并通过使用国家管理职能组织领导和调控国民经济与社会发展。行政单位在国民经济和社会发展中起着统筹规划和核心作用。

3. 非营利组织

非营利组织是不以营利为目的的经济和社会组织，是社会存在不可缺少的组成部分。非营利组织包括政府机关、行政单位、事业单位等。非营利组织的职能是通过文化教育、科学技术、社会服务、医疗卫生等手段，直接或间接地为上层建筑、经济建设和人民服务，以达到提高全民素质、促进社会经济发展的目的。非营利组织同企业单位的主要区别在于它不具有社会生产职能，同行政单位的主要区别则在于它不具有国家管理职能。

二、政府与非营利组织会计的概念

政府与非营利组织会计是以预算（政府预算和单位预算）管理为中心，以经济和社会事业发展为目的，以预算收支核算为重点，用于核算社会再生产过程中属于分配领域中的各级政府部门、行政单位、非营利组织预算资金运动过程和结果的会计体系。

会计按其核算对象划分，可分为两大类：一类是企业会计，它核算、反映和监督的是社会再生产过程中生产、流通领域中企业经营资金的活动；另一类是政府与非营利组织会计，它核算、反映和监督的是社会再生产过程中分配领域的国家预算资金的活动。

在我国实际会计工作中，政府与非营利组织会计的适用范围包括两部分：一是有预算缴拨款关系的单位，二是按规定纳入预算管理的单位。前者本身就是预算单位，后者起码在其发展过程中起源或脱胎于执行国家预算的单位。这些单位基本上属于非物质生产部门，主要包括财政部门、行政单位和事业单位。财政部门是指具体负责编制和执行中央预算和地方各级预算的职能部门；行政单位是指进行国家行政管理，组织经济建设、文化建设，维护社会公共秩序的单位；事业单位是指不具有社会生产职能和国家管理职能，直接或间接为生产建设和人民生活服务的单位。它们虽不直接创造物质财富，但对于整个社会再生产起着基础、先行的作用。它们的业务活动不同于企业的生产经营活动，其资金活动过程也与企业不同。这些单位中以预算资金运动为对象的会计也就有其自身的特点。因此，一般将政府与非营利组织会计理解为：是以预算管理为中心的宏观管理信息系统和管理手段，是核算、反映和监督中央与地方各级预算以及事业行政单位收支预算执行情况的会计。

政府与非营利组织会计是伴随着新中国的诞生而成长和发展的。我国政府与非营利组织会计的建立始于1950年，财政部召开了第一次全国政府与非营利组织会计金库制度会议，讨论通过了各级财政机关适用的《暂行总预算会计制度草案》，为建立我国社会主义的预算会计制度和会计工作体系打下了基础。经过模仿学习、调整巩固和修订完善，1965年财政部召开全国预算会计工作会议，修订、颁发了《行政事业单位会计制度》，修订、补充了《财政机关总会计制度》，基本形成了一个以总预算会计为主导、以单位预算会计为补充，区别于企业会计的独立会计体系。

进入20世纪80年代以来，随着经济体制改革的深入进行，指令性计划经济逐步向市场经济过渡，政府与非营利组织会计原有的体系越来越不适应经济形势的发展。1988年，财政部召开全国政府与非营利组织会计工作会议，将单位预算会计改称为事业行政单位会计，成为核算和监督国家与地方各级事业行政单位预算执行及其经济活动的会计，明确了事业单位会计在预算会计体系中的地位。同时，划分了全额、差额、自收自支三种预算管理方式，并提出有条件的事业单位要逐步由全额预算管理向差额预算管理过渡、差额预算管理向自收自支管理过渡。党的“十四大”以后，随着市场经济体制的建立，我国财政职能发生了根本性变化，由“供给型”向“经营管理型”转变，事业单位也从单纯财政供应资金的“单轨制”转向多渠道、多形式筹集资金的方向发展，并出现了与财政没有直接缴拨款关系的不同组织形式的单位，事业单位与行政单位在会计管理上的差别日益明显。1993年7月1日实行企业会计改革以后，对政府与非营利组织会计的进一步改革不可避免地提到议事日程上来。1994年，财政部召开了政府与非营利组织会计改革研讨会，成立了政府与非营利组织会计改革领导小组。1995年，将制度讨论稿发到各省财政部门和中央各有关部门征求意见，经过补充完善，于 1997 年颁布了《财政总预算会计制度》《事业单位会计准则》《事业单位会计制度》，并于 1998 年颁布了《行政单位会计制度》。2012 年又颁布了《事业单位会计准则》和《事业单位会计制度》，2013 年颁布了《行政单位会计制度》《高等学校会计制度》和《科学事业单位会计制度》，经过此次改革，重新划分了政府与非营利组织会计体系，将改革前总预算会计和单位预算会计划分为财政总预算会计、行政单位会计和事业单位会计，实现了行政单位会计与事业单位会计的分离；调整了会计要素，将原来按资金来源、资金运用和资金结存划分的会计要素，调整为资产、负债、净资产、收入和支出五项；改革了记账方法，将资金收付记账法改为国际通用的借贷记账法；改进了记账基础，将改革前预算会计统一采用的收付实现制改为财政总预算会计和行政单位会计采用收付实现制、事业单位一般采用收付实现制、经营性收支核算可以采用权责发生制；改革了事业、行政单位的预算资金核算，将改革前预算内外收支要单独核算、单独反映，改为单位所有收支均要纳入单位预算统一管理、统一核算，收入按来源划分，支出按用途反映；改革了财政总预算会计支出的列报基础，由改革前按银行支出数列报，改为除基本建设支出仍按银行支出数列报外，其他各项支出均按财政拨款数列报；规范了会计报表，规定预算会计报表由资产负债表、收入支出表及必要的附表、会计报表附注和收支情况说明书组成。此次改革不是在原有制度的基础上做一些零星的修改，而是在原有的水平上提高了一个层次，是以创新精神进行的一次科学的、系统化的改革，适应了形势的需要，建立了新的预算会计模式。2014 年颁布了《中华人民共和国预算法》。2015 年 10 月 10 日，财政部发布了新的《财政总预算会计制度》，进一步完善了财政总预算会计的核算体系。

综上所述，我们可对政府与非营利组织会计做如下概括：

第一，政府与非营利组织会计是核算、反映和监督国家预算执行及事业行政单位收支预算执行的专业会计。

第二，划分政府与非营利组织会计的理论依据是马克思主义的社会再生产理论，将会计分为企业会计及预算会计两类。一般来说，企业会计属于生产流通领域的会计，预算会计属于分配领域的会计。

第三，政府与非营利组织会计主要包括财政总预算会计、行政单位会计和事业单位会计三个组成部分。

三、政府与非营利组织会计的特点

政府与非营利组织会计的特点是同企业会计相比较而言的。财政部门、行政单位和事业单位同企业的性质、任务、资金来源和资金运动的方式不同，两者不仅在核算的对象和任务上不一样，而且在核算的内容和方法上也有很大差别。其特征主要有以下三个方面：

（一）不以营利为目的

会计为之服务的单位按其业务活动目的的不同，可分为两类：一类是以获取最大利润为目的并按所有者出资比例进行利润分配的经济组织，称为营利组织，为之服务的会计称为营利组织会计，包括工业、商贸、建筑等各种企业；另一类是以社会效益为主的单位，这类单位不以营利为目的，即使取得了收益也不必按资产提供者的出资比例进行分配，称为非营利组织，为之服务的会计即非营利组织会计，主要包括事业单位会计、行政单位会计、财政总预算会计等预算会计。由于非营利组织的非营利性，决定了预算会计与企业会计在会计目标、会计核算对象、会计核算原则上都具有显著的差别。

企业会计目标首先是为投资人提供资本投入、流出，债务发生、清偿，利润的组成和分配等明确产权关系，保护所有者权益，资本保值、增值方面的会计信息，以满足投资者做出投资决策的需要；而预算会计的目标主要是向其资产提供者提供按照国家有关法律法规取得资金、按规定的用途使用资金所取得的成果，以及资金余缺和资金限制性条款的遵守情况，以便全面评价其业务活动成果和社会效益。

企业会计核算的对象是企业经营资金的运动，企业会计将资产减去负债后的余额定义为所有者权益。所有者权益具有留存权益的特征，是具体投资人对该企业净资产的所有权、索偿权、谋利权。投资人可据此要求定期分得利润，企业清算时可据此要求分得剩余财产。因此，企业会计必须要求按具体投资人设明细账，以详细核算各投资人的投资额及资本保值、增值情况；而预算会计核算的对象是预算资金的收支活动，预算会计将资产减去负债后的余额定义为净资产，其本质是剩余的收益，表现为国家或整个社会而不是某个具体的资产提供者所拥有的所有权，不存在索偿权、谋利权问题。因此，其净资产不必按具体资产提供者设明细账，而应当按其是否受限和受限制的程度分别核算。

企业会计核算的一般原则包括谨慎性原则、划分收益性支出和资本性支出原则等。为了正确计算各期盈亏，需要设置会计原则，而预算会计因为不必进行盈亏核算，因而不必设置这些原则。与此相应，预算会计核算的一般原则包括专款专用原则，而企业作为以营利为目的的经济组织，在市场经济情况下很难取得其他单位、个人投入的有专门用途需专款专用的资金，因而企业会计核算的一般原则也就不包括这个原则。

（二）指标体系适应国家预算管理要求

政府与非营利组织会计是核算、反映、监督国家预算执行情况的会计，因此，政府与非营利组织会计的指标体系要同国家预算的收支科目相一致，才能反映国家预算的执行情况。总预算会计中决算报表的收支科目应与国家预算收支科目完全一致，其预算收入、预算支出等明细核算也要按预算收支科目进行。行政单位、事业单位会计核算的有关科目的明细科目也要按预算收支科目设置，并在会计报表中按预算收支科目的“款”“项”“目”“节”分别列示。只有严格按照预算收支科目组织核算，才能保证各单位核算口径一致，才便于汇总编报总预算会计的决算报告，用于反映监督总预算的执行情况。在国家决算报告中，尽管对各类企业的缴、拨款规定了统一的会计科目，但并不要求其与预算收支科目相一致，所以指标体系适应预算管理要求是预算会计的一大特点。

（三）可按不同情况选用记账基础

记账基础也称会计处理原则或收支结账原则，包括权责发生制（或应计制）和收付实现制（或现金制）两种。

权责发生制对于收入和费用是以其是否体现本期经营成果和生产消耗为标准来确定其归属期的。凡是体现本期经营成果的收入和体现本期生产消耗的支出，不论款项是否实际收进或付出，都作为本期收支计算。权责发生制的账务处理不与货币资金的收支相联系，而与权利和责任的形成相联系。为了正确划分各个会计期间的收入和费用，应设置“应收款项”、“预收款项”、“应付费用”（“预提费用”）、“预付费用”（“待摊费用”）等会计科目。

收付实现制对于收入和费用是以其是否发生货币资金的收付为标准来确定其归属期的。凡是本期实际收进款项的收入和本期实际支出款项的费用，不论其是否体现本期的工作成果或劳动消耗，都作为本期收支处理。收付实现制账务处理与货币资金的收付紧密联系，而与权利和责任的发生无关。实行收付实现制，不采用预收、预付科目，也很少使用应收、应付科目，只在某些情况下使用暂存、暂付科目。

为了正确地计算各期的经营成果，企业会计必须严格划分各期收入、费用，所以企业会计准则规定：会计核算应以权责发生制为基础。而政府与非营利组织会计立足于将经济业务划分为非经营性业务和经营性业务，对前者实行收付实现制，以当期实际款项的收付为依据来确定本期收入和支出，以便正确计算可以动用的有效资金结余。财政总预算会计、行政单位会计和事业单位会计中的非经营性业务均采用收付实现制。对事业单位的经营性业务，则可采用权责发生制进行核算，即允许事业单位会计根据不同的业务活动来选用不同的记账基础。

四、政府与非营利组织会计的作用

政府与非营利组织会计既是财政管理的宏观信息系统和管理手段，也是单位微观经济管理的重要组成部分，在国家预算管理和单位财务管理中占有重要地位。随着社会主义市场经济的建立与发展，政府与非营利组织会计在国家政权建设和社会经济领域中发挥着越来越重要的作用。

第一，要实现财政对经济的宏观调控和制定财政政策，必须及时掌握可靠的信息，而政府与非营利组织会计体系正是遍及全国各地区、各部门的信息系统，它所提供的预算收支数字和情况分析，是真实、可靠、及时的信息，是领导正确决策的重要依据。

第二，在改革开放、实施分税制财政管理体制的同时，必须建立一个使各地区、各单位自我约束的机制。在各项自我约束机制中，预算约束已被国际证明了是行之有效的自我约束机制。西方经济学家曾认为，预算约束弱化是社会主义国家商品短缺的重要原因。建立强硬的预算约束，是发展社会主义市场经济的重要措施。而预算约束机制的形成离不开预算会计。

第三，国家对经济的宏观调控，主要是通过财政政策、货币政策、工资物价政策来实现的。在宏观调控诸多杠杆中，税收、投资、补贴等居于重要地位。而这些杠杆的运用，都离不开政府与非营利组织会计，因为政府与非营利组织会计是财政收支的“总闸门”和总账户，所有的财政收支都要通过预算会计经办。

第四，财政在支持改革开放和社会主义建设中，需要大量资金，资金的供需矛盾将是长期存在的。为此，增产节约、增收节支、平衡预算、控制债务规模、压缩赤字等将是一项长期艰巨的任务。而预算会计又是这一任务的承担者和执行者之一。不论是组织财政收入，把一切该上缴的钱收上来，利用间歇资金为建设服务，还是严格支出管理，减少损失、浪费等，都要依靠预算会计去做具体工作。

第五，随着市场经济体系的建立，必须有一套与之相适应的监督体系。在各种监督体系中，会计监督是比较有效的内部监督，因为各项经济活动都需要通过会计这个关口。因此，预算会计的监督作用，在建立市场经济体系的过程中是不可忽视的。

第二节 政府与非营利组织会计的内容

从整体上讲，政府与非营利组织会计可以分为政府会计和非营利组织会计两大部分。但由于各国政治、经济制度具有本质区别，且各国政府会计的历史渊源和发展进程的阶段性差异以及非营利组织性质的不同，从而导致各个国家的政府与非营利组织会计的组成体系有所不同。

一、政府会计

我国政府会计是以预算会计为基础发展起来的，目前正处于改革、完善之中。据历史考证，公元前 11 世纪，我国就有了官厅会计。一般认为，官厅会计是我国奴隶和封建社会历代王朝官府中反映和监督国家财政收支的工具，是实现国家财政管理的基本手段。政府是法律授予其管理国家事务权力的行政机关，用于反映国家事务的会计自然可以称为政府会计。后来，官厅会计被改称为政府会计，新中国成立后又正式称为预算会计。预算会计是政府预算与政府会计的结合，是通过预算账户记录和报告预算执行情况的控制程序。预算会计是各级政府财政部门和行政事业单位采用一定的技术方法核算、反映、监督国家预算执行情况及结果的一种专业会计。我国现行政府预算会计体系是在 1997 年建立起来的，侧重反映政府年度预算执行情况和结果，对准确反映预算收支情况、加强预算管理和监督发挥了重要作用。随着我国财政预算改革的深入，以及社会对政府综合财务信息需求的日益凸显，现行预算会计体系已经不能满足社会发展的需要。

2014 年 12 月国务院批转财政部《权责发生制政府综合财务报告制度改革方案》，明确了权责发生制政府综合财务报告制度改革的总体目标、主要内容和实施步骤。权责发生制政府综合财务报告制度改革是基于政府会计规则的重大改革，总体目标是通过构建统一、科学、规范的政府会计准则体系，建立健全政府财务报告编制办法，适度分离政府财务会计与预算会计、政府财务报告与决算报告功能，全面、清晰地反映政府财务信息和预算执行信息，为开展政府信用评级、加强资产负债管理、改进政府绩效监督考核、防范财政风险等提供支持，促进政府财务管理水平的提高和财政经济的可持续发展。

我国政府会计体系的改革方向，是在现有政府预算会计的基础上建立政府财务会计。因此，政府会计体系将由政府预算会计和政府财务会计构成。

（一）政府预算会计

政府预算会计以收付实现制为基础对政府预算执行过程中发生的全部收入和全部支出进行会计核算，主要反映和监督预算收支执行情况的会计。政府预算会计编制政府决算报告，向预算会计信息使用者提供与政府预算执行情况有关的信息，综合反映政府预算收支的年度执行结果。预算会计体系由财政总预算会计、行政单位会计、事业单位会计等组成。

1. 财政总预算会计

财政总预算会计是指各级政府财政部门核算和监督政府预算执行和各项财政性资金收支活动的情况及结果的专业会计，其主要职责是进行会计核算，反映预算执行，实行会计监督，参与预算管理，合理调度资金。根据“一级政权、一级预算”的原则，我国财政总预算会计管理体系分为五级：国家财政部设立中央级财政总预算会计，省（自治区、直辖市）财政厅（局）设立省级财政总预算会计，市（地、州）财政局设立市级财政总预算会计，县（市）财政局设立县（市）级财政总预算会计，乡（镇）财政所设立乡（镇）级财政总预算会计。

2. 行政单位会计

行政单位会计是反映和监督各级各类国家机关、政党组织财务状况、预算执行情况及结果的专业会计。行政单位会计组织系统根据国家机构建制和经费领报关系，分为主管会计单位

一、二、三级会计单位和基层会计单位三级。其中:向财政部门领报经费,并发生预算管理关系的,为主管会计单位;向主管会计单位或上一级会计单位领报经费,并发生预算管理关系,同时有下一级会计单位的,为二级会计单位;向上一级会计单位领报经费,并发生预算管理关系,没有下一级会计单位的,称为基层会计单位;向同级财政部门领报经费,没有下级会计单位的,视同基层会计单位。

3. 事业单位会计

事业单位会计是以事业单位实际发生的各项业务活动为对象,记录、反映和监督事业单位财务状况、事业成果、预算执行情况及结果的专业会计。与行政单位会计一样,事业单位会计系统根据国家机构建制和经费领报关系,分为主管会计单位、二级会计单位和基层会计单位三级。由于事业单位行业类别繁多,各行业间业务运营和财务收支活动差别很大,使其在具体的会计核算和报告方面具有各自的特点。为了使会计核算能够真实反映各行业事业单位的财务收支情况及结果,事业单位会计又进一步分为普通事业单位会计和行业事业单位会计。行业事业单位会计主要包括医院会计、高等学校会计、科学事业单位会计、中小学校会计、彩票机构会计等。

另外,由于预算管理是一个严密的体系,除了财政部门、行政单位和事业单位执行政府预算外,预算资金管理过程还需要其他相关部门的参与。比如,预算资金的收纳、入库、划分、报解等,并不是由财政部门直接进行的,而是分别由国库、税收征管等部门进行的。所以,国库会计、税收征解会计和基本建设会计都是预算会计的有机组成部分。

(二)政府财务会计

政府财务会计是指以权责发生制为基础对政府发生的各项经济业务和事项进行会计核算,反映和监督政府财务状况、运行情况、运行成本和现金流量等信息的会计。政府财务会计编制政府财务报告,提供有助于财务报告使用者做出决策或进行监督和管理的信息。

我国现行的政府会计体系只包括政府预算会计,政府财务会计正在建立之中。根据财政部《权责发生制政府综合财务报告制度改革方案》,我国将在今后的几年中,逐步建立政府财务报告制度框架体系。

二、非营利组织会计

非营利组织包括公立非营利组织(事业单位)和民间非营利组织。由于我国将公立非营利组织会计纳入政府预算会计的范畴,所以我国的非营利组织会计即是民间非营利组织会计。

民间非营利组织会计是以每个民办非营利组织为会计主体,以民间非营利组织的基本业务活动为管理内容的一种专业会计,包括社团会计、基金会会计和非企业单位会计等。

我国从 2005 年 1 月 1 日起开始执行《民间非营利组织会计制度》,这标志着我国民间非营利组织会计的正式产生。民间非营利组织是直接或间接为上层建筑、生产建设和人民生活服务的组织。它一般不直接从事物质资料的生产,但它开展的各类活动却是社会扩大再生产和满足整个社会日益增长的物质和文化需求所必不可少的。因此,一方面,为了完成民间非营利组织的宗旨,保证其基本业务活动的资金需要,民间非营利组织要按照物价主管部门核定的标准,在国家规定的基本业务范围内,为社会提供专业服务的同时,取得基本业务收入;另外,民间非营利组织要按照国家的有关规定和开支标准及开展业务的需要,支付基本业务支出、其他业务支出、管理费用和其他支出等。这种以资金的收入和支出为主要内容的资金运动,就是民间非营利组织会计的核算对象。

本章小结

本章主要阐述了政府与非营利组织会计的基本概念、基本特征、组成体系。政府与非营利组织会计是以预算(政府预算和单位预算)管理为中心,以经济和社会事业发展为目的,以预算收支核算为重点,用于核算社会再生产过程中属于分配领域中的各级政府部门、行政单位、非营利组织预算资金运动过程和结果的会计体系。

政府与非营利组织会计的特点是与企业会计相比较而言的,主要有不以营利为目的、指标体系适应国家预算管理要求、可按不同情况选用记账基础。

政府与非营利组织会计,既是财政管理的宏观信息系统和管理手段,也是单位微观经济管理的重要组成部分,在国家预算管理和单位财务管理中占有重要地位。随着社会主义市场经济的建立与发展,政府与非营利组织会计在国家政权建设和社会经济领域中发挥着越来越重要的作用。

政府与非营利组织会计是以预算管理为中心的宏观管理信息系统和管理手段,是核算、反映和监督中央与地方各级政府预算以及事业行政单位收支预算执行情况的会计。为了更有效地实行分类管理,预算会计体系由财政总预算会计、行政单位会计、事业单位会计以及民间非营利组织会计共同构成。

练习题

一、单项选择题

1.(　　)是反映和监督各级各类国家机关、政党组织财务状况、预算执行情况及结果的专业会计。

A. 行政单位会计　　B. 事业单位会计　　C. 财政总预算会计　　D. 非营利组织会计

2. 行政单位在国民经济和社会发展中起着(　　)作用。

A. 管理　　B. 监督　　C. 统筹规划和核心　　D. 服务

3. 我国政府会计是以(　　)为基础发展起来的,目前正处于改革、完善之中。

A. 企业会计　　B. 预算会计　　C. 非营利组织会计　　D. 国外政府会计

4. 政府与非营利组织会计是以(　　)为中心的宏观管理信息系统和管理手段,是核算、反映和监督中央与地方各级政府预算以及事业行政单位收支预算执行情况的会计。

A. 预算管理　　B. 组织管理　　C. 会计核算　　D. 监督管理

5. 预算会计核算的一般原则包括(　　)。

A. 专款专用原则　　B. 谨慎性原则　　C. 及时性原则　　D. 全面性原则

6. 政府与非营利组织会计的特点是与(　　)相比较而言的。

A. 企业会计　　B. 事业单位会计　　C. 预算会计　　D. 管理会计

7. 非营利组织是不以(　　)为目的的经济和社会组织,是社会存在不可缺少的组成部分。

A. 利益最大化　　B. 营利　　C. 权益最大化　　D. 利润最大化

8. 划分政府与非营利组织会计的理论依据是(　　)。

A. 马克思主义的社会再生产理论　　B. 科学发展观

C. 发展才是硬道理　　D. 会计制度

9. 企业会计核算的一般原则不包括(　　)。
A. 专款专用原则　　B. 谨慎性原则　　C. 及时性原则　　D. 准确性原则
10. 除成本核算采用权责发生制以外,其他各项业务都采用(　　)。
A. 权责发生制　　B. 收付实现制　　C. 专款专用制　　D. 预算制

二、多项选择题

1. 政府与非营利组织主要是(　　)。
A. 各级政府部门　　B. 事业单位　　C. 行政单位　　D. 其他各类非营利组织
2. 财政部的主要职能是(　　)。
A. 组织预算收入　　B. 合理安排国家预算支出
C. 完成各级政府核定的预算任务　　D. 对国民经济进行宏观调控和管理
3. 行政单位的职能是(　　)。
A. 对社会公共事务实施有效管理　　B. 通过使用国家管理职能组织领导
C. 为社会创造财富　　D. 调控国民经济与社会发展
4. 非营利组织包括(　　)等。
A. 政府机关　　B. 行政单位　　C. 事业单位　　D. 商业银行
5. 政府与非营利组织会计的特点包括(　　)。
A. 不以营利为目的　　B. 指标体系适应国家预算管理要求
C. 可按不同情况选用记账基础　　D. 会计要素与企业会计一致
6. 企业会计核算的一般原则包括(　　)。
A. 谨慎性原则　　B. 划分收益性支出原则
C. 资本性支出原则　　D. 及时性原则
7. 政府与非营利组织会计可以采用的记账基础有(　　)。
A. 权责发生制　　B. 收付实现制　　C. 专款专用制　　D. 预算制
8. 预算会计体系包括(　　)。
A. 财政总预算会计　　B. 企业会计　　C. 行政单位会计　　D. 事业单位会计

三、判断题

1. 财政总预算会计、行政单位会计和事业单位会计中的经营性业务均采用权责发生制。(　　)
2. 对事业单位的经营性业务,可采用权责发生制进行核算。(　　)
3. 国有商业银行属于非营利组织。(　　)
4. 行政单位在国民经济和社会发展中起着管理和监督的作用。(　　)
5. 所有的医院均属于事业单位。(　　)

四、简答题

1. 如何界定政府组织与非营利组织?
2. 政府与非营利组织有哪些特点?
3. 政府与非营利组织会计的作用是什么?
4. 政府与非营利组织会计有哪些特征?
5. 我国政府与非营利组织会计的组成体系是什么?

第二章　政府与非营利组织会计基本理论和方法

学习目标

本章主要介绍政府与非营利组织会计的基本理论与方法，主要包括政府与非营利组织会计的目标、基本假设、基本原则，以及确认的基础和计量的方法。通过本章的学习，可以进一步明确政府与非营利组织会计的目标，了解其会计要素、会计假设、基本原则，重点掌握政府与非营利组织会计的确认基础及计量方法。

第一节　政府与非营利组织会计的目标

政府与非营利组织财务报告的目标是政府会计目标的外在表现，也是指导政府会计准则制定的最高层次概念。从理论层面出发，通常把财务报告目标的内容归纳为三个方面：(1)谁是财务信息的使用者？(2)他们需要什么样的信息？(3)财务报告能够提供什么样的信息？美国财务会计准则委员会(FASB)提出的上述会计与财务报告目标的内涵获得了会计学界的普遍认同和接受，这三个方面被作为确定会计与财务报告目标的一般要素。

一、政府与非营利组织财务信息的主要使用者及其信息需求

(一)政府与非营利组织财务信息的主要使用者

政府与非营利组织财务报告的潜在使用者应包括政府活动涉及的所有利益相关者。政府和非营利组织运营过程中涉及的利益相关者极其广泛，至少应该包括立法机关和政府审计机关、公民、媒体、服务接受者、经济和非经济主体、纳税人、债权人、供应商、项目管理者、雇员、政府和非营利组织自身，以及其他政府和国际性机构等。

1. 立法机关和政府审计机关

人民代表大会是我国最高权力机构。这就决定了政府在代表人民意志行使管理国家事务的权力时，必然接受各级人民代表大会的监督。人民代表大会需要依据政府相关部门所提供的财务信息来实现监督职能，并对政府使用和支配公共财务资源的效率和效果进行评价，判断政府的工作业绩。

政府审计从本质上讲，也是接受公众委托，提供公共审计服务的。所以，审计机关是代表公众利益的重要的政府财务报告使用者。《中华人民共和国审计法》明确规定，我国各级审计

机关依法对国务院和地方各级人民政府及其各部门的财政收支的真实、合法和效益进行审计。国务院和县级以上地方人民政府应当每年向本级人民代表大会常务委员会提出审计机关对预算执行和其他财政收支情况的审计工作报告。

2. 社会公众(包括媒体)

这里所指的公众是分散的公民个人和某些利益集团,而媒体正是他们的代言人。人民代表大会就是人民的代表,代表了公众的利益,人民代表大会提出的政府财务信息需求也代表了公众的心声。对于公众来讲,依法纳税是其应尽的义务,同时公众也享有知情权,即有权利知道政府提供公共服务的状况以及政府对社会公众所托付的各种责任和义务的执行情况。

3. 投资者和债权人

投资者和债权人需要政府与非营利组织的财务信息及相关信息来做出是否与政府和非营利组织继续合作的经济决策。近年来,我国政府每年都需要发行一定数量的国债,而国债二级市场也日益活跃。这样,政府国债的持有人或潜在的购买人都必然会关注政府政务信息,以帮助他们更好地进行投资决策。

4. 投资评估机构

投资评估机构作为政府与非营利组织财务报告的使用者,符合社会资源最优配置的客观要求。因为无论是从政府本身角度看,还是从投资者和债权人的角度看,投资评估机构对政府和非营利组织财务信用的评价都将有助于其降低融资成本或减少投资风险。

5. 外国政府和国际组织

传统观点认为,外国政府和国际组织并不是政府和非营利组织财务信息的主要使用者。但随着经济全球化的迅猛发展,我国与外国政府和国际组织之间的往来不断增多,各级政府正越来越明显地感受到来自这些使用者信息需求的压力。

6. 主管部门和内部管理者

目前,我国实行的是“统一领导、分级管理”的财政管理体制。按照预算法及其实施条例的有关规定,各级政府应当监督下级政府的预算执行,对下级政府在预算执行过程中违反纪律、行政法规、国家方针政策的行为依法予以制止和纠正。下级政府应将预算执行结果如实上报,接受上级政府的监督。另外,随着我国公共财政体制的发展创新,尤其是分税制改革等一系列改革措施的推行,各级政府作为独立的经济主体的趋势愈加明朗,所以各级政府的内部管理者对相关财务信息的需求也会越来越强烈。

根据财政部《权责发生制政府综合财务报告制度改革方案》,我国的政府会计体系由政府预算会计和政府财务会计构成。财政部在《政府会计准则——基本准则(第二次征求意见稿)》中对财务信息使用者做出了规定,政府决算报告使用者包括政府自身和其他利益相关者,政府财务报告使用者包括债权人、政府自身和其他利益相关者。

(二)财务信息使用者的信息需求

政府与非营利组织的活动涉及的各利益相关者对财务信息的需求各有侧重,他们会针对其所关注的方面,通过对相关信息的分析,对政府与非营利组织的活动进行评价和预测,并作为他们做出有关评价或决策的基础之一。政府与非营利组织财务信息使用者信息需求的主要特点是使用财务信息的主要目的不是为了做出经济决策,而是评价政府与非营利组织履行受托责任的情况。

1. 以做出非经济决策为主

财务报告使用者需要财务信息的目的是为了做出各种相关的决策。但决策类型不同，对财务信息的需求也不一样。政府与非营利组织财务报告使用者与政府和非营利组织的利害关系通常不表现为直接的经济利益关系，因为政府与非营利组织的资源提供者向政府或非营利组织提供资源，要么是法律法规强制其提供（如纳税人缴纳税款），要么是自愿提供（如各种资源捐赠人提供的捐赠）。他们不期望按照其提供资源的某个比例收回资财或获得相应的经济利益，也不期望清算时分享一份剩余资产。所以，他们根据信息做出的决策主要不是经济决策。其他信息使用者如立法及监督机构更没有自身的经济利益，而是代表社会公众或上级政府的利益做出相关决策，包括政治的、经济的和社会的决策。

2. 以考核和评价受托责任及受托业绩为主

政府与非营利组织报告主体的管理当局与资源提供者、其他财务报告使用者之间存在着各种受托与委托关系，承担着政治的、经济的和社会的受托责任。从资源提供者的角度来看，他们将资源委托给受托人，总是希望受托人按照其预期的目标有效地使用和管理这些资源，受托人（或代理人）就负有按照委托人的意愿管好、用好资源的责任。由于政府与非营利组织的资源必须按照预算、法律规章、行政法令以及合同协议限定的用途或目的使用，那么其受托责任就具体化为对具有专门用途的资源进行保管，并使用于特定的目的或活动，以产生一定的效率或效果。所以，对于大部分使用者来说，他们需要财务信息更多的是为了对政府与非营利组织管理当局的受托责任及受托业绩做出合理的考核和分析评价，在此基础上做出相关决策。

二、政府与非营利组织会计与财务报告的目标

会计与财务报告目标简称为会计目标或财务报告目标，是提供会计信息、编制财务报告的目的。政府与非营利组织会计的总体目标，是向会计信息使用者提供有用的信息。

（一）政府会计目标

与企业财务会计不同，政府与非营利组织会计目标的分歧点在于：是侧重为内部使用者服务，还是侧重为外部使用者服务；是侧重提供反映预算收支执行情况与单位财务状况的信息，还是侧重提供受托责任履行情况与有助于做出经济决策的信息。

我国现行的政府与非营利组织会计准则、制度对会计目标做出了规定。《财政总预算会计制度》(1998)第十二条规定，“总预算会计信息，应当符合预算法的要求，适应国家宏观经济管理和上级财政部门及本级政府对财政管理的要求”。《行政单位会计制度》(2013)第三条规定，“行政单位会计核算目标是向会计信息使用者提供与行政单位财务状况、预算执行情况等有关的会计信息，反映行政单位受托责任的履行情况，有助于会计信息使用者进行管理、监督和决策”。《事业单位会计准则》(2012)第四条规定，“事业单位会计核算的目标是向会计信息使用者提供与事业单位财务状况、事业成果、预算执行等有关的会计信息，反映事业单位受托责任的履行情况，有助于会计信息使用者进行社会管理、做出经济决策”。《民间非营利组织会计制度》(2004)第八条规定，“会计核算所提供的信息应当能够满足会计信息使用者（如捐赠人、会员、监管者等）的需要”。

上述制度或准则在关于会计和财务报告目标方面的规范不尽相同，但仍然集中反映了我国政府会计的改革理念和改革趋势。现行政府与非营利组织会计目标的特点是，在侧重为预算管理服务的基础上，兼顾其他方面的需要，反映政府单位受托责任履行情况，提供有助于做

出经济决策的信息。

在我国政府会计的改革进程中，在很长一段时间内，政府所需要的会计信息将依然以预算执行情况的相关信息为主。立法机关和审计机关则主要关注政府财务资源使用的合法性和合规性。其他外部信息使用者的信息需求也会逐步从预算信息扩展至政府其他的会计信息。当然，可以推断，随着经济全球化的迅猛发展、我国公共管理改革的日益深入以及我国民主法制建设的日益完善，社会公众和其他信息使用者对政府会计信息的需求会越来越强烈，而且必将和西方国家的政府会计信息使用者一样，对政府会计信息的需求将从单一预算信息向综合会计信息方向发展。在这种趋势的推动下，我国政府与非营利组织会计与财务报告目标也会朝着全面反映受托责任的方向发展。

我国将建立政府预算会计和政府财务会计"双系统"，政府会计目标正处于改革之中。政府预算会计侧重为内部预算管理服务，通过编制决算报告，提供预算收支执行情况的会计信息。政府财务会计侧重为外部使用者服务，通过编制财务报告，反映政府的受托责任履行情况，提供有助于做出经济决策的会计信息。《政府会计准则——基本准则(第二次征求意见稿)》对政府预算会计的决算报告目标和政府财务会计的财务报告目标做出了具体规定。

1. 政府决算报告目标

政府决算报告的目标是向决算报告使用者提供与政府预算执行情况有关的信息，综合反映政府预算收支的年度执行结果，有助于决算报告使用者进行监督和管理，并为编制后续年度预算提供参考和依据。

2. 政府财务报告目标

政府财务报告的目标是向财务报告使用者提供与政府财务状况、运行情况和现金流量等有关的信息，反映政府偿债能力和受托责任履行情况，有助于财务报告使用者做出决策或进行监督和管理。

(二)非营利组织会计目标

民间非营利组织会计属于财务会计的范畴，是对外报告会计，侧重为捐赠人、会员、监管者等外部会计信息使用者服务。民间非营利组织会计的目标，是向会计信息使用者提供有用的会计信息，反映其受托责任履行情况，满足会计信息使用者经济决策和监督管理的需要。

第二节　政府与非营利组织会计的基本假设和会计要素

一、政府与非营利组织会计的基本假设

会计的基本假设也称为会计的基本前提。人们在长期的会计实践中总结并形成了会计主体、持续经营(运营)、会计分期和货币计量四个方面的基本会计假设。这四个假设同样适用于政府与非营利组织会计。但由于政府与非营利组织的特殊性，这些假设在政府与非营利组织会计中也有其特殊性。

(一)会计主体

在市场经济中，企业是典型的会计主体。由于政府与非营利组织各项财务资源的用途通过预算做了限定，必须分别核算和报告不同用途的财务资源的收支情况及结果。但政府或非

营利组织是一个对外承担受托责任的整体，它必须对外报告所有财务收支情况及结果。所以，政府与非营利组织具有基金主体和组织主体的双重性。

基金主体是假设政府与非营利组织以“基金”界定会计的空间，把按照法律法规或其他限定用途的各种财务资源分别设立基金，按基金组织财务收支和会计核算，要求基金与基金之间的财务收支必须分开，分别核算，分别报告。所以，“基金”是政府与非营利组织典型的会计与财务报告主体。组织主体则假设政府与非营利组织以“组织”界定会计的空间，按对外承担受托责任的组织整体的财务收支作为会计核算和报告的对象。所以，政府与非营利组织本身也是一个会计与财务报告主体。可以采用双重会计主体是政府与非营利组织会计与企业会计的重要区别。目前，西方政府与非营利组织会计普遍采用基金会计模式，以基金为会计核算主体，以组织为会计报告主体。而我国政府与非营利组织会计依然以组织为会计核算和报告的主体。

(二)持续经营(运营)

在企业会计中，我们通常假设，一个会计主体除非提供“反证”，否则它将在可预期的未来持续不断地经营下去。会计学界普遍认为，持续经营是一个必要的和重要的会计基本前提，它要求企业对资产的计价必须建立在非清算的基础上，从而要求企业购置资产的现金流出不列记为费用而列记为资产、预付费用不列记为费用而列记为资产、预收账款不列记为收入而列记为负债。

政府与非营利组织强调其公共活动的连续性也非常必要。因为政府与非营利组织和企业主体不同，它不以营利为目的，其开展各项公共活动不仅不能带来盈利，而且要耗费一定的资源，如果不做这样的假设，很难想象一个社会能够延续下去。但是，西方政府与非营利组织在以基金为主体的情况下，一旦该基金所限定的项目或目的达到，该基金主体就消失了，其活动也就中止了。所以，这个假设应做适当的修正，即政府与非营利组织的公共活动具有连续性，而基金财务收支活动具有暂时性。这是政府基金会计主体与企业会计主体相比较的另一个较为突出的特征。认识到这一点，对于政府基金会计的实务处理和政府会计准则的制定无疑是非常重要的。这使得对政府与非营利组织的基金支出处理就不能像处理企业现金流出那样，必须将用于购置资产和预付费用的现金流出确认为支出。

(三)会计分期和货币计量

这两个假设对企业、政府以及非营利组织具有普遍的适用性。但政府与非营利组织在会计分期方面比企业更详细，会计分期对于政府与非营利组织也更重要。如政府会计除了要按月份、季度、年度进行分期核算和报告外，还要求按旬核算并提供预算收支的旬报。在货币计量属性方面，政府与非营利组织由于不计算盈亏，一般只以历史成本作为计价基础，除非特殊情况，否则不要求采用类似于现行成本、现行市价的计量属性。

二、政府与非营利组织会计的会计要素

如前所述，政府与非营利组织会计包括政府会计和非营利组织会计两部分。政府会计是一个综合的范畴，包括政府财务会计、政府预算会计；非营利组织会计则是指民间非营利组织会计。所以，政府会计要素和非营利组织会计要素就性质而言，是有明显区别的。

(一)政府财务会计的会计要素

政府财务会计的要素包括资产、负债、净资产、收入和费用。

1. 资产

资产是指政府过去的经济业务或者事项形成的，由政府所有、管理、占有、使用或者控制的，预期能够产生服务潜能或带来经济利益流入的经济资源。服务潜能是指政府利用资产提供物品和服务以实现政府目标的能力。资产的基本特征是：

(1)资产由过去的交易或事项形成，它界定了确认资产的时间边界，即“未来”资产不可以在财务报表中确认。

(2)资产必须有明确的控制主体，资产所带来的服务潜能或经济利益在报告日必须为报告主体所控制。

(3)资产能带来未来服务潜能和经济利益，它界定了确认资产的性质边界，即资产必须满足带来未来服务潜能或经济利益的属性要求。一般观点认为，政府会计的资产要素强调未来服务潜能，而企业会计的资产要素则强调未来经济利益。

2. 负债

负债是指政府过去的经济业务或者事项形成的现时义务，履行该义务预期会导致含有服务潜能或者经济利益的经济资源流出政府。负债的基本特征是：

(1)由过去的事项而引起的现有义务，也就是由于过去的交易或事项而产生的对第三者还没有清偿的义务或责任。

(2)负债数量明确或可以准确预测且可以用货币计量。

(3)负债对报告主体具有负面影响，可能引发财务风险。

一般认为，在政府单位中，政府的负债所代表的义务只有在具有法律效力的情况下才会发生。但政府与企业不同，政府的义务不仅仅限于法律责任，政府还要承担一些社会公众所期望的或迫于政治压力而必须承担的义务。政府如果履行这些义务，则政府的负债范围就会比企业更广，包含了更多的不确定性因素。

3. 净资产

净资产是指政府资产扣除负债后的净额。政府与非营利组织主体的净资产与企业净资产要素的差别在于没有所有权归属的特定含义，政府或非营利组织的净资产不能用于分配，只能用于向社会公众、服务对象提供持续的服务或活动。

政府主体的净资产主要来源于三个方面：一是按照预算、合同协议限定未支用的财务资源；二是政府主体通过预算安排动用当期财务资源购置或接受捐赠的长期资产对应形成的基金；三是历年运营收支结果的积累。

4. 收入

收入是指导致政府净资产增加的服务潜能或经济利益的流入。政府收入与企业的收入有着本质的区别。企业的收入必须通过生产交付了产品或提供了劳务而获得，而政府的大部分收入具有无偿性的特征。由于政府运营并不以营利为目的，所以，政府开展的有些活动虽然也向服务对象收费，但这些收费本身基本不能为政府提供补足开展活动所耗费的资源。因此，向服务对象收费并不是政府的主要收入来源。政府的收入主要来源于税收，无偿性和非交换性是政府收入的主要特征。

收入在确认之前必须是已赚取、已实现或很清楚能够实现的。已赚取是指有关履约的要求已经满足，而且账单金额的收取有合理的保证。已实现是指政府提供的服务或出售的产品已经获得了现金或现金要求权。

5. 费用

费用是指导致政府净资产减少的服务潜能或经济利益流出。费用使得资产减少或负债增加，也就是说，费用将导致净资产的减少。

区别费用要素和资产要素的关键在于区分收益性支出和资本性支出。收益性支出形成当期耗费，并不带来未来政府服务潜能的提高，应确认为费用要素。资本性支出形成未来政府服务潜能，应确认为资产要素。

(二)政府预算会计的会计要素

政府预算会计与财务会计不同，财务会计致力于反映政府或政府单位的整体财务状况并提供一定程度的前瞻性的财务信息，预算会计则服务于政府预算管理，主要反映总预算单位和分预算单位的预算执行情况及结果。

根据 2014 年 12 月发布的《政府会计准则——基本准则(第二次征求意见稿)》，政府预算会计的要素包括预算收入、预算支出和预算结转结余。

1. 预算收入

预算收入是指政府在预算年度内依法取得并纳入预算管理的现金流入。预算收入一般在实际收到时予以确认，以实际收到的金额计量。

2. 预算支出

预算支出是指政府在预算年度内依法发生并纳入预算管理的现金流出。预算支出一般在实际支付时予以确认，以实际支付的金额计量。

3. 预算结转结余

预算结转结余包括预算结转和预算结余。预算结转是指预算安排的项目支出年终尚未执行完毕，或者因故未执行且下年需要按原用途继续使用的资金。预算结余是指年度预算执行终了，预算收入实际完成数扣除预算支出和结转资金后剩余的资金，以及项目执行完毕或者项目不再执行剩余的资金。

需要注意的是，我国的政府会计体系正在改革之中，政府财务会计与预算会计并未分离。根据现行的预算会计制度，预算会计包括资产、负债、净资产、收入和支出五个会计要素。

(三)民间非营利组织会计的会计要素

根据 2004 年发布的《民间非营利组织会计制度》，民间非营利组织会计的会计要素包括资产、负债、净资产、收入和费用。

1. 资产

资产是民间非营利组织过去的经济业务或事项形成的，由组织所有、管理、占有、使用或者控制的，预期能够提供服务潜能或带来经济利益流入的经济资源。服务潜能是指营利组织利用资产提供物品和服务以实现组织运营目标的能力。经济利益流入表现为现金流入增加或者现金流出减少。

2. 负债

负债是民间非营利组织会计过去交易或事项形成的现时义务，履行现时义务预期会导致含有经济利益或者服务潜能的资源流出民间非营利组织。

3. 净资产

净资产是民间非营利组织的资产减去负债后的余额。净资产应当按照其是否受到限制，分为限定性净资产和非限定性净资产等。

4. 收入

收入是民间非营利组织开展业务活动取得的、导致本期净资产增加的经济利益或者服务潜能的流入。

5. 费用

费用是指民间非营利组织为开展业务活动所发生的、导致本期净资产减少的经济利益或者服务潜能的流出。

这里需要注意的一个问题是，虽然民间非营利组织的会计要素建立在权责发生制基础上，但是与企业的会计要素有性质上的区别，集中体现在两个方面：一是民间非营利组织的结余不能进行分配，也不存在剩余索取权的问题，所以，民间非营利组织净资产没有所有者权益的内涵；二是民间非营利组织的资产界定不仅包含了未来的经济利益，也可以是带来服务潜能的经济资源，而且非营利组织的大部分资产是以预期的服务潜能作为确认依据的，这一点与企业资产的获利性有明显差异。

第三节　政府与非营利组织会计的确认和计量

确认基础和计量方法在政府与非营利组织会计中，是至关重要的理论和方法。尽管政府与非营利组织不以营利为目的，不需要计算利润或盈亏，也不以基金收支的数额作为其业绩考核的直接依据，但是，不同财政年度的收支情况及结果也在一定程度上反映了它们承担的财务受托责任和财务业绩。如果不对收支进行会计分期，就很难分析和评价政府的业绩及受托责任的履行情况。从另一方面看，收支的会计分期也是预算、法律规章、行政法令及合同协议的要求。

一、政府与非营利组织会计的确认

(一)政府预算会计

政府预算会计为满足预算管理的要求，以收付实现制作为重要的确认基础，并适当引入权责发生制确认基础。《财政总预算会计制度》及其补充规定，财政总预算会计以收付实现制为主要确认基础。《行政单位会计制度》规定，行政单位会计核算一般采用收付实现制，特殊经济业务和事项采用权责发生制。《事业单位会计准则》规定，事业单位会计核算一般采用收付实现制，部分经济业务或者事项采用权责发生制。行业事业单位会计制度根据其业务特点选择确认基础，如《医院会计制度》规定，医院会计采用权责发生制基础。

根据财政部《权责发生制政府综合财务报告制度改革方案》，政府财务会计与预算会计适度分离后，预算会计将以收付实现制为确认基础。收付实现制是以款项的实际收付为标志来确定本期收入和支出。凡在当期实际收到的现金收入或支出，均应作为当期应计的收入和支出；凡是不属于当期的现金收入或支出，均不应当作为当期的收入和支出。

(二)政府财务会计

建立、健全政府会计核算体系，推进政府财务会计与预算会计适度分离并相互衔接，是政府会计改革的首要任务。政府财务会计应当采用权责发生制确认基础，以满足政府加强财务管理、绩效考核、成本核算、债务风险防范等财务会计信息需求。权责发生制是以取得收到款项的权利或支付款项的责任为标志来确定本期收入和费用。凡是当期已经实现的收入和已经发生的或应当负担的费用,不论款项是否收付,都应当作为当期的收入和费用;凡是不属于当期的收入和费用,即使款项已在当期收付,也不应当作为当期的收入和费用。

(三)民间非营利组织会计

民间非营利组织会计是对外报告会计,需要提供反映其受托责任履行情况和有助于做出经济决策的会计信息。因此,《民间非营利组织会计制度》规定,民间非营利组织会计核算应当以权责发生制为基础。

二、政府与非营利组织会计的计量

政府与非营利组织会计的计量不存在像企业会计那样要对计量属性进行选择的复杂问题,特别是政府会计。在当期财务资源流动观念下,政府会计主要反映当期财务资源收支的交易和事项,即反映当期实际收到或付出的财务资源数额。所以,政府会计一般采用原始成本计量。但是,随着会计计量理论的发展和政府与非营利组织面临的外部环境日益复杂,其许多交易或事项也涉及计量属性的选择问题,如养老金、对外投资、非现金捐赠等问题。所以,近年来,政府与非营利组织会计准则制定机构,包括国际会计师联合会、美国政府会计准则委员会和财务会计准则委员会等,都提出了历史成本以外的计量属性,并发布了相关准则予以规范。

我国政府与非营利组织会计制度也提出了其他的计量属性,如固定资产除了按历史成本计价外,还可以采用重置成本、现值等方法计价。具体而言,政府与非营利组织资产的计量方法主要有历史成本、重置成本、现值和公允价值,负债的计量方法主要有历史成本和现值等。

(一)政府与非营利组织资产的主要计量方法

(1)历史成本。历史成本计量是指资产按照取得时支付的现金或者现金等价物的金额,或者按照取得时所付出的非货币性资产的评估价值,或支付对价的公允价值计量。

(2)重置成本。重置成本计量是指资产按照现在购买相同或相似资产所需要支付的现金或者现金等价物的金额计量。

(3)现值。现值计量是指资产按照从其使用到最终处置过程中所产生的未来净现金流量的折现金额计量。

(4)公允价值。公允价值计量是指资产按照在公平交易中熟悉情况的交易各方进行资产交换的金额计量。

在对政府与非营利组织的资产进行计量时,一般应采用历史成本,如果采用重置成本、现值以及公允价值的计量方法,应当保证所确定的资产金额能够持续取得并可靠计量。

无法采用上述计量属性的,应当采用名义金额(即人民币1元)计量。

(二)政府与非营利组织负债的主要计量方法

(1)历史成本。历史成本计量是指负债按照因承担现时义务而实际收到的款项或者资产的金额,或者承担现时义务的合同金额,或者按照日常活动中的偿还负债预期需要支付的现金或现金等价物的金额计量。

(2)现值。现值计量是指负债按照预计期限需要偿还的未来现金流出量的折现金额计量。

本章小结

本章阐述政府与非营利组织会计的基本理论与方法。我国的政府会计体系由政府预算会计和政府财务会计构成，政府决算报告使用者包括政府自身和其他利益相关者，政府财务报告使用者包括债权人、政府自身和其他利益相关者。政府预算会计侧重为内部预算管理服务，通过编制决算报告，提供预算收支执行情况的会计信息。政府财务会计侧重为外部使用者服务，通过编制财务报告，反映政府的受托责任履行情况，提供有助于做出经济决策的会计信息。政府会计信息的质量特征包括可靠性、全面性、及时性、可比性、相关性、实质重于形式、可理解性。政府财务会计与预算会计适度分离后，政府财务会计的要素包括资产、负债、净资产、收入和费用，政府预算会计的要素包括预算收入、预算支出和预算支出结转结余。民间非营利组织会计的会计要素包括资产、负债、净资产、收入和费用。政府与非营利组织会计可选择的会计确认基础包括收付实现制、权责发生制和修正的收付实现制或权责发生制，政府预算会计通常以收付实现制为确认基础，政府财务会计以权责发生制为主要确认基础，民间非营利组织会计核算以权责发生制为确认基础。政府与非营利组织资产的计量方法主要有历史成本、重置成本、现值和公允价值，负债的计量方法主要有历史成本和现值。

练习题

一、单项选择题

1. 政府与非营利组织会计的总体目标，是（　　）。

A. 反映组织的财务状况　　B. 提供负债情况
C. 提供运营情况　　D. 向会计信息使用者提供有用的信息

2. 预算会计将以（　　）为确认基础。

A. 预算管理　　B. 权责发生制　　C. 收付实现制　　D. 计划管理

3. 目前，我国实行的是（　　）的财政管理体制。

A. 统一核算、共享分成　　B. 分级核算、统一管理
C. 统一领导、分级管理　　D. 统一领导、统一管理

4. 政府与非营利组织的（　　）不能用于分配，只能用于向社会公众、服务对象提供持续的服务或活动。

A. 资产　　B. 净资产　　C. 收入　　D. 投资收益

5. 会计要素是对会计对象的基本分类，是会计核算对象的（　　）。

A. 具体化　　B. 抽象化　　C. 扩大化　　D. 理论化

二、多项选择题

1. 政府财务报告使用者包括（　　）。

A. 投资人　　B. 债权人　　C. 政府自身　　D. 其他利益相关者

2. 政府财务报告的目标是向财务报告使用者提供与政府（　　）等有关的信息，反映政府偿债能力和受托责任履行情况，有助于财务报告使用者做出决策或进行监督和管理。

A. 财务状况　　B. 运行情况　　C. 现金流量　　D. 经营成果

3. 会计的基本假设也称为会计的基本前提，包括(　　)等方面的基本会计假设。

A. 会计主体　B. 持续经营(运营)　C. 会计分期　D. 货币计量

4. 政府财务会计的要素包括(　　)。

A. 资产　B. 负债　C. 净资产　D. 收入

E. 费用

5. 政府预算会计的要素包括(　　)。

A. 预算收入　B. 预算支出　C. 预算资金　D. 预算支出结转结余

6. 政府与非营利组织资产的主要计量方法有(　　)。

A. 历史成本　B. 重置成本　C. 现值　D. 公允价值

7. 政府与非营利组织负债的主要计量方法有(　　)。

A. 历史成本　B. 重置成本　C. 现值　D. 公允价值

三、判断题

1. 民间非营利组织的结余不能进行分配，也不存在剩余索取权的问题。(　　)

2. 行政单位会计核算一般采用收付实现制，特殊经济业务和事项采用权责发生制。(　　)

3. 民间非营利组织会计核算应当以收付实现制为基础。(　　)

4. 政府与非营利组织负债的主要计量方法包括历史成本、现值和公允价值。(　　)

5. 政府财务会计应当采用权责发生制确认基础，以满足政府加强财务管理、绩效考核、成本核算、债务风险防范等财务会计信息需求。(　　)

四、简答题

1. 政府与非营利组织会计信息的使用者包括哪些方面？
2. 政府预算会计和财务会计的目标是什么？
3. 政府与非营利组织会计信息质量特征有哪些？
4. 政府与非营利组织会计设置的会计要素是什么？
5. 政府与非营利组织会计可选择的会计确认基础有哪些？
6. 政府与非营利组织会计资产和负债的主要计量方法是什么？

第二篇

财政总预算会计

(4)实行会计监督，参与预算管理。通过会计核算和反映，进行预算执行情况分析，并对总预算、部门预算和单位预算执行实行会计监督。

(5)协调预算收入征收部门、国家金库、国库集中收付代理银行、财政专户开户银行和其他有关部门之间的业务关系。

(6)组织本地区财政总决算、部门决算编审和汇总工作。

(7)组织和指导下级政府总会计工作。各级政府财政部门应当根据工作需要，配备一定数量的专职会计人员，负责财政总预算会计工作，并保持相对稳定。

(二) 财政总预算会计信息使用者

会计信息使用者包括人民代表大会、政府及其有关部门、政府财政部门自身和其他会计信息使用者。

第二节　财政总预算会计核算的基础

一、会计假设

(一)会计主体

财政总预算会计的会计主体为中央，省、自治区、直辖市，设区的市、自治州，县、自治县，不设区的市、市辖区，乡、民族乡、镇等各级政府，由各级财政部门进行会计核算。

(二)持续经营

财政总预算会计的会计核算应当以本级政府财政业务活动持续正常地进行为前提。

(三)会计分期

财政总预算会计应当划分会计期间，分期结算账目和编制会计报表。会计期间至少分为年度和月度。会计年度、月度等会计期间的起讫日期采用公历日期。年度终了后，可根据工作特殊需要设置一定期限的上年决算清理期。

(四)货币计量

财政总预算会计应当以人民币作为记账本位币，以元为金额单位，元以下记至角、分。发生外币业务，在登记外币金额的同时，一般应当按照业务发生当日中国人民银行公布的汇率中间价，将有关外币金额折算为人民币金额记账。期末，各种以外币计价或结算的资产负债项目，应当按照期末中国人民银行公布的汇率中间价进行折算。其中，货币资金项目因汇率变动产生的差额记入有关支出等科目，其他资产负债项目因汇率变动产生的差额记入有关净资产等科目。

二、会计基础与记账方法

财政总预算会计的会计核算一般采用收付实现制，部分经济业务或者事项应当按照规定采用权责发生制核算。

财政总预算会计应当采用借贷记账法记账。

三、会计信息质量要求

(一)可靠性

财政总预算会计应当以实际发生的经济业务或者事项为依据进行会计核算，如实反映各项会计要素的情况和结果，保证会计信息真实可靠，全面反映政府财政的预算执行情况和财务状况等。

(二)相关性

财政总预算会计提供的会计信息应当与政府财政受托责任履行情况的反映，会计信息使用者的监督、决策和管理需要相关，有助于会计信息使用者对政府财政过去、现在或者未来的情况做出评价或者预测。

(三)及时性

财政总预算会计对于已经发生的经济业务或者事项，应当及时进行会计核算。

(四)可比性

财政总预算会计提供的会计信息应当具有可比性。同一政府财政不同时期发生的相同或者相似的经济业务或者事项，应当采用一致的会计政策，不得随意变更。确需变更的，应当将变更的内容、理由和对政府财政预算执行情况、财务状况的影响在附注中予以说明。不同政府财政发生的相同或者相似的经济业务或者事项，应当采用统一的会计政策，确保不同政府财政的会计信息口径一致、相互可比。

(五)明晰性

财政总预算会计提供的会计信息应当清晰明了，便于会计信息使用者理解和使用。

第三节　会计要素与会计科目

一、财政总预算会计的会计要素

财政总预算会计应当按照业务或事项的经济特征确定会计要素。会计要素包括资产、负债、净资产、收入和支出。

二、财政总预算会计的会计科目

具体会计科目如表 3—1 所示。

表 3—1　　财政总预算会计的会计科目体系

序号	科目编号	会计科目名称
一、资产类		
1	1001	国库存款
2	1003	国库现金管理存款
3	1004	其他财政存款
4	1005	财政零余额账户存款
5	1006	有价证券

续表

序号	科目编号	会计科目名称
6	1007	在途款
7	1011	预拨经费
8	1021	借出款项
9	1022	应收股利
10	1031	与下级往来
11	1036	其他应收款
12	1041	应收地方政府债券转贷款
13	1045	应收主权外债转贷款
14	1071	股权投资
15	1081	待发国债
二、负债类		
16	2001	应付短期政府债券
17	2011	应付国库集中支付结余
18	2012	与上级往来
19	2015	其他应付款
20	2017	应付代管资金
21	2021	应付长期政府债券
22	2022	借入款项
23	2026	应付地方政府债券转贷款
24	2027	应付主权外债转贷款
25	2045	其他负债
26	2091	已结报支出
三、净资产类		
27	3001	一般公共预算结转结余
28	3002	政府性基金预算结转结余
29	3003	国有资本经营预算结转结余
30	3005	财政专户管理资金结余
31	3007	专用基金结余
32	3031	预算稳定调节基金
33	3033	预算周转金
34	3081	资产基金
	308101	应收地方政府债券转贷款
	308102	应收主权外债转贷款
	308103	股权投资
	308104	应收股利
35	3082	待偿债净资产
	308201	应付短期政府债券
	308202	应付长期政府债券
	308203	借入款项
	308204	应付地方政府债券转贷款
	308205	应付主权外债转贷款
	308206	其他负债

续表

序号	科目编号	会计科目名称
四、收入类		
36	4001	一般公共预算本级收入
37	4002	政府性基金预算本级收入
38	4003	国有资本经营预算本级收入
39	4005	财政专户管理资金收入
40	4007	专用基金收入
41	4011	补助收入
42	4012	上解收入
43	4013	地区间援助收入
44	4021	调入资金
45	4031	动用预算稳定调节基金
46	4041	债务收入
47	4042	债务转贷收入
五、支出类		
48	5001	一般公共预算本级支出
49	5002	政府性基金预算本级支出
50	5003	国有资本经营预算本级支出
51	5005	财政专户管理资金支出
52	5007	专用基金支出
53	5011	补助支出
54	5012	上解支出
55	5013	地区间援助支出
56	5021	调出资金
57	5031	安排预算稳定调节基金
58	5041	债务还本支出
59	5042	债务转贷支出

本章小结

财政总预算会计是各级政府财政核算、反映、监督政府一般公共预算资金、政府性基金预算资金、国有资本经营预算资金、社会保险基金预算资金以及财政专户管理资金、专用基金和代管资金等资金活动的专业会计。社会保险基金预算资金会计核算不适用该制度，由财政部另行规定。

财政总预算会计的核算目标是向会计信息使用者提供政府财政预算执行情况、财务状况等会计信息，反映政府财政受托责任履行情况。

会计信息使用者包括人民代表大会、政府及其有关部门、政府财政部门自身和其他会计信息使用者。

会计假设是指会计主体、持续经营、会计分期和货币计量假设。

财政总预算会计的会计核算一般采用收付实现制，部分经济业务或者事项应当按照规定采用权责发生制核算。财政总预算会计应当采用借贷记账法记账。

会计信息质量要求包括可靠性、相关性、及时性、可比性和明晰性。

财政总预算会计应当按照业务或事项的经济特征确定会计要素。会计要素包括资产、负债、净资产、收入和支出。

练习题

一、单项选择题

1. 财政总预算会计的主体是(　　)。

A. 各级政府　　B. 各级政府的财政部门
C. 行政单位　　D. 财政性资金

2. 财政总预算会计设在(　　)。

A. 各级政府的财政部门　　B. 各级政府的统计部门
C. 各级政府的社会保障部门　　D. 各级政府的发展与改革部门

3. 财政总预算会计核算的对象是各级政府的(　　)。

A. 全部财政性资金　　B. 全部资产和负债　　C. 全部收入和支出　　D. 财政预算资金

4. 财政总预算会计一般实行收付实现制原则的主要原因是(　　)。

A. 与权责发生制相比,收入实现制原则下的会计处理比较简便易行,不存在很多人为的估计
B. 财政总预算会计不核算实物资产,不计提固定资产折旧,因此,不需要使用权责发生制原则
C. 有利于将财政总预算会计的核算基础与政府财政预算的编制基础保持一致,进而有利于财政总预算会计如实反映政府财政预算的执行情况和结果
D. 财政总预算会计事项提供的信息中不存在需要进行应收、应付等的应计内容

5. 财政总预算会计提供的信息应当符合有关(　　)法规的要求。

A. 公司　　B. 证券　　C. 统计　　D. 预算

6. 以下不属于《财政总预算会计制度》规定的会计信息质量要求的是(　　)。

A. 谨慎性　　B. 客观性　　C. 相关性　　D. 及时性

二、多项选择题

1. 财政总预算会计的组成体系包括(　　)。

A. 中央政府财政总预算会计　　B. 省(直辖市、自治区)财政总预算会计
C. 市(地区、自治州)财政总预算会计　　D. 县(地级市)财政总预算会计
E. 乡(镇)财政总预算会计

2. 财政总预算会计的会计科目中,没有设置的会计科目类别有(　　)。

A. 存款类科目　　B. 现金类科目　　C. 固定资产类科目　　D. 资本类科目

3. 以下属于财政总预算会计的工作任务的有(　　)

A. 会计核算　　B. 规范账户管理
C. 实行会计监督,参与预算管理　　D. 严格财政资金收付调度管理

4. 财政总预算会计假设包括(　　)。

A. 会计主体假设　　B. 会计分期假设　　C. 持续经营假设　　D. 货币计量

5. 财政总预算会计要素包括(　　)。

A. 资产　　B. 负债　　C. 净资产　　D. 收入

E. 支出

三、判断题

1. 财政总预算会计的主体是各级政府的财政部门。（　）

2. 我国实行一级政府一级预算，共分设五级政府五级预算。各级政府都编制相对对立完整的财政收支预算，并设立相应的财政总预算会计对本级政府的财政预算收支进行相对独立完整的会计核算。（　）

3. 财政总预算会计实际上是一种资金会计，它的核算对象是各级政府的财政预算资金，它不核算政府的实物资产。（　）

4. 财政总预算会计的主体是各级政府，而不是各级政府的财政部门。因此，财政总预算会计核算政府全部的财务活动及其结果。（　）

5. 财政总预算会计的会计信息质量要求是财政总预算会计在进行会计核算时应当遵循的具体会计处理程序和会计处理方法。（　）

6. 财政总预算会计一般采用收付实现制原则，有利于将财政总预算会计的核算基础与政府财政预算的编制基础保持一致，进而有利于财政总预算会计如实反映政府财政预算的执行情况和结果。（　）

四、简答题

1. 什么是财政总预算会计？其工作任务有哪些？
2. 财政总预算会计假设有哪些？
3. 会计信息质量要求有哪些？
4. 财政总预算会计的会计要素有哪些？

第四章 财政总预算会计资产的核算

学习目标

本章主要介绍财政总预算会计资产的概念、内容及确认和计量。通过本章的学习，熟悉财政总预算会计的概念及核算的内容，重点掌握财政存款、有价证券、应收股利、借出款项、暂付及应收款项、预拨经费、应收转贷款和股权投资等资产的核算内容和会计处理方法。

第一节 财政总预算会计资产概述

一、财政总预算会计资产的概念

财政总预算会计资产是指政府财政占有或控制的，能以货币计量的经济资源。

二、财政总预算会计核算的资产的内容

财政总预算会计核算的资产按照流动性，分为流动资产和非流动资产。流动资产是指预计在1年内(含1年)变现的资产，非流动资产是指流动资产以外的资产。

财政总预算会计核算的资产具体包括财政存款、有价证券、应收股利、借出款项、暂付及应收款项、预拨经费、应收转贷款和股权投资等。

(1)财政存款是指政府财政部门代表政府管理的国库存款、国库现金管理存款以及其他财政存款等。财政存款的支配权属于同级政府财政部门，并由总会计负责管理，统一在国库或选定的银行开立存款账户，统一收付，不得透支，不得提取现金。

(2)有价证券是指政府财政按照有关规定取得并持有的政府债券。

(3)应收股利是指政府因持有股权投资应当收取的现金股利或利润。

(4)借出款项是指政府财政按照对外借款管理相关规定借给预算单位临时急需，并须按期收回的款项。

(5)暂付及应收款项是指政府财政业务活动中形成的债权，包括与下级往来和其他应收款等。暂付及应收款项应当及时清理结算，不得长期挂账。

(6)预拨经费是指政府财政在年度预算执行中预拨出应在以后各月列支以及会计年度终了前根据“二上”预算预拨出的下年度预算资金。预拨经费(不含预拨下年度预算资金)应在年终前转列支出或清理收回。

(7)应收转贷款是指政府财政将借入的资金转贷给下级政府财政的款项，包括应收地方政府债券转贷款、应收主权外债转贷款等。

(8)股权投资是指政府持有的各类股权投资资产，包括国际金融组织股权投资、投资基金股权投资、国有企业股权投资等。

三、财政总预算会计资产的确认与计量

财政总预算会计对符合资产定义的经济资源，应当在取得对其相关的权利，并且能够可靠地进行货币计量时确认。符合资产定义并确认的资产项目，应当列入资产负债表。

财政总预算会计核算的资产，应当按照取得或发生时的实际金额进行计量。

第二节　财政存款的核算

财政存款主要包括国库存款、国库现金管理存款、其他财政存款、财政零余额账户存款。

一、国库存款

(一)国库存款的核算内容

"国库存款"科目核算政府财政存放在国库单一账户的款项。该科目期末借方余额反映政府财政国库存款的结存数。

(二)国库存款的主要账务处理

(1)收到预算收入时，借记本科目，贷记有关预算收入科目。当日收入数为负数时，以红字记入(采用计算机记账的，用负数反映)。

(2)收到国库存款利息收入时，借记本科目，贷记"一般公共预算本级收入"科目。

(3)收到缴入国库的来源不清的款项时，借记本科目，贷记"其他应付款"等科目。

(4)国库存款减少时，按照实际支付的金额，借记有关科目，贷记本科目。

【例 4—1】　某市财政收到中国人民银行国库报来的预算收入日报表。其中，一般预算收入合计 63 100 元，基金预算收入合计 2 200 元。

借：国库存款——一般预算存款	63 100	
——基金预算存款	2 200	
贷：一般公共预算本级收入		63 100
政府性基金预算本级收入		2 200

【例 4—2】　某市财政总预算会计收到国库支付执行机构报来的预算支出结算清单。财政国库支付执行机构以财政直接支付的方式，通过财政零余额账户为有关预算单位支付了一般预算资金共计 55 800 元，基金预算资金共计 1 500 元。财政总预算会计经与有关方面核对无误后，确认国库存款的减少。

借：一般公共预算本级支出	55 800	
政府性基金预算本级支出	1 500	
贷：国库存款——一般预算存款		55 800
——基金预算存款		1 500

二、国库现金管理存款

(一)国库现金管理存款的核算内容

“国库现金管理存款”科目核算政府财政实行国库现金管理业务存放在商业银行的款项。该科目期末借方余额反映政府财政实行国库现金管理业务持有的存款。

(二)国库现金管理存款的主要账务处理

(1)按照国库现金管理有关规定,将库款转存商业银行时,按照存入商业银行的金额,借记本科目,贷记“国库存款”科目。

(2)国库现金管理存款收回国库时,按照实际收回的金额,借记“国库存款”科目;按照原存入商业银行的存款本金金额,贷记本科目;按照两者的差额,贷记“一般公共预算本级收入”科目。

三、其他财政存款

(一)其他财政存款的核算内容

“其他财政存款”科目核算政府财政未列入“国库存款”“国库现金管理存款”科目反映的各项存款。该科目应当按照资金性质和存款银行等进行明细核算。该科目期末借方余额反映政府财政持有的其他财政存款。

(二)其他财政存款的主要账务处理

(1)财政专户收到款项时,按照实际收到的金额,借记本科目,贷记有关科目。

(2)其他财政存款产生的利息收入,除规定作为专户资金收入外,其他利息收入都应缴入国库纳入一般公共预算管理。取得其他财政存款利息收入时,按照实际获得的利息金额,根据以下情况分别处理:按规定作为专户资金收入的,借记本科目,贷记“应付代管资金”科目或有关收入科目;按规定应缴入国库的,借记本科目,贷记“其他应付款”科目。将其他财政存款利息收入缴入国库时,借记“其他应付款”科目,贷记本科目;同时,借记“国库存款”科目,贷记“一般公共预算本级收入”科目。

(3)其他财政存款减少时,按照实际支付的金额,借记有关科目,贷记本科目。

【例 4－3】 某市财政收到上级某省财政拨入的专用基金 25 500 元,款项按规定存入某专业银行。

借:其他财政存款——专用基金存款	25 500	
贷:专用基金收入		25 500

【例 4－4】 某市财政根据有关文件规定从其他财政存款账户中安排使用专用基金 14 200元。

借:专用基金支出	14 200	
贷:其他财政存款——专用基金存款		14 200

四、财政零余额账户存款

(一)财政零余额账户存款的核算内容

“财政零余额账户存款”科目核算财政国库支付执行机构在代理银行办理财政直接支付的业务。财政国库支付执行机构未单设的地区不使用该科目。该科目当日资金结算后一般应无余额。

(二)财政零余额账户存款的主要账务处理

(1)财政国库支付执行机构为预算单位直接支付款项时,借记有关预算支出科目,贷记本科目。

(2)财政国库支付执行机构每日将按部门分“类”“款”“项”汇总的预算支出结算清单等结算单与中国人民银行国库划款凭证核对无误后,送总会计结算资金,按照结算的金额,借记本科目,贷记“已结报支出”科目。

第三节　有价证券、应收股利的核算

一、有价证券

(一)有价证券的核算内容

“有价证券”科目核算政府财政按照有关规定取得并持有的有价证券金额。该科目应当按照有价证券种类和资金性质进行明细核算。该科目期末借方余额反映政府财政持有的有价证券金额。

(二)有价证券的主要账务处理

(1)购入有价证券时,按照实际支付的金额,借记本科目,贷记“国库存款”“其他财政存款”等科目。

(2)转让或到期兑付有价证券时,按照实际收到的金额,借记“国库存款”“其他财政存款”等科目;按照该有价证券的账面余额,贷记本科目;按其差额,贷记“一般公共预算本级收入”等科目。

【例 4—5】　某市财政用一般预算结余资金购买有价证券 15 800 元。

借:有价证券	15 800	
贷:国库存款——一般预算存款		15 800

【例 4—6】　某市财政兑付到期有价证券,共收到兑付款项 22 400 元。其中,本金部分 14 300元,兑付利息 8 100 元。

借:国库存款——一般预算存款	22 400	
贷:有价证券		14 300
一般公共预算本级收入		8 100

二、应收股利

(一)应收股利的核算内容

“应收股利”科目核算政府因持有股权投资应当收取的现金股利或利润。该科目应当按照被投资主体进行明细核算。该科目期末借方余额反映政府尚未收回的现金股利或利润。

(二)应收股利的主要账务处理

(1)持有股权投资期间被投资主体宣告发放现金股利或利润的,按应上缴政府财政的部分,借记本科目,贷记“资产基金——应收股利”科目;按照相同的金额,借记“资产基金——股权投资”科目，贷记“股权投资（损益调整）”科目。

（2）实际收到现金股利或利润，借记“国库存款”等科目，贷记有关收入科目；按照相同的金额，借记“资产基金——应收股利”科目，贷记本科目。

第四节 借出款项、暂付及应收款项的核算

一、借出款项

（一）借出款项的核算内容

“借出款项”科目核算政府财政按照对外借款管理相关规定借给预算单位临时急需的，并需按期收回的款项。该科目应当按照借款单位等进行明细核算。该科目期末借方余额反映政府财政借给预算单位尚未收回的款项。

（二）借出款项的主要账务处理

（1）将款项借出时，按照实际支付的金额，借记本科目，贷记“国库存款”等科目。

（2）收回借款时，按照实际收到的金额，借记“国库存款”等科目，贷记本科目。

二、暂付及应收款项

（一）与下级往来

1. 与下级往来的核算内容

“与下级往来”科目核算本级政府财政与下级政府财政的往来待结算款项。该科目应当按照下级政府财政、资金性质等进行明细核算。该科目期末借方余额反映下级政府财政欠本级政府财政的款项；期末贷方余额反映本级政府财政欠下级政府财政的款项。

2. 与下级往来的主要账务处理

（1）借给下级政府财政款项时，借记本科目，贷记“国库存款”科目。

（2）体制结算中应当由下级政府财政上缴的收入数，借记本科目，贷记“上解收入”科目。

（3）借款收回、转作补助支出或体制结算应当补助下级政府财政的支出，借记“国库存款”“补助支出”等有关科目，贷记本科目。

（4）发生上解多交应当退回的，按照应当退回的金额，借记“上解收入”科目，贷记本科目。

（5）发生补助多补应当退回的，按照应当退回的金额，借记本科目，贷记“补助支出”科目。

【例 4—7】 某市财政根据财政体制结算的规定，年终计算出下级某县财政应上解本市财政的一般预算款项计 5 500 元。

借：与下级往来——某县财政	5 500	
贷：上解收入		5 500

【例 4—8】 某市财政根据财政体制结算的规定，年终计算出本市财政应补助给下级某区财政的一般预算款项计 6 800 元。

借：补助支出	6 800	
贷：与下级往来——某区财政		6 800

(二)其他应收款

1. 其他应收款的核算内容

“其他应收款”科目核算政府财政临时发生的其他应收、暂付、垫付款项。项目单位拖欠外国政府和国际金融组织贷款本息和相关费用导致相关政府财政履行担保责任，代偿的贷款本息费，也通过本科目核算。该科目应当按照资金性质、债务单位等进行明细核算。该科目应及时清理结算。年终，原则上应无余额。

2. 其他应收款的主要账务处理

(1)发生其他应收款项时，借记本科目，贷记“国库存款”“其他财政存款”等科目。

(2)收回或转作预算支出时，借记“国库存款”“其他财政存款”或有关支出科目，贷记本科目。

(3)政府财政对使用外国政府和国际金融组织贷款资金的项目单位履行担保责任，代偿贷款本息费时，借记本科目，贷记“国库存款”“其他财政存款”等科目。政府财政行使追索权，收回项目单位贷款本息费时，借记“国库存款”“其他财政存款”等科目，贷记本科目。政府财政最终未收回项目单位贷款本息费，经核准列支时，借记“一般公共预算本级支出”等科目，贷记本科目。

【例 4—9】 某市财政因所属某预算单位临时急需资金，借给该预算单位一般预算款项 25 000元。经研究，20 000 元已经落实预算，应转作一般预算支出，其余 5 000 元已由该预算单位归还，存入国库。

借：其他应收款——某预算单位	25 000	
贷：国库存款——一般预算存款		25 000
借：一般公共预算本级支出	20 000	
国库存款——一般预算存款		5 000
贷：其他应收款——某预算单位		25 000

(三)在途款

1. 在途款的核算内容

“在途款”科目核算决算清理期和库款报解整理期内发生的需要通过本科目过渡处理的属于上年度收入、支出等业务的资金数。该科目期末借方余额反映政府财政持有的在途款。

2. 在途款的主要账务处理

(1)决算清理期和库款报解整理期内收到属于上年度收入时，在上年度账务中，借记本科目，贷记有关收入科目；收回属于上年度拨款或支出时，在上年度账务中，借记本科目，贷记“预拨经费”或有关支出科目。

(2)冲转在途款时，在本年度账务中，借记“国库存款”科目，贷记本科目。

【例 4—10】 某市财政在库款报解整理期内收到上年度的一般预算收入 4 500 元。

在上年度账上：

借：在途款	4 500	
贷：一般公共预算本级收入		4 500

在新年度账上：

借：国库存款——一般预算存款	4 500	
贷：在途款		4 500

第五节　预拨经费与应收转贷款的核算

一、预拨经费

(一)预拨经费的核算内容

“预拨经费”科目核算政府财政预拨给预算单位尚未列为预算支出的款项。该科目应当按照预拨经费种类、预算单位等进行明细核算。该科目借方余额反映政府财政年末尚未转列支出或尚待收回的预拨经费数。

(二)预拨经费的主要账务处理

(1)拨出款项时,借记本科目,贷记“国库存款”科目。

(2)转列支出或收回预拨款项时,借记“一般公共预算本级支出”“政府性基金预算本级支出”“国库存款”等科目,贷记本科目。

【例 4—11】 某市财政 2015 年年末按照规定采用财政实拨资金方式向所属某预算单位预拨下年度初部分一般预算经费 55 000 元。该市财政总预算会计在 2016 年 1 月按照规定将预拨给该预算单位的一般预算经费 55 000 元转作一般预算支出。

借:预拨经费——某预算单位	55 000	
贷:国库存款——一般预算单位		55 000
借:一般公共预算本级支出	55 000	
贷:预拨经费——某预算单位		55 000

二、应收转贷款

应收转贷款包括应收地方政府债券转贷款和应收主权外债转贷款。

(一)应收地方政府债券转贷款

1. 应收地方政府债券转贷款的核算内容

“应收地方政府债券转贷款”科目核算本级政府财政转贷给下级政府财政的地方政府债券资金的本金及利息。该科目下应当设置“应收地方政府一般债券转贷款”和“应收地方政府专项债券转贷款”明细科目,其下分别设置“应收本金”和“应收利息”两个明细科目,并按照转贷对象进行明细核算。该科目期末借方余额反映政府财政应收未收的地方政府债券转贷款本金和利息。

2. 应收地方政府债券转贷款的主要账务处理

(1)向下级政府财政转贷地方政府债券资金时,按照转贷的金额,借记“债务转贷支出”科目,贷记“国库存款”科目;根据债务管理部门转来的相关资料,按照到期应收回的转贷本金金额,借记本科目,贷记“资产基金——应收地方政府债券转贷款”科目。

(2)期末确认地方政府债券转贷款的应收利息时,根据债务管理部门计算出的转贷款本期应收未收利息金额,借记本科目,贷记“资产基金——应收地方政府债券转贷款”科目。

(3)收回下级政府财政偿还的转贷款本息时,按照收回的金额,借记“国库存款’’等科目,贷记“其他应付款”或“其他应收款”科目;根据债务管理部门转来的相关资料,按照收回的转贷款本金及已确认的应收利息金额，借记“资产基金——应收地方政府债券转贷款”科目，贷记本科目。

(4)扣缴下级政府财政的转贷款本息时，按照扣缴的金额，借记“与下级往来”科目，贷记“其他应付款”或“其他应收款”科目；根据债务管理部门转来的相关资料，按照扣缴的转贷款本金及已确认的应收利息金额，借记“资产基金——应收地方政府债券转贷款”科目，贷记本科目。

(二)应收主权外债转贷款

1. 应收主权外债转贷款的核算内容

“应收主权外债转贷款”科目核算本级政府财政转贷给下级政府财政的外国政府和国际金融组织贷款等主权外债资金的本金及利息。该科目下应当设置“应收本金”和“应收利息”两个明细科目，并按照转贷对象进行明细核算。该科目期末借方余额反映政府财政应收未收的主权外债转贷款本金和利息。

2. 应收主权外债转贷款的主要账务处理

(1)本级政府财政向下级政府财政转贷主权外债资金，且主权外债最终还款责任由下级政府财政承担的，相关账务处理如下：①本级政府财政支付转贷资金时，根据转贷资金支付相关资料，借记“债务转贷支出”科目，贷记“其他财政存款”科目；根据债务管理部门转来的相关资料，按照实际持有的债权金额，借记本科目，贷记“资产基金——应收主权外债转贷款”科目。②外方将贷款资金直接支付给用款单位或供应商时，本级政府财政根据转贷资金支付相关资料，借记“债务转贷支出”科目，贷记“债务收入”或“债务转贷收入”科目；根据债务管理部门转来的相关资料，按照实际持有的债权金额，借记本科目，贷记“资产基金——应收主权外债转贷款”科目；同时，借记“待偿债净资产”科目，贷记“借入款项”或“应付主权外债转贷款”科目。

(2)期末确认主权外债转贷款的应收利息时，根据债务管理部门计算出转贷款的本期应收未收利息金额，借记本科目，贷记“资产基金——应收主权外债转贷款”科目。

(3)收回转贷给下级政府财政主权外债的本息时，按照收回的金额，借记“其他财政存款”科目，贷记“其他应付款”或“其他应收款”科目；根据债务管理部门转来的相关资料，按照实际收回的转贷款本金及已确认的应收利息金额，借记“资产基金——应收主权外债转贷款”科目，贷记本科目。

(4)扣缴下级政府财政的转贷款本息时，按照扣缴的金额，借记“与下级往来”科目，贷记“其他应付款”或“其他应收款”科目；根据债务管理部门转来的相关资料，按照扣缴的转贷款本金及已确认的应收利息金额，借记“资产基金——应收主权外债转贷款”科目，贷记本科目。

第六节　股权投资与代发国债的核算

一、股权投资

(一)股权投资的核算内容

“股权投资”科目核算政府持有的各类股权投资，包括国际金融组织股权投资、投资基金股权投资和企业股权投资等。股权投资一般采用权益法进行核算。该科目应当按照“国际金融组织股权投资”“投资基金股权投资”“企业股权投资”设置一级明细科目，在一级明细科目下，可根据管理需要，按照被投资主体进行明细核算。对每一被投资主体还可按“投资成本”“收益转增投资”“损益调整”“其他权益变动”进行明细核算。该科目期末借方余额反映政府持有的各种股权投资金额。

(二)股权投资的主要账务处理

1. 国际金融组织股权投资

(1)政府财政代表政府认缴国际金融组织股本时，按照实际支付的金额，借记“一般公共预算本级支出”等科目，贷记“国库存款”科目；根据股权投资确认相关资料，按照确定的股权投资成本，借记本科目，贷记“资产基金——股权投资”科目。

(2)从国际金融组织撤出股本时，按照收回的金额，借记“国库存款”科目，贷记“一般公共预算本级支出”科目；根据股权投资清算相关资料，按照实际撤出的股本，借记“资产基金——股权投资”科目，贷记本科目。

2. 投资基金股权投资

(1)政府财政对投资基金进行股权投资时，按照实际支付的金额，借记“一般公共预算本级支出”等科目，贷记“国库存款”等科目。根据股权投资确认相关资料，按照实际支付的金额，借记本科目(投资成本)；按照确定的在被投资基金中占有的权益金额与实际支付金额的差额，借记或贷记本科目(其他权益变动)；按照确定的在被投资基金中占有的权益金额，贷记“资产基金——股权投资”科目。

(2)年末，根据政府财政在被投资基金当期净利润或净亏损中占有的份额，借记或贷记本科目(损益调整)，贷记或借记“资产基金——股权投资”科目。

(3)政府财政将归属财政的收益留作基金滚动使用时，借记本科目(收益转增投资)，贷记本科目(损益调整)。

(4)被投资基金宣告发放现金股利或利润时，按照应上缴政府财政的部分，借记“应收股利”科目，贷记“资产基金——应收股利”科目；同时按照相同的金额，借记“资产基金——股权投资”科目，贷记本科目(损益调整)。

(5)被投资基金发生除净损益以外的其他权益变动时，按照政府财政持股比例计算应享有的部分，借记或贷记本科目(其他权益变动)，贷记或借记“资产基金——股权投资”科目。

(6)投资基金存续期满、清算或政府财政从投资基金退出需收回出资时，政府财政按照实际收回的资金，借记“国库存款”等科目；按照收回的原实际出资部分，贷记“一般公共预算本级支出”等科目；按照超出原实际出资的部分，贷记“一般公共预算本级收入”等科目。根据股权投资清算相关资料，按照因收回股权投资而减少在被投资基金中占有的权益金额，借记“资产基金——股权投资”科目，贷记本科目。

3. 企业股权投资

企业股权投资的账务处理，根据管理条件和管理需要，参照投资基金股权投资的账务处理。

二、待发国债

(一)代发国债的核算内容

“待发国债”科目核算弥补中央财政预算收支差额，中央财政预计发行国债与实际发行国债之间的差额。该科目期末借方余额反映中央财政尚未使用的国债发行额度。

(二)待发国债的主要账务处理

年度终了,实际发行国债收入用于债务还本支出后,小于为弥补中央财政预算收支差额中央财政预计发行国债时,按两者的差额,借记本科目,贷记相关科目;实际发行国债收入用于债务还本支出后,大于为弥补中央财政预算收支差额中央财政预计发行国债时,按两者的差额,借记相关科目,贷记本科目。

本章小结

财政总预算会计资产是指政府财政占有或控制的,能以货币计量的经济资源。

财政总预算会计核算的资产具体包括财政存款、有价证券、应收股利、借出款项、暂付及应收款项、预拨经费、应收转贷款和股权投资等。

财政存款是指政府财政部门代表政府管理的国库存款、国库现金管理存款以及其他财政存款等。“国库存款”科目核算政府财政存放在国库单一账户的款项。“国库现金管理存款”科目核算政府财政实行国库现金管理业务存放在商业银行的款项。“其他财政存款”科目核算政府财政未列入“国库存款”“国库现金管理存款”科目反映的各项存款。

有价证券是指政府财政按照有关规定取得并持有的政府债券。“有价证券”科目应当按照有价证券种类和资金性质进行明细核算。

应收股利是指政府因持有股权投资应当收取的现金股利或利润。“应收股利”科目应当按照被投资主体进行明细核算。

借出款项是指政府财政按照对外借款管理相关规定借给预算单位临时急需,并须按期收回的款项。“借出款项”科目应当按照借款单位等进行明细核算。

暂付及应收款项是指政府财政业务活动中形成的债权,包括与下级往来和其他应收款等。暂付及应收款项应当及时清理结算,不得长期挂账。“与下级往来”科目核算本级政府财政与下级政府财政的往来待结算款项,该科目应当按照下级政府财政、资金性质等进行明细核算。“其他应收款”科目核算政府财政临时发生的其他应收、暂付、垫付款项。项目单位拖欠外国政府和国际金融组织贷款本息和相关费用导致相关政府财政履行担保责任,代偿的贷款本息费,也通过本科目核算。“在途款”科目核算决算清理期和库款报解整理期内发生的需要通过本科目过渡处理的属于上年度收入、支出等业务的资金数。

预拨经费是指政府财政在年度预算执行中预拨出应在以后各月列支以及会计年度终了前根据“二上”预算预拨出的下年度预算资金。预拨经费(不含预拨下年度预算资金)应在年终前转列支出或清理收回。“预拨经费”科目应当按照预拨经费种类、预算单位等进行明细核算。

应收转贷款是指政府财政将借入的资金转贷给下级政府财政的款项,包括应收地方政府债券转贷款、应收主权外债转贷款等。“应收地方政府债券转贷款”科目下应当设置“应收地方政府一般债券转贷款”和“应收地方政府专项债券转贷款”明细科目,其下分别设置“应收本金”和“应收利息”两个明细科目,并按照转贷对象进行明细核算。“应收主权外债转贷款”科目核算本级政府财政转贷给下级政府财政的外国政府和国际金融组织贷款等主权外债资金的本金及利息。该科目下应当设置“应收本金”和“应收利息”两个明细科目,并按照转贷对象进行明细核算。

股权投资是指政府持有的各类股权投资资产，包括国际金融组织股权投资、投资基金股权投资、国有企业股权投资等。股权投资一般采用权益法进行核算。“股权投资”科目应当按照“国际金融组织股权投资”“投资基金股权投资”“企业股权投资”设置一级明细科目，在一级明细科目下，可根据管理需要，按照被投资主体进行明细核算。对每一被投资主体还可按“投资成本”“收益转增投资”“损益调整”“其他权益变动”进行明细核算。

练习题

一、单项选择题

1. 财政总预算会计的资产不包括(　　)。

A. 国库存款　　B. 有价证券　　C. 财政专户存款　　D. 其他财政存款

2. 国库存款账户与财政零余额账户之间的关系是(　　)。

A. 国库存款账户向财政零余额账户划款

B. 财政零余额账户向国库存款账户划款

C. 国库存款账户与财政零余额账户之间可以相互划款

D. 国库存款账户与财政零余额账户之间不可以相互划款

3. 预算单位零余额账户与预算单位自行在商业银行开设的银行存款账户之间的关系是(　　)。

A. 两者没有区别

B. 两者都是实存资金账户

C. 两者都不是实存资金账户

D. 预算单位零余额账户不是实存资金账户，其银行存款账户是实存资金账户

4.“国库存款”科目不开设(　　)明细科目。

A.“一般预算存款”　　B.“基金预算存款”

C.“财政周转金存款”　　D.“国有资本经营预算存款”

5. 财政总预算会计管理的国库存款账户(　　)。

A. 只办理转账，不提取现金　　B. 既可办理转账，也可提取现金

C. 不办理转账，只提取现金　　D. 既不办理转账，也不提取现金

6. 用于财政直接支付的账户是(　　)。

A. 预算单位零余额账户　　B. 国库存款账户

C. 特设银行账户　　D. 财政零余额账户

二、多项选择题

1. 财政总预算会计存款类账户包括(　　)。

A. 银行存款　　B. 国库存款　　C. 其他财政存款　　D. 国库现金管理存款

2. 财政总预算会计通过“国库存款”科目核算的事项有(　　)。

A. 一般公共预算本级支出　　B. 专用基金支出

C. 一般公共预算本级收入　　D. 政府性基金预算本级收入

3. 财政总预算会计中，资产按照流动性分为(　　)。

A. 流动资产　　B. 非流动资产　　C. 长期资产　　D. 固定资产

4. 以下属于总预算会计资产的有(　　)。

A. 有价证券　　B. 借出款项　　C. 预拨经费　　D. 应收转贷款

5. 财政存款主要包括(　　)。

A. 国库存款　　B. 国库现金管理存款　　C. 其他财政存款　　D. 财政零余额账户存款

三、判断题

1. 财政零余额账户当日资金结算一般无余额。(　　)

2."国库存款"科目核算政府财政存放在国库单一账户的款项。(　　)

3."国库现金管理存款"科目核算政府财政实行国库现金管理业务存放在央行的款项。(　　)

4. 其他财政存款产生的利息收入,除规定作为专户资金收入外,其他利息收入都应缴入国库纳入政府性基金预算管理。(　　)

5."应收主权外债转贷款"科目核算本级政府财政转贷给下级政府财政的外国政府和国际金融组织贷款等主权外债资金的本金及利息。(　　)

四、综合题

某市财政部门 2015 年 12 月发生如下经济业务:

(1)5 日,收到中国人民银行国库报来的预算收入日报表。其中,一般预算收入合计 163 500 元,基金预算收入合计 5 200 元。

(2)7 日,收到国库支付执行机构报来的预算支出结算清单。财政国库支付执行机构以财政直接支付的方式,通过财政零余额账户为有关预算单位支付了一般预算资金共计 59 800 元,基金预算资金共计 4 500 元。财政总预算会计经与有关方面核对无误后,确认国库存款的减少。

(3)10 日,收到上级某省财政拨入的专用基金 36 500 元,款项按规定存入某专业银行。

(4)11 日,根据有关文件规定从其他财政存款账户中安排使用专用基金 28 200 元。

(5)11 日,用一般预算结余资金购买有价证券 63 800 元。

(6)12 日,兑付到期有价证券,共收到兑付款项 58 400 元。其中,本金部分 48 300 元,兑付利息 10 100 元。

(7)15 日,根据财政体制结算的规定,年终计算出下级某县财政应上解本市财政的一般预算款项计 15 800元。

(8)20 日,根据财政体制结算的规定,年终计算出本市财政应补助给下级某区财政的一般预算款项计 8 900元。

(9)22 日,因所属某预算单位临时急需资金,借给该预算单位一般预算款项 20 000 元。经研究,15 000 元已经落实预算,应转作一般预算支出,其余 5 000 元已由该预算单位归还,存入国库。

(10)25 日,在库款报解整理期内收到上年度的一般预算收入 7 500 元。

(11)2015 年年末按照规定采用财政实拨资金方式向所属某预算单位预拨下年度初部分一般预经费 80 000元。该市财政总预算会计在 2016 年 1 月按照规定将预拨给该预算单位的一般预算经费 80 000 元转作一般预算支出。

要求:根据上述发生的业务,进行账务处理。

五、简答题

1. 什么是财政总预算会计的资产?其核算内容包括哪些?

2. 财政存款包括哪些核算内容?

3. 如何进行财政零余额账户存款的账务处理?

4. 股权投资包括哪些内容?如何进行核算?

第五章　财政总预算会计负债的核算

学习目标

本章主要介绍财政总预算会计负债的概念、内容及其核算方法。通过本章的学习，熟悉负债的概念和分类，重点掌握应付国库集中支付结余、暂收及应付款项、应付政府债券、借入款项、应付转贷款、其他负债、应付代管资金等负债的核算内容和核算方法。

第一节　财政总预算会计负债概述

一、财政总预算会计负债的概念

财政总预算会计负债是指政府财政承担的能以货币计量、需以资产偿付的债务。

二、财政总预算会计负债的分类

财政总预算会计核算的负债按照流动性，分为流动负债和非流动负债。流动负债是指预计在1年内(含1年)偿还的负债，非流动负债是指流动负债以外的负债。

财政总预算会计核算的负债具体包括应付国库集中支付结余、暂收及应付款项、应付政府债券、借入款项、应付转贷款、其他负债、应付代管资金等。

(1)应付国库集中支付结余是指国库集中支付中，按照财政部门批复的部门预算，当年未支付而需结转下一年度支付的款项采用权责发生制列支后形成的债务。

(2)暂收及应付款项是指政府财政业务活动中形成的债务，包括与上级往来和其他应付款等。暂收及应付款项应当及时清理结算。

(3)应付政府债券是指政府财政采用发行政府债券方式筹集资金而形成的负债，包括应付短期政府债券和应付长期政府债券。

(4)借入款项是指政府财政部门以政府名义向外国政府、国际金融组织等借入的款项，以及通过经国务院批准的其他方式借款形成的负债。

(5)应付转贷款是指地方政府财政向上级政府财政借入转贷资金而形成的负债，包括应付地方政府债券转贷款和应付主权外债转贷款等。

(6)其他负债是指政府财政因有关政策明确要求其承担支出责任的事项而形成的应付未付款项。

(7)应付代管资金是指政府财政代为管理的,使用权属于被代管主体的资金。

三、财政总预算会计负债的确认与计量

财政总预算会计对符合负债定义的债务,应当在对其承担偿还责任,并且能够可靠地进行货币计量时确认。

符合负债定义并确认的负债项目,应当列入资产负债表。政府财政承担或有责任(偿债责任需要通过未来不确定事项的发生或不发生予以证实)的负债,不列入资产负债表,但应当在报表附注中披露。

财政总预算会计核算的负债,应当按照承担的相关合同金额或实际发生金额进行计量。

第二节　应付国库集中支付结余、暂收及应付款项的核算

一、应付国库集中支付结余

(一)应付国库集中支付结余的核算内容

"应付国库集中支付结余"科目核算政府财政采用权责发生制列支,预算单位尚未使用的国库集中支付结余资金。该科目应当根据管理需要,按照政府收支分类科目等进行相应明细核算。该科目期末贷方余额反映政府财政尚未支付的国库集中支付结余。

(二)应付国库集中支付结余的主要账务处理

(1)年末,对当年形成的国库集中支付结余采用权责发生制列支时,借记有关支出科目,贷记本科目。

(2)以后年度实际支付国库集中支付结余资金时,分以下情况处理:

①按原结转预算科目支出的,借记本科目,贷记"国库存款"科目。

②调整支出预算科目的,应当按原结转预算科目做冲销处理,借记本科目,贷记有关支出科目。同时,按实际支出预算科目做列支账务处理,借记有关支出科目,贷记"国库存款"科目。

二、暂收及应付款项

(一)与上级往来

1. 与上级往来的核算内容

"与上级往来"科目核算本级政府财政与上级政府财政的往来待结算款项。该科目应当按照往来款项的类别和项目等进行明细核算。该科目期末贷方余额反映本级政府财政欠上级政府财政的款项,借方余额反映上级政府财政欠本级政府财政的款项。

2. 与上级往来的主要账务处理

(1)本级政府财政从上级政府财政借入款或体制结算中发生应上缴上级政府财政款项时,借记"国库存款""上解支出"等科目,贷记本科目。

(2)本级政府财政归还借款、转作上级补助收入或体制结算中应由上级补给款项时,借记本科目,贷记"国库存款""补助收入"等科目。

【例 5-1】 某市财政根据财政体制结算的规定,年终计算出本级财政应向上级某省财政

上解的一般预算款项计7 600元。

借:上解支出　　7 600

　　贷:与上级往来——一般预算资金　　7 600

【例5—2】 某市财政因预算资金周转的需要,向上级某省财政借入一般预算款项4 500元。经上级该省财政批准,该市财政向上级该省财政借入的一般预算周转款项4 500元转作一般预算补助收入。

借:国库存款——一般预算存款　　4 500

　　贷:与上级往来——一般预算资金　　4 500

借:与上级往来——一般预算资金　　4 500

　　贷:补助收入　　4 500

(二)其他应付款

1. 其他应付款的核算内容

"其他应付款"科目核算政府财政临时发生的暂收、应付和收到的不明性质款项。税务机关代征入库的社会保险费、项目单位使用并承担还款责任的外国政府和国际金融组织贷款,也通过本科目核算。该科目应当按照债权单位或资金来源等进行明细核算。该科目期末贷方余额反映政府财政尚未结清的其他应付款项。

2. 其他应付款的主要账务处理

(1)收到暂存款项时,借记"国库存款""其他财政存款"等科目,贷记本科目。

(2)将暂存款项清理退还或转作收入时,借记本科目,贷记"国库存款""其他财政存款"或有关收入科目。

(3)社会保险费代征入库时,借记"国库存款"科目,贷记本科目。社会保险费国库缴存社保基金财政专户时,借记本科目,贷记"国库存款"科目。

(4)收到项目单位承担还款责任的外国政府和国际金融组织贷款资金时,借记"其他财政存款"科目,贷记本科目;付给项目单位时,借记本科目,贷记"其他财政存款"科目;收到项目单位偿还贷款资金时,借记"其他财政存款"科目,贷记本科目;付给外国政府和国际金融组织项目单位还款资金时,借记本科目,贷记"其他财政存款"科目。

【例5—3】 某市财政一般预算存款账户收到某单位性质不明的缴款2 800元。经查明,该款项属于误入,予以退回。

借:国库存款——一般预算存款　　2 800

　　贷:其他应付款——某单位　　2 800

借:其他应付款——某单位　　2 800

　　贷:国库存款——一般预算存款　　2 800

第三节　应付政府债券的核算

应付政府债券包括应付短期政府债券和应付长期政府债券。

一、应付短期政府债券

(一)应付短期政府债券的核算内容

“应付短期政府债券”科目核算政府财政部门以政府名义发行的期限不超过1年(含1年)的国债和地方政府债券的应付本金和利息。该科目下应当设置“应付国债”“应付地方政府一般债券”“应付地方政府专项债券”等一级明细科目,在一级明细科目下,再分别设置“应付本金”“应付利息”明细科目,分别核算政府债券的应付本金和利息。债务管理部门应当设置相应的辅助账,详细记录每期政府债券金额、种类、期限、发行日、到期日、票面利率、偿还本金及付息情况等。该科目期末贷方余额,反映政府财政尚未偿还的短期政府债券本金和利息。

(二)应付短期政府债券的主要账务处理

(1)实际收到短期政府债券发行收入时,按照实际收到的金额,借记“国库存款”科目;按照短期政府债券实际发行额,贷记“债务收入”科目;按照发行收入和发行额的差额,借记或贷记有关支出科目。根据债券发行确认文件等相关债券管理资料,按照到期应付的短期政府债券本金金额,借记“待偿债净资产——应付短期政府债券”科目,贷记本科目。

(2)期末确认短期政府债券的应付利息时,根据债务管理部门计算出的本期应付未付利息金额,借记“待偿债净资产——应付短期政府债券”科目,贷记本科目。

(3)实际支付本级政府财政承担的短期政府债券利息时,借记“一般公共预算本级支出”或“政府性基金预算本级支出”科目,贷记“国库存款”等科目;实际支付利息金额中属于已确认的应付利息部分,还应根据债券兑付确认文件等相关债券管理资料,借记本科目,贷记“待偿债净资产——应付短期政府债券”科目。

(4)实际偿还本级政府财政承担的短期政府债券本金时,借记“债务还本支出”科目,贷记“国库存款”等科目;根据债券兑付确认文件等相关债券管理资料,借记本科目,贷记“待偿债净资产——应付短期政府债券”科目。

(5)省级财政部门采用定向承销方式发行短期地方政府债券置换存量债务时,根据债权债务确认相关资料,按照置换本级政府存量债务的额度,借记“债务还本支出”科目,贷记“债务收入”科目;根据债务管理部门转来的相关资料,按照置换本级政府存量债务的额度,借记“待偿债净资产——应付短期政府债券”科目,贷记本科目。

二、应付长期政府债券

(一)应付长期政府债券的核算内容

“应付长期政府债券”科目核算政府财政部门以政府名义发行的期限超过1年的国债和地方政府债券的应付本金和利息。该科目下应当设置“应付国债”“应付地方政府一般债券”“应付地方政府专项债券”等一级明细科目,在一级明细科目下,再分别设置“应付本金”“应付利息”明细科目,分别核算政府债券的应付本金和利息。债务管理部门应当设置相应的辅助账,详细记录每期政府债券金额、种类、期限、发行日、到期日、票面利率、偿还本金及付息情况等。该科目期末贷方余额反映政府财政尚未偿还的长期政府债券本金和利息。

(二)应付长期政府债券的主要账务处理

(1)实际收到长期政府债券发行收入时,按照实际收到的金额,借记“国库存款”科目;按照长期政府债券实际发行额,贷记“债务收入”科目;按照发行收入和发行额的差额,借记或贷记有关支出科目。根据债券发行确认文件等相关债券管理资料，按照到期应付的长期政府债券本金金额，借记“待偿债净资产——应付长期政府债券”科目，贷记本科目。

(2)期末确认长期政府债券的应付利息时，根据债务管理部门计算出的本期应付未付利息金额，借记“待偿债净资产——应付长期政府债券”科目，贷记本科目。

(3)实际支付本级政府财政承担的长期政府债券利息时，借记“一般公共预算本级支出”或“政府性基金预算本级支出”科目，贷记“国库存款”等科目；实际支付利息金额中属于已确认的应付利息部分，还应根据债券兑付确认文件等相关债券管理资料，借记本科目，贷记“待偿债净资产——应付长期政府债券”科目。

(4)实际偿还本级政府财政承担的长期政府债券本金时，借记“债务还本支出”科目，贷记“国库存款”等科目；根据债券兑付确认文件等相关债券管理资料，借记本科目，贷记“待偿债净资产——应付长期政府债券”科目。

(5)本级政府财政偿还下级政府财政承担的地方政府债券本息时，借记“其他应付款”或“其他应收款”科目，贷记“国库存款”科目；根据债券兑付确认文件等相关债券管理资料，按照实际偿还的长期政府债券本金及已确认的应付利息金额，借记本科目，贷记“待偿债净资产——应付长期政府债券”科目。

(6)省级财政部门采用定向承销方式发行长期地方政府债券置换存量债务时，根据债权债务确认相关资料，按照置换本级政府存量债务的额度，借记“债务还本支出”科目，按照置换下级政府存量债务的额度，借记“债务转贷支出”科目，按照置换存量债务的总额度，贷记“债务收入”科目；根据债务管理部门转来的相关资料，按照置换存量债务的总额度，借记“待偿债净资产——应付长期政府债券”科目，贷记本科目。同时，按照置换下级政府存量债务额度，借记“应收地方政府债券转贷款”科目，贷记“资产基金——应收地方政府债券转贷款”科目。

第四节　借入款项的核算

一、借入款项的核算内容

“借入款项”科目核算政府财政部门以政府名义向外国政府和国际金融组织等借入的款项，以及经国务院批准的其他方式借入的款项。该科目下应当设置“应付本金”“应付利息”明细科目，分别对借入款项的应付本金和利息进行明细核算，还应当按照债权人进行明细核算。债务管理部门应当设置相应的辅助账，详细记录每笔借入款项的期限、借入日期、偿还及付息情况等。该科目期末贷方余额反映本级政府财政尚未偿还的借入款项本金和利息。

二、借入款项的主要账务处理

(一)借入主权外债的账务处理

(1)本级政府财政收到借入的主权外债资金时，借记“其他财政存款”科目，贷记“债务收入”科目；根据债务管理部门转来的相关资料，按照实际承担的债务金额，借记“待偿债净资产——借入款项”科目，贷记本科目。

(2)本级政府财政借入主权外债，且由外方将贷款资金直接支付给用款单位或供应商时，应根据以下情况分别处理：

①本级政府财政承担还款责任，贷款资金由本级政府财政同级部门（单位）使用的，本级政府财政部门根据贷款资金支付相关资料，借记“一般公共预算本级支出”等科目，贷记“债务收入”科目；根据债务管理部门转来的相关资料，按照实际承担的债务金额，借记“待偿债净资产——借入款项”科目，贷记本科目。

②本级政府财政承担还款责任，贷款资金由下级政府财政同级部门（单位）使用的，本级政府财政部门根据贷款资金支付相关资料及预算指标文件，借记“补助支出”科目，贷记“债务收入”科目；根据债务管理部门转来的相关资料，按照实际承担的债务金额，借记“待偿债净资产——借入款项”科目，贷记本科目。

③下级政府财政承担还款责任，贷款资金由下级政府财政同级部门（单位）使用的，本级政府财政部门根据贷款资金支付相关资料，借记“债务转贷支出”科目，贷记“债务收入”科目；根据债务管理部门转来的相关资料，按照实际承担的债务金额，借记“待偿债净资产——借入款项”科目，贷记本科目；同时，借记“应收主权外债转贷款”科目，贷记“资产基金——应收主权外债转贷款”科目。

（3）期末确认借入主权外债的应付利息时，根据债务管理部门计算出的本期应付未付利息金额，借记“待偿债净资产——借入款项”科目，贷记本科目。

（4）偿还本级政府财政承担的借入主权外债本金时，借记“债务还本支出”科目，贷记“国库存款”“其他财政存款”等科目；根据债务管理部门转来的相关资料，按照实际偿还的本金金额，借记本科目，贷记“待偿债净资产——借入款项”科目。

（5）偿还本级政府财政承担的借入主权外债利息时，借记“一般公共预算本级支出”等科目，贷记“国库存款”“其他财政存款”等科目；实际偿还利息金额中属于已确认的应付利息部分，还应根据债务管理部门转来的相关资料，借记本科目，贷记“待偿债净资产——借入款项”科目。

（6）偿还下级政府财政承担的借入主权外债的本息时，借记“其他应付款”或“其他应收款”科目，贷记“国库存款”“其他财政存款”等科目；根据债务管理部门转来的相关资料，按照实际偿还的本金及已确认的应付利息金额，借记本科目，贷记“待偿债净资产——借入款项”科目。

（7）被上级政府财政扣缴借入主权外债的本息时，借记“其他应收款”科目，贷记“与上级往来”科目；根据债务管理部门转来的相关资料，按照实际扣缴的本金及已确认的应付利息金额，借记本科目，贷记“待偿债净资产——借入款项”科目。列报支出时，对应由本级政府财政承担的还本支出，借记“债务还本支出”科目，贷记“其他应收款”科目；对应由本级政府财政承担的利息支出，借记“一般公共预算本级支出”等科目，贷记“其他应收款”科目。

（8）债权人豁免本级政府财政承担偿还责任的借入主权外债本息时，根据债务管理部门转来的相关资料，按照被豁免的本金及已确认的应付利息金额，借记本科目，贷记“待偿债净资产——借入款项”科目。债权人豁免下级政府财政承担偿还责任的借入主权外债本息时，根据债务管理部门转来的相关资料，按照被豁免的本金及已确认的应付利息金额，借记本科目，贷记“待偿债净资产——借入款项”科目；同时，借记“资产基金——应收主权外债转贷款”科目，贷记“应收主权外债转贷款”科目。

（二）其他借入款项的账务处理

其他借入款项的账务处理，参照“借入款项”科目中借入主权外债的账务处理。

第五节　应付转贷款的核算

应付转贷款包括应付地方政府债券转贷款和应付主权外债转贷款。

一、应付地方政府债券转贷款

(一)应付地方政府债券转贷款的核算内容

“应付地方政府债券转贷款”科目核算地方政府财政从上级政府财政借入的地方政府债券转贷款的本金和利息。该科目下应当设置“应付地方政府一般债券转贷款”和“应付地方政府专项债券转贷款”一级明细科目,在一级明细科目下再分别设置“应付本金”和“应付利息”两个明细科目,分别对应付本金和利息进行明细核算。该科目期末贷方余额反映本级政府财政尚未偿还的地方政府债券转贷款的本金和利息。

(二)应付地方政府债券转贷款的主要账务处理

(1)收到上级政府财政转贷的地方政府债券资金时,借记“国库存款”科目,贷记“债务转贷收入”科目;根据债务管理部门转来的相关资料,按照到期应偿还的转贷款本金金额,借记“待偿债净资产——应付地方政府债券转贷款”科目,贷记本科目。

(2)期末确认地方政府债券转贷款的应付利息时,根据债务管理部门计算出的本期应付未付利息金额,借记“待偿债净资产——应付地方政府债券转贷款”科目,贷记本科目。

(3)偿还本级政府财政承担的地方政府债券转贷款本金时,借记“债务还本支出”科目,贷记“国库存款”等科目;根据债务管理部门转来的相关资料,按照实际偿还的本金金额,借记本科目,贷记“待偿债净资产——应付地方政府债券转贷款”科目。

(4)偿还本级政府财政承担的地方政府债券转贷款的利息时,借记“一般公共预算本级支出”或“政府性基金预算本级支出”科目,贷记“国库存款”等科目;实际支付利息金额中属于已确认的应付利息部分,还应根据债务管理部门转来的相关资料,借记本科目,贷记“待偿债净资产——应付地方政府债券转贷款”科目。

(5)偿还下级政府财政承担的地方政府债券转贷款的本息时,借记“其他应付款”或“其他应收款”科目,贷记“国库存款”等科目;根据债务管理部门转来的相关资料,按照实际偿还的本金及已确认的应付利息金额,借记本科目,贷记“待偿债净资产——应付地方政府债券转贷款”科目。

(6)被上级政府财政扣缴地方政府债券转贷款本息时,借记“其他应收款”科目,贷记“与上级往来”科目;根据债务管理部门转来的相关资料,按照实际扣缴的本金及已确认的应付利息金额,借记本科目,贷记“待偿债净资产——应付地方政府债券转贷款”科目。列报支出时,对本级政府财政承担的还本支出,借记“债务还本支出”科目,贷记“其他应收款”科目;对本级政府财政承担的利息支出,借记“一般公共预算本级支出”或“政府性基金预算本级支出”科目,贷记“其他应收款”科目。

(7)采用定向承销方式发行地方政府债券置换存量债务时,省级以下(不含省级)财政部门根据上级财政部门提供的债权债务确认相关资料,按照置换本级政府存量债务的额度,借记“债务还本支出”科目;按照置换下级政府存量债务的额度,借记“债务转贷支出”科目;按照置换存量债务的总额度，贷记“债务转贷收入”科目。根据债务管理部门转来的相关资料，按照置换存量债务的总额度，借记“待偿债净资产——应付地方政府债券转贷款”科目，贷记本科目；同时，按照置换下级政府存量债务额度，借记“应收地方政府债券转贷款”科目，贷记“资产基金——应收地方政府债券转贷款”科目。

二、应付主权外债转贷款

（一）应付主权外债转贷款的核算内容

“应付主权外债转贷款”科目核算本级政府财政从上级政府财政借入的主权外债转贷款的本金和利息。该科目下应当设置“应付本金”和“应付利息”两个明细科目，分别对应付本金和利息进行明细核算。该科目期末贷方余额反映本级政府财政尚未偿还的主权外债转贷款本金和利息。

（二）应付主权外债转贷款的主要账务处理

（1）收到上级政府财政转贷的主权外债资金时，借记“其他财政存款”科目，贷记“债务转贷收入”科目；根据债务管理部门转来的相关资料，按照实际承担的债务金额，借记“待偿债净资产——应付主权外债转贷款”科目，贷记本科目。

（2）从上级政府财政借入主权外债转贷款，且由外方将贷款资金直接支付给用款单位或供应商时，应根据以下情况分别处理：

①本级政府财政承担还款责任，贷款资金由本级政府财政同级部门（单位）使用的，本级政府财政根据贷款资金支付相关资料，借记“一般公共预算本级支出”等科目，贷记“债务转贷收入”科目；根据债务管理部门转来的相关资料，按照实际承担的债务金额，借记“待偿债净资产——应付主权外债转贷款”科目，贷记本科目。

②本级政府财政承担还款责任，贷款资金由下级政府财政同级部门（单位）使用的，本级政府财政部门根据贷款资金支付相关资料及预算指标文件，借记“补助支出”科目，贷记“债务转贷收入”科目；根据债务管理部门转来的相关资料，按照实际承担的债务金额，借记“待偿债净资产——应付主权外债转贷款”科目，贷记本科目。

③下级政府财政承担还款责任，贷款资金由下级政府财政同级部门（单位）使用的，本级政府财政部门根据贷款资金支付相关资料，借记“债务转贷支出”科目，贷记“债务转贷收入”科目；根据债务管理部门转来的相关资料，按照实际承担的债务金额，借记“待偿债净资产——应付主权外债转贷款”科目，贷记本科目；同时，借记“应收主权外债转贷款”科目，贷记“资产基金——应收主权外债转贷款”科目。

（3）期末确认主权外债转贷款的应付利息时，按照债务管理部门计算出的本期应付未付利息金额，借记“待偿债净资产——应付主权外债转贷款”科目，贷记本科目。

（4）偿还本级政府财政承担的借入主权外债转贷款的本金时，借记“债务还本支出”科目，贷记“其他财政存款”等科目；根据债务管理部门转来的相关资料，按照实际偿还的本金金额，借记本科目，贷记“待偿债净资产——应付主权外债转贷款”科目。

（5）偿还本级政府财政承担的借入主权外债转贷款的利息时，借记“一般公共预算本级支出”等科目，贷记“其他财政存款”等科目；实际偿还利息金额中属于已确认的应付利息部分，还应根据债务管理部门转来的相关资料，借记本科目，贷记“待偿债净资产——应付主权外债转贷款”科目。

(6)偿还下级政府财政承担的借入主权外债转贷款的本息时,借记“其他应付款”或“其他应收款”科目,贷记“其他财政存款”等科目;根据债务管理部门转来的相关资料,按照实际偿还的本金及已确认的应付利息金额,借记本科目,贷记“待偿债净资产——应付主权外债转贷款”科目。

(7)被上级政府财政扣缴借入主权外债转贷款的本息时,借记“其他应收款”科目,贷记“与上级往来”科目;根据债务管理部门转来的相关资料,按照被扣缴的本金及已确认的应付利息金额,借记本科目,贷记“待偿债净资产——应付主权外债转贷款”科目。列报支出时,对本级政府财政承担的还本支出,借记“债务还本支出”科目,贷记“其他应收款”科目;对本级政府财政承担的利息支出,借记“一般公共预算本级支出”等科目,贷记“其他应收款”科目。

(8)上级政府财政豁免主权外债转贷款本息时,根据以下情况分别处理:

①豁免本级政府财政承担偿还责任的主权外债转贷款本息时,根据债务管理部门转来的相关资料,按照豁免转贷款的本金及已确认的应付利息金额,借记本科目,贷记“待偿债净资产——应付主权外债转贷款”科目。

②豁免下级政府财政承担偿还责任的主权外债转贷款本息时,根据债务管理部门转来的相关资料,按照豁免转贷款的本金及已确认的应付利息金额,借记本科目,贷记“待偿债净资产——应付主权外债转贷款”科目;同时,借记“资产基金——应收主权外债转贷款”科目,贷记“应收主权外债转贷款”科目。

第六节　其他类型负债的核算

除了以上述类型的负债外,还包括其他负债、应付代管资金和已结报支出。

一、其他负债

(一)其他负债的核算内容

“其他负债”科目核算政府财政因有关政策明确要求其承担支出责任的事项而形成的应付未付款项。该科目应当按照债权单位和项目等进行明细核算。该科目贷方余额反映政府财政承担的尚未支付的其他负债余额。

(二)其他负债的主要账务处理

(1)有关政策已明确政府财政承担的支出责任,按照确定应承担的负债金额,借记“待偿债净资产”科目,贷记本科目。

(2)实际偿还负债时,借记有关金额支出等科目,贷记“国库存款”等科目;同时,按照相同的金额,借记本科目,贷记“待偿债净资产”科目。

二、应付代管资金

(一)应付代管资金的核算内容

“应付代管资金”科目核算政府财政代为管理的、使用权属于被代管主体的资金。该科目应当根据管理需要进行相关明细核算。该科目期末贷方余额反映政府财政尚未支付的代管资金。

(二)应付代管资金的主要账务处理

(1)收到代管资金时,借记"其他财政存款"等科目,贷记本科目。

(2)支付代管资金时,借记本科目,贷记"其他财政存款"等科目。

(3)代管资金产生的利息收入按照相关规定仍属于代管资金的,借记"其他财政存款"等科目,贷记本科目。

三、已结报支出

(一)已结报支出的核算内容

"已结报支出"科目核算政府财政国库支付执行机构已清算的国库集中支付支出数额。财政国库支付执行机构未单设的地区,不使用该科目。该科目年终转账后无余额。

(二)已结报支出的主要账务处理

(1)每日汇总清算后,财政国库支付执行机构会计根据有关划款凭证回执联和按部门分"类""款""项"汇总的《预算支出结算清单》,对于财政直接支付,借记"财政零余额账户存款"科目,贷记本科目;对于财政授权支付,借记"一般公共预算本级支出""政府性基金预算本级支出""国有资本经营预算本级支出"等科目,贷记本科目。

(2)年终财政国库支付执行机构按照累计结清的支出金额,与有关方面核对一致后转账时,借记本科目,贷记"一般公共预算本级支出""政府性基金预算本级支出""国有资本经营预算本级支出"等科目。

本章小结

财政总预算会计负债是指政府财政承担的能以货币计量、需以资产偿付的债务。

财政总预算会计核算的负债具体包括应付国库集中支付结余、暂收及应付款项、应付政府债券、借入款项、应付转贷款、其他负债、应付代管资金等。

应付国库集中支付结余是指国库集中支付中,按照财政部门批复的部门预算,当年未支付而需结转下一年度支付的款项采用权责发生制列支后形成的债务。

暂收及应付款项是指政府财政业务活动中形成的债务,包括与上级往来和其他应付款等。暂收及应付款项应当及时清理结算。

应付政府债券是指政府财政采用发行政府债券方式筹集资金而形成的负债,包括应付短期政府债券和应付长期政府债券。

"应付短期政府债券"科目核算政府财政部门以政府名义发行的期限不超过1年(含1年)的国债和地方政府债券的应付本金和利息。该科目下应当设置"应付国债""应付地方政府一般债券""应付地方政府专项债券"等一级明细科目,在一级明细科目下,再分别设置"应付本金""应付利息"明细科目,分别核算政府债券的应付本金和利息。

"应付长期政府债券"科目核算政府财政部门以政府名义发行的期限超过1年的国债和地方政府债券的应付本金和利息。该科目下应当设置"应付国债""应付地方政府一般债券""应付地方政府专项债券"等一级明细科目,在一级明细科目下,再分别设置"应付本金""应付利息"明细科目,分别核算政府债券的应付本金和利息。

借入款项是指政府财政部门以政府名义向外国政府、国际金融组织等借入的款项，以及通过经国务院批准的其他方式借款形成的负债。"借入款项"科目下应当设置"应付本金""应付利息"明细科目，分别对借入款项的应付本金和利息进行明细核算，还应当按照债权人进行明细核算。债务管理部门应当设置相应的辅助账，详细记录每笔借入款项的期限、借入日期、偿还及付息情况等。

应付转贷款是指地方政府财政向上级政府财政借入转贷资金而形成的负债，包括应付地方政府债券转贷款和应付主权外债转贷款等。

"应付地方政府债券转贷款"科目核算地方政府财政从上级政府财政借入的地方政府债券转贷款的本金和利息。该科目下应当设置"应付地方政府一般债券转贷款"和"应付地方政府专项债券转贷款"一级明细科目，在一级明细科目下再分别设置"应付本金"和"应付利息"两个明细科目，分别对应付本金和利息进行明细核算。

"应付主权外债转贷款"科目核算本级政府财政从上级政府财政借入的主权外债转贷款的本金和利息。该科目下应当设置"应付本金"和"应付利息"两个明细科目，分别对应付本金和利息进行明细核算。

其他负债是指政府财政因有关政策明确要求其承担支出责任的事项而形成的应付未付款项。"其他负债"科目应当按照债权单位和项目等进行明细核算。

应付代管资金是指政府财政代为管理的，使用权属于被代管主体的资金。"应付代管资金"科目应当根据管理需要进行相关明细核算。

练习题

一、单项选择题

1. 财政总预算会计在决算清理期和库款报解整理期内收到属于上年度的收入时，在上年度账务中，应当(　　)。

A. 借记"在途款"科目，贷记有关收入科目

B. 借记"国库存款"科目，贷记"一般预算收入"科目

C. 无须进行账务处理

D. 借记"一般预算收入"科目，贷记"在途款"科目

2. 财政总预算会计在计算出财政体制结算中应由下级财政上解给本级财政的款项时，应通过(　　)科目核算。

A."与下级往来"　　B."暂付款"　　C."预拨经费"　　D."在途款"

3. 财政总预算会计在年末按照规定采用财政实拨资金方式向所属预算单位预拨下年度初部分预算经费时，应当通过(　　)科目核算。

A."暂付款"　　B."一般预算支出"

C."预拨经费"　　D."与下级往来"

4. 财政总预算会计核算政府财政按照对外借款相关规定借给预算单位临时急需的，并需按期收回的款项，应当通过(　　)科目核算。

A."暂付款"　　B."借出款项"　　C."与下级往来"　　D."预拨经费"

5. 财政总预算会计的负债不包括(　　)。

A. 已结报支出　　B. 与上级往来　　C. 借入款项　　D. 与下级往来

6. 财政总预算会计的其他应付款在转作收入时应当贷记(　　)科目。

A.“国库存款”　　B.“其他财政存款”　　C. 有关收入　　D.“其他应付款”

7. 财政总预算会计在计算出财政体制结算中应由上级财政补助给本级财政的款项时，应当借记(　　)科目。

A.“与上级往来”　　B.“与下级往来”　　C.“暂存款”　　D.“一般预算收入”

8. 政府财政部门以政府名义发行的期限超过 1 年的国债和地方政府债券的应付本金和利息通过(　　)科目核算。

A.“债务预算收入”　　B.“应付长期政府债券”

C.“借入款项”　　D.“其他应付款”

9. 实际支付本级政府财政承担的长期政府债券利息时，借记(　　)科目。

A.“债务预算支出”　　B.“借入款项”

C.“一般公共预算本级支出”　　D.“国库存款”

二、多项选择题

1. 财政总预算会计的负债类科目有(　　)。

A.“已结报支出”　　B.“与下级往来”　　C.“借入款项”　　D.“待发国债”

2. 应付转贷款包括(　　)。

A. 应付地方政府债券转贷款　　B. 债转股

C. 借入款项　　D. 应付主权外债转贷款

3. 下列账务处理中，正确的是(　　)。

A. 借记“与下级往来”科目，贷记“其他应付款”科目

B. 收到暂存款项时，借记“国库存款”等科目，贷记“其他应付款”科目

C. 收到暂存款项时，借记 “其他财政存款”等科目，贷记“其他应付款”科目

D. 借记“其他财政存款”科目，贷记 “其他应收款”科目

4. 应付政府债券包括(　　)。

A. 应付账款　　B. 应付短期政府债券　　C. 应付长期政府债券　　D. 应付转贷款

5. 下级政府财政承担还款责任，贷款资金由下级政府财政同级部门(单位)使用的，本级政府财政部门应做的账务处理是(　　)。

A. 根据贷款资金支付相关资料，借记“债务转贷支出”科目，贷记“债务转贷收入”科目

B. 根据债务管理部门转来的相关资料，按照实际承担的债务金额，借记“待偿债净资产——应付主权外债转贷款”科目，贷记本科目

C. 借记“应收主权外债转贷款”科目，贷记“资产基金——应收主权外债转贷款”科目

D. 以上都需要进行会计业务处理

三、判断题

1. 应付政府债券是指政府财政采用发行政府债券方式筹集资金而形成的负债。　　(　　)

2. 财政总预算会计核算的负债，只能按照实际发生金额进行计量。　　(　　)

3.“应付国库集中支付结余”科目期末借方余额反映政府财政尚未支付的国库集中支付结余。　　(　　)

4. 应付代管资金是指政府财政代为管理的，使用权属于被代管主体的资金。　　(　　)

5.“应付地方政府债券转贷款”科目核算本级政府财政从上级政府财政借入的主权外债转贷款的本金和利息。　　(　　)

四、综合题

某市财政部门 2015 年 12 月发生如下经济业务：

（1）根据财政体制结算的规定，年终计算出本级财政应向上级某省财政上解的一般预算款项计 9 600 元。

（2）某市财政因预算资金周转的需要，向上级某省财政借入一般预算款项 3 500 元。经上级该省财政批准，该市财政向上级该省财政借入的一般预算周转款项 3 500 元转作一般预算补助收入。

（3）某市财政一般预算存款账户收到某单位性质不明的缴款 3 800 元。经查明，该款项属于误入，予以退回。

要求：根据上述发生的业务，编制相应的会计分录。

五、简答题

1. 什么是财政总预算会计负债？主要包括哪些内容？
2. 什么是应付国库集中支付结余？其内容如何进行核算？
3. 什么是应付短期政府债券？如何进行核算？
4. 什么是应付长期政府债券？如何进行核算？
5. 什么是应付地方政府债券转贷款？如何进行核算？
6. 什么是主权外债转贷款？如何进行核算？

第六章　财政总预算会计净资产的核算

学习目标

本章主要介绍财政总预算会计净资产的概念及核算内容与方法。通过本章的学习，熟悉净资产的概念、内容，重点掌握一般公共预算结转结余、政府性基金预算结转结余、国有资本经营预算结转结余、财政专户管理资金结余、专用基金结余、预算稳定调节基金、预算周转金、资产基金和待偿债净资产的核算内容与核算方法。

第一节　财政总预算会计净资产概述

一、财政总预算会计净资产的概念

财政总预算会计净资产是指政府财政资产减去负债的差额。

二、财政总预算会计核算的净资产的内容

财政总预算会计核算的净资产包括一般公共预算结转结余、政府性基金预算结转结余、国有资本经营预算结转结余、财政专户管理资金结余、专用基金结余、预算稳定调节基金、预算周转金、资产基金和待偿债净资产。

(1)一般公共预算结转结余是指一般公共预算收支的执行结果。

(2)政府性基金预算结转结余是指政府性基金预算收支的执行结果。

(3)国有资本经营预算结转结余是指国有资本经营预算收支的执行结果。

(4)财政专户管理资金结余是指纳入财政专户管理的教育收费等资金收支的执行结果。

(5)专用基金结余是指专用基金收支的执行结果。

(6)预算稳定调节基金是指政府财政安排用于弥补以后年度预算资金不足的储备资金。

(7)预算周转金是指政府财政为调剂预算年度内季节性收支差额，保证及时用款而设置的库款周转资金。

(8)资产基金是指政府财政持有的债权和股权投资等资产(与其相关的资金收支纳入预算管理)在净资产中占用的金额。

(9)待偿债净资产是指政府财政承担应付短期政府债券、应付长期政府债券、借入款项、应付地方政府债券转贷款、应付主权外债转贷款、其他负债等负债(与其相关的资金收支纳入预

算管理)而相应需在净资产中冲减的金额。

各项结转结余应每年结算一次。

第二节　财政总预算会计结转结余的核算

财政总预算会计结转结余包括一般公共预算结转结余、政府性基金预算结转结余、国有资本经营预算结转结余、财政专户管理资金结余、专用基金结余。

一、一般公共预算结转结余

(一)一般公共预算结转结余的核算内容

"一般公共预算结转结余"科目核算政府财政纳入一般公共预算管理的收支相抵形成的结转结余。该科目年终贷方余额反映一般公共预算收支相抵后的滚存结转结余。

(二)一般公共预算结转结余的主要账务处理

(1)年终转账时,将一般公共预算的有关收入科目贷方余额转入本科目的贷方,借记"一般公共预算本级收入""补助收入——一般公共预算补助收入""上解收入——一般公共预算上解收入""地区间援助收入""调入资金——一般公共预算调入资金""债务收入——一般债务收入""债务转贷收入——地方政府一般债务转贷收入""动用预算稳定调节基金"等科目,贷记本科目;将一般公共预算的有关支出科目借方余额转入本科目的借方,借记本科目,贷记"一般公共预算本级支出""上解支出——一般公共预算上解支出""补助支出——一般公共预算补助支出""地区间援助支出""调出资金——一般公共预算调出资金""安排预算稳定调节基金""债务转贷支出——地方政府一般债务转贷支出""债务还本支出——一般债务还本支出"等科目。

(2)设置和补充预算周转金时,借记本科目,贷记"预算周转金"科目。

【例6—1】　某市财政2015年年终结账时,有关一般预算类收入科目总分类账户的贷方余额为:一般预算收入205 050元,补助收入58 300元,上解收入24 300元,调入资金250元。该市财政2015年年终结账时,有关一般预算类支出科目总分类账户的借方余额为:一般预算支出191 360元,补助支出56 400元,上解支出8 500元。

借:一般公共预算本级收入	205 050	
补助收入——一般公共预算补助收入	58 300	
上解收入——一般公共预算上解收入	24 300	
调入资金——一般公共预算调入资金	250	
贷:一般公共预算结转结余		287 900
借:一般公共预算结转结余	256 260	
贷:一般公共预算本级支出		191 360
补助支出——一般公共预算补助支出		56 400
上解支出——一般公共预算上解支出		8 500

二、政府性基金预算结转结余

(一)政府性基金预算结转结余的核算内容

“政府性基金预算结转结余”科目核算政府财政纳入政府性基金预算管理的收支相抵形成的结转结余。该科目应当根据管理需要,按照政府性基金的种类进行明细核算。该科目年终贷方余额反映政府性基金预算收支相抵后的滚存结转结余。

(二)政府性基金预算结转结余的主要账务处理

年终转账时,应将政府性基金预算的有关收入科目贷方余额按照政府性基金种类分别转入本科目下相应明细科目的贷方,借记“政府性基金预算本级收入”“补助收入——政府性基金预算补助收入”“上解收入——政府性基金预算上解收入”“调入资金——政府性基金预算调入资金”“债务收入——专项债务收入”“债务转贷收入——地方政府专项债务转贷收入”等科目,贷记本科目;将政府性基金预算的有关支出科目借方余额按照政府性基金种类分别转入本科目下相应明细科目的借方,借记本科目,贷记“政府性基金预算本级支出”“上解支出——政府性基金预算上解支出”“补助支出——政府性基金预算补助支出”“调出资金——政府性基金预算调出资金”“债务还本支出——专项债务还本支出”“债务转贷支出——地方政府专项债务转贷支出”等科目。

【例 6—2】 某市财政 2015 年年终结账时,有关基金预算类收入科目总分类账户的贷方余额为:基金预算收入 25 600 元,补助收入 3 500 元。该市财政 2015 年年终结账时,有关基金预算类支出科目总分类账户的借方余额为:基金预算支出 25 030 元,补助支出 1 100 元。

借:政府性基金预算本级收入	25 600	
补助收入——政府性基金预算补助收入	3 500	
贷:政府性基金预算结转结余		29 100
借:政府性基金预算结转结余	26 130	
贷:政府性基金预算本级支出		25 030
补助支出——政府性基金预算补助支出		1 100

三、国有资本经营预算结转结余

(一)国有资本经营预算结转结余的核算内容

“国有资本经营预算结转结余”科目核算政府财政纳入国有资本经营预算管理的收支相抵形成的结转结余。该科目年终贷方余额反映国有资本经营预算收支相抵后的滚存结转结余。

(二)国有资本经营预算结转结余的主要账务处理

年终转账时,应将国有资本经营预算的有关收入科目贷方余额转入本科目贷方,借记“国有资本经营预算本级收入”等科目,贷记本科目;将国有资本经营预算的有关支出科目借方余额转入本科目借方,借记本科目,贷记“国有资本经营预算本级支出”“调出资金——国有资本经营预算调出资金”等科目。

四、财政专户管理资金结余

(一)财政专户管理资金结余的核算内容

“财政专户管理资金结余”科目核算政府财政纳入财政专户管理的教育收费等资金收支相

抵后形成的结余。该科目应当根据管理需要，按照部门(单位)等进行明细核算。该科目年终贷方余额反映政府财政纳入财政专户管理的资金收支相抵后的滚存结余。

(二)财政专户管理资金结余的主要账务处理

年终转账时，将财政专户管理资金的有关收入科目贷方余额转入本科目贷方，借记“财政专户管理资金收入”等科目，贷记本科目；将财政专户管理资金的有关支出科目借方余额转入本科目借方，借记本科目，贷记“财政专户管理资金支出”等科目。

五、专用基金结余

(一)专用基金结余的核算内容

“专用基金结余”科目核算政府财政管理的专用基金收支相抵形成的结余。该科目应当根据专用基金的种类进行明细核算。该科目年终贷方余额反映政府财政管理的专用基金收支相抵后的滚存结余。

(二)专用基金结余的主要账务处理

年终转账时，将专用基金的有关收入科目贷方余额转入本科目贷方，借记“专用基金收入”等科目，贷记本科目；将专用基金的有关支出科目借方余额转入本科目借方，借记本科目，贷记“专用基金支出”等科目。

【例 6—3】 某市财政 2015 年年终结账时，将“专用基金收入——粮食风险基金”科目的贷方余额 4 400 元转入专用基金结余；将“专用基金支出——粮食风险基金”科目的借方余额 4 200元转入专用基金结余。

借：专用基金收入——粮食风险基金	4 400	
贷：专用基金结余——粮食风险基金		4 400
借：专用基金结余——粮食风险基金	4 200	
贷：专用基金支出——粮食风险基金		4 200

第三节　财政总预算会计其他净资产的核算

其他净资产包括预算稳定调节基金、预算周转金、资产基金和待偿债净资产。

一、预算稳定调节基金

(一)预算稳定调节基金的核算内容

“预算稳定调节基金”科目核算政府财政设置的用于弥补以后年度预算资金不足的储备资金。该科目期末贷方余额反映预算稳定调节基金的规模。

(二)预算稳定调节基金的主要账务处理

(1)使用超收收入或一般公共预算结余补充预算稳定调节基金时，借记“安排预算稳定调节基金”科目，贷记本科目。

(2)将预算周转金调入预算稳定调节基金时，借记“预算周转金”科目，贷记本科目。

(3)调用预算稳定调节基金时，借记本科目，贷记“动用预算稳定调节基金”科目。

二、预算周转金

(一)预算周转金的核算内容

"预算周转金"科目核算政府财政设置的用于调剂预算年度内季节性收支差额周转使用的资金。预算周转金应根据《中华人民共和国预算法》的要求设置。该科目期末贷方余额反映预算周转金的规模。

(二)预算周转金的主要账务处理

(1)设置和补充预算周转金时,借记"一般公共预算结转结余"科目,贷记本科目。

(2)将预算周转金调入预算稳定调节基金时,借记本科目,贷记"预算稳定调节基金"科目。

【例 6—4】 某市财政从年度预算结余中安排 18 000 元补充预算周转金。

借:一般公共预算结转结余	18 000	
贷:预算周转金		18 000

【例 6—5】 某市财政将预算周转金 10 000 元调入预算稳定调节基金。

借:预算周转金	10 000	
贷:预算稳定调节基金		10 000

三、资产基金

(一)资产基金的核算内容

"资产基金"科目核算政府财政持有的应收地方政府债券转贷款、应收主权外债转贷款、股权投资和应收股利等资产(与其相关的资金收支纳入预算管理)在净资产中占用的金额。该科目下应当设置"应收地方政府债券转贷款""应收主权外债转贷款""股权投资""应收股利"等明细科目,进行明细核算。该科目期末贷方余额,反映政府财政持有应收地方政府债券转贷款、应收主权外债转贷款、股权投资和应收股利等资产(与其相关的资金收支纳入预算管理)在净资产中占用的金额。

(二)资产基金的主要账务处理

资产基金的账务处理参见"应收地方政府债券转贷款""应收主权外债转贷款""股权投资"和"应收股利"等科目。

四、待偿债净资产

(一)待偿债净资产的核算内容

"待偿债净资产"科目核算政府财政因发生应付政府债券、借入款项、应付地方政府债券转贷款、应付主权外债转贷款、其他负债等负债(与其相关的资金收支纳入预算管理)相应需在净资产中冲减的金额。该科目下应当设置"应付短期政府债券""应付长期政府债券""借入款项""应付地方政府债券转贷款""应付主权外债转贷款""其他负债"等明细科目,进行明细核算。该科目期末借方余额,反映政府财政承担应付政府债券、借入款项、应付地方政府债券转贷款、应付主权外债转贷款和其他负债等负债(与其相关的资金收支纳入预算管理)而相应需冲减净资产的金额。

(二)待偿债净资产的主要账务处理

待偿债净资产的账务处理参见"应付短期政府债券""应付长期政府债券""借入款项""应

付地方政府债券转贷款""应付主权外债转贷款"和"其他负债"等科目。

本章小结

财政总预算会计净资产是指政府财政资产减去负债的差额。

财政总预算会计核算的净资产包括一般公共预算结转结余、政府性基金预算结转结余、国有资本经营预算结转结余、财政专户管理资金结余、专用基金结余、预算稳定调节基金、预算周转金、资产基金和待偿债净资产。

"一般公共预算结转结余"科目核算政府财政纳入一般公共预算管理的收支相抵形成的结转结余。

"政府性基金预算结转结余"科目核算政府财政纳入政府性基金预算管理的收支相抵形成的结转结余。该科目应当根据管理需要,按照政府性基金的种类进行明细核算。

"国有资本经营预算结转结余"科目核算政府财政纳入国有资本经营预算管理的收支相抵形成的结转结余。

"财政专户管理资金结余"科目核算政府财政纳入财政专户管理的教育收费等资金收支相抵后形成的结余。该科目应当根据管理需要,按照部门(单位)等进行明细核算。

"专用基金结余"科目核算政府财政管理的专用基金收支相抵形成的结余。该科目应当根据专用基金的种类进行明细核算。

"预算稳定调节基金"科目核算政府财政设置的用于弥补以后年度预算资金不足的储备资金。

"预算周转金"科目核算政府财政设置的用于调剂预算年度内季节性收支差额周转使用的资金。预算周转金应根据《中华人民共和国预算法》的要求设置。

"资产基金"科目核算政府财政持有的应收地方政府债券转贷款、应收主权外债转贷款、股权投资和应收股利等资产(与其相关的资金收支纳入预算管理)在净资产中占用的金额。该科目下应当设置"应收地方政府债券转贷款""应收主权外债转贷款""股权投资""应收股利"等明细科目,进行明细核算。

待偿债净资产是指政府财政承担应付短期政府债券、应付长期政府债券、借入款项、应付地方政府债券转贷款、应付主权外债转贷款、其他负债等负债(与其相关的资金收支纳入预算管理)而相应需在净资产中冲减的金额。"待偿债净资产"科目下应当设置"应付短期政府债券""应付长期政府债券""借入款项""应付地方政府债券转贷款""应付主权外债转贷款""其他负债"等明细科目,进行明细核算。

各项结转结余应每年结算一次。

练习题

一、单项选择题

1. 资产基金核算政府财政持有的相关资产在净资产中占用的金额,相关资产不包括(　　)。

A. 应收地方政府债券转贷款　　B. 应收主权外债转贷款
C. 股权投资　　D. 其他财政存款

2. 各项结转结余应(　　)结算一次。

A. 每年　　B. 每月　　C. 每季度　　D. 半年度

3. 设置和补充预算周转金时,借记(　　)科目,贷记"预算周转金"科目。

A."资产基金"　　B."一般公共预算结转结余"
C."政府性基金预算结转结余"　　D."专用基金结余"

二、多项选择题

1. 财政总预算会计的净资产科目有(　　)。

A."一般公共预算结转结余"　　B."政府性基金预算结转结余"
C."专用基金结余"　　D."预算周转金"

2. 资产基金是指政府财政持有的(　　)等资产(与其相关的资金收支纳入预算管理)在净资产中占用的金额。

A. 债权　　B. 股权投资　　C. 存货　　D. 应收账款

3. 财政总预算会计结转结余包括(　　)。

A. 一般公共预算结转结余　　B. 政府性基金预算结转结余
C. 国有资本经营预算结转结余　　D. 财政专户管理资金结余
E. 专用基金结余

三、判断题

1."专用基金结余"科目核算政府财政管理的专用基金收支相抵形成的结余。(　　)

2."资产基金"科目核算政府财政持有的应收地方政府债券转贷款、应收主权外债转贷款、股权投资和应收股利等资产(与其相关的资金收支纳入预算管理)在净资产中抵减的金额。(　　)

3."资产基金"科目期末借方余额,反映政府财政承担应付政府债券、借入款项、应付地方政府债券转贷款、应付主权外债转贷款和其他负债等负债(与其相关的资金收支纳入预算管理)而相应需冲减净资产的金额。(　　)

4."预算稳定调节基金"科目核算政府财政设置的用于弥补以后年度预算资金不足的储备资金。该科目期末贷方余额反映预算稳定调节基金的规模。(　　)

5."财政专户管理资金结余"科目核算政府财政纳入财政专户管理的教育收费等资金收支相抵后形成的结余。(　　)

四、综合题

某市 2015 年年终结账时,发生如下业务:

(1)有关一般预算类收入科目总分类账户的贷方余额为:一般预算收入 250 000 元,补助收入 48 500 元,上解收入 44 500 元,调入资金 4 500 元。该市财政 2015 年年终结账时,有关一般预算类支出科目总分类账户的借方余额为:一般预算支出 251 000 元,补助支出 66 500 元,上解支出 4 000 元。

(2)有关基金预算类收入科目总分类账户的贷方余额为:基金预算收入 85 500 元,补助收入 3 000 元。该市财政 2015 年年终结账时,有关基金预算类支出科目总分类账户的借方余额为:基金预算支出 25 000 元,补助支出 4 200 元。

(3)将"专用基金收入——粮食风险基金"科目的贷方余额 5 400 元转入专用基金结余;将"专用基金支出——粮食风险基金"科目的借方余额 6 200 元转入专用基金结余。

(4)从年度预算结余中安排 58 000 元补充预算周转金。

(5)将预算周转金 50 000 元调入预算稳定调节基金。

要求:根据上述业务,编制相应会计分录。

五、简答题

1. 什么是财政总预算会计的净资产?其包括哪些内容?
2. 什么是一般公共预算结转结余?
3. 什么是政府性基金预算结转结余?
4. 什么是专用基金结余?如何进行核算?
5. 什么是资产基金?什么是待偿债净资产?

第七章 财政总预算会计收入的核算

学习目标

本章主要介绍财政总预算会计收入的概念、内容以及核算的方法。通过本章的学习,熟悉收入的概念,重点掌握一般公共预算本级收入、政府性基金预算本级收入、国有资本经营预算本级收入、财政专户管理资金收入、专用基金收入、转移性收入、动用预算稳定调节基金、债务收入、债务转贷收入的核算内容和核算方法。

第一节 财政总预算会计收入概述

一、财政总预算会计收入的概念

财政总预算会计收入是指政府财政为实现政府职能,根据法律法规等所筹集的资金。

二、财政总预算会计收入的内容

财政总预算会计核算的收入包括一般公共预算本级收入、政府性基金预算本级收入、国有资本经营预算本级收入、财政专户管理资金收入、专用基金收入、转移性收入、动用预算稳定调节基金、债务收入、债务转贷收入等。

(1)一般公共预算本级收入是指政府财政筹集的纳入本级一般公共预算管理的税收收入和非税收入。

(2)政府性基金预算本级收入是指政府财政筹集的纳入本级政府性基金预算管理的非税收入。

(3)国有资本经营预算本级收入是指政府财政筹集的纳入本级国有资本经营预算管理的非税收入。

(4)财政专户管理资金收入是指政府财政纳入财政专户管理的教育收费等资金收入。

(5)专用基金收入是指政府财政根据法律法规等规定设立的各项专用基金(包括粮食风险基金等)取得的资金收入。

(6)转移性收入是指在各级政府财政之间进行资金调拨以及在本级政府财政不同类型资金之间调剂所形成的收入,包括补助收入、上解收入、调入资金和地区间援助收入等。其中,补助收入是指上级政府财政按照财政体制规定或因专项需要补助给本级政府财政的款项,包括上级税收返还、转移支付等。上解收入是指按照财政体制规定由下级政府财政上缴给本级政府财政的款项。调入资金是指政府财政为平衡某类预算收支,从其他类型预算资金及其他渠道调入的资金。地区间援助收入是指受援方政府财政收到援助方政府财政转来的可统筹使用的各类援助、捐赠等资金收入。

(7)动用预算稳定调节基金是指政府财政为弥补本年度预算资金的不足,调用的预算稳定调节基金。

(8)债务收入是指政府财政根据法律法规等规定,通过发行债券、向外国政府和国际金融组织借款等方式筹集的纳入预算管理的资金收入。

(9)债务转贷收入是指本级政府财政收到上级政府财政转贷的债务收入。

一般公共预算本级收入、政府性基金预算本级收入、国有资本经营预算本级收入、财政专户管理资金收入和专用基金收入应当按照实际收到的金额入账。转移性收入应当按照财政体制的规定或实际发生的金额入账。动用预算稳定调节基金应当按照实际发生的调用的预算稳定调节基金金额入账。债务收入应当按照实际发行额或借入的金额入账。债务转贷收入应当按照实际收到的转贷金额入账。已建乡(镇)国库的地区,乡(镇)财政的本级收入以乡(镇)国库收到数为准。县(含县本级)以上各级财政的各项预算收入(含固定收入与共享收入)以缴入基层国库数额为准。未建乡(镇)国库的地区,乡(镇)财政的本级收入以乡(镇)预算总会计收到县级财政返回数额为准。

财政总预算会计应当加强各项收入的管理,严格会计核算手续。对于各项收入的账务处理,必须以审核无误的国库入库凭证、预算收入日报表和其他合法凭证为依据。发现错误,应当按照相关规定及时通知有关单位共同更正。对于已缴入国库和财政专户的收入退库(付),要严格把关,强化监督。凡不属于国家规定的退库(付)项目,一律不得冲退收入。属于国家规定的退库(付)事项,具体退库(付)程序按财政部的有关规定办理。

第二节　财政总预算会计预算收入的核算

财政总预算会计的预算收入包括一般公共预算本级收入、政府性基金预算本级收入、国有资本经营预算本级收入。

一、一般公共预算本级收入

(一)一般公共预算本级收入的核算内容

"一般公共预算本级收入"科目核算政府财政筹集的纳入本级一般公共预算管理的税收收入和非税收入。该科目应当根据《政府收支分类科目》中"一般公共预算收入科目"的规定进行明细核算。该科目平时贷方余额反映一般公共预算本级收入的累计数。

(二)一般公共预算本级收入的主要账务处理

(1)收到款项时,根据当日预算收入日报表所列一般公共预算本级收入数,借记"国库存款"等科目,贷记本科目。

(2)年终转账时,本科目贷方余额全数转入"一般公共预算结转结余"科目,借记本科目,贷记"一般公共预算结转结余"科目。结转后,本科目无余额。

【例7—1】 某市财政局收到中国人民银行国库报来的预算收入日报表。其中,一般预算收入合计180 500元。

借:国库存款——一般预算存款 180 500

贷:一般公共预算本级收入 180 500

【例7—2】 某市财政年终将"一般公共预算本级收入"科目贷方余额324 500元全数转入"一般公共预算结转结余"科目。

借:一般公共预算本级收入 324 500

贷:一般公共预算结转结余 324 500

二、政府性基金预算本级收入

(一)政府性基金预算本级收入的核算内容

"政府性基金预算本级收入"科目核算政府财政筹集的纳入本级政府性基金预算管理的非税收入。该科目应当根据《政府收支分类科目》中"政府性基金预算收入科目"的规定进行明细核算。该科目平时贷方余额反映政府性基金预算本级收入的累计数。

(二)政府性基金预算本级收入的主要账务处理

(1)收到款项时,根据当日预算收入日报表所列政府性基金预算本级收入数,借记"国库存款"等科目,贷记本科目。

(2)年终转账时,本科目贷方余额全数转入"政府性基金预算结转结余"科目,借记本科目,贷记"政府性基金预算结转结余"科目。结转后,本科目无余额。

【例7—3】 某市财政局收到中国人民银行国库报来的预算收入日报表。其中,基金预算收入合计13 000元。具体为:民航机场管理建设费收入6 300元,养路费收入4 500元,政府住房基金收入——计提廉租住房资金2 200元。

借:国库存款——基金预算存款 13 000

贷:政府性基金预算本级收入 13 000

【例7—4】 某市财政年终将"政府性基金预算本级收入"科目贷方余额34 500元全数转入"政府性基金预算结转结余"科目。

借:政府性基金预算本级收入 34 500

贷:政府性基金预算结转结余 34 500

三、国有资本经营预算本级收入

(一)国有资本经营预算本级收入的核算内容

"国有资本经营预算本级收入"科目核算政府财政筹集的纳入本级国有资本经营预算管理的非税收入。该科目应当根据《政府收支分类科目》中"国有资本经营预算收入科目"的规定进行明细核算。该科目平时贷方余额反映国有资本经营预算本级收入的累计数。

(二)国有资本经营预算本级收入的主要账务处理

(1)收到款项时,根据当日预算收入日报表所列国有资本经营预算本级收入数,借记"国库存款"等科目,贷记本科目。

(2)年终转账时,本科目贷方余额全数转入"国有资本经营预算结转结余"科目,借记本科目,贷记"国有资本经营预算结转结余"科目。结转后,本科目无余额。

第三节　财政总预算会计其他收入的核算

一、财政专户管理资金收入

(一)财政专户管理资金收入的核算内容

“财政专户管理资金收入”科目核算政府财政纳入财政专户管理的教育收费等资金收入。该科目应当按照《政府收支分类科目》中收入分类科目的规定进行明细核算。同时,根据管理需要,按部门(单位)等进行明细核算。该科目平时贷方余额反映财政专户管理资金收入的累计数。

(二)财政专户管理资金收入的主要账务处理

(1)收到财政专户管理资金时,借记“其他财政存款”科目,贷记本科目。

(2)年终转账时,本科目贷方余额全数转入“财政专户管理资金结余”科目,借记本科目,贷记“财政专户管理资金结余”科目。结转后,本科目无余额。

二、专用基金收入

(一)专用基金收入的核算内容

“专用基金收入”科目核算政府财政按照法律法规和国务院、财政部规定设置或取得的粮食风险基金等专用基金收入。该科目应当按照专用基金的种类进行明细核算。该科目平时贷方余额反映取得专用基金收入的累计数。

(二)专用基金收入的主要账务处理

(1)通过预算支出安排取得专用基金收入转入财政专户的,借记“其他财政存款”科目,贷记本科目;同时,借记“一般公共预算本级支出”等科目,贷记“国库存款”“补助收入”等科目。退回专用基金收入时,借记本科目,贷记“其他财政存款”科目。

(2)通过预算支出安排取得专用基金收入仍存在国库的,借记“一般公共预算本级支出”等科目,贷记“专用基金收入”科目。

(3)年终转账时,本科目贷方余额全数转入“专用基金结余”科目,借记本科目,贷记“专用基金结余”科目。结转后,本科目无余额。

【例7—5】 某市财政局根据经批准的政府预算从本级一般预算支出中安排专用基金6 500元,以增加粮食风险基金的数额。该市财政年终将“专用基金收入——粮食风险基金”科目贷方余额6 500元全数转入“专用基金结余”科目。

借:一般公共预算本级支出	6 500	
贷:国库存款		6 500
借:其他财政存款——专用基金存款	6 500	
贷:专用基金收入——粮食风险基金		6 500
借:专用基金收入——粮食风险基金	6 500	
贷:专用基金结余——粮食风险基金		6 500

三、转移性收入

(一)补助收入

1. 补助收入的核算内容

“补助收入”科目核算上级政府财政按照财政体制规定或因专项需要补助给本级政府财政的款项，包括税收返还、转移支付等。该科目下应当按照不同的资金性质设置“一般公共预算补助收入”“政府性基金预算补助收入”等明细科目。该科目平时贷方余额反映补助收入的累计数。

2. 补助收入的主要账务处理

(1)收到上级政府财政拨入的补助款时，借记“国库存款”“其他财政存款”等科目，贷记本科目。

(2)专项转移支付资金实行特设专户管理的，政府财政应当根据上级政府财政下达的预算文件确认补助收入。年度当中收到资金时，借记“其他财政存款”科目，贷记“与上级往来”等科目；年度终了，根据专项转移支付资金预算文件，借记“与上级往来”科目，贷记本科目。

(3)从“与上级往来”科目转入本科目时，借记“与上级往来”科目，贷记本科目。

(4)有主权外债业务的财政部门，贷款资金由本级政府财政同级部门(单位)使用，且贷款的最终还款责任由上级政府财政承担的，本级政府财政部门收到贷款资金时，借记“其他财政存款”科目，贷记本科目；外方将贷款资金直接支付给供应商或用款单位时，借记“一般公共预算本级支出”科目，贷记本科目。

(5)年终与上级政府财政结算时，根据预算文件，按照尚未收到的补助款金额，借记“与上级往来”科目，贷记本科目。退还或核减补助收入时，借记本科目，贷记“国库存款”“与上级往来”等科目。

(6)年终转账时，本科目贷方余额应根据不同资金性质分别转入对应的结转结余科目，借记本科目，贷记“一般公共预算结转结余”“政府性基金预算结转结余”等科目。结转后，本科目无余额。

【例7—6】 某市财政局收到中国人民银行国库报来预算收入日报表。其中，补助收入合计159 600元。具体为：财力性转移支付收入——体制补助收入53 200元，财力性转移支付收入——一般性转移支付补助收入36 400元，专项转移支付收入——专项补助收入68 000元，政府性基金转移收入——政府性基金补助收入2 000元。

借：国库存款——一般预算存款	157 600	
——基金预算存款	2 000	
贷：补助收入		159 600

【例7—7】 某市财政年终将“补助收入”总账科目贷方余额448 000元分别转入“一般公共预算结转结余”科目和“政府性基金预算结转结余”科目。其中，政府性基金补助收入为15 000元，一般预算补助收入为433 000元。

借：补助收入	448 000	
贷：一般公共预算结转结余		433 000
政府性基金预算结转结余		15 000

(二)上解收入

1. 上解收入的核算内容

“上解收入”科目核算按照体制规定由下级政府上缴给本级政府财政的款项。该科目下应当按照不同资金性质设置“一般公共预算上解收入”“政府性基金预算上解收入”等明细科目。同时,还应当按照上解地区进行明细核算。该科目平时贷方余额反映上解收入的累计数。

2. 上解收入的主要账务处理

(1)收到上级政府财政的上解款时,借记“国库存款”等科目,贷记本科目。

(2)年终与下级政府财政结算时,根据预算文件,按照尚未收到的上解款金额,借记“与下级往来”科目,贷记本科目。退还或核减上解收入时,借记本科目,贷记“国库存款”“与下级往来”等科目。

(3)年终转账时,本科目贷方余额应根据不同资金性质分别转入对应的结转结余科目,借记本科目,贷记“一般公共预算结转结余”“政府性基金预算结转结余”等科目。结转后,本科目无余额。

【例 7—8】 某市财政局收到中国人民银行国库报来的收入日报表。其中,上解收入合计 18 550 元。具体为:财力性转移支付收入——出口退税专项上解收入 8 200 元,专项转移支付收入——专项上解收入 9 800 元,政府性基金转移收入——政府性基金上解收入 550 元。

借:国库存款——一般预算存款	18 000	
——基金预算存款	550	
贷:上解收入		18 550

【例 7—9】 某市财政年终将“上解收入”总账科目贷方余额 64 600 元分别转入“一般公共预算结转结余”科目和“政府性基金预算结转结余”科目。其中,政府性基金上解收入为 3 000 元,一般预算补助上解收入为 61 600 元。

借:上解收入	64 600	
贷:一般公共预算结转结余		61 600
政府性基金预算结转结余		3 000

(三)调入资金

1. 调入资金的核算内容

“调入资金”科目核算政府财政为平衡某类预算收支,从其他类型预算资金及其他渠道调入的资金。该科目下应当按照不同资金性质设置“一般公共预算调入资金”“政府性基金预算调入资金”等明细科目。该科目平时贷方余额反映调入资金的累计数。

2. 调入资金的主要账务处理

(1)从其他类型预算资金及其他渠道调入一般公共预算时,按照调入的资金金额,借记“调出资金——政府性基金预算调出资金”“调出资金——国有资本经营预算调出资金”“国库存款”等科目,贷记本科目(一般公共预算调入资金)。

(2)从其他类型预算资金及其他渠道调入政府性基金预算时,按照调入的资金金额,借记“调出资金——一般公共预算调出资金”“国库存款”等科目,贷记本科目(政府性基金预算调入资金)。

(3)年终转账时,本科目贷方余额分别转入相应的结转结余科目,借记本科目,贷记“一般公共预算结转结余”“政府性基金预算结转结余”等科目。结转后,本科目无余额。

【例 7—10】 某市财政为平衡一般预算,从基金预算结余中调入资金 25 000 元。按照《政府收支分类科目》,该项调入资金应在“调入资金——一般公共预算调入资金”科目中反映。

借:调出资金——政府性基金预算调出资金　　25 000

　　贷:调入资金——一般公共预算调入资金　　25 500

【例 7—11】 某市财政年终将“调入资金”科目贷方余额 58 000 元全数转入“一般公共预算结转结余”科目。该“调入资金”科目的贷方余额全部为一般公共预算调入资金。

借:调入资金——一般公共预算调入资金　　58 000

　　贷:一般公共预算结转结余　　58 000

(四)地区间援助收入

1. 地区间援助收入的核算内容

“地区间援助收入”科目核算受援方政府财政收到援助方政府财政转来的可统筹使用的各类援助、捐赠等资金收入。该科目应当按照援助地区及管理需要进行相应的明细核算。该科目平时贷方余额反映地区间援助收入的累计数。

2. 地区间援助收入的主要账务处理

(1)收到援助方政府财政转来的资金时,借记“国库存款”科目,贷记本科目。

(2)年终转账时,本科目贷方余额全数转入“一般公共预算结转结余”科目,借记本科目,贷记“一般公共预算结转结余”科目。结转后,本科目无余额。

四、动用预算稳定调节基金

(一)动用预算稳定调节基金的核算内容

“动用预算稳定调节基金”科目核算政府财政为弥补本年度预算资金的不足,调用的预算稳定调节基金。该科目平时贷方余额反映动用预算稳定调节基金的累计数。

(二)动用预算稳定调节基金的主要账务处理

(1)调用预算稳定调节基金时,借记“预算稳定调节基金”科目,贷记本科目。

(2)年终转账时,本科目贷方余额全数转入“一般公共预算结转结余”科目,借记本科目,贷记“一般公共预算结转结余”科目。结转后,本科目无余额。

五、债务收入

(一)债务收入的核算内容

“债务收入”科目核算政府财政按照国家法律、国务院规定以发行债券等方式取得的,以及向外国政府、国际金融组织等机构借款取得的纳入预算管理的债务收入。该科目应当按照《政府收支分类科目》中“债务收入”科目的规定进行明细核算。该科目平时贷方余额反映债务收入的累计数。

(二)债务收入的主要账务处理

(1)省级以上政府财政收到政府债券发行收入时,按照实际收到的金额,借记“国库存款”科目;按照政府债券实际发行额,贷记本科目;按照发行收入和发行额的差额,借记或贷记有关支出科目。根据债务管理部门转来的债券发行确认文件等相关资料,按照到期应付的政府债券本金金额,借记“待偿债净资产——应付短期政府债券、应付长期政府债券”科目,贷记“应付短期政府债券”“应付长期政府债券”等科目。

(2)政府财政向外国政府、国际金融组织等机构借款时,按照借入的金额,借记"国库存款""其他财政存款"等科目,贷记本科目;根据债务管理部门转来的相关资料,按照实际承担的债务金额,借记"待偿债净资产——借入款项"科目,贷记"借入款项"科目。

(3)本级政府财政借入主权外债,且由外方将贷款资金直接支付给用款单位或供应商时,应根据以下情况分别处理:

①本级政府财政承担还款责任,贷款资金由本级政府财政同级部门(单位)使用的,本级政府财政根据贷款资金支付相关资料,借记"一般公共预算本级支出"科目,贷记本科目;根据债务管理部门转来的相关资料,按照实际承担的债务金额,借记"待偿债净资产——借入款项"科目,贷记"借入款项"科目。

②本级政府财政承担还款责任,贷款资金由下级政府财政同级部门(单位)使用的,本级政府财政根据贷款资金支付相关资料及预算指标文件,借记"补助支出"科目,贷记本科目;根据债务管理部门转来的相关资料,按照实际承担的债务金额,借记"待偿债净资产——借入款项"科目,贷记"借入款项"科目。

③下级政府财政承担还款责任,贷款资金由下级政府财政同级部门(单位)使用的,本级政府财政根据贷款资金支付相关资料,借记"债务转贷支出"科目,贷记本科目;根据债务管理部门转来的相关资料,按照实际承担的债务金额,借记"待偿债净资产——借入款项"科目,贷记"借入款项"科目;同时,借记"应收主权外债转贷款"科目,贷记"资产基金——应收主权外债转贷款"科目。

(4)年终转账时,本科目下"专项债务收入"明细科目的贷方余额应按照对应的政府性基金种类分别转入"政府性基金预算结转结余"相应明细科目,借记本科目(专项债务收入),贷记"政府性基金预算结转结余"科目;本科目下其他明细科目的贷方余额全数转入"一般公共预算结转结余"科目,借记本科目(其他明细科目),贷记"一般公共预算结转结余"科目。结转后,本科目无余额。

六、债务转贷收入

(一)债务转贷收入的核算内容

"债务转贷收入"科目核算省级以下(不含省级)政府财政收到上级政府财政转贷的债务收入。该科目下应当设置"地方政府一般债务转贷收入""地方政府专项债务转贷收入"明细科目。该科目平时贷方余额反映债务转贷收入的累计数。

(二)债务转贷收入的主要账务处理

(1)省级以下(不含省级)政府财政收到地方政府债券转贷收入时,按照实际收到的金额,借记"国库存款"科目,贷记本科目;根据债务管理部门转来的相关资料,按照到期应偿还的转贷款本金金额,借记"待偿债净资产——应付地方政府债券转贷款"科目,贷记"应付地方政府债券转贷款"科目。

(2)省级以下(不含省级)政府财政收到主权外债转贷收入的具体账务处理如下:

①本级财政收到主权外债转贷资金时,借记"其他财政存款"科目,贷记本科目;根据债务管理部门转来的相关资料,按照实际承担的债务金额,借记"待偿债净资产——应付主权外债转贷款"科目,贷记"应付主权外债转贷款"科目。

②从上级政府财政借入主权外债转贷款,且由外方将贷款资金直接支付给用款单位或供

应商时，应根据以下情况分别处理：

a. 本级政府财政承担还款责任，贷款资金由本级政府财政同级部门(单位)使用的，本级政府财政根据贷款资金支付相关资料，借记“一般公共预算本级支出”科目，贷记本科目；根据债务管理部门转来的相关资料，按照实际承担的债务金额，借记“待偿债净资产——应付主权外债转贷款”科目，贷记“应付主权外债转贷款”科目。

b. 本级政府财政承担还款责任，贷款资金由下级政府财政同级部门(单位)使用的，本级政府财政根据贷款资金支付相关资料及预算文件，借记“补助支出”科目，贷记本科目；根据债务管理部门转来的相关资料，按照实际承担的债务金额，借记“待偿债净资产——应付主权外债转贷款”科目，贷记“应付主权外债转贷款”科目。

c. 下级政府财政承担还款责任，贷款资金由下级政府财政同级部门(单位)使用的，本级政府财政根据转贷资金支付相关资料，借记“债务转贷支出”科目，贷记本科目；根据债务管理部门转来的相关资料，按照实际承担的债务金额，借记“待偿债净资产——应付主权外债转贷款”科目，贷记“应付主权外债转贷款”科目；同时，借记“应收主权外债转贷款”科目，贷记“资产基金——应收主权外债转贷款”科目。下级政府财政根据贷款资金支付相关资料，借记“一般公共预算本级支出”科目，贷记本科目；根据债务管理部门转来的相关资料，按照实际承担的债务金额，借记“待偿债净资产——应付主权外债转贷款”科目，贷记“应付主权外债转贷款”科目。

(3)年终转账时，本科目下“地方政府一般债务转贷收入”明细科目的贷方余额全数转入“一般公共预算结转结余”科目，借记本科目，贷记“一般公共预算结转结余”科目。本科目下“地方政府专项债务转贷收入”明细科目的贷方余额按照对应的政府性基金种类分别转入“政府性基金预算结转结余”相应明细科目，借记本科目，贷记“政府性基金预算结转结余”科目。结转后，本科目无余额。

本章小结

财政总预算会计收入是指政府财政为实现政府职能，根据法律法规等所筹集的资金。

财政总预算会计核算的收入包括一般公共预算本级收入、政府性基金预算本级收入、国有资本经营预算本级收入、财政专户管理资金收入、专用基金收入、转移性收入、动用预算稳定调节基金、债务收入、债务转贷收入等。

“一般公共预算本级收入”科目核算政府财政筹集的纳入本级一般公共预算管理的税收收入和非税收入。该科目应当根据《政府收支分类科目》中“一般公共预算收入科目”的规定进行明细核算。

“政府性基金预算本级收入”科目核算政府财政筹集的纳入本级政府筹集的纳入本级政府性基金预算管理的非税收入。该科目应当根据《政府收支分类科目》中“政府性基金预算收入科目”的规定进行明细核算。

“国有资本经营预算本级收入”科目核算政府财政筹集的纳入本级国有资本经营预算管理的非税收入。该科目应当根据《政府收支分类科目》中“国有资本经营预算收入科目”的规定进行明细核算。

“财政专户管理资金收入”科目核算政府财政纳入财政专户管理的教育收费等资金收入。该科目应当按照《政府收支分类科目》中收入分类科目的规定进行明细核算。同时，根据管理需要，按部门(单位)等进行明细核算。

“专用基金收入”科目核算政府财政按照法律法规和国务院、财政部规定设置或取得的粮食风险基金等专用基金收入。该科目应当按照专用基金的种类进行明细核算。

转移性收入是指在各级政府财政之间进行资金调拨以及在本级政府财政不同类型资金之间调剂所形成的收入，包括补助收入、上解收入、调入资金和地区间援助收入等。

“补助收入”科目核算上级政府财政按照财政体制规定或因专项需要补助给本级政府财政的款项，包括税收返还、转移支付等。该科目下应当按照不同的资金性质设置“一般公共预算补助收入”“政府性基金预算补助收入”等明细科目。

“上解收入”科目核算按照体制规定由下级政府上缴给本级政府财政的款项。该科目下应当按照不同资金性质设置“一般公共预算上解收入”“政府性基金预算上解收入”等明细科目。同时，还应当按照上解地区进行明细核算。

“调入资金”科目核算政府财政为平衡某类预算收支，从其他类型预算资金及其他渠道调入的资金。该科目下应当按照不同资金性质设置“一般公共预算调入资金”“政府性基金预算调入资金”等明细科目。

“地区间援助收入”科目核算受援方政府财政收到援助方政府财政转来的可统筹使用的各类援助、捐赠等资金收入。该科目应当按照援助地区及管理需要进行相应的明细核算。

“动用预算稳定调节基金”科目核算政府财政为弥补本年度预算资金的不足，调用的预算稳定调节基金。

“债务收入”科目核算政府财政按照国家法律、国务院规定以发行债券等方式取得的，以及向外国政府、国际金融组织等机构借款取得的纳入预算管理的债务收入。该科目应当按照《政府收支分类科目》中“债务收入”科目的规定进行明细核算。

“债务转贷收入”科目核算省级以下(不含省级)政府财政收到上级政府财政转贷的债务收入。该科目下应当设置“地方政府一般债务转贷收入”“地方政府专项债务转贷收入”明细科目。

练习题

一、单项选择题

1. 财政总预算会计核算的财政预算收入主要来源于(　　)。

A. 产品或商品销售收入　　B. 提供服务或劳务收入

C. 资产使用收入　　D. 征收的税收收入

2. 财政总预算会计的收入不包括(　　)。

A. 补助收入　　B. 上解收入　　C. 债务收入　　D. 专用基金收入

3. 财政总预算会计核算的一般公共预算本级收入包括(　　)。

A. 上解收入　　B. 税收收入　　C. 政府性基金收入　　D. 补助收入

4. 国有资本经营预算本级收入年终转账时，其贷方余额全数转入(　　)科目。

A.“政府性基金预算本级收入”　　B.“国有资本经营预算结转结余”

C.“国有资本经营预算本级支出”　　D.“专用基金支出”

5. 一般公共预算本级收入包括纳入本级一般公共预算管理的(　　)。

A. 国有资本经营预算本级收入　　B. 补助收入

C. 税收收入和非税收入　　D. 上解收入

二、多项选择题

1. 财政总预算会计的下列收入中，属于一般公共预算本级收入的有(　　)。

A. 税收收入　　B. 国有资产经营收益

C. 行政收费收入　　D. 罚没收入

2. 财政总预算会计预算资金调拨收入的内容包括(　　)。

A. 补助收入　　B. 上解收入　　C. 调入资金　　D. 财政周转金收入

3. 转移性收入包括(　　)。

A. 补助收入　　B. 上解收入　　C. 调入资金　　D. 财政周转金收入

4.“债务转贷收入”科目核算省级以下(不含省级)政府财政收到上级政府财政转贷的债务收入。该科目下应当设置(　　)明细科目。

A.“地方政府一般债务转贷收入”　　B.“上解收入”

C.“地方政府专项债务转贷收入”　　D.“财政周转金收入”

三、判断题

1. 上解收入是指上级政府财政按照财政体制规定或因专项需要补助给本级政府财政的款项，包括上级税收返还、转移支付等。(　　)

2. 凡不属于国家规定的退库(付)项目，一律不得冲退收入。属于国家规定的退库(付)事项，具体退库(付)程序按财政部的有关规定办理。(　　)

3. 收到款项时，根据当日预算收入日报表所列一般公共预算本级收入数，借记“国库现金管理存款”等科目，贷记“一般公共预算本级收入”科目。(　　)

4. 年终转账时，“国有资本经营预算本级收入”科目贷方余额全数转入“国有资本经营预算结转结余”科目，借记“国有资本经营预算本级收入”科目，贷记“国有资本经营预算结转结余”科目。结转后，本科目可以有余额。(　　)

5. 收到财政专户管理资金时，借记“其他财政存款”科目，贷记“财政专户管理资金收入”科目。(　　)

四、综合题

某市财政部门 2015 年 12 月发生如下业务：

(1)收到中国人民银行国库报来的预算收入日报表。其中，一般预算收入合计 175 000 元。

(2)年终将“一般公共预算本级收入”科目贷方余额 258 000 元全数转入“一般公共预算结转结余”科目。

(3)收到中国人民银行国库报来的预算收入日报表。其中，基金预算收入合计 15 500 元。具体为：民航机场管理建设费收入 8 500 元，养路费收入 5 000 元，政府住房基金收入——计提廉租住房资金 2 000 元。

(4)年终将“政府性基金预算本级收入”科目贷方余额 84 500 元全数转入“政府性基金预算结转结余”科目。

(5)根据经批准的政府预算从本级一般预算支出中安排专用基金 15 000 元，以增加粮食风险基金的数额。该市财政年终将“专用基金收入——粮食风险基金”科目贷方余额 15 000 元全数转入“专用基金结余”科目。

(6)收到中国人民银行国库报来预算收入日报表。其中，补助收入合计 255 600 元。具体为：财力性转移支付收入——体制补助收入 50 200 元，财力性转移支付收入——一般性转移支付补助收入 96 000 元，专项转移支付收入——专项补助收入 58 400 元，政府性基金转移收入——政府性基金补助收入 51 000 元。

(7)年终将“补助收入”总账科目贷方余额 258 000 元分别转入“一般公共预算结转结余”科目和“政府性基金预算结转结余”科目。其中，政府性基金补助收入为 15 000 元，一般预算补助收入为 243 000 元。

(8)收到中国人民银行国库报来的收入日报表。其中，上解收入合计 18 550 元。具体为：财力性转移支付收入——出口退税专项上解收入 9 200 元，专项转移支付收入——专项上解收入 8 800 元，政府性基金转移收入——政府性基金上解收入 1 500 元。

(9)年终将“上解收入”总账科目贷方余额 44 600 元分别转入“一般公共预算结转结余”科目和“政府性基金预算结转结余”科目。其中，政府性基金上解收入为 3 000 元，一般预算补助上解收入为 61 600 元。

(10)为平衡一般预算，从基金预算结余中调入资金 90 000 元。按照《政府收支分类科目》，该项调入资金应在“调入资金——一般公共预算调入资金”科目中反映。

(11)年终将“调入资金”科目贷方余额 50 000 元全数转入“一般公共预算结转结余”科目。该“调入资金”科目的贷方余额全部为一般公共预算调入资金。

五、简答题

1. 什么是财政总预算会计的收入？其包括哪些内容？
2. 什么是一般公共预算本级收入？如何进行核算？
3. 什么是政府性基金预算本级收入？何如进行核算？
4. 什么是国有资本经营预算本级收入？如何进行核算？
5. 什么是财政专户管理资金收入？什么是专用基金收入？
6. 什么是转移性收入？其核算内容有哪些？
7. 什么是债务转贷收入？如何进行核算？

第八章　财政总预算会计支出的核算

学习目标

本章主要介绍财政总预算会计支出的概念和核算内容及其核算方法。通过本章的学习，熟悉支出的概念，重点掌握一般公共预算本级支出、政府性基金预算本级支出、国有资本经营预算本级支出、财政专户管理资金支出、专用基金支出、转移性支出、安排预算稳定调节基金、债务还本支出、债务转贷支出的核算内容与核算方法。

第一节　财政总预算支出概述

一、财政总预算会计支出的概念

财政总预算会计支出是指政府财政为实现政府职能，对财政资金的分配和使用。

二、财政总预算会计支出的核算内容

财政总预算会计核算的支出包括一般公共预算本级支出、政府性基金预算本级支出、国有资本经营预算本级支出、财政专户管理资金支出、专用基金支出、转移性支出、安排预算稳定调节基金、债务还本支出、债务转贷支出等。

(1)一般公共预算本级支出是指政府财政管理的由本级政府使用的列入一般公共预算的支出。

(2)政府性基金预算本级支出是指政府财政管理的由本级政府使用的列入政府性基金预算的支出。

(3)国有资本经营预算本级支出是指政府财政管理的由本级政府使用的列入国有资本经营预算的支出。

(4)财政专户管理资金支出是指政府财政用纳入财政专户管理的教育收费等资金安排的支出。

(5)专用基金支出是指政府财政用专用基金收入安排的支出。

(6)转移性支出是指在各级政府财政之间进行资金调拨以及在本级政府财政不同类型资金之间调剂所形成的支出，包括补助支出、上解支出、调出资金、地区间援助支出等。其中补助支出是指本级政府财政按财政体制规定或因专项需要补助给下级政府财政的款项，包括对下

级的税收返还、转移支出等。上解支出是指按照财政体制规定由本级政府财政上缴给上级政府财政的款项。调出资金是指政府财政为平衡预算收支，从某类资金向其他类型预算调出的资金。地区间援助支出是指援助方政府财政安排用于受援方政府财政统筹使用的各类援助、捐赠等资金支出。

(7)安排预算稳定调节基金是指政府财政按照有关规定安排的预算稳定调节基金。

(8)债务还本支出是指政府财政偿还本级政府承担的债务本金支出。

(9)债务转贷支出是指本级政府财政向下级政府财政转贷的债务支出。

三、财政总预算会计支出的确认与计量

一般公共预算本级支出、政府性基金预算本级支出、国有资本经营预算本级支出一般应当按照实际支付的金额入账，年末可采用权责发生制将国库集中支付结余列支入账。从本级预算支出中安排提取的专用基金，按照实际提取金额列支入账。财政专户管理资金支出、专用基金支出应当按照实际支付的金额入账。转移性支出应当按照财政体制的规定或实际发生的金额入账。安排预算稳定调节基金应当按照实际安排的预算稳定调节基金金额入账。债务还本支出应当按照实际偿还的金额入账。债务转贷支出应当按照实际转贷的金额入账。凡是属于预拨经费的款项，到期转列支出时，应当按规定列报口径转列支出。对于收回当年已列支出的款项，应冲销当年支出。对于收回以前年度已列支出的款项，除财政部门另有规定外，应冲销当年支出。

四、财政总预算会计支出的管理

财政总预算会计应当加强支出管理，科学预测和调度资金，严格按照批准的年度预算和用款计划办理支出，严格审核拨付申请，严格按预算管理规定和拨付实际列报支出，不得办理无预算、无用款计划、超预算、超用款计划的支出，不得任意调整预算支出科目。

对于各项支出的账务处理，必须以审核无误的国库划款清算凭证、资金支付凭证和其他合法凭证为依据。

地方各级财政部门除国库集中支付结余外，不得采用权责发生制列支。权责发生制列支只限于年末采用，平时不得采用。

第二节　财政总预算会计预算支出的核算

一、一般公共预算本级支出

(一)一般公共预算本级支出的核算内容

“一般公共预算本级支出”科目核算政府财政管理的由本级政府使用的列入一般公共预算的支出。该科目应当根据《政府收支分类科目》中“支出功能分类科目”设置明细科目。同时，根据管理需要，按照支出经济分类科目、部门等进行明细核算。该科目平时借方余额反映一般公共预算本级支出的累计数。

(二)一般公共预算本级支出的主要账务处理

(1)实际发生一般公共预算本级支出时,借记本科目,贷记“国库存款”“其他财政存款”等科目。

(2)年度终了,对纳入国库集中支付管理的、当年未支付而需结转下一年度支付的款项(国库集中支付结余),采用权责发生制确认支出时,借记本科目,贷记“应付国库集中支付结余”科目。

(3)年终转账时,本科目借方余额应全数转入“一般公共预算结转结余”科目,借记“一般公共预算结转结余”科目,贷记本科目。结转后,本科目无余额。

【例8—1】 某市财政总预算会计收到财政国库支付执行机构报来的预算支出结算清单。财政国库支付执行机构以财政直接支付的方式,通过财政零余额账户为有关预算单位支付了一般预算资金共计68 300元。

借:一般公共预算本级支出　　68 300

　　贷:国库存款——一般预算存款　　68 300

【例8—2】 年终,中央某行政单位由于用款进度的原因,中央财政对其未能实现部分预算资金的财政直接支付,具体金额为3 500元,这部分预算资金留在了财政总预算会计的账上。

借:一般公共预算本级支出　　3 500

　　贷:应付国库集中支付结余　　3 500

【例8—3】 某市财政总预算会计年终将“一般公共预算本级支出”科目的借方余额184 500元全数转入“一般公共预算结转结余”科目。

借:一般公共预算结转结余　　184 500

　　贷:一般公共预算本级支出　　184 500

二、政府性基金预算本级支出

(一)政府性基金预算本级支出的核算内容

“政府性基金预算本级支出”科目核算政府财政管理的由本级政府使用的列入政府性基金预算的支出。该科目应当按照《政府收支分类科目》中“支出功能分类科目”设置明细科目。同时,根据管理需要,按照支出经济分类科目、部门等进行明细核算。该科目平时借方余额反映政府性基金预算本级支出的累计数。

(二)政府性基金预算本级支出的主要账务处理

(1)实际发生政府性基金预算本级支出时,借记本科目,贷记“国库存款”科目。

(2)年度终了,对纳入国库集中支付管理的、当年未支付而需结转下一年度支付的款项(国库集中支付结余),采用权责发生制确认支出时,借记本科目,贷记“应付国库集中支付结余”科目。

(3)年终转账时,本科目借方余额应全数转入“政府性基金预算结转结余”科目,借记“政府性基金预算结转结余”科目,贷记本科目。结转后,本科目无余额。

【例8—4】 某市财政总预算会计收到财政国库支付执行机构报来的预算支出结算清单。财政国库支付执行机构以财政直接支付的方式,通过财政零余额账户为有关预算单位支付了基金预算资金共计14 800元。

借：政府性基金预算本级支出　　14 800

　　贷：国库存款——基金预算存款　　14 800

【例 8－5】 某市财政总预算会计年终将“政府性基金预算本级支出”科目的借方余额26 400元全数转入“政府性基金预算结转结余”科目。

借：政府性基金预算结转结余　　26 400

　　贷：政府性基金预算本级支出　　26 400

三、国有资本经营预算本级支出

(一)国有资本经营预算本级支出的核算内容

“国有资本经营预算本级支出”科目核算政府财政管理的由本级政府使用的列入国有资本经营预算的支出。该科目应当按照《政府收支分类科目》中“支出功能分类科目”设置明细科目。同时，根据管理需要，按照支出经济分类科目、部门等进行明细核算。该科目平时借方余额反映国有资本经营预算本级支出的累计数。

(二)国有资本经营预算本级支出的主要账务处理

(1)实际发生国有资本经营预算本级支出时，借记本科目，贷记“国库存款”科目。

(2)年度终了，对纳入国库集中支付管理的、当年未支付而需结转下一年度支付的款项(国库集中支付结余)，采用权责发生制确认支出时，借记本科目，贷记“应付国库集中支付结余”科目。

(3)年终转账时，本科目借方余额应全数转入“国有资本经营预算结转结余”科目，借记“国有资本经营预算结转结余”科目，贷记本科目。结转后，本科目无余额。

第三节　财政总预算会计其他支出的核算

一、财政专户管理资金支出

(一)财政专户管理资金支出的核算内容

“财政专户管理资金支出”科目核算政府财政用纳入财政专户管理的教育收费等资金安排的支出。该科目应当按照《政府收支分类科目》中“支出功能分类科目”设置相应明细科目。同时，根据管理需要，按照支出经济分类科目、部门(单位)等进行明细核算。该科目平时借方余额反映财政专户管理资金支出的累计数。

(二)财政专户管理资金支出的主要账务处理

(1)发生财政专户管理资金支出时，借记本科目，贷记“其他财政存款”等有关科目。

(2)年终转账时，本科目借方余额全数转入“财政专户管理资金结余”科目，借记“财政专户管理资金结余”科目，贷记本科目。结转后，本科目无余额。

二、专用基金支出

(一)专用基金支出的核算内容

“专用基金支出”科目核算政府财政用专用基金收入安排的支出。该科目应当根据专用基金的种类设置明细科目。同时，根据管理需要，按部门等进行明细核算。该科目平时借方余额反映专用基金支出的累计数。

(二)专用基金支出的主要账务处理

(1)发生专用基金支出时，借记本科目，贷记“其他财政存款”等有关科目。退回专用基金支出时，做相反的会计分录。

(2)年终转账时，本科目借方余额全数转入“专用基金结余”科目，借记“专用基金结余”科目，贷记本科目。结转后，本科目无余额。

【例 8—6】 某市财政根据有关文件规定从其他财政存款账户中安排使用粮食风险基金 4 500元。

借：专用基金支出——粮食风险基金　　4 500

　　贷：其他财政存款——专用基金存款　　4 500

【例 8—7】 该市财政总预算会计年终将“专用基金支出——粮食风险基金”科目的借方余额 4 500 元全数转入“专用基金结余”科目。

借：专用基金结余——粮食风险基金　　4 500

　　贷：专用基金支出——粮食风险基金　　4 500

三、转移性支出

(一)补助支出

1. 补助支出的核算内容

“补助支出”科目核算本级政府财政按财政体制规定或因专项需要补助给下级政府财政的款项，包括对下级的税收返还、转移支付等。该科目下应当按照不同资金性质设置“一般公共预算补助支出”“政府性基金预算补助支出”等明细科目，同时还应当按照补助地区进行明细核算。该科目平时借方余额反映补助支出的累计数。

2. 补助支出的主要账务处理

(1)发生补助支出或从“与下级往来”科目转入时，借记本科目，贷记“国库存款”“其他财政存款”“与下级往来”等科目。

(2)专项转移支付资金实行特设专户管理的，本级政府财政应当根据本级政府财政下达的预算文件确认补助支出，借记本科目，贷记“国库存款”“与下级往来”等科目。

(3)有主权外债业务的财政部门，贷款资金由下级政府财政同级部门(单位)使用，且贷款最终还款责任由本级政府财政承担的，本级政府财政部门支付贷款资金时，借记本科目，贷记“其他财政存款”科目；外方将贷款资金直接支付给用款单位或供应商时，借记本科目，贷记“债务收入”“债务转贷收入”等科目；根据债务管理部门转来的相关外债转贷管理资料，按照实际支付的金额，借记“待偿债净资产”科目，贷记“借入款项”“应付主权外债转贷款”等科目。

(4)年终与下级政府财政结算时，按照尚未拨付的补助金额，借记本科目，贷记“与下级往来”科目。退还或核减补助支出时，借记“国库存款”“与下级往来”等科日，贷记本科目。

(5)年终转账时，本科目借方余额应根据不同资金性质分别转入对应的结转结余科目，借记“一般公共预算结转结余”“政府性基金预算结转结余”等科目，贷记本科目。结转后，本科目无余额。

【例 8—8】 某市财政根据规定向所属某县财政拨付一般预算补助支出合计 129 700 元。

其中，返还所得税支出 36 200 元，农村义务教育补助支出 88 5 00 元，专项补助支出 5 000 元。

借：补助支出　　129 700

　　贷：国库存款——一般预算存款　　129 700

【例 8－9】 某市财政年终将“补助支出”总账科目的借方余额 375 000 元分别转入“一般公共预算结转结余”科目和“政府性基金预算结转结余”科目。其中，政府性基金补助支出 23 000元，一般预算补助支出 352 000 元。

借：一般公共预算结转结余　　352 000

　　政府性基金预算结转结余　　23 000

　　贷：补助支出　　375 000

(二)上解支出

1. 上解支出的核算内容

“上解支出”科目核算本级政府财政按照财政体制规定上缴给上级政府财政的款项。该科目下应当按照不同资金性质设置“一般公共预算上解支出”“政府性基金预算上解支出”等明细科目。该科目平时借方余额反映上解支出的累计数。

2. 上解支出的主要账务处理

(1)发生上解支出时，借记本科目，贷记“国库存款”“与上级往来”等科目。

(2)年终与上级政府财政结算时，按照尚未支付的上解金额，借记本科目，贷记“与上级往来”科目。退还或核减上解支出时，借记“国库存款”“与上级往来”等科目，贷记本科目。

(3)年终转账时，本科目借方余额应根据不同资金性质分别转入对应的结转结余科目，借记“一般公共预算结转结余”“政府性基金预算结转结余”等科目，贷记本科目。结转后，本科目无余额。

【例 8－10】 某市财政按财政管理体制的要求向上级某省财政上解一般预算款项合计 79 600元。其中，属于体制上解支出的款项合计 23 400 元，属于专项上解支出的款项合计 56 200元。

借：上解支出　　79 600

　　贷：国库存款——一般预算存款　　79 600

【例 8－11】 某市财政年终将“上解支出”总账科目的借方余额 165 000 元分别转入“一般公共预算结转结余”科目和“政府性基金预算结转结余”科目。其中，政府性基金上解支出 3 000元，一般预算上解支出 162 000 元。

借：一般公共预算结转结余　　162 000

　　政府性基金预算结转结余　　3 000

　　贷：上解支出　　165 000

(三)调出资金

1. 调出资金的核算内容

“调出资金”科目核算政府财政为平衡预算收支，从某类资金向其他类型预算调出的资金。该科目下应当设置“一般公共预算调出资金”“政府性基金预算调出资金”和“国有资本经营预算调出资金”等明细科目。该科目平时借方余额反映调出资金的累计数。

2. 调出资金的主要账务处理

(1)从一般公共预算调出资金时，按照调出的金额，借记本科目(一般公共预算调出资金)，贷记“调入资金”相关明细科目。

(2)从政府性基金预算调出资金时，按照调出的金额，借记本科目(政府性基金预算调出资金)，贷记“调入资金”相关明细科目。

(3)从国有资本经营预算调出资金时，按照调出的金额，借记本科目(国有资本经营预算调出资金)，贷记“调入资金”相关明细科目。

(4)年终转账时，本科目借方余额分别转入相应的结转结余科目，借记“一般公共预算结转结余”“政府性基金预算结转结余”和“国有资本经营预算结转结余”等科目，贷记本科目。结转后，本科目无余额。

【例8—12】 某市财政为平衡一般预算，将一部分基金预算结余计6 800元调出至一般预算。按照《政府收支分类科目》，该项调出资金应在“调出资金——政府性基金预算调出资金”科目反映。

借：调出资金——政府性基金预算调出资金	6 800	
贷：国库存款——基金预算存款		6 800
借：国库存款——一般预算存款	6 800	
贷：调入资金		6 800

【例8—13】 某市财政年终将“调出资金”科目借方余额58 000元全数转入“基金预算结余”科目。该“调入资金”科目借方余额全部为政府性基金预算调出资金。

借：政府性基金预算结转结余	58 000	
贷：调出资金——政府性基金预算调出资金		58 000

(四)地区间援助支出

1. 地区间援助支出的核算内容

“地区间援助支出”科目核算援助方政府财政安排用于受援方政府财政统筹使用的各类援助、捐赠等资金支出。该科目应当按照受援地区及管理需要进行相应明细核算。该科目平时借方余额反映地区间援助支出的累计数。

2. 地区间援助支出的主要账务处理

(1)发生地区间援助支出时，借记本科目，贷记“国库存款”科目。

(2)年终转账时，本科目借方余额全数转入“一般公共预算结转结余”科目，借记“一般公共预算结转结余”科目，贷记本科目。结转后，本科目无余额。

四、安排预算稳定调节基金

(一)安排预算稳定调节基金的核算内容

“安排预算稳定调节基金”科目核算政府财政按照有关规定安排的预算稳定调节基金。该科目平时借方余额反映安排预算稳定调节基金的累计数。

(二)安排预算稳定调节基金的主要账务处理

(1)补充预算稳定调节基金时，借记本科目，贷记“预算稳定调节基金”科目。

(2)年终转账时，本科目借方余额全数转入“一般公共预算结转结余”科目，借记“一般公共预算结转结余”科目，贷记本科目。结转后，本科目无余额。

五、债务还本支出

(一)债务还本支出的核算内容

“债务还本支出”科目核算政府财政偿还本级政府财政承担的纳入预算管理的债务本金支出。该科目应当根据《政府收支分类科目》中“债务还本支出”科目设置明细科目。该科目平时借方余额反映本级政府财政债务还本支出的累计数。

(二)债务还本支出的主要账务处理

(1)偿还本级政府财政承担的政府债券、主权外债等纳入预算管理的债务本金时,借记本科目,贷记“国库存款”“其他财政存款”等科目;根据债务管理部门转来的相关资料,按照实际偿还的本金金额,借记“应付短期政府债券”“应付长期政府债券”“借入款项”“应付地方政府债券转贷款”“应付主权外债转贷款”等科目,贷记“待偿债净资产”科目。

(2)偿还截至2014年12月31日本级政府财政承担的存量债务本金时,借记本科目,贷记“国库存款”“其他财政存款”等科目。

(3)年终转账时,本科目下“专项债务还本支出”明细科目的借方余额应按照对应的政府性基金种类分别转入“政府性基金预算结转结余”相应明细科目,借记“政府性基金预算结转结余”科目,贷记本科目(专项债务还本支出)。本科目下其他明细科目的借方余额全数转入“一般公共预算结转结余”科目,借记“一般公共预算结转结余”科目,贷记本科目(其他明细科目)。结转后,本科目无余额。

六、债务转贷支出

(一)债务转贷支出的核算内容

“债务转贷支出”科目核算本级政府财政向下级政府财政转贷的债务支出。该科目下应当设置“地方政府一般债务转贷支出”“地方政府专项债务转贷支出”明细科目,同时还应当按照转贷地区进行明细核算。该科目平时借方余额反映债务转贷支出的累计数。

(二)债务转贷支出的主要账务处理

(1)本级政府财政向下级政府财政转贷地方政府债券资金时,借记本科目,贷记“国库存款”科目;根据债务管理部门转来的相关资料,按照到期应收回的转贷款本金金额,借记“应收地方政府债券转贷款”科目,贷记“资产基金——应收地方政府债券转贷款”科目。

(2)本级政府财政向下级政府财政转贷主权外债资金,且主权外债最终还款责任由下级政府财政承担的,相关账务处理如下:

①本级政府财政支付转贷资金时,根据转贷资金支付相关资料,借记“债务转贷支出”科目,贷记“其他财政存款”科目;根据债务管理部门转来的相关资料,按照实际持有的债权金额,借记“应收主权外债转贷款”科目,贷记“资产基金——应收主权外债转贷款”科目。

②外方将贷款资金直接支付给用款单位或供应商时,本级政府财政根据转贷资金支付相关资料,借记本科目,贷记“债务收入”“债务转贷收入”科目;根据债务管理部门转来的相关资料,按照实际持有的债权金额,借记“应收主权外债转贷款”科目,贷记“资产基金——应收主权外债转贷款”科目;同时,借记“待偿债净资产”科目,贷记“借入款项”“应付主权外债转贷款”等科目。

(3)年终转账时,本科目下“地方政府一般债务转贷支出”明细科目的借方余额全数转入

“一般公共预算结转结余”科目，借记“一般公共预算结转结余”科目，贷记“债务转贷支出(地方政府一般债务转贷支出)”科目。本科目下“地方政府专项债务转贷支出”明细科目的借方余额全数转入“政府性基金预算结转结余”科目，借记“政府性基金预算结转结余”科目，贷记“债务转贷支出(地方政府专项债务转贷支出)”科目。结转后，本科目无余额。

本章小结

财政总预算会计支出是指政府财政为实现政府职能，对财政资金的分配和使用。

财政总预算会计核算的支出包括一般公共预算本级支出、政府性基金预算本级支出、国有资本经营预算本级支出、财政专户管理资金支出、专用基金支出、转移性支出、安排预算稳定调节基金、债务还本支出、债务转贷支出等。

“一般公共预算本级支出”科目核算政府财政管理的由本级政府使用的列入一般公共预算的支出。该科目应当根据《政府收支分类科目》中“支出功能分类科目”设置明细科目。同时，根据管理需要，按照支出经济分类科目、部门等进行明细核算。

“政府性基金预算本级支出”科目核算政府财政管理的由本级政府使用的列入政府性基金预算的支出。该科目应当按照《政府收支分类科目》中“支出功能分类科目”设置明细科目。同时，根据管理需要，按照支出经济分类科目、部门等进行明细核算。

“国有资本经营预算本级支出”科目核算政府财政管理的由本级政府使用的列入国有资本经营预算的支出。该科目应当按照《政府收支分类科目》中“支出功能分类科目”设置明细科目。同时，根据管理需要，按照支出经济分类科目、部门等进行明细核算。

“财政专户管理资金支出”科目核算政府财政用纳入财政专户管理的教育收费等资金安排的支出。该科目应当按照《政府收支分类科目》中“支出功能分类科目”设置相应明细科目。同时，根据管理需要，按照支出经济分类科目、部门(单位)等进行明细核算。

“专用基金支出”科目核算政府财政用专用基金收入安排的支出。该科目应当根据专用基金的种类设置明细科目。同时，根据管理需要，按部门等进行明细核算。

转移性支出是指在各级政府财政之间进行资金调拨以及在本级政府财政不同类型资金之间调剂所形成的支出，包括补助支出、上解支出、调出资金、地区间援助支出等。

“补助支出”科目核算本级政府财政按财政体制规定或因专项需要补助给下级政府财政的款项，包括对下级的税收返还、转移支付等。该科目下应当按照不同资金性质设置“一般公共预算补助支出”“政府性基金预算补助支出”等明细科目，同时还应当按照补助地区进行明细核算。

“上解支出”科目核算本级政府财政按照财政体制规定上缴给上级政府财政的款项。该科目下应当按照不同资金性质设置“一般公共预算上解支出”“政府性基金预算上解支出”等明细科目。

“调出资金”科目核算政府财政为平衡预算收支，从某类资金向其他类型预算调出的资金。该科目下应当设置“一般公共预算调出资金”“政府性基金预算调出资金”和“国有资本经营预算调出资金”等明细科目。

“地区间援助支出”科目核算援助方政府财政安排用于受援方政府财政统筹使用的各类援

助、捐赠等资金支出。该科目应当按照受援地区及管理需要进行相应明细核算。

"安排预算稳定调节基金"科目核算政府财政按照有关规定安排的预算稳定调节基金。

"债务还本支出"科目核算政府财政偿还本级政府财政承担的纳入预算管理的债务本金支出。该科目应当根据《政府收支分类科目》中"债务还本支出"科目设置明细科目。

"债务转贷支出"科目核算本级政府财政向下级政府财政转贷的债务支出。该科目下应当设置"地方政府一般债务转贷支出""地方政府专项债务转贷支出"明细科目，同时还应当按照转贷地区进行明细核算。

练习题

一、单项选择题

1. 财政总预算会计核算的财政预算支出主要运用于(　　)。

A. 诸如一般公共服务、公共安全、公共教育、公共交通、社保等社会公共领域

B. 证券投资、房地产投资领域

C. 对国有企业投资

D. 销售成本或主营业务成本

2. (　　)是指按照财政体制规定由本级政府财政上缴给上级政府财政的款项。

A. 补助支出　　B. 上解支出　　C. 调出资金　　D. 财政周转金支出

3. "债务还本支出"科目核算政府财政偿还(　　)承担的纳入预算管理的债务本金支出。该科目应当根据《政府收支分类科目》中"债务还本支出"科目规定设置明细科目。该科目平时借方余额反映本级政府财政债务还本支出的累计数。

A. 本级政府财政　　B. 上级政府财政　　C. 下级政府财政　　D. 企业

4. (　　)科目核算本级政府财政向下级政府财政转贷的债务支出。

A. "转移性支出"　　B. "债务还本支出"　　C. "上解支出"　　D. "债务转贷支出"

二、多项选择题

1. 财政总预算会计的下列一般公共预算本级支出中，以财政拨款数列报支出的有(　　)。

A. 非限额管理的基本建设支出　　B. 行政事业单位的非包干经费支出

C. 当期教育事业费支出　　D. 当期行政事业费支出

2. 财政总预算会计中的"补助支出"科目按补助性质设置的明细科目包括(　　)。

A. "一般公共预算补助支出"　　B. "专用基金补助"

C. "经常性补助"　　D. "政府性基金预算补助支出"

3. 转移性支出包括(　　)。

A. 补助支出　　B. 上解支出　　C. 调出资金　　D. 财政周转金支出

4. 补助支出是指本级政府财政按财政体制规定或因专项需要补助给下级政府财政的款项，包括(　　)等。

A. 对下级的税收返还　　B. 预拨经费　　C. 其他应付款　　D. 转移支出

5. 发生上解支出时，借记"上解支出"科目，贷记(　　)等科目。

A. "国库存款"　　B. "与上级往来"　　C. "其他应收款"　　D. "其他应付款"

三、判断题

1. 一般公共预算本级支出是指政府财政管理的由上级政府使用的列入一般公共预算的支出。(　　)

2. 调出资金是指政府财政为平衡预算收支，从某类资金向其他类型预算调出的资金。（　）

3. 转移性支出只按照实际发生的金额入账。（　）

4. 发生专用基金支出时，借记本科目，贷记“其他财政存款”等有关科目。退回专用基金支出时，做相反的会计分录。（　）

5. 外方将贷款资金直接支付给用款单位或供应商时，本级政府财政根据转贷资金支付相关资料，借记本科目，贷记“债务收入”“债务转贷收入”科目。（　）

四、综合题

某市财政部门 2015 年 12 月发生如下业务：

(1)收到财政国库支付执行机构报来的预算支出结算清单。财政国库支付执行机构以财政直接支付的方式，通过财政零余额账户为有关预算单位支付了一般预算资金共计 48 000 元。

(2)年终，中央某行政单位由于用款进度的原因，中央财政对其未能实现部分预算资金的财政直接支付，具体金额为 5 500 元，这部分预算资金留在了财政总预算会计的账上。

(3)年终将“一般公共预算本级支出”科目的借方余额 285 500 元全数转入“一般公共预算结转结余”科目。

(4)收到财政国库支付执行机构报来的预算支出结算清单。财政国库支付执行机构以财政直接支付的方式，通过财政零余额账户为有关预算单位支付了基金预算资金共计 18 800 元。

(5)年终将“政府性基金预算本级支出”科目的借方余额 36 500 元全数转入“政府性基金预算结转结余”科目。

(6)根据有关文件规定从其他财政存款账户中安排使用粮食风险基金 9 500 元。

(7)年终将“专用基金支出——粮食风险基金”科目的借方余额 9 500 元全数转入“专用基金结余”科目。

(8)根据规定向所属某县财政拨付一般预算补助支出合计 130 000 元。其中，返还所得税支出 36 000 元，农村义务教育补助支出 88 000 元，专项补助支出 6 000 元。

(9)年终将“补助支出”总账科目的借方余额 400 000 元分别转入“一般公共预算结转结余”科目和“政府性基金预算结转结余”科目。其中，政府性基金补助支出 45 000 元，一般预算补助支出 355 000 元。

(10)按财政管理体制的要求向上级某省财政上解一般预算款项合计 85 600 元。其中，属于体制上解支出的款项合计 45 400 元，属于专项上解支出的款项合计 40 200 元。

(11)年终将“上解支出”总账科目的借方余额 70 000 元分别转入“一般公共预算结转结余”科目和“政府性基金预算结转结余”科目。其中，政府性基金上解支出 5 000 元，一般预算上解支出 65 000 元。

(12)政府为平衡一般预算，将一部分基金预算结余计 16 500 元调出至一般预算。按照《政府收支分类科目》，该项调出资金应在“调出资金——政府性基金预算调出资金”科目反映。

(13)年终将“调出资金”科目借方余额 9 500 元全数转入“基金预算结余”科目。该“调入资金”科目借方余额全部为政府性基金预算调出资金。

五、简答题

1. 什么是财政总预算支出？其包括哪些内容？
2. 什么是一般公共预算本级支出？如何进行核算？
3. 什么是政府性基金预算本级支出？如何进行核算？
4. 什么是国有资本经营预算本级支出？如何进行核算？
5. 什么是财政专户管理资金支出？什么是专用基金支出？
6. 什么是转移性支出？其核算内容有哪些？
7. 什么是债务转贷支出？如何进行核算？

第九章　财政总预算会计的会计报表

学习目标

本章主要介绍财政总预算会计会计报表的概念、种类以及编制方法。通过本章的学习，熟悉会计报表的概念、种类，重点掌握包括资产负债表、收入支出表、一般公共预算执行情况表、政府性基金预算执行情况表、国有资本经营预算执行情况表、财政专户管理资金收支情况表、专用基金收支情况表等会计报表和附注等的编制方法和要求。

第一节　财政总预算会计报表概述

一、财政总预算会计报表的概念

财政总预算会计报表是反映政府财政预算执行结果和财务状况的书面文件。财政总预算会计报表包括资产负债表、收入支出表、一般公共预算执行情况表、政府性基金预算执行情况表、国有资本经营预算执行情况表、财政专户管理资金收支情况表、专用基金收支情况表等会计报表和附注。

二、财政总预算会计报表的编制要求

一般公共预算执行情况表、政府性基金预算执行情况表、国有资本经营预算执行情况表应当按旬、月度和年度编制，财政专户管理资金收支情况表和专用基金收支情况表应当按月度和年度编制，收入支出表按月度和年度编制，资产负债表和附注应当至少按年度编制。旬报、月报的报送期限及编报内容应当根据上级政府财政具体要求和本行政区域预算管理的需要办理。

第二节　财政总预算会计报表的编制

一、资产负债表

资产负债表是反映政府财政在某一特定日期财务状况的报表。资产负债表应当按照资产、负债和净资产分类、分项列示（如表 9－1 所示）。

表 9—1　　资产负债表　　会财政 01 表

编制单位：　　年　月　日　　单位：元

资　产	年初余额	期末余额	负债和净资产	年初余额	期末余额
流动资产：			流动负债：		
国库存款			应付短期政府债券		
国库现金管理存款			应付利息		
其他财政存款			应付国库集中支付结余		
有价证券			与上级往来		
在途款			其他应付款		
预拨资金			应付代管资金		
借出款项			一年内到期的非流动负债		
应收股利			流动负债合计		
应收利息			非流动负债：		
与下级往来			应付长期政府债券		
其他应收款			借入款项		
流动资产合计			应付地方政府债券转贷款		
非流动资产：			应付主权外债转贷款		
应收地方政府债券转贷款			其他负债		
应收主权外债转贷款			非流动资产合计		
股权投资			负债合计		
代发国债			一般公共预算结转结余		
非流动资产合计			政府性基金预算结转结余		
			国有资本经营预算结余结转		
			财政专户管理资金结余		
			专用基金结余		
			预算稳定调节基金		
			预算周转金		
			资产基金		
			减：待偿债净资产		
			净资产合计		
资产总计			负债和净资产总计		

1. 本表“年初余额”栏内各项数字，应当根据上年年末资产负债表“期末余额”栏内数字填列。如果本年度资产负债表规定的各个项目的名称和内容同上年度不相一致，应对上年年末资产负债表各项目的名称和数字按照本年度的规定进行调整，填入本表“年初余额”栏内。

2. 本表“期末余额”栏各项目的内容和填列方法。

(1)资产类项目

①“国库存款”项目,反映政府财政期末存放在国库单一账户的款项金额。本项目应当根据“国库存款”科目的期末余额填列。

②“国库现金管理存款”项目,反映政府财政期末实行国库现金管理业务持有的存款金额。本项目应当根据“国库现金管理存款”科目的期末余额填列。

③“其他财政存款”项目,反映政府财政期末持有的其他财政存款金额。本项目应当根据“其他财政存款”科目的期末余额填列。

④“有价证券”项目,反映政府财政期末持有的有价证券金额。本项目应当根据“有价证券”科目的期末余额填列。

⑤“在途款”项目,反映政府财政期末持有的在途款金额。本项目应当根据“在途款”科目的期末余额填列。

⑥“预拨经费”项目,反映政府财政期末尚未转列支出或尚待收回的预拨经费金额。本项目应当根据“预拨经费”科目的期末余额填列。

⑦“借出款项”项目,反映政府财政期末借给预算单位尚未收回的款项金额。本项目应当根据“借出款项”科目的期末余额填列。

⑧“应收股利”项目,反映政府期末尚未收回的现金股利或利润金额。本项目应当根据“应收股利”科目的期末余额填列。

⑨“应收利息”项目,反映政府财政期末尚未收回应收利息金额。本项目应当根据“应收地方政府债券转贷款”科目和“应收主权外债转贷款”科目下“应收利息”明细科目的期末余额合计数填列。

⑩“与下级往来”项目,正数反映下级政府财政欠本级政府财政的款项金额;负数反映本级政府财政欠下级政府财政的款项金额。本项目应当根据“与下级往来”科目的期末余额填列,期末余额如为借方则以正数填列;如为贷方则以“-”号填列。

⑪“其他应收款”项目,反映政府财政期末尚未收回的其他应收款的金额。本项目应当根据“其他应收款”科目的期末余额填列。

⑫“应收地方政府债券转贷款”项目,反映政府财政期末尚未收回的地方政府债券转贷款的本金金额。本项目应当根据“应收地方政府债券转贷款”科目下“应收本金”明细科目的期末余额填列。

⑬“应收主权外债转贷款”项目,反映政府财政期末尚未收回的主权外债转贷款的本金金额。本项目应当根据“应收主权外债转贷款”科目下“应收本金”明细科目的期末余额填列。

⑭“股权投资”项目,反映政府期末持有的股权投资的金额。本项目应当根据“股权投资”科目的期末余额填列。

⑮“待发国债”项目,反映中央政府财政期末尚未使用的国债发行额度。本项目应当根据“待发国债”科目的期末余额填列。

(2)负债类项目

①“应付短期政府债券”项目,反映政府财政期末尚未偿还的发行期限不超过 1 年(含 1 年)的政府债券的本金金额。本项目应当根据“应付短期政府债券”科目下“应付本金”明细科目的期末余额填列。

②"应付利息"项目,反映政府财政期末尚未支付的应付利息金额。本项目应当根据"应付短期政府债券""借入款项""应付地方政府债券转贷款""应付主权外债转贷款"科目下"应付利息"明细科目期末余额,以及属于分期付息到期还本的"应付长期政府债券"科目下"应付利息"明细科目期末余额计算填列。

③"应付国库集中支付结余"项目,反映政府财政期末尚未支付的国库集中支付结余金额。本项目应当根据"应付国库集中支付结余"科目的期末余额填列。

④"与上级往来"项目,正数反映本级政府财政期末欠上级政府财政的款项金额;负数反映上级政府财政欠本级政府财政的款项金额。本项目应当根据"与上级往来"科目的期末余额填列,如为借方余额则以"－"号填列。

⑤"其他应付款"项目,反映政府财政期末尚未支付的其他应付款的金额。本项目应当根据"其他应付款"科目的期末余额填列。

⑥"应付代管资金"项目,反映政府财政期末尚未支付的代管资金金额。本项目应当根据"应付代管资金"科目的期末余额填列。

⑦"一年内到期的非流动负债"项目,反映政府财政期末承担的 1 年以内(含 1 年)到期偿还的非流动负债。本项目应当根据"应付长期政府债券""借入款项""应付地方政府债券转贷款""应付主权外债转贷款""其他负债"等科目的期末余额及债务管理部门提供的资料分析填列。

⑧"应付长期政府债券"项目,反映政府财政期末承担的偿还期限超过 1 年的长期政府债券的本金金额及到期一次还本付息的长期政府债券的应付利息金额。本项目应当根据"应付长期政府债券"科目的期末余额分析填列。

⑨"应付地方政府债券转贷款"项目,反映政府财政期末承担的偿还期限超过 1 年的地方政府债券转贷款的本金金额。本项目应当根据"应付地方政府债券转贷款"科目下"应付本金"明细科目的期末余额分析填列。

⑩"应付主权外债转贷款"项目,反映政府财政期末承担的偿还期限超过 1 年的主权外债转贷款的本金金额。本项目应当根据"应付主权外债转贷款"科目下"应付本金"明细科目的期末余额分析填列。

⑪"借入款项"项目,反映政府财政期末承担的偿还期限超过 1 年的借入款项的本金金额。本项目应当根据"借入款项"科目下"应付本金"明细科目的期末余额分析填列。

⑫"其他负债"项目,反映政府财政期末承担的偿还期限超过 1 年的其他负债金额。本项目应当根据"其他负债"科目的期末余额分析填列。

(3)净资产类项目

①"一般公共预算结转结余"项目,反映政府财政期末滚存的一般公共预算结转金额。本项目应当根据"一般公共预算结转结余"科目的期末余额填列。

②"政府性基金预算结转结余"项目,反映政府财政期末滚存的政府性基金预算结转结余金额。本项目应当根据"政府性基金预算结转结余"科目的期末余额填列。

③"国有资本经营预算结转结余"项目,反映政府财政期末滚存的国有资本经营预算结转结余金额。本项目应当根据"国有资本经营预算结转结余"科目的期末余额填列。

④"财政专户管理资金结余"项目,反映政府财政期末滚存的财政专户管理资金结余金额。本项目应当根据"财政专户管理资金结余"科目的期末余额填列。

⑤“专用基金结余”项目，反映政府财政期末滚存的专用基金结余金额。本项目应当根据“专用基金结余”科目的期末余额填列。

⑥“预算稳定调节基金”项目，反映政府财政期末预算稳定调节基金的余额。本项目应当根据“预算稳定调节基金”科目的期末余额填列。

⑦“预算周转金”项目，反映政府财政期末预算周转金的余额。本项目应当根据“预算周转金”科目的期末余额填列。

⑧“资产基金”项目，反映政府财政期末持有的应收地方政府债券转贷款、应收主权外债转贷款、股权投资和应收股利等资产在净资产中占用的金额。本项目应当根据“资产基金”科目的期末余额填列。

⑨“待偿债净资产”项目，反映政府财政期末因承担应付短期政府债券、应付长期政府债券、借入款项、应付地方政府债券转贷款、应付主权外债转贷款、其他负债等负债相应需在净资产中冲减的金额。本项目应当根据“待偿债净资产”科目的期末借方余额以“—”号填列。

二、收入支出表

收入支出表是反映政府财政在某一会计期间各类财政资金收支余情况的报表。收入支出表根据资金性质按照收入、支出、结转结余的构成分类、分项列示（如表 9—2 所示）。

表 9—2 **收入支出表** 会财政 02 表

编制单位： 年 月 单位：元

项 目	一般公共预算收入		政府性基金预算		国有资本经营预算		财政专户管理资金		专用基金	
	本月数	本年累计数	本月数	本年累计数	本月数	本年累计数	本月数	本年累计数	本月数	本年累计数
年初结转结余										
收入合计										
本级收入										
其中：来自预算安排的收入	—	—	—	—	—	—	—	—		
补助收入					—	—	—	—	—	—
上解收入					—	—	—	—	—	—
地区间援助收入			—	—	—	—	—	—	—	—
债务收入					—	—	—	—	—	—
债务转贷收入					—	—	—	—	—	—
动用预算稳定调节基金			—	—	—	—	—	—	—	—
调入资金					—	—	—	—	—	—
支出合计										
本级支出										
其中：权责发生制列支							—	—	—	—

续表

项 目	一般公共预算收入		政府性基金预算		国有资本经营预算		财政专户管理资金		专用基金	
	本月数	本年累计数	本月数	本年累计数	本月数	本年累计数	本月数	本年累计数	本月数	本年累计数
预算安排专用基金的支出			—	—	—	—	—	—	—	—
补助支出					—	—	—	—	—	—
上解支出					—	—	—	—	—	—
地区间援助支出			—	—	—	—	—	—	—	—
债务支出					—	—	—	—	—	—
债务转贷支出					—	—	—	—	—	—
安排预算稳定调节基金			—	—	—	—	—	—	—	—
调出资金							—	—	—	—
结余转出			—	—	—	—	—	—	—	—
其中:增设预算周转金			—	—	—	—	—	—	—	—
年末结转结余										

注:表中有"—"的部分不必填列。

本表"本月数"栏反映各项目的本月实际数。在编制年度收入支出表时,应将本栏改为"上年数"栏,反映上年各项目的实际发生数;如果本年度收入支出表规定的各个项目的名称和内容同上年度不一致,应对上年度收入支出表各项目的名称和数字按照本年度的规定进行调整,填入本年度收入支出表的"上年数"栏。本表"本年累计数"栏反映各项目自年初起至报告期末止的累计实际发生数。编制年度收入支出表时,应当将本栏改为"本年数"。

"本月数"栏各项目的内容和填列方法如下:

(1)"年初结转结余"项目,反映政府财政本年初各类资金结转结余金额。其中,一般公共预算的"年初结转结余"应当根据"一般公共预算结转结余"科目的年初余额填列;政府性基金预算的"年初结转结余"应当根据"政府性基金预算结转结余"科目的年初余额填列;国有资本经营预算的"年初结转结余"应当根据"国有资本经营预算结转结余"科目的年初余额填列;财政专户管理资金的"年初结转结余"应当根据"财政专户管理资金结余"科目的年初余额填列;专用基金的"年初结转结余"应当根据"专用基金结余"科目的年初余额填列。

(2)"收入合计"项目,反映政府财政本期取得的各类资金的收入合计金额。其中,一般公共预算的"收入合计"应当根据属于一般公共预算的"本级收入""补助收入""上解收入""地区间援助收入""债务收入""债务转贷收入""动用预算稳定调节基金"和"调入资金"各行项目金额的合计填列;政府性基金预算的"收入合计"应当根据属于政府性基金预算的"本级收入""补助收入""上解收入""债务收入""债务转贷收入"和"调入资金"各行项目金额的合计填列;国有资本经营预算的"收入合计"应当根据属于国有资本经营预算的"本级收入"项目的金额填列;财政专户管理资金的"收入合计"应当根据属于财政专户管理资金的"本级收入"项目的金额填列;专用基金的"收入合计"应当根据属于专用基金的"本级收入"项目的金额填列。

(3)“本级收入”项目，反映政府财政本期取得的各类资金的本级收入金额。其中，一般公共预算的“本级收入”应当根据“一般公共预算本级收入”科目的本期发生额填列；政府性基金预算的“本级收入”应当根据“政府性基金预算本级收入”科目的本期发生额填列；国有资本经营预算的“本级收入”应当根据“国有资本经营预算本级收入”科目的本期发生额填列；财政专户管理资金的“本级收入”应当根据“财政专户管理资金收入”科目的本期发生额填列；专用基金的“本级收入”应当根据“专用基金收入”科目的本期发生额填列。

(4)“补助收入”项目，反映政府财政本期取得的各类资金的补助收入金额。其中，一般公共预算的“补助收入”应当根据“补助收入”科目下“一般公共预算补助收入”明细科目的本期发生额填列；政府性基金预算的“补助收入”应当根据“补助收入”科目下“政府性基金预算补助收入”明细科目的本期发生额填列。

(5)“上解收入”项目，反映政府财政本期取得的各类资金的上解收入金额。其中，一般公共预算的“上解收入”应当根据“上解收入”科目下“一般公共预算上解收入”明细科目的本期发生额填列；政府性基金预算的“上解收入”应当根据“上解收入”科目下“政府性基金预算上解收入”明细科目的本期发生额填列。

(6)“地区间援助收入”项目，反映政府财政本期取得的地区间援助收入金额。本项目应当根据“地区间援助收入”科目的本期发生额填列。

(7)“债务收入”项目，反映政府财政本期取得的债务收入金额。其中，一般公共预算的“债务收入”应当根据“债务收入”科目下除“专项债务收入”以外的其他明细科目的本期发生额填列；政府性基金预算的“债务收入”应当根据“债务收入”科目下“专项债务收入”明细科目的本期发生额填列。

(8)“债务转贷收入”项目，反映政府财政本期取得的债务转贷收入金额。其中，一般公共预算的“债务转贷收入”应当根据“债务转贷收入”科目下“地方政府一般债务转贷收入”明细科目的本期发生额填列；政府性基金预算的“债务转贷收入”应当根据“债务转贷收入”科目下“地方政府专项债务转贷收入”明细科目的本期发生额填列。

(9)“动用预算稳定调节基金”项目，反映政府财政本期调用的预算稳定调节基金金额。本项目应当根据“动用预算稳定调节基金”科目的本期发生额填列。

(10)“调入资金”项目，反映政府财政本期取得的调入资金金额。其中，一般公共预算的“调入资金”应当根据“调入资金”科目下“一般公共预算调入资金”明细科目的本期发生额填列；政府性基金预算的“调入资金”应当根据“调入资金”科目下“政府性基金预算调入资金”明细科目的本期发生额填列。

(11)“支出合计”项目，反映政府财政本期发生的各类资金的支出合计金额。其中，一般公共预算的“支出合计”应当根据属于一般公共预算的“本级支出”“补助支出”“上解支出”“地区间援助支出”“债务还本支出”“债务转贷支出”“安排预算稳定调节基金”和“调出资金”各行项目金额的合计填列；政府性基金预算的“支出合计”应当根据属于政府性基金预算的“本级支出”“补助支出”“上解支出”“债务还本支出”“债务转贷支出”和“调出资金”各行项目金额的合计填列；国有资本经营预算的“支出合计”应当根据属于国有资本经营预算的“本级支出”和“调出资金”项目金额的合计填列；财政专户管理资金的“支出合计”应当根据属于财政专户管理资金的“本级支出”项目的金额填列；专用基金的“支出合计”应当根据属于专用基金的“本级支出”项目的金额填列。

(12)“补助支出”项目，反映政府财政本期发生的各类资金的补助支出金额。其中，一般公共预算的“补助支出”应当根据“补助支出”科目下“一般公共预算补助支出”明细科目的本期发生额填列；政府性基金预算的“补助支出”应当根据“补助支出”科目下“政府性基金预算补助支出”明细科目的本期发生额填列。

(13)“上解支出”项目，反映政府财政本期发生的各类资金的上解支出金额。其中，一般公共预算的“上解支出”应当根据“上解支出”科目下“一般公共预算上解支出”明细科目的本期发生额填列；政府性基金预算的“上解支出”应当根据“上解支出”科目下“政府性基金预算上解支出”明细科目的本期发生额填列。

(14)“地区间援助支出”项目，反映政府财政本期发生的地区间援助支出金额。本项目应当根据“地区间援助支出”科目的本期发生额填列。

(15)“债务还本支出”项目，反映政府财政本期发生的债务还本支出金额。其中，一般公共预算的“债务还本支出”应当根据“债务还本支出”科目下除“专项债务还本支出”以外的其他明细科目的本期发生额填列；政府性基金预算的“债务还本支出”应当根据“债务还本支出”科目下“专项债务还本支出”明细科目的本期发生额填列。

(16)“债务转贷支出”项目，反映政府财政本期发生的债务转贷支出金额。其中，一般公共预算的“债务转贷支出”应当根据“债务转贷支出”科目下“地方政府一般债务转贷支出”明细科目的本期发生额填列；政府性基金预算的“债务转贷支出”应当根据“债务转贷支出”科目下“地方政府专项债务转贷支出”明细科目的本期发生额填列。

(17)“安排预算稳定调节基金”项目，反映政府财政本期安排的预算稳定调节基金金额。本项目根据“安排预算稳定调节基金”科目的本期发生额填列。

(18)“调出资金”项目，反映政府财政本期发生的各类资金的调出资金金额。其中，一般公共预算的“调出资金”应当根据“调出资金”科目下“一般公共预算调出资金”明细科目的本期发生额填列；政府性基金预算的“调出资金”应当根据“调出资金”科目下“政府性基金预算调出资金”明细科目的本期发生额填列；国有资本经营预算的“调出资金”应当根据“调出资金”科目下“国有资本经营预算调出资金”明细科目的本期发生额填列。

(19)“增设预算周转金”项目，反映政府财政本期设置和补充预算周转金的金额。本项目应当根据“预算周转金”科目的本期贷方发生额填列。

(20)“年末结转结余”项目，反映政府财政本年末的各类资金的结转结余金额。其中，一般公共预算的“年末结转结余”应当根据“一般公共预算结转结余”科目的年末余额填列；政府性基金预算的“年末结转结余”应当根据“政府性基金预算结转结余”科目的年末余额填列；国有资本经营预算的“年末结转结余”应当根据“国有资本经营预算结转结余”科目的年末余额填列；财政专户管理资金的“年末结转结余”应当根据“财政专户管理资金结余”科目的年末余额填列；专用基金的“年末结转结余”应当根据“专用基金结余”科目的年末余额填列。

三、一般公共预算执行情况表

一般公共预算执行情况表是反映政府财政在某一会计期间一般公共预算收支执行结果的报表，按照《政府收支分类科目》中“一般公共预算收支科目”列示(如表 9－3 所示)。“一般公共预算本级收入”项目及所属各明细项目，应当根据“一般公共预算本级收入”科目及所属各明细科目的本期发生额填列。“一般公共预算本级支出”项目及所属各明细项目，应当根据“一般公共预算本级支出”科目及所属各明细科目的本期发生额填列。

表 9—3　　一般公共预算执行情况表　　会财政 03—1 表

编制单位：　　年　月　日　　单位：元

项　目	本月(旬)数	本年(月)累计数
一般公共预算本级收入		
税收收入		
增值税收入		
国内增值税		
……		
一般公共预算本级支出		
一般公共服务支出		
人大事务		
行政运行		
……		

四、政府性基金预算执行情况表

政府性基金预算执行情况表是反映政府财政在某一会计期间政府性基金预算收支执行结果的报表，按照《政府收支分类科目》中“政府性基金预算收支科目”列示(如表 9—4 所示)。“政府性基金预算本级收入”项目及所属各明细项目，应当根据“政府性基金预算本级收入”科目及所属各明细科目的本期发生额填列。“政府性基金预算本级支出”项目及所属各明细项目，应当根据“政府性基金预算本级支出”科目及所属各明细科目的本期发生额填列。

表 9—4　　政府性基金预算执行情况表　　会财政 03—2 表

编制单位：　　年　月(旬)　　单位：元

项　目	本月(旬)数	本年(月)累计数
政府性基金预算本级收入		
政府性基金收入		
农网还贷资金收入		
中央农网还贷资金收入		
……		
政府性基金预算本级支出		
科学技术支出		
核电站乏燃料处理基金支出		

续表

项　目	本月(旬)数	本年(月)累计数
乏燃料运输		
……		

五、国有资本经营预算执行情况表

国有资本经营预算执行情况表是反映政府财政在某一会计期间国有资本经营预算收支执行结果的报表，按照《政府收支分类科目》中“国有资本经营预算收支科目”列示(如表9－5所示)。“国有资本经营预算本级收入”项目及所属各明细项目，应当根据“国有资本经营预算本级收入”科目及所属各明细科目的本期发生额填列。“国有资本经营预算本级支出”项目及所属各明细项目，应当根据“国有资本经营预算本级支出”科目及所属各明细科目的本期发生额填列。

表9－5　　**国有资本经营预算执行情况表**　　会财政03－3表

编制单位：　　年　月(旬)　　单位：元

项　目	本月(旬)数	本年(月)累计数
国有资本经营预算本级收入		
国有资本经营收入		
利润收入		
烟草企业利润收入		
……		
国有资本经营预算本级支出		
社会保障和就业支出		
补充全国社会保障基金		
国有资本经营预算补充社保基金支出		
……		

六、财政专户管理资金收支情况表

财政专户管理资金收支情况表是反映政府财政在某一会计期间纳入财政专户管理的财政专户管理资金全部收支情况的报表，按照相关政府收支分类科目列示(如表9－6所示)。“财政专户管理资金收入”项目及所属各明细项目，应当根据“财政专户管理资金收入”科目及所属各明细科目的本期发生额填列。“财政专户管理资金支出”项目及所属各明细项目，应当根据“财政专户管理资金支出”科目及所属各明细科目的本期发生额填列。

表 9—6　　财政专户管理资金收支情况表　　会财政 03—4 表

编制单位：　　年　月　　单位:元

项　目	本月数	本年累计数
财政专户管理资金收入		
财政专户管理资金支出		

七、专用基金收支情况表

专用基金收支情况表是反映政府财政在某一会计期间专用基金全部收支情况的报表，按照不同类型的专用基金分别列示(如表 9—7 所示)。“专用基金收入”项目及所属各明细项目，应当根据“专用基金收入”科目及所属各明细科目的本期发生额填列。“专用基金支出”项目及所属各明细项目，应当根据“专用基金支出”科目及所属各明细科目的本期发生额填列。

表 9—7　　专用基金收支情况表　　会财政 05 表

编制单位：　　年　月　　单位:元

项　目	本月数	本年累计数
专用基金收入		
粮食风险基金		
……		
专用基金支出		
粮食风险基金 ……		

八、附注

附注是指对在会计报表中列示项目的文字描述或明细资料，以及对未能在会计报表中列示项目的说明。

总会计报表附注应当至少披露下列内容:遵循《财政总预算会计制度》的声明;本级政府财政预算执行情况和财务状况的说明;会计报表中列示的重要项目的进一步说明,包括其主要构成、增减变动情况等;或有负债情况的说明;有助于理解和分析会计报表的其他需要说明的事项。

本章小结

财政总预算会计报表是反映政府财政预算执行结果和财务状况的书面文件。财政总预算会计报表包括资产负债表、收入支出表、一般公共预算执行情况表、政府性基金预算执行情况表、国有资本经营预算执行情况表、财政专户管理资金收支情况表、专用基金收支情况表等会计报表和附注。

一般公共预算执行情况表、政府性基金预算执行情况表、国有资本经营预算执行情况表应当按旬、月度和年度编制,财政专户管理资金收支情况表和专用基金收支情况表应当按月度和年度编制,收入支出表按月度和年度编制,资产负债表和附注应当至少按年度编制。旬报、月报的报送期限及编报内容应当根据上级政府财政具体要求和本行政区域预算管理的需要办理。

资产负债表是反映政府财政在某一特定日期财务状况的报表。资产负债表应当按照资产、负债和净资产分类、分项列示。

收入支出表是反映政府财政在某一会计期间各类财政资金收支余情况的报表。收入支出表根据资金性质按照收入、支出、结转结余的构成分类、分项列示。

一般公共预算执行情况表是反映政府财政在某一会计期间一般公共预算收支执行结果的报表,按照《政府收支分类科目》中"一般公共预算收支科目"列示。

政府性基金预算执行情况表是反映政府财政在某一会计期间政府性基金预算收支执行结果的报表,按照《政府收支分类科目》中"政府性基金预算收支科目"列示。

国有资本经营预算执行情况表是反映政府财政在某一会计期间国有资本经营预算收支执行结果的报表,按照《政府收支分类科目》中"国有资本经营预算收支科目"列示。

财政专户管理资金收支情况表是反映政府财政在某一会计期间纳入财政专户管理的财政专户管理资金全部收支情况的报表,按照相关政府收支分类科目列示。

专用基金收支情况表是反映政府财政在某一会计期间专用基金全部收支情况的报表,按照不同类型的专用基金分别列示。

附注是指对在会计报表中列示项目的文字描述或明细资料,以及对未能在会计报表中列示项目的说明。

练习题

一、单项选择题

1. 以下属于财政总预算会计的会计报表有(　　)。

A. 资产负债表　　B. 收入支出表
C. 一般公共预算执行情况表　　D. 政府性基金预算执行情况表

2. 按月度编制的财政总预算会计报表有(　　)。

A. 资产负债表　　B. 收入支出表
C. 一般公共预算执行情况表　　D. 政府性基金预算执行情况表

3. 按旬度编制的财政总预算会计报表有(　　)。

A. 资产负债表　　B. 收入支出表
C. 一般公共预算执行情况表　　D. 政府性基金预算执行情况表

4. 财政总预算会计的会计报表附注应披露的内容有(　　)。

A. 遵循《财政总预算会计制度》的声明
B. 本级政府财政预算执行情况和财务状况的说明
C. 会计报表中列示的重要项目的进一步说明,包括其主要构成、增减变动情况等
D. 或有负债情况的说明
E. 有助于理解和分析会计报表的其他需要说明的事项

二、判断题

1. 资产负债表是反映本级财政在某一特定时期财务状况的报表。左方为资产类,列示资产和收入两个要素;右方为负债类,列示负债、净资产和支出三个要素。(　　)

2. 如果本年度资产负债表规定的各个项目的名称和内容同上年度不相一致,应对上年年末资产负债表各项目的名称和数字按照本年度的规定进行调整,填入本表"年初余额"栏内。(　　)

3. 政府性基金预算的"补助收入"应当根据"补助收入"科目下"政府性基金预算补助收入"明细科目的本期发生额填列。(　　)

4. 一般公共预算的"上解支出"应当根据"上解支出"科目下"一般公共预算上解支出"明细科目的本期发生额填列。(　　)

5. "一般公共预算本级收入"项目及所属各明细项目,应当根据"一般公共预算本级收入"科目的本期发生额填列。(　　)

三、简答题

1. 财政总预算会计报表的主要内容有哪些?
2. 财政总预算会计报表的分类有哪些?
3. 简述财政总预算会计报表的编制方法。

第三篇

行政单位会计

第十章　行政单位会计概述

学习目标

通过本章的学习，明确行政单位、行政单位会计的概念及其包含的具体内容，掌握行政单位会计的目标、确认基础及会计质量信息要求。

第一节　行政单位会计的概念、职能及基本原理

一、行政单位的概念

行政单位是代表政府行使政府权力的机构，是进行国家行政管理、组织经济建设和文化建设、维护社会公共秩序的单位，主要包括：

(1)行政机关。指从事国家行政工作的机关，即各级人民政府及其所属各行政部门。行政机关是国家权力机关的执行机关，通常也称政府机关。国务院是国家最高行政机关。

(2)国家权力机关。指行使国家权力的机关，即各级人民代表大会及其常务委员会。全国人民代表大会是国家最高权力机关。

(3)审判机关和检察机关。指行使国家审判职能和检察职能的机关，即各级人民法院和各级人民检察院。最高人民法院是国家最高审判机关，最高人民检察院是国家最高检察机关。

(4)政党组织。指中国共产党、各民主党派以及共青团、妇联、工会等组织。

以上各组织尽管名称不同，但它们都有一个共同的特点，即这些组织都属于非物质生产部门，它们本身并不能在市场上通过直接交换获得足够的资金来源，以满足其开展业务活动的需要，财政对它们拨付或分配预算资金是它们的主要资金来源。为此，对这些组织来说，执行部门预算，按照预算取得和使用财政资金，使财政资金发挥其应有的社会效益，是它们进行财务管理和组织会计核算时应当遵循的基本要求。

二、行政单位会计的概念

行政单位会计是核算、反映和监督各级行政机关以及实行行政财务管理的其他机关、政党组织预算执行情况及其结果的专业会计，也是围绕预算资金的分配、使用和管理而组织核算的专业会计。

在我国，实行预算管理的其他机关、政党组织等也视同行政单位，如中国共产党各级委员

会、各民主党派组织等，也执行行政单位会计制度。会计核算应当以行政单位发生的各项经济业务为对象，记录和反映行政单位自身的各项经济活动。行政单位的各项资金和财产，均应纳入行政单位会计核算。行政单位会计是预算会计的组成部分，其会计核算必须遵守国家有关法律法规及会计制度的规定。

行政单位在从财政部门获得拨付预算资金时获得收入，在按经批准的部门预算使用财政资金时形成支出，收入和支出相抵后的差额形成结余。行政单位资产减去负债后的差额为净资产。结余为净资产的组成部分。

依据机构建制和经费领报关系，行政单位会计分为主管会计单位、二级会计单位和基层会计单位。向财政部门领报经费，并发生预算管理关系的，为主管会计单位；向主管会计单位或上一级会计单位领报经费，并发生预算管理关系，有下一级会计单位的，为二级会计单位；向上一级会计单位领报经费，并发生预算管理关系，但没有下级会计单位的，为基层会计单位；向同级财政部门领报经费，没有下级会计单位的，视同基层会计单位。主管会计单位、二级会计单位和基层会计单位实行独立会计核算，负责组织管理本部门、本单位的全部会计工作。不具备独立核算条件的行政单位，实行单据报账制度，作为“报销单位”管理。实行国库集中支付制度之后，由财政直接向二级会计单位或基层会计单位拨付资金，而不再遵循从主管会计单位到二级会计单位，再从二级会计单位到基层会计单位的顺序。但目前我国还有许多地区没能实行国库集中支付制度，仍沿用原来的管理体制和方式，所以在本篇介绍中，包括了国库集中支付和传统经费领拨两种方式。

行政单位应当根据本单位的业务规模、人员编制以及负担的会计工作任务，设置相应的会计工作机构，配备会计人员，并应建立岗位责任制度和内部稽核制度。会计核算应当划分会计期间，分期结算账目和编制会计报表。会计期间分为年度、季度和月份。会计年度、季度和月份采用公历日期。会计核算以人民币为记账本位币。发生外币收支的，应当按照中国人民银行公布的当日人民币外汇汇率折算为人民币核算。业务收支以外币为主的，也可以选定某种外币为记账本位币。但编制会计报表时，应该按照编报日期的人民币外汇汇率折算为人民币反映。会计记账采用借贷记账法。会计记录应当使用中文，少数民族地区可以同时使用本民族文字。

三、行政单位会计核算的范围

根据新颁布的《行政单位会计制度》的规定，行政单位会计核算的范围为各级各类国家机关、政党组织。参照公务员法的事业单位的会计核算应参照本制度执行。具体要求如下：

(1)各级国家机关、党政组织执行《行政单位会计制度》；

(2)参照公务员管理的社会团体、事业单位参照执行《行政单位会计制度》；

(3)行政单位附属独立核算的事业单位和企业单位不执行《行政单位会计制度》。

根据行政单位隶属关系的按照预算管理级次，行政单位会计分为主管会计单位、二级会计单位和基层会计单位三级。向财政部门申报预算，并发生预算管理关系，为主管会计单位；向主管会计单位或上一级会计单位申报预算，并发生预算关系，有下一级会计单位的，为二级会计单位；向上一级会计单位申报预算，并发生预算管理关系，但没有下级会计单位的，为基层会计单位；向同级财政部门申报预算，没有下级会计单位的，视同基层会计单位。

四、行政单位会计的职能

与一般的专业会计一样，行政单位会计具有核算、监督、反映和参与管理的职能。

(一)核算职能

会计核算职能就是对会计核算工作的抽象反映，会计核算是会计工作的重要组成部分。

会计核算是以货币为主要计量单位，对会计主体一定时期的经济活动进行真实、准确和及时的记录、计算和报告。以货币为主要计量单位，是会计核算的显著特征。会计就是要以货币为计量单位记账、算账和报账，以便真实、完整、准确、及时地反映会计主体的经济活动情况。会计核算的内容是会计对象，具体表现为各种各样的经济业务，包括款项和有价证券的收付，财物的收发、增减和使用，债权债务的发生和结算，净资产的增减，收入和支出的计算，以及需要办理会计手续、进行会计核算的其他事项等。

(二)监督职能

监督是会计的基本职能。会计监督的主体是单位的会计机构、会计人员，监督的对象是单位经济活动的合法性与效率性。会计监督的内容主要表现如下：

(1)监督经济业务的真实性。会计机构、会计人员对不真实、不合法的原始凭证不予受理。对记载不准确、不完整的原始凭证予以退回，要求经办人员更正、补充。发现账簿记录与实物不符时，应当按照有关规定进行处理。

(2)监督财务收支的合法性。会计机构、会计人员要监督单位所发生的经济业务是否符合党和国家的财经法律法规、规章和国家统一会计制度的要求。会计机构、会计人员对不合法的原始凭证，不予受理；对违法的收支，应当制止和纠正；制止和纠正无效的，应向单位领导提出书面意见，要求处理；对严重损害国家和社会公众利益的违法收支，应当向主管单位或者财政、审计、税务机关报告，以便处理。

(3)监督公共财产的完整性。会计机构、会计人员要监督公共财产是否得到很好保管或正确的记录，账实是否相符。发现公共财产短缺或损毁，应查明原因，及时处理。

(三)反映和参与管理职能

会计的核算结果可以比较准确地反映单位的财务状况和经济活动状况，也反映单位的管理水平。反映过程是会计把大量的数据转换成财务信息的过程，也就是说，反映不过是对客观经济活动事后的真实写照而已。因而，反映的内涵是消极和被动的。而会计核算则是一种能动的管理活动，从过程来看，它既包括事后核算，又包括事前、事中核算；从内容来看，它既包括记录、计算和反映，又包括预测、控制、分析和考核。会计本质上作为一种管理活动，其过程的控制应被理解为对广义的生产过程，即包含流通的再生产过程的事初、前中及事后的管理。由于管理活动包括了事前、事中及事后整个过程，所以，管理职能又可分为预测、计划、决策、控制、分析、监督等具体职能。

五、行政单位会计的目标

《行政单位会计制度》规定，“行政单位会计核算目标是向会计信息使用者提供与行政单位财务状况、预算执行情况等有关的会计信息，反映行政单位受托责任的履行情况，有助于会计信息使用者进行管理、监督和决策”。这一规定明确了行政单位会计的目标，强调了行政单位会计目标的“兼顾性”，不仅要反映行政单位预算执行情况，也要反映行政单位财务状况，兼顾预算管理与财务管理的需要；不但要报告受托责任的履行情况，还要提供有助于做出经济决策的信息，兼顾受托责任与决策有用的需要。

行政单位会计信息使用者包括人民代表大会、政府及其有关部门、行政单位自身和其他会计信息使用者。不同的会计信息使用者对行政单位会计信息有着不同的需求。内部会计信息使用者，要求提供对单位内部管理有用的会计信息，侧重于反映预算收支情况及结果，为财政预算管理和单位的财务管理服务。外部会计信息使用者，要求提供反映社会受托责任的会计信息，以便进行业绩评价与考核，为合理配置社会资源进行经济决策服务。

行政单位以财政拨款资金为主要收入来源，其会计核算应当侧重为预算管理服务，在此基础上兼顾其他方面的需要。因此，行政单位会计不但要为财政预算管理服务，还要为行政单位的财务管理服务；不但要反映行政单位受托责任履行情况，还要提供有助于做出经济决策的信息。

为满足预算管理与财务管理的要求，行政单位会计引入了“双分录”的核算方法。“双分录”核算是对行政单位发生的某一业务或事项同时进行两项记录：一项侧重确认所形成的资产或负债，另一项侧重确认所发生的预算支出。采用“双分录”核算方法的资产项目主要是非货币性资产，包括预付账款、存货、固定资产、在建工程、无形资产、政府储备物资、公共基础设施；采用“双分录”核算方法的负债项目包括应付账款、长期应付款。

六、行政单位会计的确认基础

《行政单位会计制度》规定，“行政单位会计核算一般采用收付实现制，特殊经济业务和事项应当按照本制度的规定采用权责发生制核算”。这一规定明确了行政单位会计以收付实现制为主要确认基础，适当引入了权责发生制基础，满足了兼顾财政预算管理和行政单位的财务管理需要的目标要求。

行政单位会计的确认基础充分体现了行政单位会计目标兼顾预算管理与财务管理、受托责任与决策有用的要求。由于我国预算编制基础是收付实现制，实际收支也只有采用收付实现制基础确认和报告，才能与预算形成有效对比，准确反映预算执行情况。但是，加强行政单位的财务管理要求准确反映其资产、负债的价值，与其相适应的会计确认基础是权责发生制。为兼顾行政单位预算管理和财务管理的双重信息需求，在不影响准确反映预算支出的同时，行政单位会计采用双重基础确认，资产、负债的核算采用权责发生制确认，全面地反映行政单位的财务状况，为编制权责发生制基础的政府综合财务报告、反映行政成本信息奠定基础。

第二节　行政单位会计要素与会计核算的质量要求

一、行政单位会计要素

行政单位会计应当按照业务或事项的经济特征确定会计要素。会计要素包括资产、负债、净资产、收入和支出。

二、行政单位会计科目设置

(1)为了加强行政单位跨境及核算工作，统一核算口径，提高核算质量，由财政部根据有关规定制定了会计科目。行政单位会计科目按会计要素分为五大类，34 个科目。其中，资产类 17 个，负债类 8 个，净资产类 5 个，收入类 2 个，支出类 2 个，具体如表 10－1 所示。

表 10－1　　行政单位会计科目一览表

类别	科目名称	核算内容
一、资产类	库存现金	核算行政单位的库存现金
	银行存款	核算行政单位存入银行及其他金融机构的各种款项
	零余额账户用款额度	核算实行国库集中支付的行政单位根据财政部门批复的用款计划收到和支用的零余额账户用款额度
	财政应返还额度	核算实行国库集中支付的行政单位应收财政返还的资金额度
	应收账款	核算行政单位出租资产、出售物资等应当收取的款项
	预付账款	核算行政单位按照购货、服务合同规定预付给供应单位(或个人)的款项
	其他应收款	核算行政单位除应收账款、预付账款以外的其他各项应收及暂付款项
	存货	核算行政单位在开展业务活动及其他活动中为耗用而储存的各种物资
	固定资产	核算行政单位各类固定资产的原价
	累计折旧	核算行政单位固定资产、公共基础设施计提的累计折旧
	在建工程	核算行政单位已经发生的必要支出，但尚未完工交付使用的各种建筑、设备安装工程和信息系统建设工程的实际成本
	无形资产	核算行政单位各项无形资产的原价
	累计摊销	核算行政单位无形资产计提的累计摊销
	待处理财产损溢	核算行政单位待处理财产的价值及财产处理损溢
	政府储备物资	核算行政单位直接储存管理的各项政府应急或救灾储备物资等
	公共基础设施	核算由行政单位占有并直接负责维护管理、供社会公共使用的工程性公共基础设施资产
	受托代理资产	核算行政单位接受委托方委托管理的各项资产，包括受托指定转赠的物资、受托储存管理的物资等
二、负债类	应交财政款	核算行政单位取得的按规定应当上缴财政的款项
	应交税费	核算行政单位按照税法等规定应当上缴的各种税费
	应付职工薪酬	核算行政单位按照有关规定应付给职工及为职工支付的各种薪酬
	应付账款	核算行政单位因购买物资或劳务、工程建设等而应付的偿还期限在 1 年以内(含 1 年)的款项
	应付政府补贴款	核算负责发放政府补贴的行政单位按规定应当支付给政府补贴接受者的各种政府补贴款
	其他应付款	核算行政单位除应缴财政款、应交税费、应付职工薪酬、应付政府补贴款、应付账款以外的其他各种偿还期在 1 年以内(含 1 年)的应付及暂存款项
	长期应付款	核算行政单位发生的偿还期限在 1 年以外的应付款项
	受托代理负债	核算行政单位接受委托，取得受托管理资产时形成的负债
三、净资产类	财政拨款结转	核算行政单位滚存的财政拨款结转资金
	财政拨款结余	核算行政单位滚存的财政拨款项目支出的结余资金
	其他资金结转结余	核算行政单位核算除财政拨款收支外的其他各项收支相抵后剩余的滚存资金
	资产基金	核算行政单位的预付账款、存货、固定资产、在建工程、无形资产、政府储备物资、公共基础设施等非货币性资产在净资产中占用的金额
	待偿债净资产	核算行政单位因发生应付账款和长期应付款而相应需要在净资产中冲减的金额

续表

类别	科目名称	核算内容
四、收入类	财政拨款收入	核算行政单位从同级财政部门取得的财政预算资金
	其他收入	核算行政单位取得的除财政拨款收入以外的其他各项收入
五、支出类	经费支出	核算行政单位在开展业务活动中发生的各项支出
	拨出经费	核算行政单位向所属单位拨出的纳入单位预算管理的非同级财政拨款资金

(2)行政单位的会计科目是汇总和检查行政单位资金活动情况和结果的全国统一的总账科目,非经财政部同意,不得减改;不需要的会计科目,可以不予启用。

(3)由财政部制定的会计科目编号,便于编制会计凭证、登记账簿、查阅账面、实行会计电算化。各行政单位在使用会计科目时,应与会计科目名称同时使用;可以只用会计科目名称,不用会计科目编号,但不得只填会计科目编号,不写会计科目名称。

(4)明细科目可以参照非营利组织会计的办法设置。

三、行政单位会计核算的基础

行政单位会计核算一般采用收付实现制,特殊经济业务和事项应当按照本制度的规定采用权责发生制核算。

四、行政单位会计核算的记账方法

行政单位会计核算应当采用借贷记账法记账。

五、行政单位的会计记录文字

行政单位会计应当使用中文记录,少数民族地区可以同时使用本民族文字。

六、行政单位会计核算的质量要求

会计核算的质量要求是保证会计信息质量、规范会计行为、提高会计核算准确度的基本准则。《行政单位会计制度》明确规定行政单位会计核算的一般原则包括可靠性原则、相关性原则、全面性原则、及时性原则、可比性原则、可理解性原则六个方面。

(一)可靠性原则

行政单位应当以实际发生的经济业务或者事项为依据进行会计核算,如实反映各项会计要素的情况和结果,保证会计信息真实可靠。

(二)相关性原则

行政单位提供的会计信息应当与行政单位受托责任履行情况的反映,会计信息使用者的管理、监督和决策需要相关,有助于会计信息使用者对行政单位过去、现在或者未来的情况做出评价或者预测。

(三)全面性原则

行政单位应当将发生的各项经济业务或者事项全部纳入会计核算,确保会计信息能够全面反映行政单位的财务状况和预算执行情况等。

(四)及时性原则

行政单位对于已经发生的经济业务或者事项,应当及时进行会计核算,不得提前或者延后。会计核算的重要目的是输出会计信息，信息要及时、准确、完整。会计核算的及时性原则要求会计信息处理应当及时进行，要在规定的期间向财政机关、上级单位和本单位领导报送，供决策参考。

(五)可比性原则

同一行政单位不同时期发生的相同或者相似的经济业务或者事项，应当采用一致的会计政策，不得随意变更。确需变更的，应当将变更的内容、理由和对单位财务状况、预算执行情况的影响在附注中予以说明。

不同行政单位发生的相同或者相似的经济业务或者事项，应当采用统一的会计政策，确保不同行政单位会计信息口径一致、相互可比。

(六)可理解原则

行政单位提供的会计信息应当清晰明了，便于会计信息使用者理解和使用。

本章小结

行政单位是代表政府行使政府权力的机构，是进行国家行政管理、组织经济建设和文化建设、维护社会公共秩序的单位，主要包括行政机关、国家权力机关、审判机关和检察机关、政党组织等。

行政单位会计是核算、反映和监督各级行政机关以及实行行政财务管理的其他机关、政党组织预算执行情况及其结果的专业会计，也是围绕预算资金的分配、使用和管理而组织核算的专业会计。行政单位会计具有核算、监督、反映和参与管理的职能。

行政单位会计的特点主要是由行政单位的特点决定的。一是以收付实现制为会计核算基础；二是收入来源单一；三是会计核算内容及方法有其特殊性。

行政单位会计科目按会计要素分为五大类，32 个科目。其中，资产类 17 个，负债类 8 个，净资产类 5 个，收入类 2 个，支出类 2 个。

《行政单位会计制度》明确规定行政单位会计核算的一般原则包括可靠性原则、相关性原则、全面性原则、及时性原则、可比性原则、可理解性原则六个方面。

练习题

一、单项选择题

1. 下列不采用行政单位会计的是(　　)。

A. 各级政府　　B. 学校　　C. 检察院　　D. 党派

2. 行政单位的资金来源是(　　)。

A. 服务收费　　B. 经营收入　　C. 国家无偿拨款　　D. 税收收入

3. 行政单位的会计核算以(　　)为中心。

A. 资金收支　　B. 销售　　C. 利润　　D. 成本

4. 下列关于行政单位会计的说法中，不正确的是(　　)。

A. 以收付实现制为核算基础　　B. 资金来源渠道比较多

C. 资金来源从本质上说是无常的　　D. 国家权力机关执行行政单位会计

5. 行政单位为保障机构正常运转和完成工作任务所发生的资金耗费和损失是指(　　)。

A. 负债　　B. 收入　　C. 支出　　D. 净资产

二、多项选择题

1. 行政单位会计基本假设包括(　　)。

A. 会计主体　　B. 持续经营　　C. 会计分期　　D. 货币计量

2. 下列属于行政单位会计要素的有(　　)。

A. 资产　　B. 负债　　C. 收入和支出　　D. 净资产

3. 下列关于行政单位会计的说法中,正确的是(　　)。

A. 资金来源是国家无偿拨款　　B. 一般不允许任何种类的借款

C. 不核算利润　　D. 反映预算执行情况

4. 下列关于行政单位会计科目使用的说法中,正确的是(　　)。

A. 行政单位应当按照会计制度的规定设置和使用会计科目

B. 因没有相关业务不需要使用的总账科目可以不设

C. 不能自行增设会计制度规定以外的明细科目

D. 不得随意打乱重编会计制度规定的会计科目编号

5. 在我国下列单位中,执行《行政单位会计制度》的是(　　)。

A. 人大机关　　B. 行政机关　　C. 检察机关　　D. 高等院校

三、判断题

1. 行政单位不以营利为目的,所以只能采用收付实现制作为会计核算基础。(　　)

2. 行政单位不得以会计制度规定的会计科目及使用说明作为进行有关法律法规禁止的经济活动的依据。(　　)

3. 行政单位会计信息使用者只包括人民代表大会、政府及其有关部门、行政单位自身。(　　)

4. 行政单位应当对其自身发生的经济业务或者事项进行会计核算。(　　)

5. 行政单位会计核算以资金收支为中心,不合算利润。(　　)

四、简答题

1. 什么是行政单位?它包括哪些组织?

2. 什么是行政单位会计?行政单位会计有哪些特点?

3. 行政单位会计的任务有哪些?

4. 行政单位会计监督的内容主要表现在哪些方面?

5. 行政单位会计科目分为哪几类?使用时应遵循的原则有哪些?

第十一章　行政单位资产的核算

学习目标

通过本章的学习，明确行政单位资产的概念及其具体内容，重点掌握行政单位现金、银行存款、零余额账户用款额度、财政返还额度、应收账款、预付账款、其他应收款、存货、固定资产及折旧在建工程、无形资产及摊销、政府储备物资、公共基础设施、受托代理资产的核算方法。

第一节　行政单位资产概述

一、行政单位资产的概念

行政单位资产是指行政单位占有或者使用的，能以货币计量的经济资源，包括流动资产和固定资产、在建工程、无形资产。由行政单位直接支配，供社会公共使用的政府储备物资、公共基础设施等，也属于行政单位会计核算的资产。

所谓占有，是指行政单位对经济资源拥有法律上的占有权。

资产首先是一种经济资源，一种能够为其所有者或所控制者带来利益的资源。其次，资产为单位所占有或使用。不为本单位控制的资源是无法合法地为单位带来收益的。最后，资产的另外一个条件是资产能够以货币计量。货币计量是会计核算的四大前提之一，会计所核算的资产也必须是能够以货币计量的。

二、行政单位资产的分类

通常将全部资产按流动性及存在形态，划分为流动资产、固定资产、在建工程和无形资产。

(一)流动资产

流动资产是指可以在 1 年以内(含 1 年)变现或者耗用的资产，包括库存现金、银行存款、零余额账户用款额度、财政应返还额度、应收及预付款项、存货等。零余额账户用款额度是指实行国库集中支付的行政单位根据财政部门批复的用款计划收到和支用的零余额账户用款额度。财政应返还额度是指实行国库集中支付的行政单位应收财政返还的资金额度。存货是指行政单位在工作中为耗用而储存的资产，包括材料、燃料、包装物和低值易耗品等。

(二)固定资产

固定资产是指使用期限超过 1 年(不含 1 年)、单位价值在规定标准以上，并且在使用过程中基本保持原有物质形态的资产，包括房屋及构筑物；通用设备；专用设备；文物和陈列品；图书、档案；家具、用具、装具及动植物。

(三)在建工程

在建工程是指行政单位已经发生必要支出，但尚未交付使用的建设工程，包括新建、改建、扩建、修缮等建筑工程、设备安装工程和信息系统建设工程。

(四)无形资产

无形资产是指不具有实物形态而能够为使用者提供某种权利的非货币性资产，包括著作权、土地使用权、专利权、非专利技术等。

三、行政单位资产的确认与计量

(一)资产的确认

行政单位将一项经济资源确认为资产，应当符合资产的定义，并在取得对其相关的权利并且能够可靠地进行货币计量时确认。符合资产定义并确认的资产，应当列入资产负债表。

(二)资产的计量

行政单位资产的计量以历史成本为主，除国家另有规定外，行政单位不得自行调整其账面价值。资产的计量包括初始计量和后续计量两个环节。

1. 初始计量

初始计量是资产取得时入账的计量方式。《行政单位会计制度》规定，资产应当按照取得时的实际成本进行计量。取得资产的实际成本，应当区分支付对价和不支付对价两种方式。

以支付对价方式取得的资产，应当按照取得资产时支付的现金或者现金等价物的金额，以及所付出的非货币性资产的评估价值等金额计量。

取得资产时没有支付对价的，其计量金额应当按照有关凭据注明的金额加上相关税费、运输费等确定；没有相关凭据但依法经过资产评估的，其计量金额应当按照评估价值加上相关税费、运输费等确定；没有相关凭据也未经评估的，其计量金额比照同类或类似资产的市场价格加上相关税费、运输费等确定；没有相关凭据也未经评估，其同类或类似资产的市场价格无法可靠取得，所取得的资产应当按照名义金额(即人民币 1 元，下同)入账。

2. 后续计量

行政单位应当按照规定对无形资产进行摊销；对无形资产计提摊销的金额，应当根据无形资产原价和摊销年限确定。

按照规定对固定资产、公共基础设施计提折旧的，折旧金额应当根据固定资产、公共基础设施原价和折旧年限确定。

第二节　行政单位流动资产的核算

一、货币资金

货币资金包括库存现金、银行存款、零余额账户用款额度等。这里先看前两者。

(一)库存现金

库存现金是指存放在行政单位会计部门的现金,主要用于行政单位的日常零星开支。

行政单位应当设置"库存现金"总账科目核算存放在行政单位会计部门的现金,该科目期末借方余额反映行政单位实际持有的库存现金。

行政单位应当设置"库存现金日记账",由出纳员根据收付款凭证,按照业务发生顺序逐笔登记。每日业务终了,应当计算当日现金收入合计数、现金支出合计数和结余数,并将结余数与实际库存现金核对,做到账款相符。库存现金的主要业务账务处理如下:

(1)从银行等金融机构提取现金,按照实际提取的金额,借记"库存现金"科目,贷记"银行存款""零余额账户用款额度"等科目;将现金存入银行等金融机构,借记"银行存款"科目,贷记"库存现金"科目;将现金退回单位零余额账户,借记"零余额账户用款额度"科目,贷记"库存现金"科目。

(2)因支付内部职工出差等原因所借的现金,借记"其他应收款"科目,贷记"库存现金"科目;出差人员报销差旅费时,按照应报销的金额,借记有关科目;按照实际借出的现金金额,贷记"其他应收款"科目;按照其差额,借记或贷记"库存现金"科目。

(3)因开展业务或其他事项收到现金,借记"库存现金"科目,贷记有关科目;因购买服务、商品或者其他事项支出现金,借记有关科目,贷记"库存现金"科目。

(4)收到受托代理的现金时,借记"库存现金"科目,贷记"受托代理负债"科目;支付受托代理的现金时,借记"受托代理负债"科目,贷记"库存现金"科目。

(5)现金盘盈盘亏的处理。每日终了结算现金收支,核对库存现金时发现有待查明原因的现金短缺或溢余,应通过"待处理财产损溢"科目核算。属于现金短缺,应当按照实际短缺的金额,借记"待处理财产损溢"科目,贷记"库存现金"科目;属于现金溢余,应当按照实际溢余的金额,借记"库存现金"科目,贷记"待处理财产损溢"科目。待查明原因后做如下处理:

①如为现金短缺,属于应由责任人赔偿或向有关人员追回的部分,借记"其他应收款"科目,贷记"待处理财产损溢"科目。

②如为现金溢余,属于应支付给有关人员或单位的部分,借记"待处理财产损溢"科目,贷记"其他应付款"科目。

【例11—1】 某行政单位从财政部门为本单位在商业银行开设的零余额账户提取现金25 000元。

借:库存现金	25 000	
贷:零余额账户用款额度		25 000

【例11—2】 某行政单位用现金购买业务活动使用的宣传用纸和印刷费,共计1 200元。

借:经费支出	1 200	
贷:库存现金		1 200

【例11—3】 某行政单位工作人员李某出差,预借现金5 000元,出差返还后实际报销5 420元,差额420元支付现金补足。

①借款时:

借:其他应收款——张某	5 000	
贷:库存现金		5 000

②报销时:

借:经费支出　　5 420

　　贷:其他应收款——张某　　5 000

　　　　库存现金　　420

【例 11－4】 某行政单位盘点时发现现金短缺 68 元,无法查明原因,经批准作经费支出处理。

借:待处理财产损溢　　68

　　贷:库存现金　　68

借:经费支出　　68

　　贷:待处理财产损溢　　68

(二)银行存款

行政单位应设置"银行存款"总账科目,核算行政单位存入银行或者其他金融机构的各种存款。

行政单位应当按开户银行或其他金融机构、存款种类及币种等,分别设置"银行存款日记账",由出纳员根据收付款凭证,按照业务的发生顺序逐笔登记,每日终了应结出余额。"银行存款日记账"应定期与"银行对账单"核对,至少每月核对一次。月度终了,行政单位账面余额与银行对账单余额之间如有差额,必须逐笔查明原因并进行处理,按月编制"银行存款余额调节表",调节相符。银行存款的主要业务账务处理如下:

(1)将款项存入银行或者其他金融机构,借记"银行存款"科目,贷记"库存现金""其他收入"等有关科目。

(2)提取和支出存款时,借记有关科目,贷记"银行存款"科目。

(3)收到银行存款利息,借记"银行存款"科目,贷记"其他收入"等科目;支付银行手续费或银行扣收罚金等时,借记"经费支出"科目,贷记"银行存款"科目。

(4)收到受托代理的银行存款时,借记"银行存款"科目,贷记"受托代理负债"科目;支付受托代理的存款时,借记"受托代理负债"科目,贷记"银行存款"科目。

(5)行政单位发生外币业务的,应当按照业务发生当日或当期期初的即期汇率,将外币金额折算为人民币金额记账,并登记外币金额和汇率。

期末,各种外币账户的期末余额,应当按照期末的即期汇率折算为人民币,作为外币账户期末人民币余额。调整后的各种外币账户人民币余额与原账面余额的差额,作为汇兑损益计入当期支出。

以外币购买物资、劳务等,按照购入当日或当期期初的即期汇率将支付的外币或应支付的外币折算为人民币金额,借记有关科目,贷记"银行存款""应付账款"等科目的外币账户。

以外币收取相关款项等,按照收入确认当日或当期期初的即期汇率将收取的外币或应收取的外币折算为人民币金额,借记"银行存款""应收账款"等科目的外币账户,贷记有关科目。

期末,根据各外币账户按期末汇率调整后的人民币余额与原账面人民币余额的差额,作为汇兑损益,借记或贷记"银行存款""应收账款""应付账款"等科目,贷记或借记"经费支出"等科目。

【例 11－5】 某行政单位尚未纳入财政国库单一账户体系,开出转账支票支付职工培训费 6 000 元。

借:经费支出　　6 000

　　贷:银行存款　　6 000

【例 11－6】　某行政单位尚未纳入财政国库单一账户体系，开出转账支票支付办公设备维修费 15 000 元。

借：经费支出　　15 000

　　贷：银行存款　　15 000

二、零余额账户用款额度与财政应返还额度

(一)零余额账户用款额度

零余额账户用款额度是指实行国库集中支付的行政单位根据财政部门批复的用款计划收到和支用的零余额账户用款额度。

纳入财政国库单一账户制度改革的行政单位，财政部门为其在商业银行开设单位零余额账户，该账户用于财政部门对行政单位的授权支付。财政部门向某行政单位零余额账户的代理银行下达零余额账户用款额度时，该单位的零余额账户用款额度增加。行政单位可以根据经批准的单位预算和用款计划，自行向单位零余额账户的代理银行开具支付令，从单位零余额账户向收款人支付款项，或从单位零余额账户提取现金。代理银行在向行政单位开具的支付令与行政单位的单位预算和用款计划进行核对并向收款人支付款项后，与当日通过行政单位的零余额账户与财政国库单一账户进行资金结清，资金结清后，行政单位的零余额账户的余额为零。零余额账户用于办理转账、汇兑委托收款和提取现金等支付业务，单位的自有收入、经营收入、往来收入等非财政性资金不得进入本单位零余额账户。

为核算零余额账户用款额度业务，行政单位应设置"零余额账户用款额度总账"，核算实行国库集中支付的行政单位根据财政部门批复的用款计划收到和支用的零余额账户用款额度。"零余额账户用款额度"科目期末借方余额反映行政单位尚未支付的零余额账户用款额度，该科目年末应无余额。零余额账户用款额度的主要账务处理如下：

(1)收到"财政授权支付额度到账通知书"时，根据通知书所列数额，借记"零余额账户用款额度"科目，贷记"财政拨款收入"科目。

(2)按规定支用额度时，借记"经费支出"等科目，贷记"零余额账户用款额度"科目。

(3)从零余额账户提取现金时，借记"库存现金"科目，贷记"零余额账户用款额度"科目。

(4)年末，根据代理银行提供的对账单做银行注销额度的相关账务处理，借记"财政应返还额度——财政授权支付"科目，贷记本科目。如单位本年度财政授权支付预算指标大于财政授权支付额度下达数，根据两者间的差额，借记"财政应返还额度——财政授权支付"科目，贷记"财政拨款收入"。

(5)下年度初，行政单位根据代理银行提供的"财政授权支付额度恢复到账通知书"做恢复额度的相关账务处理，借记本科目，贷记"财政应返还额度——财政授权支付"科目。行政单位收到财政部门批复的上年末下达零余额账户用款额度时，借记本科目，贷记"财政应返还额度——财政授权支付"科目。

【例 11－7】　某行政单位有关零余额账户用款额度发生以下业务：

①收到单位零余额账户用款额度代理银行转来的"财政授权支付额度到账通知书"，获得财政授权支付额度 18 000 000 元。

借：零余额账户用款额度　　18 000 000

　　贷：财政拨款收入　　18 000 000

②通过零余额账户购买办公用品一批，金额共计 6 000 元，该批办公用品已验收入库。

借：存货　　6 000

　　贷：资产基金——存货　　6 000

借：经费支出　　6 000

　　贷：零余额账户用款额度　　6 000

③从单位零余额账户提取现金 2 000 元，以备日常开支。

借：库存现金　　2 000

　　贷：零余额账户用款额度　　2 000

(二)财政应返还额度

财政应返还额度是指实行国库集中支付的行政单位应收财政返还的资金额度。

在财政国库单一制度下，年度终了，当行政单位通过财政零余额账户发生的财政直接支付实际支出数小于财政直接支付用款额度数时，行政单位就存在尚未使用的财政直接支付用款额度。同样，当行政单位通过单位零余额账户发生的财政授权支付实际支出数小于财政授权支付用款额度数时，行政单位也就存在尚未使用的财政授权支付用款额度。财政部门对行政单位尚未使用的财政直接支付用款额度和财政授权支付用款额度，采用先注销后恢复的管理办法，即年度终了，财政部门对行政单位尚未使用的用款额度，先进行注销，次年初，财政部门再对行政单位尚未使用的用款额度予以恢复，供行政单位使用。这样，当年尚未使用的用款额度，即构成行政单位的财政应返还额度。图 11－1 是一个例子。

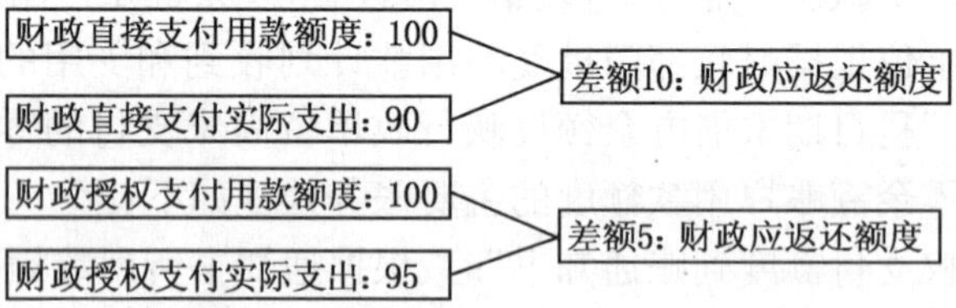

图 11－1　财政应返还额度的例子

为核算财政应返还额度的业务，行政单位应设置“财政应返还额度”总账科目。年终，行政单位财政应返还额度的主要账务处理如下：

(1)根据本年度财政直接支付预算指标数与当年财政直接支付实际支出数的差额，借记“财政应返还额度”科目，贷记“财政拨款收入”科目。

(2)根据本年度已下达的财政授权支付用款额度与当年财政授权支付实际支出数的差额，借记“财政应返还额度”科目，贷记“零余额账户用款额度”科目；如果本年度财政授权支付预算指标数大于零余额账户用款额度下达数，根据两者的差额，借记“财政应返还额度”科目，贷记“财政拨款收入”科目。

(3)下年度财政部门恢复财政直接支付用款额度时，行政单位不做会计处理，待实际使用恢复的额度时，借记“经费支出”等科目，贷记“财政应返还额度”科目。

(4)下年度财政部门恢复财政授权支付用款额度时，借记“零余额账户用款额度”科目，贷记“财政应返还额度”科目；实际使用恢复的额度时，借记“经费支出”等科目，贷记“零余额账户用款额度”科目。

【例 11－8】 某行政单位已经纳入财政国库单一账户制度改革，该单位发生的部分经济业务如下：

①年终，本年度财政直接支付预算指标 1 060 000 元，财政直接支付实际支出数为 1 000 000元，两者差额 60 000 元，该单位存在尚未使用的财政直接预算指标。

借：财政应返还额度　　60 000

　　贷：财政拨款收入　　60 000

②年终，本年度财政授权支付预算指标 960 000 元，财政授权支付实际支出数为 920 000 元，两者差额 40 000 元，该单位存在尚未使用的财政授权用款额度。

借：财政应返还额度　　40 000

　　贷：零余额账户用款额度　　40 000

③次年初，获得财政部门批复，同意恢复财政直接支付用款额度共 50 000 元，经批准使用恢复额度支付培训费 20 000 元。

借：经费支出　　20 000

　　贷：财政应返还额度　　20 000

④次年初，收到代理银行提供的“财政授权支付额度恢复到账通知书”，恢复财政授权支付用款额度 40 000 元。

借：零余额账户用款额度　　40 000

　　贷：财政应返还额度　　40 000

三、应收及预付款项

(一)应收账款

应收账款主要核算行政单位出租资产、出售物资等应当收取的款项。行政单位收到的商业汇票，也通过“应收账款”科目核算。

行政单位应设置“应收账款”科目，核算单位出租资产、出售物资等应当收取的款项。该科目的借方登记应收账款的增加数，贷方登记收回的款项。借方余额反映尚未收回的应收款项数。本科目应当按照购货、接受服务单位(或个人)或开出、承兑商业汇票的单位等进行明细核算。应收账款的主要账务处理如下：

1. 出租资产发生的应收账款。

(1)出租资产尚未收到款项时，按照应收未收金额，借记“应收账款”本科目，贷记“其他应付款”科目。

(2)收回应收账款时，借记“银行存款”等科目，贷记“应收账款”科目。同时，借记“其他应付款”科目；按照应交的税费，贷记“应交税费”科目；按照扣除应交税费后的净额，贷记“应缴财政款”科目。

2. 出售物资发生的应收账款。

(1)物资已发出并到达约定状态且尚未收到款项时，按照应收未收金额，借记“应收账款”科目，贷记“待处理财产损溢”科目。

(2)收回应收账款时，借记“银行存款”等科目，贷记“应收账款”科目。

3. 收到商业汇票。

(1)出租资产收到商业汇票，按照商业汇票的票面金额，借记“应收账款”科目，贷记“其他应付款”科目。

(2)出售物资收到商业汇票,按照商业汇票的票面金额,借记“应收账款”科目,贷记“待处理财产损溢”科目。

(3)商业汇票到期收回款项时,借记“银行存款”等科目,贷记“应收账款”本科目。其中,出租资产收回款项的,还应当同时借记“其他应付款”科目;按照应交的税费,贷记“应交税费”科目;按照扣除应交税费后的净额,贷记“应缴财政款”科目。

【例 11—9】 某行政单位将一闲置房屋出租给 M 公司,合同规定每年租金 240 000 元,每月末收一次租金。

①房屋交付,尚未收到租金时:

借:应收账款——M 公司	240 000	
贷:其他应付款		240 000

②月末收到租金时:

借:银行存款	20 000	
贷:应收账款		20 000
借:其他应付款	20 000	
贷:应交税费		1 000
应交财政款		19 000

【例 11—10】 2015 年 9 月 20 日,某行政单位出售一批旧计算机 10 台给 H 公司,价值 20 000元,电脑已发出,但尚未收到款项,10 月 15 日收到货款 20 000 元存入银行。

①9 月 5 日计算机发出时:

借:应收账款——H 公司	20 000	
贷:待处理财产损溢		20 000

②10 月 1 5 日收到价款时:

借:银行存款	20 000	
贷:应收账款——H 公司		20 000

4. 逾期 3 年或以上、有确凿证据表明确实无法收回的应收账款,按规定报经批准后予以核销。核销的应收账款应在备查簿中保留登记。

(1)转入待处理财产损溢时:

借:待处理财产损溢

  贷:应收账款

(2)报经批准予以核销时:

借:其他应付款等

  贷:待处理财产损溢

(3)已核销的应收账款在以后又收回的:

借:银行存款

  贷:应缴财政款

(二)预付账款

“预付账款”科目核算行政单位按照购货、服务合同规定预付给供应单位(或个人)的款项。行政单位依据合同规定支付的定金,也通过本科目核算。本科目按照供应单位(或个人)进行明细核算。预付账款的主要账务处理如下：

(1)发生预付账款时，借记“预付账款”科目，贷记“资产基金——预付款项”科目；同时，借记“经费支出”科目，贷记“财政拨款收入”“零余额账户用款额度”“银行存款”等科目。

(2)收到所购物资或服务时，按照相应的预付账款金额，借记“资产基金——预付款项”科目，贷记“预付账款”科目；发生补付款项的，按照实际补付的款项，借记“经费支出”科目，贷记“财政拨款收入”“零余额账户用款额度”“银行存款”等科目；收到物资的，同时按照收到所购物资的成本，借记有关资产科目，贷记“资产基金”及相关明细科目。

【例11—11】 某行政单位拟向A公司购买1台专用设备，合同确定价款1 00 000元，该单位先支付40%的预付款。A公司收到预付款后1个月将设备运抵该单位并负责调试成功，该单位于验收合格当日支付剩余60%的价款。

①支付预付款时：

借：预付账款	40 000	
贷：资产基金——预付款项		40 000
借：经费支出	40 000	
贷：零余额账户用款额度		40 000

②1个月后，收到所购设备并支付剩余60%的价款时：

借：资产基金——预付款项	40 000	
贷：预付账款		40 000
借：经费支出	60 000	
贷：零余额账户用款额度		60 000

(三)其他应收款

“其他应收款”科目核算行政单位除应收账款、预付账款以外的其他各项应收及暂付款项，如职工预借的差旅费、拨付给内部有关部门的备用金、应向职工收取的各种垫付款项等。本科目按照其他应收款的类别以及债务单位(或个人)进行明细核算。其他应收款的主要账务处理如下：

(1)发生其他应收及暂付款项时，借记“其他应收款”科目，贷记“零余额账户用款额度”“银行存款”等科目。

(2)收回或转销上述款项时，借记“银行存款”“零余额账户用款额度”或有关支出等科目，贷记“其他应收款”科目。

(3)行政单位内部实行备用金制度的，有关部门使用备用金以后应当及时到财务部门报销并补足备用金。财务部门核定并发放备用金时，借记“其他应收款”科目，贷记“库存现金”等科目。根据报销数用现金补足备用金定额时，借记“经费支出”科目，贷记“库存现金”等科目，报销数和拨补数都不再通过本科目核算。

四、存货

存货是指行政单位在开展业务活动及其他活动中为耗用而储存的各种物资，包括材料、燃料、包装物和低值易耗品及未达到固定资产标准的家具、用具、装具等的实际成本。行政单位应当设置“存货”科目，核算在开展业务活动及其他活动中为耗用而储存的各种物资。本科目按照存货的种类、规格和保管地点等进行明细核算。

行政单位接受委托人指定受赠人的转赠物资，应当通过“受托代理资产”科目核算，不通过“存货”科目核算。随买随用的零星办公用品等，可以在购进时直接列作支出，不通过“存货”科目核算。用于工程建设的物资，应当通过“在建工程”科目核算，不通过“存货”科目核算。出租、出借的存货，应当设置备查簿登记。存货的主要账务处理如下：

(一)取得存货

行政单位取得存货，应当按照其实际成本入账。

(1)购入的存货，其成本包括购买价款、相关税费、运输费、装卸费、保险费以及其他使得存货达到目前场所和状态所发生的支出。购入的存货验收入库，按照确定的成本，借记“存货”科目，贷记“资产基金——存货”科目；同时，按照实际支付的金额，借记“经费支出”科目，贷记“财政拨款收入”“零余额账户用款额度”“银行存款”等科目；对于尚未付款的，应当按照应付未付的金额，借记“待偿债净资产”科目，贷记“应付账款”科目。

【例 11－12】 某日，某行政单位购入材料一批，增值税发票注明价款 10 000 元，增值税 1 700元。另付运费 300 元，当日收到货物并验收合格入库，款项采用财政授权支付方式支付。

借：存货	12 000	
贷：资产基金——存货		12 000
借：经费支出	12 000	
贷：零余额账户用款额度		12 000

(2)置换换入的存货，其成本按照换出资产的评估价值，加上支付的补价或减去收到的补价，加上为换入存货支付的其他费用(运输费等)确定。

换入的存货验收入库，按照确定的成本，借记“存货”科目，贷记“资产基金——存货”科目；同时，按实际支付的补价、运输费等金额，借记“经费支出”科目，贷记“财政拨款收入”“零余额账户用款额度”“银行存款”等科目。

(3)接受捐赠、无偿调入的存货，其成本按照有关凭据注明的金额加上相关税费、运输费等确定；没有相关凭据可供取得，但依法经过资产评估的，其成本应当按照评估价值加上相关税费、运输费等确定；没有相关凭据可供取得，也未经评估的，其成本比照同类或类似存货的市场价格加上相关税费、运输费等确定；没有相关凭据也未经评估，其同类或类似存货的市场价格无法可靠取得，该存货按照名义金额入账。接受捐赠、无偿调入的存货验收入库，按照确定的成本，借记“存货”科目，贷记“资产基金——存货”科目；同时，按实际支付的相关税费、运输费等金额，借记“经费支出”科目，贷记“财政拨款收入”“零余额账户用款额度”“银行存款”等科目。

(4)委托加工的存货，其成本按照未加工存货的成本加上加工费用和往返运输费等确定。行政单位应在“存货”科目下设置“委托加工存货成本”明细科目核算委托加工存货成本；委托加工的存货出库，借记“存货”科目下的“委托加工存货成本”明细科目，贷记“存货”科目下的相关明细科目。支付加工费用和相关运输费等时，借记“经费支出”科目，贷记“财政拨款收入”“零余额账户用款额度”“银行存款”等科目；同时，按照相同的金额，借记“存货”科目下的“委托加工存货成本”明细科目，贷记“资产基金——存货”科目。委托加工完成的存货验收入库时，按照委托加工存货的成本，借记“存货”科目下的相关明细科目，贷记“存货”科目下的“委托加工存货成本”明细科目。

【例 11－13】 某行政单位 2015 年 8 月 6 日委托 H 公司加工专用材料一批，发出材料成本 20 000 元。8 月 19 日通过单位零余额账户支付加工费 8 000 元，支付往返运费 1 200 元。8 月 20 日材料加工完毕并验收入库。

①8 月 6 日发出材料时：

借：存货——委托加工存货成本　　20 000

　　贷：存货——专用材料　　20 000

②8 月 19 日支付加工费用和相关运输费等时：

借：经费支出　　9 200

　　贷：零余额账户用款额度　　9 200

借：存货——委托加工存货成本　　9 200

　　贷：资产基金——存货　　9 200

③8 月 20 日委托加工完成的存货验收入库时：

借：存货——专用材料　　29 200

　　贷：存货——委托加工存货成本　　29 200

(二)发出存货

存货发出时，应当根据实际情况采用先进先出法、加权平均法或个别计价法确定发出库存材料的实际成本。计价方法一经确定，不得随意变更。

(1)领用存货，按照领用存货的实际成本，借记“资产基金——存货”科目，贷记本科目。

【例 11－14】 某行政单位采用加权平均法计算发出存货的成本。本月初甲类材料库存 2 000千克，成本为 25 000 元；本月购入甲材料 5 000 千克，成本为 65 000 元；开展业务活动领用甲材料 6 000 千克。

甲材料加权平均单位成本＝(25 000＋65 000)÷(2 000＋5 000)＝12.86(元)

本月领用材料成本＝6 000×12.86 ＝77 160(元)

借：资产基金——存货　　77 160

　　贷：存货　　77 160

(2)经批准对外出售、置换换出存货时，应当转入待处理财产损溢，按照相关存货的实际成本，借记“待处理财产损溢”科目，贷记本科目。出售、置换存货过程中收到的价款、补价，借记“库存现金”“银行存款”等科目，贷记“待处理财产损溢”科目。出售、置换存货过程中发生的费用，借记“待处理财产损溢”等科目，贷记“库存现金”“银行存款”“应交税费”等科目。出售处置完毕，按照处置收入扣除相关费税后的净收入，借记“待处理财产损溢”科目，贷记“应缴财政款”科目。如果处置收入小于相关税费，按照相关税费减去处置收入后的净支出，借记“经费支出”科目，贷记“待处理财产损溢”等科目。

【例 11－15】 某行政单位将积压的专用材料出售，该批材料的成本为 12 000 元，收到价款 11 000 元存入银行，发生运费 500 元，以现金支付。

①冲销存货成本时：

借：待处理财产损溢——待处理财产价值　　12 000

　　贷：存货　　12 000

借：资产基金——存货　　12 000

　　贷：待处理财产损溢—— 待处理财产价值　　12 000

②收到材料价款时：

借：银行存款　11 000

　　贷：待处理财产损溢——处理净收入　11 000

③销售材料应交增值税 330 元时：

借：待处理财产损溢——处理净收入　330

　　贷：应交税费——应交增值税　330

④支付材料运费时：

借：待处理财产损溢——处理净收入　500

　　贷：库存现金　500

⑤出售材料净收入应缴入国库时：

借：待处理财产损溢——处理净收入　10 170

　　贷：应缴财政款　10 170

(3)存货报废、毁损时，应当将报废、毁损的存货转入待处理财产损溢，按照相关存货的账面余额，借记“待处理财产损溢”科目，贷记“存货”科目。

(4)行政单位的存货应当定期进行清查盘点，每年至少盘点一次。对于发生的存货盘盈、盘亏，应当及时查明原因，按规定报经批准后进行账务处理。

①盘盈的存货，按照取得同类或类似存货的实际成本确定入账价值；若没有同类或类似存货的实际成本，按照同类或类似存货的市场价格确定入账价值；若同类或类似存货的实际成本或市场价格无法可靠取得，按照名义金额入账。

盘盈的存货，按照确定的入账价值，借记“存货”科目，贷记“待处理财产损溢”科目。

②盘亏的存货，转入待处理财产损溢时，按照其账面余额，借记“待处理财产损溢”科目，贷记“存货”科目。

【例 11－16】 某行政单位年末对甲专用材料进行盘点，账存数量为 1 500 千克，实存数量为 1 450 千克，该材料每千克的单位成本为 80 元。

借：待处理财产损溢——待处理财产价值　4 000

　　贷：存货　4 000

借：资产基金——存货　4 000

　　贷：待处理财产损溢——待处理财产价值　4 000

第三节　行政单位非流动资产的核算

一、固定资产

(一)固定资产的概念及分类

固定资产是指使用期限超过 1 年(不含 1 年)、单位价值在规定标准以上，并在使用过程中基本保持原有物质形态的资产。单位价值虽未达到规定标准，但是耐用时间超过 1 年(不含 1 年)的大批同类物资，应当作为固定资产核算。

固定资产一般分为 6 类：房屋及构筑物；通用设备；专用设备；文物和陈列品；图书、档案；家具、用具、装具及动植物。

(二)固定资产的确认

1. 确认条件

固定资产应当按照以下条件确认：

(1)购入、换入、无偿调入、接受捐赠不需安装的固定资产，在固定资产验收合格时确认。

(2)购入、换入、无偿调入、接受捐赠需要安装的固定资产，在固定资产安装完成交付使用时确认。

(3)自行建造、改建、扩建的固定资产，在建造完成交付使用时确认。

2. 特殊确认方法

(1)固定资产的各组成部分具有不同的使用寿命、适用不同折旧率的，应当分别将各组成部分确认为单项固定资产。

(2)购入需要安装的固定资产，应当先通过“在建工程”科目核算，安装完毕交付使用时再转入“固定资产”科目核算。

(3)行政单位的软件，如果其构成相关硬件不可缺少的组成部分，应当将该软件的价值包括在所属的硬件价值中，一并作为固定资产，通过“固定资产”科目进行核算；如果其不构成相关硬件不可缺少的组成部分，应当将该软件作为无形资产，通过“无形资产”科目核算。

(4)行政单位购建房屋及构筑物不能够分清支付价款中的房屋及构筑物与土地使用权部分的，应当全部作为固定资产，通过“固定资产”科目核算；能够分清支付价款中的房屋及构筑物与土地使用权部分的，应当将其中的房屋及构筑物部分作为固定资产，通过“固定资产”科目核算，将其中的土地使用权部分作为无形资产，通过“无形资产”科目核算；境外行政单位购买具有所有权的土地，作为固定资产，通过“固定资产”科目核算。

(三)固定资产取得的核算

行政单位应设置“固定资产”科目核算固定资产的原值；设置“在建工程”科目核算行政单位已经发生必要支出，但尚未完工交付使用的各种建筑工程、设备安装工程和学校系统建设工程的实际成本。

行政单位还应当设置“固定资产登记簿”和“固定资产卡片”，按照固定资产的类别、项目和使用部门进行明细核算。

出租、出借的固定资产，应当设置备查簿进行登记。

借入、以经营租赁方式租入的固定资产，不通过“固定资产”科目核算，应当设置备查簿登记。

(1)购入的固定资产，其成本包括实际支付的购买价款，相关税费，使固定资产交付使用前所发生的可归属于该项资产的运输费、装卸费、安装费和专业人员服务费等。以一笔款项购入多项没有单独标价的固定资产，按照各项固定资产同类或类似固定资产市场价格的比例对总成本进行分配，分别确定各项固定资产的入账价值。

购入不需安装的固定资产，按照确定的固定资产成本，借记“固定资产”科目，贷记“资产基金——固定资产”科目；同时，按照实际支付的金额，借记“经费支出”科目，贷记“财政拨款收入”“零余额账户用款额度”“银行存款”等科目。

购入需要安装的固定资产，先通过“在建工程”科目核算。安装完工交付使用时，借记“固定资产”科目，贷记“资产基金——固定资产”科目；同时，借记“资产基金——在建工程”科目，贷记“在建工程”科目。

【例 11—17】 某行政单位通过政府采购购入一台不需要安装的设备，取得的增值税发票注明价款 20 000 元，增值税 3 400 元，发生运输费 1 000 元，款项通过零余额账户支付。

①购入不需要安装的固定资产时：

借：固定资产——设备　　23 500

　贷：资产基金——固定资产　　23 500

②同时，按照实际支付的金额：

借：经费支出——财政拨款支出——基本支出　　23 500

　贷：零余额账户用款额度等　　23 500

（2）自行建造的固定资产，其成本包括建造该项资产至交付使用前所发生的全部必要支出。固定资产的各组成部分需要分别核算的，按照各组成部分固定资产造价确定其成本；没有各组成部分固定资产造价的，按照各组成部分固定资产同类或类似固定资产市场造价的比例对总造价进行分配，确定各组成部分固定资产的成本。

工程完工交付使用时，按照自行建造过程中发生的实际支出，借记“固定资产”科目，贷记“资产基金——固定资产”科目；同时，借记“资产基金——在建工程”科目，贷记“在建工程”科目；已交付使用但尚未办理竣工决算手续的固定资产，按照估计价值入账，待确定实际成本后再进行调整。

（3）在原有固定资产基础上进行改建、扩建、修缮的固定资产，其成本按照原固定资产的账面价值（“固定资产”科目账面余额减去“累计折旧”科目账面余额后的净值）加上改建、扩建、修缮发生的支出，再扣除固定资产拆除部分账面价值后的金额确定。

将固定资产转入改建、扩建、修缮时，按照固定资产的账面价值，借记“在建工程”科目，贷记“资产基金——在建工程”科目。同时，按照固定资产的账面价值，借记“资产基金——固定资产”科目；按照固定资产已计提折旧，借记“累计折旧”科目；按照固定资产的账面余额，贷记“固定资产”科目。

工程完工交付使用时，按照确定的固定资产成本，借记“固定资产”科目，贷记“资产基金——固定资产”科目；同时，借记“资产基金——在建工程”科目，贷记“在建工程”科目。

【例 11—18】 2015 年 2 月某行政单位计划将办公楼进行改建，该办公楼的原值为 5 000 000元，已计提折旧 1 500 000 元，发生改建支出 600 000 元，由财政直接支付。5 月 20 日该项目改建完工，经验收合格交付使用。

①2 月将该楼进行改建时：

借：在建工程——办公楼改建工程　　3 500 000

　贷：资产基金——在建工程　　3 500 000

借：资产基金——固定资产　　3 500 000

　累计折旧　　1 500 000

　贷：固定资产——办公楼　　5 000 000

②支付建设费用时：

借：经费支出——项目支出　　600 000

　贷：财政拨款收入　　600 000

借：在建工程——办公楼改建工程　　600 000

　贷：资产基金——在建工程　　600 000

③5月20日改建完工，交付使用时：

借：固定资产——办公楼　　4 100 000

　　贷：资产基金——固定资产　　4 100 000

借：资产基金——在建工程　　4 100 000

　　贷：在建工程——办公楼改建工程　　4 100 000

(4)置换取得的固定资产，其成本按照换出资产的评估价值加上支付的补价或减去收到的补价，加上为换入固定资产支付的其他费用(运输费等)确定，借记“固定资产”科目(不需要安装)或“在建工程”科目(需要安装)，贷记“资产基金——固定资产、在建工程”科目；按照实际支付的补价、相关税费、运输费等，借记“经费支出”科目，贷记“财政拨款收入”“零余额账户用款额度”“银行存款”等科目。

【例11-19】 某行政单位与另一单位进行资产置换，用一台闲置的专用设备换入两台办公设备。换出专用设备的账面余额为80 000元，已提折旧30 000元。根据相关规定对换出的专用设备进行资产评估为60 000元。根据置换协议，本单位通过零余额账户支付置换补价12 000元。

借：固定资产——办公设备　　72 000

　　贷：资产基金——固定资产　　72 000

同时：

借：经费支出　　12 000

　　贷：零余额账户用款额度　　12 000

换出资产的核算见“待处理财产损溢”项目的核算。

(5)接受捐赠、无偿调入的固定资产，其成本按照有关凭据注明的金额加上相关税费、运输费等确定；没有相关凭据可供取得，但依法经过资产评估的，其成本应当按照评估价值加上相关税费、运输费等确定；没有相关凭据可供取得，也未经评估的，其成本比照同类或类似固定资产的市场价格加上相关税费、运输费等确定；没有相关凭据也未经评估，其同类或类似固定资产的市场价格无法可靠取得，所取得的固定资产应当按照名义金额入账。

接受捐赠、无偿调入的固定资产，按照确定的成本，借记“固定资产”科目(不需要安装)或“在建工程”科目(需要安装)，贷记“资产基金——固定资产、在建工程”科目；按照实际支付的相关税费、运输费等，借记“经费支出”科目，贷记“财政拨款收入”“零余额账户用款额度”“银行存款”等科目。

(四)固定资产折旧的核算

《行政单位会计制度》规定，行政单位对固定资产、公共基础设施是否计提折旧，由财政部另行规定。如果行政单位需要准确反映固定资产的价值，提供的会计信息兼顾预算管理和财务管理的需要，应当建立固定资产折旧制度。

1. 折旧范围

固定资产折旧的范围主要包括：房屋及构筑物；通用设备；专用设备；家具、用具等。下列固定资产不计提折旧：

(1)文物及陈列品；

(2)图书、档案；

(3)动植物；

(4)以名义金额入账的固定资产;

(5)境外行政单位持有的能够与房屋及构筑物区分、拥有所有权的土地。

2. 折旧方法

行政单位一般应当采用年限平均法或工作量法计提固定资产折旧,计提固定资产折旧不考虑预计净残值。

3. 折旧的其他规定

(1)行政单位应当根据固定资产的性质和实际使用情况合理确定折旧年限。

(2)行政单位一般按月计提固定资产折旧。当月增加的固定资产,当月不提折旧,从下月起计提折旧;当月减少的固定资产,当月照提折旧,从下月起不提折旧。固定资产提足折旧后,无论能否继续使用,均不再提取折旧。

(3)提前报废的固定资产,也不再补提折旧。已提足折旧的固定资产,可以继续使用的,应当继续使用,规范管理。

(4)固定资产因改建、扩建或修缮等原因而提高使用效能或延长使用年限的,应当按照重新确定的固定资产成本以及重新确定的折旧年限,重新计算折旧额。

4. 账务处理

行政单位固定资产在取得时采用"双分录"核算方式,其成本已经一次性计入当期支出。为兼顾行政单位预算管理和财务管理的需要,行政单位采用了"虚提"折旧的模式,即在计提折旧时冲减其对应的资产基金,而非计入当期支出。按月计提固定资产折旧时,按照应计提折旧金额,借记"资产基金——固定资产"科目,贷记"累计折旧"科目。固定资产处置时,按照所处置固定资产账面价值,借记"待处理财产损溢"科目或"资产基金——固定资产"科目;按照固定资产已计提折旧,借记"累计折旧"本科目;按照固定资产、公共基础设施的账面余额,贷记"固定资产"科目。

【例 11—20】 某行政单位建立了固定资产折旧制度,根据"固定资产折旧计算表",本月共计提固定资产折旧额 56 400 元。

借:资产基金—— 固定资产	56 400	
贷:累计折旧		56 400

(五)固定资产的后续支出

固定资产的后续支出是指固定资产在投入使用以后期间发生的与固定资产使用效能、使用状态直接相关的支出,如固定资产的改建、扩建、修缮、改良、修理、重装等事项发生的支出。与固定资产有关的后续支出应分别以下情况处理:

(1)增加固定资产效能的支出。为增加固定资产使用效能或延长其使用寿命而发生的改建、扩建或修缮等后续支出,应当计入固定资产成本,通过"在建工程"科目核算,完工交付使用时转入"固定资产"科目。

(2)维护固定资产的支出。为维护固定资产正常使用而发生的日常修理等后续支出,应当计入当期支出,借记"经费支出"科目,贷记"财政拨款收入""零余额账户用款额度""银行存款"等科目。

(六)固定资产的处置

行政单位固定资产的处置包括出售、置换换出、无偿调出、对外捐赠、报废、毁损等。行政单位处置固定资产应当按照国家有关规定办理,并经主管部门审核同意后报统计财政部门审批。

(1)出售、置换换出的固定资产。经批准出售、置换换出的固定资产转入待处理财产损溢时,按照固定资产的账面价值,借记“待处理财产损溢”科目;按照已计提折旧,借记“累计折旧”科目;按照固定资产的账面余额,贷记“固定资产”科目。

(2)无偿调出、对外捐赠固定资产。经批准无偿调出、对外捐赠固定资产时,按照固定资产的账面价值,借记“资产基金——固定资产”科目;按照已计提折旧,借记“累计折旧”科目;按照固定资产的账面余额,贷记“固定资产”科目。无偿调出、对外捐赠固定资产发生由行政单位承担的拆除费用、运输费等,按照实际支付的金额,借记“经费支出”科目,贷记“财政拨款收入”“零余额账户用款额度”“银行存款”等科目。

(3)报废、毁损固定资产。报废、毁损的固定资产转入待处理财产损溢时,按照固定资产的账面价值,借记“待处理财产损溢”科目;按照已计提折旧,借记“累计折旧”科目;按照固定资产的账面余额,贷记“固定资产”科目。

【例 11—21】 某行政单位报主管部门和同级财政部门审批同意,将一台不用的设备对外出售。该设备账面余额 50 000 元,已提折旧 1 2 000 元;出售该设备取得价款 40 000 元存入银行,应交税费为 2 000 元。出售该设备的净收入按规定应缴入国库。

①将设备的账面价值转入待处理资产时:

借:待处理财产损溢——待处理资产价值	38 000	
累计折旧	12 000	
贷:固定资产		50 000

②实现设备出售时:

借:资产基金——固定资产	38 000	
贷:待处理财产损溢——待处理资产价值		38 000

③出售设备取得收入时:

借:银行存款	40 000	
贷:待处理财产损溢——处理净收入		40 000

④发生相关税费时:

借:待处理财产损溢——处理净收入	2 000	
贷:应交税费		2 000

⑤出售收入扣除相关税费后的净收入缴入国库时:

借:待处理财产损溢——处理净收入	38 000	
贷:应缴财政款		38 000

(七)盘盈、盘亏固定资产

行政单位的固定资产应当定期进行清查盘点,每年至少盘点一次。对于固定资产发生盘盈、盘亏的,应当及时查明原因,按照规定报经批准后进行账务处理。

(1)盘盈的固定资产,按照取得同类或类似固定资产的实际成本确定入账价值;若没有同类或类似固定资产的实际成本,按照同类或类似固定资产的市场价格确定入账价值;若同类或类似固定资产的实际成本或市场价格无法可靠取得,按照名义金额入账。

盘盈的固定资产,按照确定的入账价值,借记“固定资产”科目,贷记“待处理财产损溢”科目。

(2)盘亏的固定资产,按照盘亏固定资产的账面价值,借记“待处理财产损溢”科目;按照已计提折旧,借记"累计折旧"科目;按照固定资产账面余额,贷记"固定资产"科目。

【例 11－22】 某行政单位年终进行财产清查时,盘盈碎纸机一台,其重置市场价格为2 300元。

①将碎纸机账面价值转入待处理资产,同时报同级财政部门。

借:固定资产——办公设备　　2 300

　贷:待处理财产损溢——待处理资产价值　　2 300

②根据财政部门的批复,盘盈设备予以入账。

借:待处理财产损溢——待处理资产价值　　2 300

　贷:资产基金——固定资产　　2 300

【例 11－23】 某行政单位年终进行财产清查时,盘亏打印机一台,其账面余额为 5 000 元,已提折旧 1 800 元。

①将打印机的账面价值 3 800 元转入待处理资产,同时报同级财政部门。

借:待处理财产损溢——待处理资产价值　　3 800

　累计折旧　　1 200

　　贷:固定资产——办公设备　　5 000

②根据财政部门的批复,该打印机准予核销。

借:资产基金——固定资产　　3 800

　贷:待处理财产损溢——待处理资产价值　　3 800

二、在建工程

(一)在建工程的内容

在建工程是指行政单位已经发生必要支出,但尚未完工交付使用的建设工程。行政单位的在建工程包括建筑工程、设备安装工程和信息系统建设工程。建筑工程是指新建、改建、扩建、修缮房屋建筑物和附属构建设施而进行的工程项目。设备安装工程是指为保证设备的正常运转而进行的设备装配、调试工程项目。信息系统建设工程是指建设信息系统而进行的工程项目。

(二)在建工程的账户设置

行政单位应设置"在建工程"科目,核算行政单位已经发生必要支出,但尚未完工交付使用的各种建筑(包括新建、改建、扩建、修缮等)、设备安装工程和信息系统建设工程的实际成本。不能够增加固定资产、公共基础设施使用效能或延长其使用寿命的修缮、维护等,不通过"在建工程"科目核算。"在建工程"科目应当按照具体工程项目进行明细核算,需要分摊计入不同工程项目的间接工程成本,应当通过"在建工程"科目下的"待摊投资"明细科目核算。本科目期末借方余额反映行政单位尚未完工的在建工程的实际成本。

在建工程属于非货币资产,行政单位的在建工程要采用"双分录"核算方法,同时确认发生的在建工程成本和经费支出。

行政单位的基本建设投资应当按照国家有关规定单独建账、单独核算,同时按照会计制度的规定至少按月并入"在建工程"科目及其他相关科目反映。行政单位应当在"在建工程"科目下设置"基建工程"明细科目,核算由基建账并入的在建工程成本。

(三)建筑工程的账务处理

(1)在建工程转入。将固定资产转入改建、扩建或修缮等时,按照固定资产的账面价值,借记“在建工程”科目,贷记“资产基金——在建工程”科目。同时,按照固定资产的账面价值,借记“资产基金——固定资产”科目;按照固定资产已计提折旧,借记“累计折旧”科目;按照固定资产的账面余额,贷记“固定资产”科目。

(2)在建工程部分拆除。

①将改建、扩建或修缮的建筑部分拆除时,按照拆除部分的账面价值(没有固定资产拆除部分的账面价值的,比照同类或类似固定资产的实际成本或市场价格及拆除部分占全部固定资产价值的比例确定),借记“资产基金——在建工程”科目,贷记“在建工程”科目。

②改建、扩建或修缮的建筑部分拆除获得残值收入时,借记“银行存款”等科目,贷记“经费支出”科目;同时,借记“资产基金——在建工程”科目,贷记“在建工程”科目。

(3)工程价款结算。根据工程进度支付工程款时,按照实际支付的金额,借记“经费支出”科目,贷记“财政拨款收入”“零余额账户用款额度”“银行存款”等科目;同时,按照相同的金额,借记“在建工程”科目,贷记“资产基金——在建工程”科目。

根据工程价款结算账单与施工企业结算工程价款时,按照工程价款结算账单上列明的金额(扣除已支付的金额),借记“在建工程”科目,贷记“资产基金——在建工程”科目;同时,按照实际支付的金额,借记“经费支出”科目,贷记“财政拨款收入”“零余额账户用款额度”“银行存款”等科目;按照应付未付的金额,借记“待偿债净资产”科目,贷记“应付账款”科目。

(4)支付工程价款结算账单以外的款项时,借记“在建工程”科目,贷记“资产基金——在建工程”科目;同时,借记“经费支出”科目,贷记“财政拨款收入”“零余额账户用款额度”“银行存款”等科目。

(5)工程项目结束,需要分摊间接工程成本的,按照应当分摊到该项目的间接工程成本,借记“在建工程——××项目”科目,贷记“在建工程——待摊投资”科目。

(6)建筑工程项目完工交付使用时,按照交付使用工程的实际成本,借记“资产基金——在建工程”科目,贷记“在建工程”科目;同时,借记“固定资产”“无形资产”科目(交付使用的工程项目中有能够单独区分成本的无形资产),贷记“资产基金——固定资产、无形资产”科目。

(7)建筑工程项目完工交付使用时扣留质量保证金的,按照扣留的质量保证金金额,借记“待偿债净资产”科目,贷记“长期应付款”等科目。

(8)为工程项目配套而建成的、产权不归属本单位的专用设施,将专用设施产权移交其他单位时,按照应当交付专用设施的实际成本,借记“资产基金——在建工程”科目,贷记“在建工程”科目。

(9)工程完工但不能形成资产的项目,应当按照规定报经批准后予以核销。转入待处理财产损溢时,按照不能形成资产的工程项目的实际成本,借记“待处理财产损溢”科目,贷记“在建工程”科目。

【例 11—24】 某行政单位对办公楼的墙面和窗户进行修缮,与某建筑公司签订合同:应付工程款共计 560 000 万元,工程完工后与施工企业进行工程结算,一次付清工程款。经申请,工程款由财政部门以直接支付方式拨付给施工企业。该办公楼的账面余额为 6 500 000 元,已经计提折旧 3 200 000 元。

①将该楼进行修缮时:

借:在建工程——办公楼修缮工程　　3 300 000

　　贷:资产基金——在建工程　　3 300 000

借:资产基金——固定资产　　3 300 000

　　累计折旧　　3 200 000

　　贷:固定资产——办公楼　　6 500 000

②工程完工后支付工程款时:

借:经费支出——项目支出　　560 000

　　贷:财政拨款收入　　560 000

借:在建工程——办公楼修缮工程　　560 000

　　贷:资产基金——在建工程　　560 000

③修缮完工,交付使用时:

借:固定资产——办公楼　　3 860 000

　　贷:资产基金——固定资产　　3 860 000

借:资产基金——在建工程　　3 860 000

　　贷:在建工程　　3 860 000

(四)设备安装

(1)购入需要安装的设备,按照购入的成本,借记"在建工程"科目,贷记"资产基金——在建工程"科目;同时,按照实际支付的金额,借记"经费支出"科目,贷记"财政拨款收入""零余额账户用款额度""银行存款"等科目。

(2)发生安装费用时,按照实际支付的金额,借记"在建工程"科目,贷记"资产基金——在建工程"科目;同时,借记"经费支出"科目,贷记"财政拨款收入""零余额账户用款额度""银行存款"等科目。

(3)设备安装完工交付使用时,按照交付使用设备的实际成本,借记"资产基金——在建工程"科目,贷记"在建工程"科目;同时,贷记"固定资产""无形资产"科目(交付使用的设备中有能够单独区分成本的无形资产),贷记"资产基金——固定资产、无形资产"科目。

【例 11-25】 某行政单位购入一套需要安装的新设备,该设备价款 58 000 元,增值税 9 860元,运费 2 000 元,通过零余额账户支付。设备安装完毕后,通过零余额账户支付设备安装费3 500元。

①购入设备时:

借:在建工程——设备安装工程　　69 860

　　贷:资产基金——在建工程　　69 860

借:经费支出——项目支出　　69 860

　　贷:零余额账户用款额度　　69 860

②支付安装费时:

借:在建工程——设备安装工程　　3 500

　　贷:资产基金——在建工程　　3 500

借:经费支出——项目支出　　3 500

　　贷:零余额账户用款额度　　3 500

③安装完毕,结转在建工程成本时:

借：资产基金——在建工程　　73 360
　　贷：在建工程　　73 360
借：固定资产——办公楼　　73 360
　　贷：资产基金——固定资产　　73 360

(五)信息系统建设

(1)发生各项建设支出时，按照实际支付的金额，借记“在建工程”科目，贷记“资产基金——在建工程”科目；同时，借记“经费支出”科目，贷记“财政拨款收入”“零余额账户用款额度”“银行存款”等科目。

(2)信息系统建设完成交付使用时，按照交付使用信息系统的实际成本，借记“资产基金——在建工程”科目，贷记“在建工程”科目；同时，借记“固定资产”“无形资产”科目，贷记“资产基金——固定资产、无形资产”科目。

(六)在建工程的毁损

毁损的在建工程成本应当转入“待处理财产损溢”科目进行处理。转入待处理财产损溢时，借记“待处理财产损溢”科目，贷记“在建工程”科目。

三、无形资产

(一)无形资产的内容

无形资产是指不具有实物形态而能为行政单位提供某种权利的非货币性资产，包括著作权、土地使用权、专利权、非专利技术等。行政单位购入的不构成相关硬件不可缺少组成部分的软件，应当作为无形资产核算。

(二)无形资产的账户设置

行政单位应设置“无形资产”科目，核算无形资产的原价，该科目按照无形资产的类别、项目等进行明细核算，期末借方余额反映行政单位无形资产的原价。行政单位应设置“累计摊销”科目，核算无形资产的累计摊销额，该科目按照无形资产的类别、项目等进行明细核算，期末贷方余额反映行政单位无形资产摊销累计数。

(三)取得无形资产的核算

取得无形资产时，应当按照其实际成本入账。

(1)外购的无形资产，其成本包括实际支付的购买价款、相关税费以及可归属于该项资产达到预定用途所发生的其他支出。购入的无形资产，应按照确定的成本，借记“无形资产”科目，贷记“资产基金——无形资产”科目；同时，按照实际支付的金额，借记“经费支出”科目，贷记“财政拨款收入”“零余额账户用款额度”“银行存款”等科目。

购入无形资产尚未付款的，取得无形资产时，按照确定的成本，借记“无形资产”科目，贷记“资产基金——无形资产”科目；同时，按照应付未付的款项金额，借记“待偿债净资产”科目，贷记“应付账款”科目。

【例11－26】 某行政单位用财政拨款资金购入一项专利权，购买价款150 000元，专利权变更登记等手续费12 000元，均通过零余额账户支付。

借：无形资产——专利权　　162 000
　　贷：资产基金——无形资产　　162 000

借:经费支出——项目经费　　162 000
　　贷:零余额账户用款额度　　162 000

(2)委托软件公司开发软件,视同外购无形资产进行处理。

①软件开发前按照合同约定预付开发费用时,借记“预付账款”科目,贷记“资产基金——预付款项”科目;同时,借记“经费支出”科目,贷记“财政拨款收入”“零余额账户用款额度”“银行存款”等科目。

②软件开发完成交付使用,并支付剩余或全部软件开发费用时,按照软件开发费用总额,借记“无形资产”科目,贷记“资产基金——无形资产”科目;按照实际支付的金额,借记“经费支出”科目,贷记“财政拨款收入”“零余额账户用款额度”“银行存款”等科目;按照冲销的预付开发费用,借记“资产基金——预付款项”科目,贷记“预付账款”科目。

【例 11—27】 某行政单位委托某软件公司开发 OA 系统,根据开发合同,开发费用共计 180 000元。软件开发前,该行政单位用财政拨款资金,通过零余额账户预付 80 000 元。

软件开发完成交付使用后,通过零余额账户支付 1 00 000 元余款。该软件如期开发完毕,并交付使用。

①预付款项时:

借:预付账款——软件公司　　80 000
　　贷:资产基金——预付款项　　80 000
借:经费支出——项目经费　　80 000
　　贷:零余额账户用款额度　　80 000

②软件开发完成,交付使用时:

借:无形资产——OA 系统　　180 000
　　贷:资产基金　　180 000
借:经费支出——项目经费　　100 000
　　贷:零余额账户用款额度　　100 000
借:资产基金——预付款项　　80 000
　　贷:预付账款——软件公司　　80 000

(3)自行开发并按法律程序申请取得的无形资产,按照依法取得时发生的注册费、聘请律师费等费用确定成本。

取得无形资产时,应按照确定的成本,借记“无形资产”科目,贷记“资产基金——无形资产”科目;同时,按照实际支付的金额,借记“经费支出”科目,贷记“财政拨款收入”“零余额账户用款额度”“银行存款”等科目。

依法取得前所发生的研究开发支出,应当于发生时直接计入当期支出,但不计入无形资产的成本,借记“经费支出”科目,贷记“财政拨款收入”“零余额账户用款额度”“财政应返还额度”“银行存款”等科目。

(4)置换取得的无形资产,其成本按照换出资产的评估价值加上支付的补价或减去收到的补价,加上为换入无形资产支付的其他费用(登记费等)确定。

置换取得的无形资产,按照确定的成本,借记“无形资产”科目,贷记“资产基金——无形资产”科目;按照实际支付的补价、相关税费等,借记“经费支出”科目,贷记“财政拨款收入”“零余额账户用款额度”“银行存款”等科目。

(5)接受捐赠、无偿调入的无形资产,其成本按照有关凭据注明的金额加上相关税费确定;没有相关凭据可供取得,但依法经过资产评估的,其成本应当按照评估价值加上相关税费确定;没有相关凭据可供取得,也未经评估的,其成本比照同类或类似资产的市场价格加上相关税费确定;没有相关凭据也未经评估,其同类或类似无形资产的市场价格无法可靠取得,所取得的无形资产应当按照名义金额入账。

接受捐赠、无偿调入无形资产时,按照确定的无形资产成本,借记“无形资产”科目,贷记“资产基金——无形资产”科目;按照发生的相关税费,借记“经费支出”科目,贷记“零余额账户用款额度”“银行存款”等科目。

(四)无形资产摊销的核算

为真实反映无形资产的价值,行政单位应当建立无形资产摊销制度,对无形资产进行后续计量。摊销是指在无形资产使用寿命内,按照确定的方法对应摊销的金额进行系统分摊。除以名义金额计量的无形资产外,行政单位应当按规定分期摊销无形资产的成本。

1. 摊销方法

行政单位应当采用年限平均法对无形资产的成本进行分摊。

无形资产的年摊销额＝无形资产应摊销金额÷摊销年限

无形资产的月摊销额＝无形资产的年摊销额÷12

(1)无形资产摊销年限的确定。行政单位应当按照以下原则确定无形资产的摊销年限:法律规定了有效年限的,按照法律规定的有效年限作为摊销年限;法律没有规定有效年限的,按照合同或者单位申请书中的受益年限作为摊销年限;法律没有规定有效年限、相关合同或单位申请书也没有规定受益年限的,按照不少于10年的期限摊销。非大批量购入、单价小于1 000元的无形资产,可以于购买的当期,一次将成本全部摊销。

(2)无形资产应摊销金额。行政单位无形资产的应摊销金额为其成本。行政单位应当自无形资产取得当月起,按月计提摊销;无形资产减少的当月,不再计提摊销。无形资产提足摊销后,无论能否继续带来服务潜力或经济利益,均不再计提摊销;核销的无形资产,如果未提足摊销,也不再补提摊销。因发生后续支出而增加无形资产成本的,应当按照重新确定的无形资产成本,重新计算摊销额。

2. 账务处理

(1)按月计提无形资产摊销时,按照应计提摊销金额,借记“资产基金——无形资产”科目,贷记“累计摊销”科目。

(2)无形资产处置时,按照所处置无形资产的账面价值,借记“待处理财产损溢”科目(出售、置换换出、核销)或“资产基金——无形资产”科目(无偿调出、对外捐赠);按照已计提摊销,借记“累计摊销”科目;按照无形资产的账面余额,贷记“无形资产”科目。

【例11－28】 某行政单位有一套在用办公软件系统,账面余额为300 000元,确定的使用寿命为10年,计提本月摊销额。

本月摊销额＝300 000÷10÷12＝2 500(元)

借:资产基金——无形资产	2 500	
贷:累计摊销		2 500

(五)无形资产后续支出的核算

(1)为增加无形资产使用效能而发生的后续支出,如对软件进行升级改造或扩展其功能等所发生的支出，应当计入无形资产的成本，借记“无形资产”科目，贷记“资产基金——无形资产”科目；同时，借记“经费支出”科目，贷记“财政拨款收入”“零余额账户用款额度”“银行存款”等科目。

(2)为维护无形资产的正常使用而发生的后续支出，如对软件进行的漏洞修补、技术维护等所发生的支出，应当计入当期支出但不计入无形资产的成本，借记“经费支出”科目，贷记“财政拨款收入”“零余额账户用款额度”“银行存款”等科目。

【例11—29】 某行政单位对现有的OA系统进行升级，更新财务模块和人事管理模块，通过零余额账户支付30 000元。

借：无形资产——OA系统　　30 000
　　贷：资产基金——无形资产　　30 000
借：经费支出　　30 000
　　贷：零余额账户用款额度　　30 000

(六)处置无形资产的核算

(1)报经批准出售、置换换出无形资产转入待处理财产损溢时，按照待出售、置换换出无形资产的账面价值，借记“待处理财产损溢”科目；按照已计提摊销，借记“累计摊销”科目；按照无形资产的账面余额，贷记“无形资产”科目。处置无形资产发生的费用、取得的收入和净收益的处理同固定资产。

【例11—30】 某行政单位报主管部门和同级财政部门审批同意，将一项专利技术出售。该专利技术的账面余额为1 20 000元，已提摊销额68 000元，出售价款45 000元存入银行。

①将专利技术账面价值转入待处理资产时：

借：待处理财产损溢——待处理资产价值　　52 000
　　累计折旧　　68 000
　　贷：无形资产　　1 20 000

②实现专利出售时：

借：资产基金——无形资产　　52 000
　　贷：待处理财产损溢——处理资产价值　　52 000

③出售专利取得收入时：

借：银行存款　　45 000
　　贷：待处理财产损溢——处理净收入　　45 000

④发生相关税费2 250元时：

借：待处理财产损溢——处理净收入　　2 250
　　贷：应交税费　　2 250

⑤出售收入扣除相关税费后的净收入缴入国库时：

借：待处理财产损溢——处理净收入　　42 750
　　贷：应缴财政款　　42 750

(2)报经批准无偿调出、对外捐赠无形资产，按照无偿调出、对外捐赠无形资产的账面价值，借记“资产基金——无形资产”科目；按照已计提摊销，借记“累计摊销”科目；按照无形资产的账面余额，贷记“无形资产”科目。无偿调出、对外捐赠无形资产发生由行政单位承担的相关费用支出等，按照实际支付的金额，借记“经费支出”科目，贷记“财政拨款收入”“零余额账户用款额度”“银行存款”等科目。

【例 11－31】 某行政单位经批准将其拥有的一项管理软件技术无偿调拨给其他单位使用。该项无形资产的账面余额为 96 000 元，已经计提摊销额 38 000 元。

借：资产基金——无形资产	58 000	
累计摊销	38 000	
贷：无形资产		96 000

(七)无形资产核销的核算

无形资产预期不能为行政单位带来服务潜力或经济效益的，应当按规定报经批准后将无形资产的账面价值予以核销。

待核销的无形资产转入待处理财产损溢时，按照待核销的无形资产账面价值，借记“待处理财产损溢”科目；按照已计提摊销，借记“累计摊销”科目；按照无形资产的账面余额，贷记“无形资产”科目。

四、待处理财产损溢

(一)待处理财产损溢的内容

为合理处理行政单位的各项资产，正确反映资产的处理损溢，行政单位的资产处理应单独设置账户进行核算。行政单位资产的处理包括资产的出售、报废、毁损、盘盈、盘亏，以及货币性资产损失核销等。

(二)待处理财产损溢的账户设置

行政单位应设置“待处理财产损溢”科目，核算待处理财产的价值及财产处理损溢。本科目应当按照待处理财产项目进行明细核算，对于在财产处理过程中取得收入或发生相关费用的项目，还应当设置“待处理财产价值”“处理净收入”明细科目，进行明细核算。本科目期末如为借方余额，反映尚未处理完毕的各种财产的价值及净损失；期末如为贷方余额，反映尚未处理完毕的各种财产净溢余。年度终了，报经批准处理后，本科目一般应无余额。

(三)待处理财产损溢的主要账务处理

1. 现金短缺或溢余

(1)属于无法查明原因的现金短缺，报经批准核销的，借记“经费支出”科目，贷记“待处理财产损溢”科目。

(2)属于无法查明原因的现金溢余，报经批准后，借记“待处理财产损溢”科目，贷记“其他收入”科目。

2. 无法收回的应收账款、其他应收款

(1)转入待处理财产损溢时，借记“待处理财产损溢”科目，贷记“应收账款”“其他应收款”科目。

(2)报经批准对无法收回的其他应收款予以核销时，借记“经费支出”科目，贷记“待处理财产损溢”科目；对无法收回的应收账款予以核销时，借记“经费支出”科目，贷记“待处理财产损溢”科目。

3. 核销预付账款、无形资产

(1)转入待处理财产损溢时，借记“待处理财产损溢”科目（核销无形资产的，还应借记“累计摊销”科目），贷记“预付账款”“无形资产”科目。

(2)报经批准予以核销时,借记“资产基金——预付款项、无形资产”科目,贷记“待处理财产损溢”科目。

4. 出售、置换换出存货、固定资产、无形资产、政府储备物资等

(1)转入待处理财产损溢时,借记“待处理财产损溢——待处理财产价值”科目(出售、置换换出固定资产的,还应当借记“累计折旧”科目;出售、置换换出无形资产的,还应当借记“累计摊销”科目),贷记“存货”“固定资产”“无形资产”“政府储备物资”等科目。

(2)实现出售、置换换出时,借记“资产基金”及相关明细科目,贷记“待处理财产损溢——待处理财产价值”科目。

(3)出售、置换换出资产过程中收到价款、补价等收入,借记“库存现金”“银行存款”等科目,贷记“待处理财产损溢——处理净收入”科目。

(4)出售、置换换出资产过程中发生相关费用,借记“待处理财产损溢——处理净收入”科目,贷记“库存现金”“银行存款”“应交税费”等科目。

(5)出售、置换换出完毕并收回相关的应收账款后,按照处置收入扣除相关税费后的净收入,借记“待处理财产损溢——处理净收入”科目,贷记“应缴财政款”科目。如果处置收入小于相关税费的,按照相关税费减去处置收入后的净支出,借记“经费支出”科目,贷记“待处理财产损溢——处理净收入”科目。

5. 盘亏、毁损、报废各种实物资产

(1)转入待处理财产损溢时,借记“待处理财产损溢——待处理财产价值”科目(处置固定资产、公共基础设施的,还应当借记“累计折旧”科目),贷记“存货”“固定资产”“在建工程”“政府储备物资”“公共基础设施”等科目。

(2)报经批准予以核销时,借记“资产基金”及相关明细科目,贷记“待处理财产损溢——待处理财产价值”科目。

(3)毁损、报废各种实物资产过程中取得的残值变价收入、发生的相关费用,以及取得的残值变价收入扣除相关费用后的净收入或净支出的账务处理,比照“待处理财产损溢”科目有关出售资产进行处理。

6. 核销不能形成资产的在建工程成本

转入待处理财产损溢时,借记“待处理财产损溢”科目,贷记“在建工程”科目。报经批准予以核销时,借记“资产基金——在建工程”科目,贷记“待处理财产损溢”科目。

7. 盘盈存货、固定资产、政府储备物资等实物资产

转入待处理财产损溢时,借记“存货”“固定资产”“政府储备物资”等科目,贷记“待处理财产损溢”科目,报经批准予以处理时,借记“待处理财产损溢”科目,贷记“资产基金”及相关明细科目。

第四节　公共服务与受托资产的核算

公共服务与受托资产是行政单位非自有资产,包括政府储备物资、公共基础设施和受托代理资产。

一、政府储备物资

(一)政府储备物资的内容

为应对自然灾害、事故灾难、公共卫生事件、社会安全事件等突发事件的发生，控制、减轻和消除突发事件引起的社会危害，保护人民生命财产安全，维护国家安全、公共安全、环境安全和社会秩序，国家建立了应急物资储备保障制度。政府储备物资包括粮食、帐篷、衣被、矿泉水、药品、医疗器械、电力设备、成品油、通信设备、防化类物资、防污染类物资、防爆物资等。

政府储备物资是行政单位直接储存、管理的各项政府应急或救灾储备物资。政府储备物资由拥有储备物资调拨权力的行政单位负责采购，由行政单位直接储存和管理，或由行政单位管理，交由其他单位代为储存。

(二)政府储备物资的账户设置

行政单位应设置“政府储备物资”科目，核算行政单位储存和管理的各项政府应急或救灾储备物资。如果行政单位为政府储备物资单位采购单位，其储存和管理的物资应当通过“政府储备物资”科目核算；如果行政单位为政府储备物资的代储单位，其储备的物资作为受托代理资产核算。

“政府储备物资”科目按储备物资的种类、品种、存放地点进行明细核算。期末借方余额反映行政单位管理的政府储备物资的实际成本。

(三)政府储备物资的账务处理

1. 政府储备物资的取得

(1)购入的政府储备物资，其成本包括购买价款、相关税费、运输费、装卸费、保险费以及其他使政府储备物资达到目前场所和状态所发生的支出。单位支付的政府储备物资保管费、仓库租赁费等日常储备费用，不计入政府储备物资的成本。

购入的政府储备物资验收入库，按照确定的成本，借记“政府储备物资”科目，贷记“资产基金——政府储备物资”科目；同时，按实际支付的金额，借记“经费支出”科目，贷记“财政拨款收入”“零余额账户用款额度”“银行存款”等科目。

(2)接受捐赠、无偿调入的政府储备物资，其成本按照有关凭据注明的金额加上相关税费、运输费等确定；没有相关凭据可供取得，但依法经过资产评估的，其成本应当按照评估价值加上相关税费、运输费等确定；没有相关凭据可供取得，也未经评估的，其成本比照同类或类似政府储备物资的市场价格加上相关税费、运输费等确定。

接受捐赠、无偿调入的政府储备物资验收入库，按照确定的成本，借记“政府储备物资”科目，贷记“资产基金——政府储备物资”科目；由行政单位承担运输费用等的，按实际支付的相关税费、运输费等金额，借记“经费支出”科目，贷记“财政拨款收入”“零余额账户用款额度”“银行存款”等科目。

【例 11—32】 某行政单位为抢险救灾物资管理单位，根据物资储备制度的要求，以财政直接支付方式购入抢险救灾物资一批，价税合计共 234 000 元，该批物资已验收入库。

借：政府储备物资——抢险救灾物资	234 000	
贷：资产基金——政府储备物资		234 000
借：经费支出——项目支出	234 000	
贷：财政拨款收入——项目支出拨款		234 000

2. 政府储备物资发出

政府储备物资发出时，应当根据实际情况采用先进先出法、加权平均法或者个别计价法确定发出政府储备物资的实际成本。计价方法一经确定，不得随意变更。

（1）经批准对外捐赠、无偿调出政府储备物资时，按照对外捐赠、无偿调出政府储备物资的实际成本，借记“资产基金——政府储备物资”科目，贷记“政府储备物资”科目。

对外捐赠、无偿调出政府储备物资发生由行政单位承担的运输费等支出时，借记“经费支出”科目，贷记“财政拨款收入”“零余额账户用款额度”“银行存款”等科目。

（2）行政单位报经批准将不需储备的物资出售时，应当转入待处理财产损溢，按照相关储备物资的账面余额，借记“待处理财产损溢”科目，贷记“政府储备物资”科目。

【例 11－33】 某行政单位为支援水灾地区的居民，经主管部门审批，发出救灾物资一批，按加权平均法计算确定其成本为 120 000 元。

借：资产基金——政府储备物资	120 000	
贷：政府储备物资——抢险救灾物资		120 000

3. 政府储备物资的清查盘点

行政单位管理的政府储备物资应当定期进行清查盘点，每年至少盘点一次。对于发生的政府储备物资盘盈、盘亏或者报废、毁损，应当及时查明原因，按规定报经批准后进行账务处理。

（1）盘盈的政府储备物资，按照取得同类或类似政府储备物资的实际成本确定入账价值；没有同类或类似政府储备物资的实际成本，按照同类或类似政府储备物资的市场价格确定入账价值。盘盈的政府储备物资，按照确定的入账价值，借记“政府储备物资”科目，贷记“待处理财产损溢”科目。

（2）盘亏或者报废、毁损的政府储备物资，转入待处理财产损溢时，按照其账面余额，借记“待处理财产损溢”科目，贷记“政府储备物资”科目。

二、公共基础设施

（一）公共基础设施的内容

公共基础设施是由行政单位占有并直接负责维护管理、供社会公众使用的工程性公共基础设施资产，包括城市交通设施、公共照明设施、环保设施、防灾设施、健身设施、广场及公共构筑物等其他公共设施。公共基础设施是政府为社会公众提供的，用于满足人们的物质、文化生活需要。作为一项社会公共产品，公共基础设施由政府负责建设、管理和维护。

（二）公共基础设施的账户设置

行政单位应设置“公共基础设施”科目，核算由行政单位占有并直接负责维护管理、供社会公众使用的工程性公共基础设施资产。与公共基础设施配套使用的修理设备、工具器具、车辆等动产，作为管理公共基础设施的行政单位的固定资产核算，不通过本科目核算。与公共基础设施配套、供行政单位在公共基础设施管理中自行使用的房屋构筑物等，能够与公共基础设施分开核算的，作为行政单位的固定资产核算，不通过本科目核算。本科目期末借方余额反映行政单位管理的公共基础设施的实际成本。

（三）公共基础设施的账务处理

1. 公共基础设施的取得

公共基础设施在取得时，应当按照其成本入账。

(1)行政单位自行建设的公共基础设施,其成本包括建造该公共基础设施至交付使用前所发生的全部必要支出。公共基础设施的各组成部分需要分别核算的,按照各组成部分公共基础设施造价确定其成本;没有各组成部分公共基础设施造价的,按照各组成部分公共基础设施同类或类似市场造价的比例对总造价进行分配,确定各组成部分公共基础设施的成本。

公共基础设施建设完工交付使用时,按照确定的成本,借记“公共基础设施”科目,贷记“资产基金——公共基础设施”科目;同时,借记“资产基金——在建工程”科目,贷记“在建工程”科目。已交付使用但尚未办理竣工决算手续的公共基础设施,按照估计价值入账,待确定实际成本后再进行调整。

(2)接受其他单位移交的公共基础设施,其成本按照公共基础设施的原账面价值确认,借记“公共基础设施”科目,贷记“资产基金——公共基础设施”科目。

2. 公共基础设施的折旧

公共基础设施是否计提折旧由财政部另行规定。行政单位如果建立了公共基础设施折旧制度,按月计提公共基础设施折旧时,按照应计提折旧金额,借记“资产基金——公共基础设施”科目,贷记“累计折旧”科目。

3. 公共基础设施的后续支出

与公共基础设施有关的后续支出的核算方法,与固定资产后续支出类似,分以下情况处理:

(1)为增加公共基础设施使用效能或延长其使用寿命而发生的改建、扩建或大型修缮等后续支出,应当计入公共基础设施成本,通过“在建工程”科目核算,完工交付使用时转入“公共基础设施”科目。

(2)为维护公共基础设施的正常使用而发生的日常修理等后续支出,应当计入当期支出,借记有关支出科目,贷记“财政拨款收入”“零余额账户用款额度”“银行存款”等科目。

4. 公共基础设施的处置

行政单位管理的公共基础设施向其他单位移交、毁损、报废时,应当按照规定报经批准后进行账务处理:

(1)经批准向其他单位移交公共基础设施时,按照移交公共基础设施的账面价值,借记“资产基金——公共基础设施”科目;按照已计提折旧,借记“累计折旧”科目;按照公共基础设施的账面余额,贷记“公共基础设施”科目。

(2)报废、毁损的公共基础设施,转入待处理财产损溢时,按照待处理公共基础设施的账面价值,借记“待处理财产损溢”科目;按照已计提折旧,借记“累计折旧”科目;按照公共基础设施的账面余额,贷记“公共基础设施”科目。

三、受托代理资产

(一)受托代理资产的内容

受托代理资产是行政单位接受委托方委托管理的各项资产,包括受托指定转赠的物资、受托储存管理的物资等。行政单位为履行其职能,会接受其他单位或个人的委托,代为管理一些资产。受托代理资产不同于其他类型的资产,行政单位并不拥有受托资产的处置权,只能按照委托方的要求或者意愿代为保存和处理资产。

(二)受托代理资产的账户设置

行政单位应设置“受托代理资产”科目,核算行政单位接受委托方委托管理的各项资产,包括受托指定转赠的物资、受托储存管理的物资等。行政单位收到受托代理资产为现金和银行存款的，不通过本科目核算，应当通过“库存现金”“银行存款”科目进行核算。

本科目应当按照资产的种类和委托人进行明细核算；属于转赠资产的，还应当按照受赠人进行明细核算。本科目期末借方余额反映行政单位受托代理资产中实物资产的价值。

（三）受托代理资产的主要账务处理

1. 受托转赠物资

（1）接受委托人委托需要转赠给受赠人的物资，其成本按照有关凭据注明的金额确定；没有相关凭据可供取得的，其成本比照同类或类似物资的市场价格确定。

接受委托转赠的物资验收入库，按照确定的成本，借记“受托代理资产”科目，贷记“受托代理负债”科目；受托协议约定由行政单位承担相关税费、运输费等的，还应当按照实际支付的相关税费、运输费等金额，借记“经费支出”科目，贷记“银行存款”等科目。

（2）将受托转赠物资交付受赠人时，按照转赠物资的成本，借记“受托代理负债”科目，贷记“受托代理资产”科目。

（3）转赠物资的委托人取消了对捐赠物资的转赠要求，且不再收回捐赠物资的，应当将转赠物资转为存货或固定资产，按照转赠物资的成本，借记“受托代理负债”科目，贷记“受托代理资产”科目；同时，借记“存货”“固定资产”科目，贷记“资产基金——存货、固定资产”科目。

【例 11—34】 某行政单位接受委托，将一批价值 60 000 元的教学设备和现金 40 000 元转赠灾区某学校，用于帮助其尽快恢复教学。

①收到教学设备和现款时：

借：受托代理资产——教学设备	60 000	
银行存款——受托代理存款	40 000	
贷：受托代理负债		1 00 000

②转赠教学设备和现款时：

借：受托代理负债	1 00 000	
贷：受托代理资产——教学设备		60 000
银行存款——受托代理存款		40 000

2. 受托储存管理物资

（1）接受委托人委托储存管理的物资，其成本按照有关凭据注明的金额确定。接受委托储存的物资验收入库，按照确定的成本，借记“受托代理资产”科目，贷记“受托代理负债”科目。

（2）支付由受托单位承担的与受托储存管理的物资相关的运输费、保管费等费用时，按照实际支付的金额，借记“经费支出”科目，贷记“银行存款”等科目。

（3）根据委托人要求交付受托储存管理的物资时，按照储存管理物资的成本，借记“受托代理负债”科目，贷记“受托代理资产”科目。

本章小结

行政单位资产是指行政单位占有或者使用的，能以货币计量的经济资源，包括流动资产和固定资产、在建工程、无形资产。由行政单位直接支配，供社会公共使用的政府储备物资、公共基础设施等，也属于行政单位会计核算的资产。

通常将全部资产按流动性及存在形态划分为流动资产、固定资产、在建工程和无形资产。

行政单位资产的计量以历史成本为主，除国家另有规定外，行政单位不得自行调整其账面价值。资产的计量包括初始计量和后续计量两个环节。

货币资金包括库存现金、银行存款、零余额账户用款额度等。零余额账户用款额度是指实行国库集中支付的行政单位根据财政部门批复的用款计划收到和支用的零余额账户用款额度。

财政应返还额度是指实行国库集中支付的行政单位应收财政返还的资金额度。

“应收账款”科目主要核算行政单位出租资产、出售物资等应当收取的款项。行政单位收到的商业汇票，也通过本科目核算

“预付账款”科目核算行政单位按照购货、服务合同规定预付给供应单位（或个人）的款项。行政单位依据合同规定支付的定金，也通过本科目核算。

“其他应收款”科目核算行政单位除应收账款、预付账款以外的其他各项应收及暂付款项，如职工预借的差旅费、拨付给内部有关部门的备用金、应向职工收取的各种垫付款项等。本科目按照其他应收款的类别以及债务单位（或个人）进行明细核算。

存货是指行政单位在开展业务活动及其他活动中为耗用而储存的各种物资，包括材料、燃料、包装物和低值易耗品及未达到固定资产标准的家具、用具、装具等的实际成本。行政单位应当设置“存货”科目，核算在开展业务活动及其他活动中为耗用而储存的各种物资。

固定资产是指使用期限超过1年（不含1年）、单位价值在规定标准以上，并在使用过程中基本保持原有物质形态的资产。单位价值虽未达到规定标准，但是耐用时间超过1年（不含1年）的大批同类物资，应当作为固定资产核算。

《行政单位会计制度》规定，行政单位对固定资产、公共基础设施是否计提折旧由财政部另行规定。如果行政单位需要准确反映固定资产的价值，提供的会计信息兼顾预算管理和财务管理的需要，应当建立固定资产折旧制度。

无形资产是指不具有实物形态而能为行政单位提供某种权利的非货币性资产，包括著作权、土地使用权、专利权、非专利技术等。行政单位购入的不构成相关硬件不可缺少组成部分的软件，应当作为无形资产核算。

行政单位应设置“待处理财产损溢”科目，核算待处理财产的价值及财产处理损溢。

公共服务与受托资产是行政单位非自有资产，包括政府储备物资、公共基础设施和受托代理资产。

练习题

一、单项选择题

1. 下列行政单位的支出中，不能用现金支付的是（　　）。

A. 向个人收购农副产品　　B. 支付个人劳务报酬

C. 出差人员必须随身携带的差旅费　　D. 以政府采购方式购买设备

2. 形成行政单位银行存款日记账余额与银行对账单余额不相符的原因是（　　）。

A. 银行有错账　B. 单位有错账　C. 存在未达账项　D. 以上都有可能

3. 财政授权支付的转账业务可以通过(　　)完成。

A. 基本存款账户　B. 一般存款账户　C. 零余额账户　D. 临时存款账户

4. 行政单位随买随用的办公用品，在购进时可以借记的会计科目为(　　)。

A. "存货"　B. "固定资产"　C. "经费支出"　D. "应收账款"

5. 自行建造、改建、扩建的固定资产的确认时间是(　　)。

A. 建造完成交付使用时　B. 固定资产安装完成交付使用时

C. 固定资产验收合格时　D. 其他时间进行

6. 为增加固定资产使用效能或延长其使用寿命而发生的改建、扩建或修缮等后续支出，应当通过(　　)科目进行核算。

A. "在建工程"　B. "累计折旧"

C. "固定资产"　D. "资产基金——固定资产"

7. 存货发出时，应当根据实际情况选择适当的成本确定方法，下列各项中不得采用的成本确定方法是(　　)。

A. 加权平均法　B. 后进先出法　C. 个别计价法　D. 先进先出法

8. 行政单位报废、毁损的固定资产转入待处理财产损溢时，按照固定资产的账面价值，借记(　　)科目。

A. "待处理财产损溢"　B. "固定资产"　C. "无形资产"　D. "在建工程"

9. 行政单位的软件，如果其构成相关硬件不可缺少的组成部分，应当通过(　　)科目进行核算。

A. "无形资产"　B. "在建工程"　C. "在途物资"　D. "固定资产"

二、多项选择题

1. 下列关于行政单位资产的说法中，正确的是(　　)。

A. 符合资产定义并确认的资产项目，应当列入资产负债表

B. 应当按照取得时实际成本进行计量

C. 可以根据市场情况调整其账面价值

D. 是能以货币计量的

2. 下列关于行政单位零余额用款额度的说法中，正确的是(　　)。

A. 实行国库集中支付的财政部门批复的用款计划收到和支用的零余额账户用款额度

B. 零余额用款额度年末必须清零

C. 财政授权支付的转账业务通过行政单位零余额账户办理

D. 零余额用款额度年末可以保留余额

3. 行政单位固定资产不计提折旧的是(　　)。

A. 文物及陈列品　B. 图书、档案

C. 动植物　D. 以名义金额入账的固定资产

4. 下列选项中，属于行政单位无形资产的有(　　)。

A. 著作权　B. 土地使用权　C. 专利权　D. 非专利技术

5. 下列选项中，属于行政单位流动资产的有(　　)。

A. 库存现金　B. 在建工程

C. 银行存款　D. 零余额账户用款额度

6. 行政单位购入的存货，其成本包括(　　)。

A. 购买价款　B. 相关税费　C. 运输费　D. 装卸费

7. 行政单位经常使用的银行结算方式主要是(　　)。

A. 支票　B. 汇兑　C. 托收承付　D. 委托收款

三、判断题

1. 政府储备物资属于行政单位核算的资产。（　　）

2.“零余额账户用款额度”科目在年度终了注销单位零余额账户用款额度后无余额。（　　）

3. 行政单位应当对很可能收不回的应收账款、其他应收款计提坏账准备。（　　）

4. 预付账款应当在已支付款项但尚未收到物资或服务时确认。（　　）

5. 行政单位摊销无形资产时，当月减少的无形资产，当月摊销，从下月起不再摊销。（　　）

6. 行政事业单位对无法查明的现金溢余或短缺应先通过“待处理财产损溢”科目核算，待查明原因后再记入相关科目。（　　）

7. 年末，“零余额账户用款额度”科目余额应结转下年。（　　）

8. 存货发出时，应当根据实际情况采用先进先出法、加权平均法或者个别计价法确定发出存货的实际成本，计价方法之间可以根据情况灵活改变。（　　）

9. 行政单位的资产应当按照取得时的实际成本进行计量。除国家另有规定外，行政单位不得自行调整其账面价值。（　　）

10. 单位购入需要安装的固定资产，应借记“固定资产”科目。（　　）

四、综合题

1. 某行政单位 2015 年 5 月发生如下流动资产业务：

(1)开出现金支票从零余额账户提取现金 6 000 元，以备日常开支。

(2)以现金购买办公用品 300 元，直接交付有关部门使用。

(3)李某出差预借差旅费 600 元。

(4)通过开户银行转账支付本月单位办公楼电费 3 000 元，所用资金为公共财政预算基本经费拨款。

(5)收到开户银行转来的入账通知单，本月银行存款利息 350 元。

(6)李某出差回来，报销差旅费 650 元，不足款以现金支付。

(7)出纳人员在结账时发现现金短款 1 200 元，无法查清短款原因，报经批准后，由责任人王某赔偿 500 元(尚未赔付)，其余短款计入当期费用。

(8)购入材料验收入库，按照确定的买价、税费等支付 5 000 元，采取授权支付方式。

(9)收到基本户银行存款的利息计 3 100 元。

(10)收到银行转来的“授权支付到账通知书”，本月用于基本支出的财政授权支付用款额度 100 000 元已经下达行政单位在代理银行开设的零余额账户。

(11)开出授权支付凭证，通知代理银行向单位的车辆定点保养单位支付公务用车维修费 5 200 元。所用资金为公共财政预算基本经费拨款。

(12)出租办公用房给甲公司，月租金 100 000 元，每月收取一次租金，房屋已出租 1 个月，但仍未收到租金。月末，尚未收到租金。

(13)收到甲公司租金 100 000 元，应交 5%的营业税(假设不考虑其他税费)。

(14)与某会议中心签订预订大型会议场地合同，根据合同规定，场地租金共计 60 000 元，预订时缴纳 50%的定金，其余部分在会议结束后支付。行政单位通过零余额账户支付定金，款项为公共财政预算基本经费拨款。

(15)上述会议结束后，通过零余额账户支付差额款 30 000 元。

(16)以政府集中采购的方式购入 B 材料一批，价值总计 27 800 元。款项已经通过财政直接支付方式支付，材料已经验收入库。

(17)发出 D 材料委托某企业进行加工，D 材料的账面余额为 5 000 元。通过零余额账户向加工企业支付加工费 2 000 元。

(18)委托加工完成,加工后的G材料已经交付行政单位,并验收入库。

(19)经批准向偏远山区小学捐赠图书一批,该批图书的实际成本为30 000元,由本单位承担运输费1 500元。

(20)盘点时发现短缺一批图书,图书的原价为60 000元,报经批准后予以核销。

要求:根据以上经济业务,编制会计分录。

2. 某行政单位2015年5月发生如下非流动资产业务:

(1)经批准报废房屋1栋,该房屋的账面价值为2 500 000元,已提折旧1 500 000元,发生清理费用3 000元,以银行存款支付,房屋残料变价出售收入35 000元,存入银行。

(2)以财政直接支付的方式购买某种网络设备,价值50 000元,收到银行转来的“财政直接支付入账通知书”。设备不需要安装,已验收投入使用。

(3)收到上级单位无偿调入某种专用设备1架,估计价值5 000元。

(4)与某建筑公司签订协议,由其承包为单位的办公楼进行修缮。办公楼的账面余额为3 100 000元。已经计提折旧1 240 000元,账面价值为1 860 000元。此项工程不需要拆除原有建筑物。工程款在完工时一次性支付,共计650 000元,工程款已由财政部门以直接支付的方式拨付施工企业。办公楼修缮工程完成,通过工程验收。

(5)接受某友好城市捐赠的通用设备2台,该设备按照同类设备的市场价格评估每台价值60 000元,单位以银行存款支付设备的运杂费1 000元,保险费1 000元。

(6)报主管部门和同级财政部门审批同意,将一台不需用的办公设备对外出售。该设备的账面余额为38 000元,已计提折旧16 000元,出售该设备取得价款28 000元,款项已经收到并存入银行,出售该设备应交税费为1 400元,以银行转账方式支付相关费用500元。已将出售该设备的净收入26 100元缴入国库。

(7)与某软件公司签订合同,委托该公司开发会计软件,总合同款为180 000元。根据合同先预付开发费用60 000元。经申请,采用财政授权支付的方式,已开出财政授权支付凭证支付预付款。

(8)软件公司完成开发并交付使用,开出财政授权支付凭证支付剩余款项。

(9)上述软件开始使用,计提本月应摊销的无形资产摊销额12 000元。

(10)使用财政拨付的专项资金对会计软件进行了升级,发生支出共20 000元,款项通过银行转账支付。

(11)经批准将其拥有的一项软件技术捐赠给某贫困县。无形资产原值80 000元,已经计提摊销26 000元。调出时,无相关税费发生。

(12)某行政单位为抗震救灾物资管理单位。根据物资储备制度的要求,以财政直接支付方式购入抗震救灾物资一批,价款共计180 000元。物资款已经支付,物资验收入库。

(13)某地区发生地震,经批准向灾区无偿调出政府储备物资,该批物资的实际成本为70 000元。

要求:根据以上经济业务,编制会计分录。

五、简答题

1. 什么是行政单位资产?其包括哪些内容?

2. 行政单位资产的计量分为哪几类?如何计量?

3. 什么是财政应返还额度?其包括的内容有哪些?

4. 行政单位的存货包括哪些?如何计价?

5. 行政单位固定资产包括哪些?如何分类和计价?

6. 行政单位固定资产折旧计提的范围是什么?折旧计提的方法有哪几种?

第十二章　行政单位负债的核算

学习目标

本章主要介绍行政单位负债的概念、内容与核算方法。通过本章的学习，熟悉行政单位负债的概念，掌握行政单位负债的内容，重点掌握应缴财政款、应交税费、应付职工薪酬、应付及暂存款、应付政府补贴款等的概念、内容及核算方法，掌握非流动负债及受托代理负债的概念、内容及核算方法。

第一节　行政单位负债概述

一、行政单位负债的概念

行政单位负债是指行政单位所承担的能以货币计量，需要以资产等偿还的债务。

(一)负债是行政单位承担的现实债务

现实债务是指行政单位在现行条件下，因过去的业务活动或事项发生的，已经承担的需要偿还的债务。行政单位未来的业务活动或事项形成的债务，不属于现时债务，不能作为负债进行确认。

(二)负债是行政单位可以用货币计量的债务

货币计量是会计核算的一个基本前提，只有行政单位承担的债务可以用货币可靠计量，才能被确认为负债，不可用货币计量的债务不能作为负债进行确认。

(三)负债是行政单位需要以资产偿还的债务

行政单位对所承担的债务具有偿还责任，需要用货币等资产偿还。凡是未来不需要偿还的债务，不能作为负债进行确认。

二、行政单位负债的内容

行政单位的负债分为流动负债、非流动负债和受托代理负债。

流动负债是指预计在 1 年内(含 1 年)偿还的负债。行政单位的流动负债包括应缴财政款、应交税费、应付职工薪酬、应付及暂存款项、应付政府补贴款、其他应付款等。

非流动负债是指流动负债以外的负债。行政单位的非流动负债包括长期应付款。长期应付款是指行政单位发生的偿还期限超过 1 年(不含 1 年)的应付款项。

受托代理负债是行政单位接受委托，取得受托管理资产时形成的负债。

三、行政单位负债的确认与计量

（一）负债的确认

行政单位将一项债务确认为负债，应当符合负债的定义，应当在确定承担偿债责任并且能够可靠地进行货币计量时确认。符合负债定义并确认的负债项目，应当列入资产负债表。

行政单位的负债项目应当符合负债的特征。负债是指行政单位所承担的能以货币计量，需要以资产等偿还的债务。这里强调负债是行政单位所承担的现实债务，要求负债可以用货币计量，需要用资产偿还。

行政单位负债的确认应当同时满足以下两个条件：第一，负债应当在确定承担债务责任时确认，确信行政单位已经承担了偿还债务的经济责任，有确凿的证据表明行政单位将履行偿还义务，有关的经济利益或服务潜力很可能流出行政单位；第二，负债应当在能够可靠地进行货币计量时确认，可以根据法律规定、经济合同等确定债务金额，未来流出的经济利益或服务潜力能够可靠估计。

（二）负债的计量

行政单位的负债应当按照承担的相关合同金额或实际发生额进行计量。行政单位承担的偿还责任，有些是因签订合同引发的，有些则是发生相关事项引发的。对于因签订合同引发的负债，应当按照相关合同的金额进行计量；对于发生相关事项引发的负债，应当按照实际发生额进行计量，如取得的按规定应当上缴财政的应缴财政款、发生纳税义务形成的应交税费等。

第二节　行政单位流动负债的核算

行政单位的流动负债包括应缴财政款、应交税费、应付职工薪酬、应付账款、应付政府补贴款、其他应付款等。

一、应缴财政款

（一）应缴财政款的内容

应缴财政款是指行政单位取得的按规定应当上缴财政的款项，包括罚没收入、行政事业性收费、政府性基金、国有资产处置和出租收入等。属于财政管理的非税收入，是政府财政的重要组成部分，应当按规定上缴财政部门。

（1）罚没收入，是指执法机关依据法律法规和规章对公民、法人或其他组织实施处罚取得的罚款、没收款、没收非法财产的变价收入。

（2）行政事业性收费，是指国家机关、事业单位、代行政府职能的社会团体及其他组织根据法律、行政法规、地方性法规等有关规定，依照国务院规定程序批准，在向公民、法人提供服务的过程中，按照成本补偿和非营利原则向特定服务对象收取的费用。

（3）政府性基金，是指各级政府及所属部门根据法律及行政法规和中央有关文件的规定，为支持某些特定基础设施建设和社会公共事业发展，向公民、法人和其他组织无偿征收的具有专项用途的财政资金。

(4)国有资产处置收入，是指行政单位在国有资产产权的转移或核销过程中所产生的收入，包括国有资产的出售收入、出让收入、置换差价收入、报废报损残值变价收入等。

(5)国有资产出租收入，是指行政单位在保证完成正常工作的前提下，经审批同意，出租国有资产所取得的收入。

各类非税收入的取得依据有所不同。行政事业性收费、政府性基金、罚没收入是行政单位依据法律法规和规章，利用行政权力征收的，具有强制性；国有资产处置收入、出租收入是行政单位利用国家资源和国有资产所有权取得的，体现了国家作为国有资产所有者或出资人的权益。

(二)应缴财政款的账户设置

行政单位设置“应缴财政款”科目，核算行政单位取得的按规定应当上缴财政的款项。行政单位按照国家税法等有关规定应当缴纳的各种税费，通过“应交税费”科目核算，不在本科目核算。

本科目应当按照应缴财政款的类别，设置“应缴罚没收入”“应缴行政事业性收费”“应缴政府性基金”“应缴国有资产处置收入”“应缴国有资产出租收入”等明细科目进行核算。本科目贷方余额反映行政单位应当上缴财政但尚未缴纳的款项。年终清缴后，本科目一般应无余额。

(三)应缴财政款的主要账务处理

1. 按照规定取得的应缴财政款

行政单位收到应缴财政款时，借记“银行存款”等科目，贷记“应缴财政款”科目。上缴应缴财政款时，按照实际上缴的金额，借记“应缴财政款”科目，贷记“银行存款”科目。

【例 12－1】 某行政单位在办理业务过程，按照行政法规的规定收取行政事业性收费，开出非税收入专用票据 86 000 元，款项已由缴款人缴入银行账户。

借：银行存款	86 000	
贷：应缴财政款		86 000

【例 12－2】 某行政单位将汇集的行政事业性收费 280 000 元上缴财政专户。

借：应缴财政款	280 000	
贷：银行存款		280 000

2. 处置资产取得的应缴财政款

行政单位处置资产取得的应缴财政款是出售、置换资产过程中产生的净收入。为加强国有资产管理，防止国有资产流失，行政单位资产出售、置换资产取得的收入和发生的费用应当通过“待处理财产损溢”科目核算，处理完毕后再将处置净收入转入“应缴财政款”科目。

(1)出售、置换换出资产过程中收到价款、补价等收入，借记“库存现金”“银行存款”等科目，贷记“待处理财产损溢——处理净收入”科目。

(2)出售、置换换出资产过程中发生相关费用，借记“待处理财产损溢——处理净收入”科目，贷记“库存现金”“银行存款”等科目。

(3)出售、置换换出完毕并收回相关的应收账款后，按照处置收入扣除相关税费后的净收入，借记“待处理财产损溢——处理净收入”科目，贷记“应缴财政款”科目。

(4)上缴处置资产取得的款项时，按照实际上缴的金额，借记“应缴财政款”科目，贷记“银行存款”科目。

二、应交税费

(一)应交税费的内容

应交税费是指行政单位按照税法等规定应当缴纳的各种税费,包括营业税、城市维护建设税、教育费附加、房产税、车船税、城镇土地使用税等,以及行政单位代扣代缴的个人所得税。行政单位作为一类社会组织,如果发生应纳税事项,应当按照税法的规定履行纳税义务。行政单位的纳税事项包括:

(1)行政单位对外出售、置换资产取得的价款和补价收入,应当按规定缴纳营业税,以及城市维护建设税和教育费附加。

(2)行政单位对外出租资产取得的租金收入,应当按规定缴纳房产税、营业税,以及城市维护建设税和教育费附加等。

(3)行政单位办理登记的车辆、船舶应当按规定缴纳车船税,行政单位对外出租经营用的土地应当按规定缴纳城镇土地使用税。

(二)应交税费的账户设置

行政单位应设置"应交税费"科目,核算行政单位按照税法等规定应当缴纳的各种税费。本科目应当按照应交税费的种类,设置"应交营业税""应交城市维护建设税""应交教育费附加""应交房产税""应交个人所得税"等明细科目进行明细核算。本科目期末贷方余额反映行政单位应交未交的税费金额。

(三)应交税费的主要账务处理

(1)因资产处置等发生营业税、城市维护建设税、教育费附加等缴纳义务的,按照税法等规定计算的应交税费金额,借记"待处理财产损溢"科目,贷记"应交税费"科目;实际缴纳时,借记"应交税费"科目,贷记"银行存款"等科目。

【例 12—3】 某行政单位经财政部门批准将一批不需用的设备对外出售,出售价款为96 000元,款项已经收到,并记入"待处理财产损溢——处置净收入"科目。按规定,该批设备出售应缴营业税 4 800 元、城市维护建设税 336 元、教育费附加 144 元。

借:待处理财政损溢——处置净收入	5 280	
贷:应交税费——应交营业税		4 800
——应交城市维护建设税		336
——应交教育费附加		144

(2)因出租资产等发生营业税、城市维护建设税、教育费附加等缴纳义务的,按照税法等规定计算的应交税费金额,借记"应缴财政款"等科目,贷记"应交税费"科目;实际缴纳时,借记"应交税费"科目,贷记"银行存款"等科目。

【例 12—4】 某行政单位经财政部门批准,将一项专用设备出租,取得租金收入 10 000 元,款项已存入银行。按规定应交营业税 500 元、城市维护建设税 35 元、教育费附加 15 元。

①收到租金时:

借:银行存款	10 000	
贷:应缴财政款		1 0 000

②计算应交税费时:

借:应缴财政款　　550
　　贷:应交税费——应交营业税　　500
　　　　　　　——应交城市维护建设税　　35
　　　　　　　——应交教育费附加　　15

③缴纳税费时:

借:应交税费——应交营业税　　500
　　　　　——应交城市维护建设税　　35
　　　　　——应交教育费附加　　15
　　贷:银行存款　　550

④上缴应缴财政款时:

借:应缴财政款　　9 450
　　贷:银行存款　　9 450

(3)代扣代缴个人所得税,按照税法等规定计算的应代扣代缴的个人所得税金额,借记"应付职工薪酬"科目(从职工工资中代扣个人所得税)或"经费支出"科目(从劳务费中代扣个人所得税),贷记"应交税费"科目;实际缴纳时,借记"应交税费"科目,贷记"财政拨款收入""零余额账户用款额度""银行存款"等科目。

三、应付职工薪酬

(一)应付职工薪酬的内容

应付职工薪酬是指行政单位按照有关规定应付给职工及为职工支付的各种薪酬,包括基本工资、奖金、国家统一规定的津贴补贴、其他个人收入、社会保障费、住房公积金等。

(1)工资(离退休费)。工资是指行政单位按照国家统一规定应发给在职人员的基本工资、职务工资、级别工资,以及经国务院或人事部批准设立的津贴补贴。离退休费是指按照国家统一规定应发给离退休人员的离休、退休费,以及经国务院或人事部批准设立的津贴。

(2)地方(部门)津贴补贴。地方(部门)津贴补贴是指行政单位按照地方或部门出台的规定应发给职工的津贴和补贴:津贴是因职工特殊或额外劳动而给予的补助,补贴是为了保证职工工资水平不受物价影响而给予的补助。

(3)其他个人收入。其他个人收入是指按国家规定应付给在职人员除上述以外的其他收入,主要包括误餐费、夜餐费、伙食补助、市内交通费等。

(4)社会保险费。社会保险费是指行政单位按有关规定应为在职人员支付社会保障机构的各种社会保险费用,包括养老保险、失业保险、基本医疗保险、工伤保险、生育保险等费用。

(5)住房公积金。住房公积金是指行政单位按有关规定应为在职人员支付给住房公积金管理机构的住房储备资金。

(二)应付职工薪酬的账户设置

行政单位应设置"应付职工薪酬"科目,核算行政单位按照有关规定应付给职工以及为职工支付的各种薪酬。外部人员的劳务费用不通过本科目核算。本科目应当根据国家有关规定,按照"工资(离退休费)""地方(部门)津贴补贴""其他个人收入""社会保险费""住房公积金"等进行明细核算。本科目期末贷方余额反映行政单位应付未付的职工薪酬。

(三)应付职工薪酬的主要账务处理

(1)发生应付职工薪酬时,按照计算出的应付职工薪酬金额,借记"经费支出"科目,贷记"应付职工薪酬"科目。

(2)向职工支付工资、津贴补贴等薪酬时,按照实际支付的金额,借记"应付职工薪酬"科目,贷记"财政拨款收入""零余额账户用款额度""银行存款"等科目。

从应付职工薪酬中代扣为职工垫付的水电费、房租等费用时,按照实际扣除的金额,借记"应付职工薪酬——工资"科目,贷记"其他应收款"等科目。

从应付职工薪酬中代扣代缴个人所得税时,按照代扣代缴的金额,借记"应付职工薪酬——工资"科目,贷记"应交税费"科目。

应付职工薪酬中代扣代缴社会保险费和住房公积金时,按照代扣代缴的金额,借记"应付职工薪酬——工资"科目,贷记"其他应付款"科目。

(3)缴纳单位为职工承担的社会保险费和住房公积金时,借记"应付职工薪酬——社会保险费、住房公积金"科目,贷记"财政拨款收入""零余额账户用款额度""银行存款"等科目。

【例 12-5】 某行政单位计算本月在职人员职工薪酬,应付工资 216 000 元,应付地方津贴补贴 102 000 元,应付由单位承担的社会保险费 76 000 元、住房公积金 38 000 元。

借:经费支出　432 000
　贷:应付职工薪酬——工资　216 000
　　——地方津贴补贴　102 000
　　——社会保险费　76 000
　　——住房公积金　38 000

【例 12-6】 行政单位通过零余额账户向职工支付本月工资、津贴补贴,按税法规定代缴个人所得税 36 500 元、由职工个人承担的社会保险 21 800 元、由职工个人承担的住房公积金 3 8 000 元。款项已转入职工个人工资卡账户。

借:应付职工薪酬——工资　216 000
　——地方津贴补贴　102 000
　——社会保险费　76 000
　——住房公积金　38 000
　贷:零余额账户用款额度　335 700
　　应交税费——应交个人所得税　36 500
　　其他应付款——社会保险费　21 800
　　——住房公积金　38 000

【例 12-7】 某行政单位通过零余额账户,将本月职工薪酬中由单位和职工个人承担的社会保险费转入社会保障机构账户,将本月职工薪酬中由单位和职工个人承担的住房公积金转入公积金管理中心账户。

借:应付职工薪酬——社会保险费　76 000
　——住房公积金　38 000
　其他应付款——社会保险费　21 800
　——住房公积金　38 000
　贷:零余额账户用款额度　173 800

【例 12－8】 某行政单位通过零余额账户代缴本月职工个人所得税 36 500 元。

借：应交税费——应交个人所得税 36 500

贷：零余额账户用款额度 36 500

四、应付账款

(一)应付账款的内容

应付账款是指行政单位因购买物资或服务、工程建设等而应付的偿还期限在 1 年以内(含 1 年)的款项。行政单位在业务活动中,可以与供应单位签订合同,先取得材料或享有服务,延迟一定时间再进行结算,支付款项。

应付账款属于流动负债,付款的期限要求在 1 年以内。行政单位以分期付款方式购入的材料、设备、工程物资等,如果偿还期超过 1 年,则不通过应付账款核算,而通过长期应付款核算。

(二)应付账款的账户设置

行政单位应设置"应付账款"科目,核算行政单位因购买物资或服务、工程建设等而应付的偿还期限在 1 年以内(含 1 年)的款项。"应付账款"科目应当按照债权单位(或个人)设置明细科目,进行明细核算。本科目贷方余额反映行政单位尚未支付的应付款项。

(三)应付账款的主要账务处理

应付账款采用"双分录"方法核算,在收到物资或接受服务、完成工程时确认。

1. 发生应付账款

行政单位收到所购物资或服务、完成工程但尚未付款时,按照应付未付款项的金额,借记"待偿债净资产"科目,贷记"应付账款"科目。

【例 12－9】 某行政单位于 2015 年 6 月 10 日向 M 公司购买办公设备一批,应付货款 68 000元,设备已验收入库,款项未付。

借：待偿债净资产 68 000

贷：应付账款——M 公司 68 000

2. 偿付应付账款

偿付应付账款时,借记"应付账款"科目,贷记"待偿债净资产"科目;同时,借记"经费支出"科目,贷记"财政拨款收入""零余额账户用款额度""银行存款"等科目。

【例 12－10】 某行政单位于 2015 年 7 月 5 日支付 M 公司设备款 68 000 元,款项通过零余额账户支付,所用资金为公共财政预算基本支出拨款。

借：应付账款——M 公司 68 000

贷：待偿债净资产 68 000

借：经费支出——基本支出 68 000

贷：零余额账户用款额度 68 000

3. 无法偿付或债权人豁免偿还的应付账款

无法偿付或债权人豁免偿还的应付账款,应当按照规定报经批准后进行账务处理。经批准核销时,借记"应付账款"科目,贷记"待偿债净资产"科目。核销的应付账款应在备查簿中保留登记。

五、应付政府补贴款

(一)应付政府补贴款的内容

应付政府补贴款是指行政单位按照规定应当支付给政府补贴接受者的各种政府补贴款。应付政府补贴款主要针对负责发放政府补贴的行政单位,这些行政单位需要根据国家的政策和规定向企业和个人支付政府补贴款。

政府补贴款的接受者包括企业、公益组织和社会居民。行政单位依据不同的职责,发放相应的政府补贴款,如政府拨付给企业用于技术改造的专项补贴款,开展研发活动的研发经费补贴款,安置职工就业的补贴款,拨付给社会养老福利机构的开办补贴款,拨付给城镇居民的生活补贴款、价格补贴款,拨付给种粮农民的粮食直接补贴款等。

(二)应付政府补贴款的账户设置

行政单位应设置"应付政府补贴款"科目,核算负责发放政府补贴的行政单位按照规定应当支付给政府补贴接受者的各种政府补贴款。本科目应当按照应支付的政府补贴种类进行明细核算。行政单位还应当按照补贴接受者建立备查簿,进行相应的明细核算。本科目期末贷方余额反映行政单位应付未付的政府补贴金额。

(三)应付政府补贴款的主要账务处理

应付政府补贴款应当在规定发放时确认,其主要账务处理如下:

(1)发生应付政府补贴款时,按照规定计算出的应付政府补贴款金额,借记"经费支出"科目,贷记"应付政府补贴款"科目。

(2)支付应付政府补贴款时,借记"应付政府补贴款"科目,贷记"零余额账户用款额度""银行存款"等科目。

六、其他应付款

(一)其他应付款的内容

其他应付款是指行政单位除应缴财政款、应交税费、应付职工薪酬、应付政府补贴款、应付账款以外的其他各项偿还期在1年以内(含1年)的应付及暂存款项。其他应付款包括收取的押金、保证金、未纳入行政单位预算管理的转拨资金、代扣代缴职工社会保险费和住房公积金。其他应付款的偿还期在1年以内(含1年),超过此期限的应付款为长期应付款。

(二)其他应付款的账户设置

行政单位应设置"其他应付款"科目,核算行政单位偿还期在1年以内(含1年)的其他应付及暂收款项。本科目按照其他应付款的类别以及债权单位(或个人)进行明细核算。本科目期末贷方余额反映行政单位尚未支付的其他应付款。

(三)其他应付款的主要账务处理

(1)发生其他各项应付及暂收款项时,借记"银行存款"等科目,贷记"其他应付款"科目。

(2)支付其他各项应付及暂收款项时,借记"其他应付款"科目,贷记"银行存款"等科目。

(3)因故无法偿付或债权人豁免偿还的其他应付款项,应当按规定报经批准后进行账务处理。经批准核销时,借记"其他应付款"科目,贷记"其他收入"科目。核销的其他应付款应在备查簿中保留登记。

【例12—11】 某行政单位向H单位出借闲置设备一台,收取该设备的押金10 000元存入银行。

借:银行存款 10 000

贷:其他应付款——H单位 10 000

【例12—12】 承【例12—11】,3个月后,H单位归还所借设备一台,设备无损坏,退还押金10 000元。

借:其他应付款——H单位 10 000

贷:银行存款 10 000

第三节 长期应付款与受托代理负债的核算

一、长期应付款

(一)长期应付款的内容

长期应付款属于非流动负债,是行政单位发生的偿还期限超过1年(不含1年)的应付款项,是行政单位购买物资、服务等发生的长期应付款,如跨年分期付款购入固定资产的价款等。

(二)长期应付款的账户设置

行政单位应设置“长期应付款”科目,核算行政单位发生的偿还期限超过1年(不含1年)的应付款项。本科目应当按照长期应付款的类别以及债权单位(或个人)进行明细核算。期末贷方余额反映行政单位尚未支付的长期应付款。

(三)长期应付款的主要账务处理

(1)发生长期应付款时,因购买物资、服务等发生的长期应付款,应当在收到所购物资或服务时确认;因其他原因发生的长期应付款,应当在承担付款义务时确认。发生长期应付款时,按照确认的应付未付的金额,借记“待偿债净资产”科目,贷记“长期应付款”科目。

(2)偿付长期应付款时,借记“经费支出”科目,贷记“财政拨款收入”“零余额账户用款额度”“银行存款”等科目;同时,借记“长期应付款”科目,贷记“待偿债净资产”科目。

(3)无法偿付或债权人豁免偿还的长期应付款,应当按照规定报经批准后进行账务处理。经批准核销时,借记“长期应付款”科目,贷记“待偿债净资产”科目。核销的长期应付款应在备查簿中保留登记。

【例12—13】 某行政单位根据业务需要,购入一台大型设备,价款为300 000元。按照合同规定,货款分两年支付。第一年支付60%,即在收到设备时支付180 000元,其余款项在1年后支付。

①收到设备时:

借:固定资产——设备 360 000

贷:资产基金 360 000

同时:

借:经费支出 180 000

贷:零余额账户用款额度 180 000

借：待偿债净资产　　120 000

　　贷：长期应付款　　120 000

②1 年后偿付长期应付款时：

借：经费支出　　120 000

　　贷：零余额账户用款额度　　120 000

同时：

借：长期应付款　　120 000

　　贷：待偿债净资产　　120 000

二、受托代理负债

(一)受托代理负债的内容

受托代理负债是指行政单位接受委托，取得受托管理资产时形成的负债。受托代理负债与受托代理资产相对应，行政单位在确认一项受托代理资产时，同时确认所形成的受托代理负债。行政单位的受托代理负债包括接受转赠资产形成的负债和接受代储物资形成的负债等。

(二)受托代理负债的账户设置

行政单位应设置"受托代理负债"科目，核算行政单位接受委托，取得受托管理资产时形成的负债。本科目应当按照委托人等进行明细核算；属于指定转赠物资和资金的，还应当按照指定受赠人进行明细核算。本科目期末贷方余额反映行政单位尚未清偿的受托代理负债。

(三)受托代理负债的主要账务处理

受托代理负债应当在行政单位收到受托代理资产并产生受托代理义务时确认。本科目的账务处理参见"受托代理资产"科目。

本章小结

行政单位负债是指行政单位所承担的能以货币计量，需要以资产等偿还的债务。

行政单位的负债分为流动负债、非流动负债和受托代理负债。

行政单位的流动负债包括应缴财政款、应交税费、应付职工薪酬、应付账款、应付政府补贴款、其他应付款等。

长期应付款属于非流动负债，是行政单位发生的偿还期限超过 1 年(不含 1 年)的应付款项，是行政单位购买物资、服务等发生的长期应付款，如跨年分期付款购入固定资产的价款等。

受托代理负债是指行政单位接受委托，取得受托管理资产时形成的负债。受托代理负债与受托代理资产相对应，行政单位在确认一项受托代理资产时，同时确认所形成的受托代理负债。行政单位的受托代理负债包括接受转赠资产形成的负债和接受代储物资形成的负债等。

练习题

一、单项选择题

1. 应缴财政款应当按照类别进行明细核算，确认时点为(　　)。

A. 规定应收相关款项的时间　　B. 收到应缴财政的款项时
C. 承担付款义务时　　D. 上缴应缴财政的款项时
2. 以下科目中，不属于行政单位会计制度科目的是(　　)。
A."应缴财政款"　　B."应交税费"　　C."应缴预算款"　　D."应付职工薪酬"
3. 下列属于行政单位应缴财政款核算内容的是(　　)。
A. 营业税　　B. 职工工资
C. 罚没收入　　D. 代扣代缴职工社会保险费
4. 应付职工薪酬是指行政单位按照有关规定应向职工支付的工资和相关福利，其中不包括(　　)。
A. 应付工资　　B. 应付其他个人收入　　C. 应付津贴和补贴　　D. 暂存款
5. 无法偿付或债权人豁免偿还的应付账款，经批准核销后账务处理为(　　)。
A. 借记"应收账款"科目，贷记"待偿债净资产"科目
B. 借记"应付账款"科目，贷记"待偿债净资产"科目
C. 借记"待偿债净资产"科目，贷记"应收账款"科目
D. 借记"待偿债净资产"科目，贷记"应付账款"科目

二、多项选择题

1. 下列关于行政单位负债的说法中，正确的是(　　)。
A. 能以货币计量　　B. 需要以资产等偿还
C. 按照流动性分类　　D. 包括短期负债和长期负债
2. 下列选项中，不属于行政单位负债科目的有(　　)。
A."应付账款"　　B."预付账款"　　C."其他应收款"　　D."其他应付款"
3. 关于下列应缴财政款的说法中，不正确的是(　　)。
A. 财政管理的非税收入　　B. 收到应缴财政的款项时确认
C. 支付罚款时确认　　D. 收到应付补贴款时确认
4."其他应付款"科目核算的内容包括(　　)。
A. 收取的押金　　B. 未纳入行政单位预算管理的转拨资金
C. 代扣代缴职工社会保险费和住房公积金　　D. 应付政府补贴
5. 行政单位会计中负债类科目包括(　　)。
A."应缴财政款"　　B."应交税费"
C."应付职工薪酬"　　D."应付政府补贴款"

三、判断题

1. 行政单位按照国家有关规定应当缴纳的各种税费，通过"应缴财政款"科目核算。(　　)

2."应付账款"科目核算行政单位因购买物资或服务、工程建设等而应付的偿还期限在 1 年以内(不含 1 年)的款项。(　　)

3. 行政单位的负债，应当按照承担的相关合同金额或实际发生额进行计量。(　　)

4. 行政单位代扣代缴的个人所得税，通过"应缴财政款"科目核算。(　　)

5. 应缴预算款是指行政单位在业务活动中按规定向有关单位和个人收取的应上缴财政预算的各种款项。(　　)

四、综合题

某行政单位 2015 年 12 月发生如下负债业务：
(1)依据有关规定收取行政性收费 500 元，存入银行。

(2)依法对某企业的违法行为处以罚款 6 000 元,款项存入银行。

(3)将单位的一间 200 平方米办公用房出租,取得租金收入 50 000 元,发生相关税费 2 500 元。

(4)将上述应缴财政款项上缴国库。

(5)将上述税款上缴国库。

(6)本月职工薪酬总额为 820 000 元,其中:在职职工工资 600 000 元、离退休费 100 000 元、地方津贴补贴 60 000 元、为职工承担的社会保险费 20 000 元、住房公积金 60 000 元。

(7)从职工薪酬中代扣代缴社会保险费 14 000 元、住房公积金 60 000 元、个人所得税 20 000 元。

(8)通过财政直接支付职工工资、津贴补贴,以财政直接支付方式代缴社会保险费、住房公积金和个人所得税。

(9)单位为职工承担的社会保险费 20 000 元、住房公积金 60 000 元,由财政直接支付。

(10)向乙企业购入材料一批 3 500 元,已验收入库,款项未付。

(11)欠乙企业材料款 3 500 元,用财政直接支付方式偿还。

(12)本单位负责向公益养老院发放政府补贴。某新设立的养老院有 100 张床位,按规定每张床位政府给予一次性补助 1 000 元,应付的政府补款为 100 000 元,所用资金为公共财政预算项目支出拨款,通过单位的零余额账户支付。

(13)代职工订阅报纸、杂志,预收款项 2 200 元,款项存入银行。

(14)开出转账支票,支付为职工订报刊款。

(15)某行政单位以分期付款方式从某公司购入一台设备,应付价款为 180 000 元,分 3 年支付,每年年末支付 60 000 元。款项通过零余额账户支付。

要求:根据以上经济业务,编制会计分录。

五、简答题

1. 什么是行政单位负债?其内容包括哪些?
2. 什么是行政单位流动负债?其内容包括哪些?
3. 什么是应缴财政款?如何进行核算?

第十三章　行政单位净资产的核算

学习目标

本章主要介绍行政单位净资产的含义与内容及其核算方法。通过本章的学习，熟悉行政单位净资产的含义与内容，重点掌握结转和结余资金、基金净资产的含义、内容及其核算方法。

第一节　行政单位净资产概述

一、行政单位净资产的含义与内容

(一)净资产的含义

《行政单位会计制度》规定，净资产是指行政单位资产扣除负债后的余额。从数量上看，净资产是行政单位会计期末资产总额与负债总额相减后的差额。从内容上看，行政单位的净资产来源于一定期间收入与支出相抵后形成的结转、结余，以及设立的资产基金和待偿债净资产。净资产由行政单位占有和使用，国家拥有行政单位净资产的所有权。

(二)净资产的内容

行政单位净资产包括结转和结余资金、基金净资产两类。

1. 结转和结余资金

结转和结余资金包括财政拨款结转、财政拨款结余、其他资金结转结余。

财政拨款结转是指行政单位当年预算已执行但尚未完成，或因故未执行，下一年度需要按照原用途继续使用的财政拨款滚存资金。

财政拨款结余是指行政单位当年预算工作目标已完成，或因故终止，剩余的财政拨款滚存资金。

其他资金结转结余是指行政单位除财政拨款收支以外的各项收支相抵后剩余的滚存资金。

2. 基金净资产

基金净资产是指行政单位设立的用于“双分录”核算的净资产项目，包括资产基金、待偿债净资产等。

资产基金是指行政单位的非货币性资产在净资产中占用的金额。

待偿债净资产是指行政单位因发生应付账款和长期应付款而相应需在净资产中冲减的

金额。

二、行政单位净资产的确认与计量

(一)净资产的确认

净资产是行政单位某一时点的资产净额,净资产的确认依赖于资产、负债及其他会计要素的确认。当行政单位将一项基金资源确认为资产、将一项债务确认为负债时,亦确认了净资产。

(二)净资产的计量

行政单位期末净资产的数额取决于资产和负债的计量结果。基本关系式为:

期末净资产=期末资产总额-期末负债总额

=期末各项结转结余资金余额+期末资产基金余额-期末待偿债净资产余额

第二节　结余和结转的核算

一、财政拨款结转

财政拨款结转是指行政单位当年预算已执行但尚未完成,或因故未执行,下一年度需要按照原用途继续使用的财政拨款滚存资金。财政拨款结转包括基本支出结转、项目支出结转。

行政单位应设置"财政拨款结转"科目,核算行政单位滚存的财政拨款结转资金。

本科目期末贷方余额反映行政单位滚存的财政拨款结转资金数额。财政拨款结转的主要账务处理如下:

(一)调整以前年度财政拨款结转

因发生差错更正、以前年度支出收回等原因,需要调整财政拨款结转的,按照实际调增财政拨款结转的金额,借记有关科目,贷记"财政拨款结转——年初余额调整"科目;按照实际调减财政拨款结转的金额,借记"财政拨款结转——年初余额调整"科目,贷记有关科目。

【例 13-1】 某行政单位支付上一年度因计算错误而少付的设备检测费 8 000 元。

借:财政拨款结转——年初余额调整	8 000	
贷:零余额用款额度		8 000

(二)归集调入

从上级单位或主管部门调入财政拨款结余资金时,按照实际调增的额度数额或调入的资金数额,借记"零余额账户用款额度""银行存款"等科目,贷记"财政拨款结转——归集调入"科目。

【例 13-2】 某行政单位从上级单位调入财政拨款结余资金 50 000 元,用于补助本单位的项目支出。

借:零余额用款额度	50 000	
贷:财政拨款结转——归集调入——项目支出结转		50 000

(三)上缴财政拨款结转

按照规定上缴财政拨款结转资金时,按照实际核销的额度数额或上缴的资金数额,借记

“财政拨款结转——归集上缴”科目及其明细科目，贷记“财政应返还额度”“零余额账户用款额度”“银行存款”等科目。

【例 13—3】 某行政单位根据上级单位的安排，将尚未使用的财政应返还额度 63 000 元上缴上级单位。

借：财政拨款结转——归集上缴——基本支出结转　　63 000

　　贷：财政应返还额度　　63 000

(四)内部调剂

经财政部门批准对财政拨款结余资金改变用途，调整用于其他未完成项目等，按照调整的金额，借记“财政拨款结余——单位内部调剂”科目及其明细科目，贷记“财政拨款结转——单位内部调剂”及其明细科目。

(五)结转本年财政拨款收入和支出

(1)年末，将财政拨款收入本年发生额转入本科目，借记“财政拨款收入——基本支出拨款、项目支出拨款”科目及其明细，贷记“财政拨款结转——收支转账——基本支出结转、项目支出结转”科目及其明细。

(2)年末，将财政拨款支出本年发生额转入本科目，借记“财政拨款结转——收支转账——基本支出结转、项目支出结转”科目及其明细，贷记“经费支出——财政拨款支出——基本支出、项目支出”科目及其明细。

【例 13—4】 某行政单位年末进行本年财政拨款收入和支出的结转，本年度“财政拨款收入——基本支出拨款”科目累计贷方发生额 1 260 000 元，“财政拨款收入——项目支出拨款”科目累计贷方发生额 850 000 元；“经费支出——财政拨款支出——基本支出”科目累计借方发生额 1 150 000 元，“经费支出——财政拨款支出——项目支出”科目累计借方发生额 835 000元。

①基本支出结转时：

借：财政拨款收入——基本支出拨款　　1 260 000

　　贷：经费支出——财政拨款支出——基本支出　　1 150 000

　　　　财政拨款结转——收支结转——基本支出结转　　110 000

②项目支出结转时：

借：财政拨款收入——项目支出拨款　　850 000

　　贷：经费支出——财政拨款支出——项目支出　　835 000

　　　　财政拨款结转——收支结转——项目支出结转　　15 000

(六)将完成项目的结转资金转入财政拨款结余

年末，对财政拨款各项目执行情况进行分析，按照有关规定将符合财政拨款结余性质的项目余额转入“财政拨款结转”科目，借记“财政拨款结转——结余转账——项目支出结转”科目及其明细，贷记“财政拨款结转——结余转账——项目支出结余”科目及其明细。

【例 13—5】 年末，某行政单位对财政拨款项目执行情况进行分析：本年度财政拨款项目中，小学电教房改造项目已完成，项目剩余资金 18 600 元。

借：财政拨款结转——结余结转——项目支出结转　　18 600

　　贷：财政补助结余——结余转账　　18 600

(七)年末冲销有关明细科目余额

年末,将"财政拨款结转"科目所属"结余转账""年初余额调整""归集上缴""单位内部调剂"等明细科目余额转入"剩余结余"明细科目;转账后,"财政拨款结转"科目除"剩余结余"明细科目外,其他明细科目应无余额。

【例 13—6】 年末,某行政单位进行收支结转后,"财政拨款结转"科目各明细科目的余额见表 13—1,进行"财政拨款结转"明细科目余额的冲销处理。

表 13—1 **"财政拨款结转"明细科目余额表** 单位:元

明细科目	基本支出		项目支出	
	借 方	贷 方	借 方	贷 方
年初余额调整	8 000			
收支结转		110 000		15 000
结余结转			8 600	
归集上缴	63 000			
归集调入		50 000		

借:财政拨款结转——收支结转——基本支出结转 110 000
——项目支出结转 15 000
——归集调入——基本支出结转 50 000
贷:财政拨款结转——年初余额调整——基本支出结转 8 000
——归集上缴——基本支出结转 63 000
——结余结转——项目支出结转 8 600
——剩余结转——基本支出结转 89 000
——项目支出结转 6 400

二、财政拨款结余

财政拨款结余是指行政单位财政拨款收支所形成的结余资金,是行政单位当年预算工作目标已完成,或因故终止,所剩余的财政拨款滚存资金。

行政单位应设置"财政拨款结余"科目,核算财政拨款收支所形成的结余资金,应当按照具体项目、《政府收支分类科目》中"支出功能分类科目"的项级科目等进行明细核算。有公共财政预算拨款、政府性基金预算拨款等两种或两种以上财政拨款的行政单位,还应当按照财政拨款的种类分别进行明细核算。财政拨款结余的主要账务处理如下:

(一)调整以前年度财政拨款结余

因发生差错更正、以前年度支出收回等原因,需要调整财政拨款结余的,按照实际调增财政拨款结余的金额,借记有关科目,贷记"财政拨款结余——年初余额调整"科目;按照实际调减财政拨款结余的金额,借记"财政拨款结余——年初余额调整"科目,贷记有关科目。

【例 13—7】 某行政单位财政拨款的 H 项目上年度已经结项,其剩余的项目资金已经转入该项目的结余资金中。项目审查时发现,误将一项应当计入基本支出的业务活动费计入了 H 项目,该笔活动费支出为 56 000 元,需要调整上年度财政拨款结余和财政拨款结转。

借:财政拨款结转——年初余额调整——基本支出结转　　56 000
　　贷:财政拨款结余——年初余额调整——H 项目　　56 000

(二)上缴财政拨款结余

按照规定上缴财政拨款结余时,按照实际核销的额度数额或上缴的资金数额,借记“财政拨款结余——归集上缴”科目,贷记“财政应返还额度”“零余额账户用款额度”“银行存款”等科目。

【例 13—8】 某行政单位通过零余额账户,按规定归集上缴上级单位 M 项目的结余资金 68 000 元。

借:财政拨款结余——归集上缴　　68 000
　　贷:零余额账户用款额度　　68 000

(三)单位内部调剂结余资金

经财政部门批准,将本单位完成项目结余资金调整用于基本支出或其他未完成项目支出时,按照批准调剂的金额,借记本科目(单位内部调剂)及其明细,贷记“财政拨款结转”(单位内部调剂)科目及其明细。

(四)将完成项目的结转资金转入财政拨款结余

年末,对财政拨款各项目执行情况进行分析,按照有关规定将符合财政拨款结余性质的项目余额转入“财政拨款结余”科目,借记“财政拨款结转——结余转账——项目支出结转”科目,贷记“财政拨款结余——结余转账——××项目支出结余”科目。

(五)年末冲销有关明细科目余额

年末,将本科目所属“结余转账”“年初余额调整”“归集上缴”“单位内部调剂”等明细科目余额转入“剩余结余”明细科目;转账后,“财政拨款结余”科目除“剩余结余”明细科目外,其他明细科目应无余额。

【例 13—9】 年末,某行政单位进行结余转账等处理后,“财政拨款结余”科目各明细科目的余额见表 13—2,进行“财政拨款结余”明细科目余额的冲销处理。

表 13—2　“财政拨款结余”明细科目余额表　　单位:元

明细科目	借　方	贷　方
结余结转		18 600
年初余额调整		56 000
归集上缴	68 000	
剩余结余		

借:财政拨款结余——结余转账　　18 600
　　　　　　　　——年初余额调整　　56 000
　　贷:财政拨款结余——归集上缴　　68 000
　　　　　　　　　——剩余结余　　6 600

三、其他资金结转结余

其他资金结转结余是指行政单位除财政拨款收支以外的各项收支相抵后剩余的滚存资

金。其他资金结转结余属于非财政资金结转结余，是行政单位取得的除财政拨款收入以外的各项资金收支形成的差额。其他资金结转结余包括项目结转和非项目结余。

第一，项目结转是指行政单位除财政拨款收支结转以外的项目资金收入、支出相抵后剩余的滚存资金。年末未完成项目的结转资金，结转下一年继续用于该项目的支出，原则上不得用于其他方面。

第二，非项目结余是指行政单位除财政拨款收支结转以外的非项目资金收入、支出相抵后剩余的滚存资金。非项目资金可以用于补充项目资金，在单位内部调剂使用。

事业单位应设置“其他资金结转结余”科目，核算行政单位除财政拨款收支以外的其他各项收支相抵后剩余的滚存资金。本科目期末贷方余额反映行政单位滚存的各项非财政拨款资金结转结余数额。其他资金结转结余的主要账务处理如下：

(一)调整以前年度其他资金结转结余

因发生差错更正、以前年度支出收回等原因，需要调整其他资金结转结余的，按照实际调增的金额，借记有关科目，贷记“其他资金结转结余——年初余额调整”科目及其相关明细；按照实际调减的金额，借记“其他资金结转结余——年初余额调整”科目及其相关明细，贷记有关科目。

(二)结转本年其他资金收入和支出

(1)年末，将其他收入中的项目资金收入本年发生额转入本科目，借记“其他收入”科目及其明细，贷记“其他资金结转结余”科目(项目结转——收支转账)及其明细；将其他收入中的非项目资金收入本年发生额转入本科目，借记“其他收入”科目及其明细，贷记“其他资金结转结余”科目(非项目结余——收支转账)。

(2)年末，将其他资金支出中的项目支出本年发生额转入本科目，借记“其他资金结转结余”科目(项目结转——收支转账)及其明细，贷记“经费支出——其他资金支出”科目(项目支出)及其明细、“拨出经费”科目(项目支出)及其明细；将其他资金支出中的基本支出本年发生额转入本科目，借记“其他资金结转结余”科目(非项目结余——收支转账)，贷记“经费支出——其他资金支出”科目(基本支出)、“拨出经费”科目(基本支出)。

(三)缴回或转出项目结余

完成上述转账后，对本年末各项目执行情况进行分析，区分年末已完成项目和尚未完成项目，在此基础上对完成项目的剩余资金根据不同情况进行账务处理：

(1)需要缴回原项目资金出资单位的，按照缴回的金额，借记“其他资金结转结余”科目(项目结转——结余调剂)及其明细，贷记“银行存款”“其他应付款”等科目。

(2)将项目剩余资金留归本单位用于其他非项目用途的，按照剩余的项目资金金额，借记“其他资金结转结余”科目(项目结转——结余调剂)及其明细，贷记“其他资金结转结余”科目(非项目结余——结余调剂)。

(四)用非项目资金结余补充项目资金

按照实际补充项目资金的金额，借记“其他资金结转结余”科目(非项目结余——结余调剂)，贷记“其他资金结转结余”科目(项目结转——结余调剂)及其明细。

(五)年末冲销有关明细科目余额

年末收支转账后，将本科目所属“收支转账”“年初余额调整”“结余调剂”等明细科目余额转入“剩余结转结余”明细科目；转账后，“其他资金结转结余”科目除“剩余结转结余”明细科目外，其他明细科目应无余额。

第三节　资产基金和待偿债净资产的核算

一、资产基金

资产基金是指行政单位的非货币性资产在净资产中占有的金额。资产基金是一种待冲基金，是保留在净资产中不能作为支出的资金来源。它包括行政单位的预付账款、存货、固定资产、在建工程、无形资产、政府储备物资、公共基础设施等非货币性资产在净资产中占用的金额。

行政单位会计既要全面反映行政单位状况，又要反映预算执行情况。所以，行政单位的非货币性资产应当采用“双分录”核算方法，在确认一项非货币性资产的同时，确认所形成的费用支出，并将其记录在净资产项目中。资产基金与非货币性资产相对应，在非货币性资产发生或取得时予以确认，在非货币性资产实现或发出、耗用时予以冲减。

行政单位应设置“资产基金”科目，核算行政单位的预付账款、存货、固定资产、在建工程、无形资产、政府储备物资、公共基础设施等非货币性资产在净资产中占用的金额；应当设置“预付款项”“存货”“固定资产”“在建工程”“无形资产”“政府储备物资”“公共基础设施”等明细科目，进行明细核算。本科目期末贷方余额反映行政单位非货币性资产在净资产中占用的金额。资产基金的主要账务处理如下：

（一）资产基金的确认

（1）发生预付账款时，按照实际发生的金额，借记“预付账款”科目，贷记“资产基金”科目（预付款项）；同时，按照实际支付的金额，借记“经费支出”科目，贷记“财政拨款收入”“零余额账户用款额度”“银行存款”等科目。

（2）取得存货、固定资产、在建工程、无形资产、政府储备物资、公共基础设施等资产时，按照取得资产的成本，借记“存货”“固定资产”“在建工程”“无形资产”“政府储备物资”“公共基础设施”等科目，贷记“资产基金”科目（存货、固定资产、在建工程、无形资产、政府储备物资、公共基础设施）；同时，按照实际发生的支出，借记“经费支出”科目，贷记“财政拨款收入”“零余额账户用款额度”“银行存款”等科目。

【例 13－10】　某行政单位以政府采购方式购入日常用设备和材料一批，通过零余额账户支付，其中设备价款 79 000 元、材料 35 000 元。

借：固定资产——专用设备	79 000	
——专用材料	35 000	
贷：资产基金——固定资产		79 000
——存货		35 000

同时：

借：经费支出	114 000	
贷：零余额账户用款额度		114 000

(二)资产基金的冲减

(1)收到预付账款购买的物资或服务时,应当相应冲减资产基金。按照相应的预付账款金额,借记“资产基金”科目(预付款项),贷记“预付账款”科目。

(2)领用和发出存货、政府储备物资时,应当相应冲减资产基金。领用和发出存货、政府储备物资时,按照领用和发出存货、政府储备物资的成本,借记“资产基金”科目(存货、政府储备物资),贷记“存货”“政府储备物资”科目。

【例 13-11】 某行政单位因业务需要领用材料 2 000 元。

借:资产基金——存货　　2 000

　贷:存货——专用材料　　2 000

(3)计提固定资产折旧、公共基础设施折旧、无形资产摊销时,应当冲减资产基金。计提固定资产折旧、公共基础设施折旧、无形资产摊销时,按照计提的折旧、摊销金额,借记“资产基金”科目(固定资产、公共基础设施、无形资产),贷记“累计折旧”“累计摊销”科目。

(4)无偿调出、对外捐赠存货、固定资产、无形资产、政府储备物资、公共基础设施时,应当冲减该资产对应的资产基金。

①无偿调出、对外捐赠存货、政府储备物资时,按照存货、政府储备物资的账面余额,借记“资产基金”科目及其明细,贷记“存货”“政府储备物资”等科目。

②无偿调出、对外捐赠固定资产、公共基础设施、无形资产时,按照相关固定资产、公共基础设施、无形资产的账面价值,借记“资产基金”科目及其明细,按照已计提折旧、已计提摊销的金额,借记“累计折旧”“累计摊销”科目;按照固定资产、公共基础设施、无形资产的账面余额,贷记“固定资产”“公共基础设施”“无形资产”科目。

二、待偿债净资产

待偿债净资产是指行政单位因发生应付账款和长期应付款而相应在净资产中冲减的金额。待偿债净资产是一项抵减基金,在债务发生时暂时冲减净资产的金额,待偿还债务时予以转回。为实现行政单位会计,既要全面反映行政单位财务状况,也要反映预算执行情况的核算目标,行政单位的部分负债采用“双分录”核算方法,待偿债净资产与部分负债相对应,在负债发生时予以冲减,在负债偿付时转回。

行政单位应设置“待偿债净资产”科目,核算行政单位因发生应付账款和长期应付款而相应在净资产中冲减的金额。本科目期末借方余额反映行政单位因尚未支付的应付账款和长期应付款而需相应冲减净资产的金额。待偿债净资产的主要账务处理如下:

(1)发生应付账款、长期应付款时,按照实际发生的金额,借记“待偿债净资产”科目,贷记“应付账款”“长期应付款”等科目。

【例 13-12】 某行政单位与 A 公司签订购买合同,购买一台专用设备,设备价款 156 000 元。款项在 6 个月之后支付,设备已收到。

借:待偿债净资产　　156 000

　贷:应付账款——A 公司　　156 000

同时:

借:固定资产——专用设备　　156 000

　贷:资产基金——固定资产　　156 000

(2)偿付应付账款、长期应付款时，按照实际偿付的金额，借记“应付账款”“长期应付款”等科目，贷记“待偿债净资产”科目；同时，按照实际支付的金额，借记“经费支出”科目，贷记“财政拨款收入”“零余额账户用款额度”“银行存款”等科目。

【例 13－13】 某行政单位根据合同规定，通过零余额账户支付 A 公司设备款 156 000 元。

借：应付账款——A 公司　　156 000

　　贷：待偿债净资产　　156 000

同时：

借：经费支出——财政拨款支出　　156 000

　　贷：零余额账户用款额度　　156 000

(3)因债权人原因，核销确定无法支付的应付账款、长期应付款时，按照报经批准核销的金额，借记“应付账款”“长期应付款”科目，贷记“待偿债净资产”科目。

本章小结

净资产是指行政单位资产扣除负债后的余额。从数量上看，净资产是行政单位会计期末资产总额与负债总额相减后的差额。从内容上看，行政单位的净资产来源于一定期间收入与支出相抵后形成的结转、结余，以及设立的资产基金和待偿债净资产。净资产由行政单位占有和使用，国家拥有行政单位净资产的所有权。

行政单位净资产包括结转和结余资金、基金净资产两类。

结转和结余资金包括财政拨款结转、财政拨款结余、其他资金结转结余。

基金净资产是指行政单位设立的用于“双分录”核算的净资产项目，包括资产基金、待偿债净资产等。

净资产是行政单位某一时点的资产净额，净资产的确认依赖于资产、负债及其他会计要素的确认。当行政单位将一项基金资源确认为资产、将一项债务确认为负债时，亦确认了净资产。

行政单位期末净资产的数额取决于资产和负债的计量结果。基本关系式为：

期末净资产＝期末资产总额－期末负债总额

＝期末各项结转结余资金余额＋期末资产基金余额－期末待偿债净资产余额

财政拨款结转是指行政单位当年预算已执行但尚未完成，或因故未执行，下一年度需要按照原用途继续使用的财政拨款滚存资金。财政拨款结转包括基本支出结转、项目支出结转。

行政单位应设置“财政拨款结转”科目，核算行政单位滚存的财政拨款结转资金。

财政拨款结余是指行政单位财政拨款收支所形成的结余资金，是行政单位当年预算工作目标已完成，或因故终止，所剩余的财政拨款滚存资金。

行政单位应设置“财政拨款结余”科目，核算财政拨款收支所形成的结余资金，应当按照具体项目、《政府收支分类科目》中“支出功能分类科目”的项级科目等进行明细核算。

其他资金结转结余是指行政单位除财政拨款收支以外的各项收支相抵后剩余的滚存资金。其他资金结转结余属于非财政资金结转结余，是行政单位取得的除财政拨款收入以外的各项资金收支形成的差额。其他资金结转结余包括项目结转和非项目结余。

资产基金是指行政单位的非货币性资产在净资产中占有的金额。资产基金是一种待冲基金，是保留在净资产中不能作为支出的资金来源。

待偿债净资产是指行政单位因发生应付账款和长期应付款而相应在净资产中冲减的金额。待偿债净资产是一项抵减基金，在债务发生时暂时冲减净资产的金额，待偿还债务时予以转回。

练习题

一、单项选择题

1. 净资产由行政单位占有和使用，(　　)拥有行政单位净资产的所有权。

A. 全国人民代表大会　　B. 国务院

C. 财政部　　D. 国家

2. 从(　　)看，行政单位的净资产来源于一定期间收入与支出相抵后形成的结转、结余，以及设立的资产基金和待偿债净资产。

A. 数量上　　B. 内容上　　C. 实质上　　D. 本质上

3. 按照规定上缴财政拨款结余时，按照实际核销的额度数额或上缴的资金数额，借记(　　)科目。

A.“财政拨款结余——归集上缴”　　B.“财政拨款结余——结余转账”

C.“财政拨款结转——收支结转”　　D.“财政拨款结转——年初余额调整”

4. (　　)是一种待冲基金，是保留在净资产中不能作为支出的资金来源。

A. 资产基金　　B. 待偿债净资产

C. 财政拨款结余　　D. 其他资金结转结余

5. 发生预付账款时，按照实际发生的金额，借记“预付账款”科目，贷记(　　)科目。

A.“财政拨款结余”　　B.“待偿债净资产”

C.“其他资金结转结余”　　D.“资产基金”

二、多项选择题

1. 结转和结余资金包括(　　)。

A. 财政拨款结转　　B. 财政拨款结余

C. 其他资金结转结余　　D. 上级拨款结余

2. 基金净资产是指行政单位设立的用于“双分录”核算的净资产项目，包括(　　)。

A. 资产基金　　B. 待偿债净资产　　C. 偿债基金　　D. 信托基金

3. 以下属于资产基金的有(　　)。

A. 在建工程　　B. 政府储备物资

C. 公共基础设施　　D. 存货

4. 待偿债净资产是指行政单位因发生(　　)而相应在净资产中冲减的金额。

A. 应付账款　　B. 长期应付款　　C. 长期借款　　D. 其他应付款

5. 行政单位的净资产包括(　　)。

A. 财政拨款结转结余　　B. 其他资金结转结余

C. 资产基金　　D. 待偿债净资产

三、判断题

1. 从内容上看，净资产是行政单位会计期末资产总额与负债总额相减后的差额。（　）

2. 财政拨款结转是指行政单位当年预算已执行但尚未完成，或因故未执行，下一年度需要按照原用途继续使用的财政拨款滚存资金。（　）

3. 资产基金是指行政单位的货币性资产在净资产中占用的金额。（　）

4. 年末未完成项目的结转资金，结转下一年继续用于该项目的支出，可以用于其他方面。（　）

5. 财政拨款结余是行政单位当年预算工作目标尚未完成的、留存下年继续使用的财政拨款资金。（　）

四、综合题

某行政单位发生如下经济业务：

(1)因通过零余额账户采购的部分办公设备退货而发生以前年度的支出收回 15 000 元。

(2)按照规定收到从其他单位调入的财政拨款结余资金 10 000 元，存入本单位零余额账户。

(3)按照规定上缴财政拨款结转资金(财政直接支付)60 000 元。

(4)经财政部门批准对财政拨款结余 M 资金 20 000 元改变用途供其他未完成项目 N 使用。

(5)年末，财政拨款收入、支出本年发生额如下(单位:元)：

财政拨款收入(基本支出拨款)	2 500 000
财政拨款收入(项目支出拨款)	400 000
经费支出——财政拨款支出(基本支出)	1 100 000
——财政拨款支出(项目支出)	185 000

将财政拨款收入本年发生额和财政拨款支出本年发生额分别进行结转。

(6)收回一笔逾期 3 年且已核销的项目预付账款 12 000 元，存入零余额账户。

(7)对年末已执行完成项目和尚未完成项目进行分析，发现 F 项目有 32 000 元需要缴回原项目资金出资单位，已通过银行支付。

(8)为建设本单位的资产管理信息系统，以政府集中采购方式购入一批专用物资、专用设备和专用软件。其中，专用物资的价值为 7 000 元，已经验收入库；专用设备的价值为 55 000 元，不需要安装调试，已经交付使用；专用软件的价值为 46 000 元，其不构成相关硬件不可缺少的组成部分。款项已经由财政直接支付，所用资金为公共财政预算项目支出拨款。

(9)订购的特种物资到货，已经验收入库。为该订购物资支付的预付款金额为 50 000 元。

(10)以分期付款方式购买了一台价值 150 000 元的大型设备，款项分 3 年支付。现因设备供应商破产，最后一笔款项 50 000 元无法偿付，报经批准予以核销。

要求：根据以上经济业务，编制会计分录。

五、简答题

1. 什么是行政单位净资产？其包括哪些内容？
2. 什么是财政拨款结转？如何对其进行核算？
3. 什么是财政拨款结余？如何对其进行核算？
4. 什么是资产基金？如何对其进行核算？
5. 什么是待偿债净资产？如何对其进行核算？

第十四章　行政单位收入的核算

学习目标

本章主要介绍行政单位收入的概念、内容及核算方法。通过本章的学习，熟悉行政单位收入的概念、内容，重点掌握财政拨款收入和其他收入的核算内容与核算方法。

第一节　行政单位收入概述

一、行政单位收入的含义与内容

（一）收入的含义

《行政单位会计制度》规定，收入是指行政单位依法取得的非偿还性资金，包括财政拨款收入和其他收入。行政单位收入具有以下特征：

（1）收入是行政单位依法取得的。行政单位取得的各项收入，必须符合国家法律法规和规章制度的要求。行政单位的财政拨款收入应当符合《预算法》的规定，按规定的程序申报、审批和领拨。行政单位的其他收入也必须符合相关法律法规和规章制度的要求。

（2）收入是行政单位为开展业务及其他活动而取得的。行政单位的主要职能是进行政府行政管理、组织经济技术和文化建设、维护社会公共秩序，为实现其职能必须有一定的资金作保障。行政单位的业务活动是向社会提供公共产品或公共服务，行政单位的资金主要来源于财政拨款。此外，行政单位还从事一些其他活动，在财政拨款以外取得其他方面的收入。

（3）收入是行政单位的非偿还性资金。行政单位取得的各项收入应当不需要在未来偿还，可以按照规定安排用于所开展的业务活动。行政单位取得的罚款收入、行政事业性收费、政府性基金、国有资产处置收入等，因需要上缴财政部门，不属于行政单位的收入。

（二）收入的内容

1. 财政拨款收入

财政拨款收入是指行政单位从同级财政部门取得的财政预算资金。

财政拨款收入是行政单位按照预算级次从同级财政部门取得的，不包括行政单位从非同级财政部门取得的资金。此项资金纳入同级财政部门的财政预算管理，也属于单位的预算资金。

2. 其他收入

其他收入是指行政单位取得的除财政拨款收入以外的其他各项收入。

其他收入并非同级财政部门拨款，而是行政单位开展其他活动取得的收入，此项资金未纳入同级财政部门的预算管理，但属于单位的预算资金。

二、行政单位收入的确认与计量

根据《行政单位会计制度》的规定，收入以收付实现制为主要确认基础。行政单位的收入一般在收到款项时予以确认，并按实际收到的金额进行计量。收入是行政单位取得的会导致本期净资产增加的经济利益或服务潜力的总流入。行政单位的收入是“非偿还性资金”，强调在取得时予以确认。

行政单位的特殊经济业务和事项可以采用权责发生制确认，在权责发生制下，收入应当在发生时确认，并按实际发生额计量。此时，经济利益或服务潜力能够流入行政单位，并且能够导致行政单位资产增加或负债减少。

第二节　财政拨款收入的核算

一、财政拨款收入的账户设置

财政拨款收入是指行政单位从同级财政部门取得的财政预算资金。

为核算行政单位从同级财政部门取得的各类财政预算资金，行政单位应设置“财政拨款收入”科目。该科目应当设置“基本支出拨款”和“项目支出拨款”两个明细科目，分别核算行政单位取得的用于基本支出和项目支出的财政拨款资金，同时按照《政府收支分类科目》中“支出功能分类科目”的项级科目进行明细核算；在“基本支出拨款”明细科目下按照“人员经费”和“日常公用经费”进行明细核算，在“项目支出拨款”明细科目下按照具体项目进行明细核算。

二、财政拨款收入的主要账务处理

(1)财政直接支付方式。

①行政单位根据收到的“财政直接支付入账通知书”及相关原始凭证，借记“经费支出”科目，贷记“财政拨款收入”科目。

②年末，行政单位根据本年度财政直接支付预算指标数与财政直接支付实际支出数的差额，借记“财政应返还额度——财政直接支付”科目，贷记“财政拨款收入”科目。

③本年度财政直接支付的资金收回时，借记“财政拨款收入”科目，贷记“经费支出”等科目。

【例 14—1】 某行政单位收到财政部门委托代理银行转来的“财政直接支付入账通知书”，财政部门为行政单位支付了为开展日常行政活动所发生的经费 68 000 元、专业活动所发生的经费 52 000 元。

借：经费支出——财政拨款支出——基本支出	68 000	
——项目支出	52 000	
贷：财政拨款收入——基本支出拨款		68 000
——项目支出拨款		52 000

【例 14—2】 某行政单位收到财政部门委托代理银行转来的“财政直接支付入账通知书”，财政部门为行政单位支付了在职人员工资 856 000 元。

借：经费支出——财政拨款支出——基本支出　　856 000

　　贷：财政拨款收入——基本支出拨款——人员经费　　856 000

【例 14—3】 某行政单位本年度财政直接支付预算指标数为 2 850 000 元，财政直接支付实际支出数为 2 800 000 元，年终注销未使用的财政直接支付额度 50 000 元。

借：财政应返还额度——财政直接支付　　50 000

　　贷：财政拨款收入——基本支出拨款　　50 000

(2)在财政授权支付方式下，行政单位根据收到的“财政授权支付额度到账通知书”，借记“零余额账户用款额度”等科目，贷记“财政拨款收入”科目。

年末，如行政单位本年度财政授权支付预算指标数大于财政授权支付额度下达数，根据两者间的差额，借记“财政应返还额度——财政授权支付”科目，贷记“财政拨款收入”科目。

【例 14—4】 某行政单位收到财政部门委托代理银行转来的“财政授权支付入账通知书”，本月行政单位财政授权支付额度为 220 000 元，其中基本支出拨款 180 000 元、项目支出拨款 40 000 元。

借：零余额用款额度　　220 000

　　贷：财政拨款收入——基本支出拨款　　180 000

　　　　　　　　　——项目支出拨款　　40 000

【例 14—5】 某行政单位本年度财政授权支付预算指标数为 2 500 000 元，财政授权支付额度下达数为 2 410 000 元，年终注销未使用的财政授权额度 90 000 元。

借：财政应返还额度——财政授权支付　　90 000

　　贷：财政拨款收入——基本支出拨款　　90 000

(3)在其他方式下，实际收到财政拨款收入时，借记“银行存款”等科目，贷记“财政拨款收入”科目。

(4)年末，将本科目本年发生额转入财政拨款结转时，借记“财政拨款收入”科目，贷记“财政拨款结转”科目。

第三节　其他收入的核算

一、其他收入的内容

其他收入是指行政单位取得的除财政拨款收入以外的其他各项收入，如从非同级财政部门、上级主管部门等取得的用于完成项目或专项任务的资金、库存现金溢余等。行政单位从非同级财政部门、上级主管部门等取得指定转给其他单位，且未纳入本单位预算管理的资金，不通过“其他收入”科目核算，应当通过“其他应付款”科目核算。

二、其他收入的账户设置

行政单位应设置“其他收入”科目，核算行政单位取得的除财政拨款收入以外的其他各项收入。本科目应当按照其他收入的类别、来源单位、项目资金和非项目资金进行明细核算。对于项目资金收入,还应当按照具体项目进行明细核算。

三、其他收入的主要账务处理

【例 14—6】 某行政单位取得银行存款利息收入 3 520 元。

借:银行存款　　3 520

　　贷:其他收入　　3 520

【例 14—7】 某行政单位收到上级主管部门拨来的款项 1 50 000 元,用于贫困山区小学教学设施建设。

借:银行存款　　150 000

　　贷:其他收入——主管部门补助收入——项目资金　　150 000

本章小结

《行政单位会计制度》规定,收入是指行政单位依法取得的非偿还性资金,包括财政拨款收入和其他收入。收入是行政单位取得的会导致本期净资产增加的经济利益或服务潜力的总流入。

根据《行政单位会计制度》的规定,收入以收付实现制为主要确认基础。行政单位的收入一般在收到款项时予以确认,并按实际收到的金额进行计量。行政单位的收入是"非偿还性资金",强调在取得时予以确认。

行政单位的特殊经济业务和事项可以采用权责发生制确认,在权责发生制下,收入应当在发生时确认,并按实际发生额计量。

财政拨款收入是指行政单位从同级财政部门取得的财政预算资金。

其他收入是指行政单位取得的除财政拨款收入以外的其他各项收入,如从非同级财政部门、上级主管部门等取得的用于完成项目或专项任务的资金、库存现金溢余等。

练习题

一、单项选择题

1. 我国行政单位会计的收入来源主要是(　　)。

A. 拨入经费　　B. 预算外资金收入

C. 财政授权支付额度　　D. 其他收入

2. 行政单位会计中,有价证券及银行产生的存款利息核算账户是(　　)。

A."拨入经费"　　B."预算外资金收入"　　C."财政授权支付额度"　　D."其他收入"

3. 以下属于其他收入的有(　　)。

A. 预算外资金收入　　B. 财政授权支付额度　　C. 库存现金溢余　　D. 拨入经费

4. 在财政授权支付方式下,行政单位根据收到的"财政授权支付额度到账通知书",借记"零余额账户用款额度"等科目,贷记(　　)科目。

A.“财政拨款收入”　　B.“预算外资金收入”　　C.“其他收入”　　D.“拨入经费”

5. 因故无法偿付的其他应付款项，按规定报批核销的，应转入(　　)科目。

A.“待偿债净资产”　　B.“待处理财产损溢”　　C.“营业外收入”　　D.“其他收入”

二、多项选择题

1. 下列选项中，不属于行政单位收入的有(　　)。

A. 其他收入

B. 财政拨款收入

C. 依法取得的应当上缴财政的行政事业性收费

D. 依法取得的应当上缴财政的罚没收入

2. 下列关于行政单位收入的说法中，正确的是(　　)。

A. 收入一般按照收付实现制确认　　B. 收入应在收到款项时予以确认

C. 收入按照实际收到的金额进行计量　　C. 收入在交易实现时确认

3. 以下属于行政单位拨出经费的是(　　)。

A. 拨给所属单位的专项经费　　B. 上缴上级单位的专项经费

C. 拨给所属单位的补助经费　　D. 上缴上级单位的补助经费

4. 行政单位的收入包括(　　)。

A. 补助收入　　B. 财政拨款收入　　C. 其他收入　　D. 附属单位缴款收入

5. 行政单位在财政直接支付下，收入确认的方法是(　　)。

A. 在批准直接支付额度时确认　　B. 在财政实际支付时确认收入

C. 在年终注销额度时确认收入　　D. 在授权支付时确认

三、判断题

1. 行政单位收入的特殊经济业务和事项可以采用权责发生制确认。(　　)

2. 财政拨款收入是指行政单位从上级财政部门取得的财政预算资金。(　　)

3. 在权责发生制基础下，收入应当在发生时予以确认，并按照实际发生的数额计量。(　　)

4. 在财政授权支付方式下，行政单位在收到代理银行转来的“财政授权支付额度到账通知书”时，借记“银行存款”科目。(　　)

5. 行政单位的收入一般在收到款项时予以确认，并按实际收到的金额进行计量。(　　)

四、综合题

某市级行政单位 2015 年 12 月发生如下收入业务：

(1)收到银行转来的“财政直接支付入账通知书”，财政部门为该行政单位支付了一笔日常行政活动经费 50 000 元。

(2)收到银行转来的“财政直接支付入账通知书”，财政部门为该行政单位支付在职人员工资 150 000 元。

(3)收到银行转来的“财政直接支付入账通知书”，财政部门为该单位支付了为开展某项专业业务活动所发生的费用 60 000 元。

(4)上个月以财政直接支付方式购买的部分办公设备因质量问题退货，收回资金 50 000 元。

(5)收到银行转来的“财政授权支付额度到账通知书”，收到财政部门拨入一笔财政授权支付用款额度 40 000元，规定用于该单位的日常行政活动开支。

(6)收到银行转来的“财政授权支付额度到账通知书”，收到财政部门拨入一笔财政授权支付用款额度 20 000元，规定用于开展某专项活动。

(7)收到基本账户开户银行的存款利息通知，本期银行存款利息收入 10 000 元。

(8)收到后勤服务收入 40 000 元。

(9)收到甲公司为某项目投入资金 50 000 元。

(10)出纳人员结账时发现有 2 000 元的现金溢余,无法查明原因,按照规定报经批准作为其他收入处理。

(11)本年度财政授权支付的预算指标数为 1 600 000 元,其中:基本支出拨款指标数为 1 100 000 元,项目支出拨款指标数为 500 000 元。汇总当年财政授权支付额度下达数 1 300 000 元,其中:基本支出拨款支付额度下达数为 900 000 元,项目支出拨款支付额度下达数为 400 000 元。年末确定行政单位应收财政返还的资金额度为 200 000 元。

(12)年终结账,该行政单位"财政拨款收入"总账账户的贷方余额为 6 550 000 元,"财政拨款收入"明细账户的贷方余额为:"基本支出拨款——日常公用经费"3 000 000 元,"基本支出拨款——人员经费"2 550 000 元,"财政拨款收入——项目支出拨款"1 000 000 元。

(13)年终结账,该单位"其他收入"总账账户的贷方余额为 130 000 元,"其他收入"明细账户的贷方余额为:"利息收入"20 000 元,"后勤服务收入"50 000 元,"项目专项收入"60 000 元。

要求:根据以上经济业务,编制会计分录。

五、简答题

1. 什么是行政单位收入?其包括哪些内容?
2. 什么是财政拨款收入?如何对其进行核算?
3. 行政单位的其他收入包括哪些内容?

第十五章　行政单位支出的核算

学习目标

本章主要介绍行政单位会计支出的含义、内容及核算方法。通过本章的学习，熟悉行政单位会计支出的含义、内容，重点掌握经费支出和拨出经费的概念、核算内容与核算方法。

第一节　行政单位支出概述

一、行政单位支出的含义与内容

（一）行政单位支出的含义

《行政单位会计制度》规定，行政单位支出是指行政单位为保障机构正常运转和完成工作任务所发生的资金耗费和损失。行政单位的支出具有以下特征：

（1）支出是行政单位为保障正常运转和完成工作任务所发生的。行政单位的支出包括保障机构正常运转和完成工作任务支出两项内容。保障机构正常运转支出是行政单位为履行其职能，保证机构运行、完成日常工作而发生的基本支出，包括日常人员支出和日常公用支出。完成任务支出是行政单位在基本支出以外，为完成特定的工作任务而发生的项目支出。

（2）支出是行政单位的资金耗费和损耗。行政单位支出包括资金耗费和资金损耗。资金耗费是行政单位在履行职能的过程中所正常耗费的各项财产，如支付货币、领用材料等。资金损失是行政单位因故造成的财产毁损与灭失。

（二）支出的内容

行政单位的支出包括经费支出和拨出经费。

经费支出是指行政单位自身开展业务活动使用各项资金发生的支出。行政单位自身开展业务活动所发生的所有支出均为经费支出，包括财政拨款支出、其他资金支出、基本支出和项目支出。

拨出经费是指行政单位纳入单位预算管理、拨付给所属单位的非同级财政拨款资金。拨出经费并非行政单位自身开展业务活动发生的支出，而是拨付给所属独立核算单位的资金。由于同级财政拨款直接拨付到所属单位，所以拨出经费包括转拨非同级财政的拨款资金。

二、行政单位支出的确认与计量

《行政单位会计制度》规定，行政单位的支出一般应当在支付款项时予以确认，并按实际支付的金额计量。行政单位的支出表现为经济利益的流出或服务潜力的流出，导致本期净资产的减少。支出以收付实现制为主要确认原则，特殊情况下采用权责发生制基础确认。

第二节　经费支出的核算

一、经费支出的账户设置

行政单位应设置“经费支出”科目，核算行政单位在开展业务活动中发生的各项支出，应当分别按照“财政拨款支出”和“其他资金支出”二级明细科目进行核算。经费支出的分类较为复杂，需要设置多层次的明细科目进行核算，即设置“基本支出”和“项目支出”等三级科目进行明细核算，并按照《政府收支分类科目》中“支出功能分类科目”的项级科目进行明细核算。“基本支出”和“项目支出”明细科目下应当按照《政府收支分类科目》中“支出经济分类科目”的款级科目进行明细核算，同时在“项目支出”明细科目下按照具体项目进行明细核算。

二、经费支出的主要账务处理

(一)人员经费支出

人员经费支出是行政单位用于人员方面的支出，包括在职职工薪酬和外部人员的劳务费。

(1)计提单位职工薪酬时，按照计算出的金额，借记“经费支出”科目，贷记“应付职工薪酬”科目。

(2)支付外部人员劳务费，按照应当支付的金额，借记“经费支出”科目；按照代扣代缴个人所得税的金额，贷记“应缴税费”科目；按照扣税后实际支付的金额，贷记“财政拨款收入”“零余额账户用款额度”“银行存款”等科目。

【例 15－1】 某行政单位计算本月在职职工薪酬，本月应付工资总额为 711 000 元，其中基本工资 560 000 元、津贴补贴 84 000 元、应为职工支付的住房公积金 67 000 元。所用资金均为公共财政预算基本经费拨款。

借：经费支出——财政拨款支出——基本支出	711 000	
贷：应付职工薪酬——工资		560 000
——地方津贴补贴		84 000
——住房公积金		67 000

【例 15－2】 某行政单位支付临时聘用人员本月劳务费 36 000 元，款项通过零余额账户支付。

借：经费支出——其他资金支出——基本支出	36 000	
贷：零余额账户用款额度		36 000

(二)购买资产支出

支付购买存货、固定资产、无形资产、政府储备物资和工程结算的款项，按照实际支付的金额，借记“经费支出”科目，贷记“财政拨款收入”“零余额账户用款额度”“银行存款”等科目；同时，按照采购或工程结算成本，借记“存货”“固定资产”“无形资产”“在建工程”“政府储备物资”等科目，贷记“资产基金”及其明细科目。

【例 15－3】 某行政单位通过政府采购购入一台不需要安装的设备，取得的增值税发票上注明总价价款 32 000 元。款项通过零余额账户支付。

借：固定资产——设备　　32 000

　　贷：资产基金——固定资产　　32 000

同时，按照实际支付的金额：

借：经费支出——财政拨款支出——基本支出　　32 000

　　贷：零余额账户用款额度等　　32 000

(三)日常费用支出

日常费用支出是行政单位日常发生的各项费用支出，包括办公费、咨询费、手续费、水电费、差旅费、物业管理费、修理费、会议费、培训费等。发生各项支出时，按照实际支付的金额，借记"经费支出"科目，贷记"财政拨款收入""零余额账户用款额度""银行存款"等科目。

【例 15－4】 某行政单位收到国库支付执行机构委托代理银行转来的"财政授权支付入账通知书"及原始凭证，通过零余额账户支付办公楼水费 5 200 元、电费 8 500 元。

借：经费支出——财政拨款支出——基本支出　　13 700

　　贷：零余额账户用款额度　　13 700

(四)预付款项支出

发生预付款项时，按照实际预付的金额，借记"经费支出"科目，贷记"财政拨款收入""零余额账户用款额度""银行存款"等科目；同时，借记"预付账款"科目，贷记"资产基金——预付款项"科目。

【例 15－5】 某行政单位计划购入一批设备，根据合同规定，预先向 A 公司支付 20% 的货款 30 000 元，款项已通过零余额账户支付。

借：经费支出——财政拨款支出——基本支出　　30 000

　　贷：零余额账户用款额度　　30 000

同时：

借：预付账款——A 公司　　30 000

　　贷：资产基金——预付账款　　30 000

(五)偿还应付款项支出

偿还应付款项时，按照实际偿付的金额，借记"经费支出"科目，贷记"财政拨款收入""零余额账户用款额度""银行存款"等科目；同时，借记"应付账款""长期应付款"科目，贷记"待偿债净资产"科目。

【例 15－6】 某行政单位收到国库支付执行机构委托代理银行转来的"财政直接支付入账通知书"及原始凭证，所欠 H 公司材料款 36 000 元已经完成支付，所用资金为公共财政预算项目经费拨付款。

借：经费支出——财政拨款支出——项目支出　　36 000

　　贷：财政拨款收入——项目支出拨款　　36 000

同时：

借：应付账款——H 公司　　36 000

　　贷：待偿债净资产　　36 000

（六）退货

行政单位因退货等原因发生支出收回，属于当年支出收回的，借记“财政拨款收入”“零余额账户用款额度”“银行存款”等科目，贷记“经费支出”科目；属于以前年度支出收回的，借记“财政应返还额度”“零余额账户用款额度”“银行存款”等科目，贷记“财政拨款结转”“财政拨款结余”“其他资金结转结余”等科目。

年末，将经费支出本年发生额分别转入财政拨款结转和其他资金结转结余时，借记“财政拨款结转”“其他资金结转结余”科目，贷记“经费支出”科目。年终结账后，“经费支出”科目应无余额。

第三节　拨出经费的核算

一、拨出经费的含义

拨出经费是指行政单位纳入单位预算管理、拨付给所属单位的非同级财政拨款资金，如拨给所属单位的专项经费和补助经费等。

二、拨出经费的账户设置

行政单位应设置“拨出经费”科目，核算行政单位向所属单位拨出的纳入单位预算管理的非同级财政拨款资金。该科目应分别按照“基本支出”和“项目支出”进行明细核算，还应当按照接受拨出经费的具体单位和款项类别等分别进行明细核算。

三、拨出经费的主要账务处理

(1)向所属单位拨付非同级财政拨款资金等款项时，借记“拨出经费”科目，贷记“银行存款”等科目。

【例 15—7】 某行政单位开出转账凭证，向所属 D 单位拨付非同级财政拨款资金 200 000 元，用于购置专项设备。

借：拨出经费——项目支出——D 单位——专项设备购置　　200 000
　　贷：银行存款　　200 000

(2)收回拨出经费时，借记“银行存款”等科目，贷记“拨出经费”科目。

【例 15—8】 某行政单位所属 D 公司完成了专项设备的购置工作，实际支出 185 000 元，余款 15 000 收回存入银行。

借：银行存款　　15 000
　　贷：拨出经费——项目支出——D 单位——专项设备购置　　15 000

年末，将拨出经费本年发生额转入其他资金结转结余时，借记“其他资金结转结余”科目，贷记“拨出经费”科目。年终结账后，“拨出经费”科目应无余额。

本章小结

《行政单位会计制度》规定,行政单位支出是指行政单位为保障机构正常运转和完成工作任务所发生的资金耗费和损失。行政单位的支出包括经费支出和拨出经费。

经费支出是指行政单位自身开展业务活动使用各项资金发生的支出。行政单位自身开展业务活动所发生的所有支出均为经费支出,包括基本支出和项目支出。行政单位应设置"经费支出"科目,核算行政单位在开展业务活动中发生的各项支出。

拨出经费是指行政单位纳入单位预算管理、拨付给所属单位的非同级财政拨款资金。拨出经费并非行政单位自身开展业务活动发生的支出,而是拨付给所属独立核算单位的资金。由于同级财政拨款直接拨付到所属单位,所以拨出经费包括转拨非同级财政的拨款资金。行政单位应设置"拨出经费"科目,核算行政单位向所属单位拨出的纳入单位预算管理的非同级财政拨款资金,如拨给所属单位的专项经费和补助经费等。

练习题

一、单项选择题

1. 行政单位购买日常办公用品的支出属于(　　)。

A. 工资福利支出　　B. 商品和服务支出　　C. 其他资本性支出　　D. 经费支出

2. 核算行政单位向所属单位拨出的纳入单位预算管理的非同级财政拨款资金的会计科目是(　　)。

A."拨出经费"　　B."经费支出"　　C."其他支出"　　D."无偿调拨支出"

3. 在财政直接支付的方式下,年末,行政单位根据本年度财政直接支付预算指标数与财政直接支付实际支出数的差额,借记(　　)科目,贷记"财政拨款收入"科目。

A."财政应返还额度——财政授权支付"　　B."财政应返还额度——财政直接支付"

C."财政直接支付"　　D."零余额账户用款额度"

4. 代扣代缴由单位负担的个人所得税时,会计处理为(　　)。

A. 借:经费支出
　　贷:其他应付款

B. 借:经费支出
　　贷:应交税费

C. 借:应付职工薪酬
　　贷:其他应付款

D. 借:应付职工薪酬
　　贷:应交税费

5. 行政单位支出是指行政单位为保障机构正常运转和完成工作任务所发生的资金耗费和损失。以下属于行政单位支出的是(　　)。

A. 经费支出　　B. 商品和服务支出　　C. 其他支出　　D. 资本性支出

二、多项选择题

1. 支付购买存货、固定资产、无形资产、政府储备物资和工程结算的款项,按照实际支付的金额,借记"经费支出"科目,贷记(　　)科目。

A."财政拨款收入"　　B."零余额账户用款额度"

C."银行存款"　　D."其他收入"

2. 行政单位自身开展业务活动所发生的所有支出均为经费支出，包括（　　）。

A. 上缴支出　B. 补助支出　C. 基本支出　D. 项目支出

3. 经费支出应当分别按照（　　）等分类进行明细核算。

A. 财政拨款支出　B. 其他资金支出　C. 基本支出　D. 项目支出

4. 拨出经费包括（　　）。

A. 行政单位纳入单位预算管理的资金　B. 拨付给所属单位的非同级财政拨款资金

C. 行政单位自身开展业务活动发生的支出　D. 拨付给所属独立核算单位的资金

5. 行政单位的支出包括（　　）。

A. 上缴支出　B. 补助支出　C. 经费支出　D. 拨出经费

三、判断题

1. 行政单位支出是指行政单位为保障机构正常运转和完成工作任务所发生的资金耗费和损失。（　　）

2. 经费支出是指行政单位纳入单位预算管理、拨付给所属单位的同级财政拨款资金。（　　）

3. 拨出经费是指行政单位纳入单位预算管理、拨付给所属单位的同级财政拨款资金。（　　）

4. 拨出经费不包括转拨非同级财政的拨款资金。（　　）

5. 行政单位计提单位职工薪酬时，按照计算出的金额贷记"经费支出"科目。（　　）

四、综合题

行政单位2015年12月发生如下支出业务：

(1)12月"工资汇总表"的职工薪酬总额为850 000元，其中：基本工资为400 000元，津贴补贴为100 000元，年终一次性奖金为300 000元，社会保障缴费为50 000元，由财政直接支付。

(2)支付外聘人员劳务费50 000元，其中：代扣代缴个人所得税5 000元。劳务费通过单位零余额账户支付。

(3)通过单位零余额账户购买属于基本支出预算的日常办公用品，金额为3 000元，属于行政单位随买随用的零星办公用品，直接交给有关业务部门使用。

(4)购买属于基本支出预算的常用的专用材料一批，金额为20 000元，通过单位零余额账户支付，材料已验收入库。

(5)收到财政部门委托其代理银行转来的"财政直接支付入账通知书"，财政部门为该行政单位支付了办公设备购置费120 000元。

(6)收到财政部门委托其代理银行转来的"财政直接支付入账通知书"，财政部门预付本单位购买办公设备的货款35 000元给甲公司。

(7)收到财政部门委托其代理银行转来的"财政直接支付入账通知书"，财政部门为该行政单位偿还上月欠甲企业材料价款14 000元，这批材料属于基本支出预算的日常用材料。

(8)收到财政部门委托其代理银行转来的"财政直接支付入账通知书"，财政部门为本单位支付水费2 000元、电费5 000元，水电费属于基本支出预算的商品和服务支出。

(9)行政单位通过其代理银行支付本单位物业管理费10 000元，该费用属于本单位基本支出预算的商品和服务支出。

(10)通过单位零余额账户支付某一专门会议费用50 000元。

(11)经批准，对本单位的办公用房进行维修，维修总支出350 000元，此款项通过单位零余额账户支付。

(12)年终结账，"经费支出"总账科目借方余额为56 780 000元，"经费支出"有关明细科目借方余额情况如下(单位：元)：

财政拨款支出(基本支出)	56 000 000
财政拨款支出(项目支出)	690 000
其他资金支出(项目支出)	90 000

(13)根据核定的预算，通过开户银行向所属 A 单位转拨预算资金 500 000 元，其中：基本支出经费 300 000元，项目支出经费 200 000 。

要求：根据以上经济业务，编制会计分录。

五、简答题

1. 什么是行政单位支出？其包括哪些内容？
2. 什么是经费支出？其包括哪些内容？
3. 什么是拨出经费？其包括哪些内容？

第十六章　行政单位财务报表

学习目标

本章主要介绍行政单位财务报表的概念、种类及其编制方法。通过本章的学习，熟悉行政单位财务报表的概念和种类，掌握财务报表的编制程序和方法。

第一节　行政单位财务报表概述

一、财务报表的内容

财务报表是反映行政单位财务状况和预算执行结果的书面文件，由会计报表及其附注构成。

（一）会计报表

会计报表以表格形式反映行政单位的财务状况、预算收入支出情况和其他会计信息，是财务报告的重要组成部分。行政单位会计报表包括资产负债表、收入支出表、财政拨款收入支出表等。

资产负债表是反映行政单位在某一特定日期财务状况的报表。资产负债表应当按照资产、负债和净资产分类、分项列示。

收入支出表是反映行政单位在某一会计期间全部预算收支执行结果的报表。收入支出表应当按照收入、支出的构成和结转结余情况分类、分项列示。

财政拨款收入支出表是反映行政单位在某一会计期间财政拨款收入、支出、结转及结余情况的报表。

行政单位除编制上述主要会计报表外，还需编制一系列明细表和附表，以全面反映各项收支的构成情况。行政单位需要编制的明细表主要包括经费支出明细表、基本支出明细表、项目支出明细表等。

（二）会计报表附注

会计报表附注是指对在会计报表中列示项目的文字描述或明细资料，以及对未能在会计报表中列示项目的说明等。

二、财务报表的编制要求

(一)总体要求

(1)内容真实。行政单位的财务报表应当根据登记完整、核对无误的账簿记录和其他相关资料编制,要做到数字真实、计算准确。

(2)形式规范。行政单位的财务报表应当符合会计制度关于报表格式的要求,内容完整。行政单位不得违反规定,随意改变会计制度规定的会计报表格式、编制依据和方法,不得随意改变会计制度规定的会计报表有关数据的会计口径。

(3)报送及时。行政单位应当根据会计制度的规定,定期编制各项财务报表,并及时上报主管预算单位和同级财政部门。

(4)责任明确。行政单位财务报表应当由单位负责人和主管会计工作的负责人、会计机构负责人签名并盖章。

(二)财务报表的编制期

按编制期间划分,行政单位财务报表分为年度财务报表和中期财务报表。短于一个完整的会计年度的期间(如季度和月度)编制的财务报表称为中期财务报表。年度财务报表是以整个会计年度的会计事项为基础编制的财务报表。行政单位的资产负债表、财政拨款收入支出表和附注应当至少按年度编制,收入支出表应当按月度和年度编制。行政单位财务报表的名称、编号、编制期见表16—1。

表16—1　　行政单位的财务报表

编　号	财务报表名称	编制期
会行政01表	资产负债表	至少按年编制,可以按月编制
会行政02表	收入支出表	月度、年度
会行政03表	财政拨款收入支出表	至少按年编制,可以按月编制
	附注	至少按年编制,可以按月编制

第二节　行政单位会计报表的编制

一、资产负债表

(一)资产负债表的定义

资产负债表是反映行政单位在某一特定日期财务状况的报表。资产负债表应当按照资产、负债和净资产分类、分项列示。

(二)资产负债表的基本内容与格式

(1)表头。表头提供了编报行政单位的名称、报表的名称、报表所反映的日期、金额单位及币种等内容。

(2)表体。表体列示了资产、负债及净资产三部分内容,并按照“资产=负债+净资产”的关系将三个部分联系起来。

(3)附注。附注反映了一些在基本内容中未能提供的重要信息或未能充分说明的信息，对主体内容起补充说明的作用。

(三)资产负债表的编制说明

第一，本表“年初余额”栏内各项数字，应当根据上年年末资产负债表“期末余额”栏内数字填列。如果本年度资产负债表规定的各个项目的名称和内容同上年度不相一致，应当对上年年末资产负债表各项目的名称和数字按照本年度的规定进行调整，填入本表“年初余额”栏内。

第二，本表“期末余额”栏各项目的内容和填列方法如下：

1. 资产类项目

(1)“库存现金”项目，反映行政单位期末库存现金的金额。本项目应当根据“库存现金”科目的期末余额填列；期末库存现金中有属于受托代理现金的，本项目应当根据“库存现金”科目的期末余额减去其中属于受托代理的现金金额后的余额填列。

(2)“银行存款”项目，反映行政单位期末银行存款的金额。本项目应当根据“银行存款”科目的期末余额填列；期末银行存款中有属于受托代理存款的，本项目应当根据“银行存款”科目的期末余额减去其中属于受托代理的存款金额后的余额填列。

(3)“财政应返还额度”项目，反映行政单位期末财政应返还额度的金额。本项目应当根据“财政应返还额度”科目的期末余额填列。

(4)“应收账款”项目，反映行政单位期末尚未收回的应收账款金额。本项目应当根据“应收账款”科目的期末余额填列。

(5)“预付账款”项目，反映行政单位预付给物资或者服务提供者款项的金额。本项目应当根据“预付账款”科目的期末余额填列。

(6)“其他应收款”项目，反映行政单位期末尚未收回的其他应收款余额。本项目应当根据“其他应收款”科目的期末余额填列。

(7)“存货”项目，反映行政单位期末为开展业务活动耗用而储存的存货的实际成本。本项目应当根据“存货”科目的期末余额填列。

(8)“固定资产”项目，反映行政单位期末各项固定资产的账面价值。本项目应当根据“固定资产”科目的期末余额减去“累计折旧”科目中“固定资产累计折旧”明细科目的期末余额后的金额填列。

“固定资产原价”项目，反映行政单位期末各项固定资产的原价。本项目应当根据“固定资产”科目的期末余额填列。

“固定资产累计折旧”项目，反映行政单位期末各项固定资产的累计折旧金额。本项目应当根据“累计折旧”科目中“固定资产累计折旧”明细科目的期末余额填列。

(9)“在建工程”项目，反映行政单位期末除公共基础设施在建工程以外的尚未完工交付使用的在建工程的实际成本。本项目应当根据“在建工程”科目中属于非公共基础设施在建工程的期末余额填列。

(10)“无形资产”项目，反映行政单位期末各项无形资产的账面价值。本项目应当根据“无形资产”科目的期末余额减去“累计摊销”科目的期末余额后的金额填列。

“无形资产原价”项目，反映行政单位期末各项无形资产的原价。本项目应当根据“无形资产”科目的期末余额填列。

“累计摊销”项目，反映行政单位期末各项无形资产的累计摊销金额。本项目应当根据“累计摊销”科目的期末余额填列。

(11)“待处理财产损溢”项目，反映行政单位期末待处理财产的价值及处理损溢。

本项目应当根据“待处理财产损溢”科目的期末借方余额填列；如“待处理财产损溢”科目期末为贷方余额，则以“－”号填列。

(12)“政府储备物资”项目，反映行政单位期末储存管理的各种政府储备物资的实际成本。本项目应当根据“政府储备物资”科目的期末余额填列。

(13)“公共基础设施”项目，反映行政单位期末占有并直接管理的公共基础设施的账面价值。本项目应当根据“公共基础设施”科目的期末余额减去“累计折旧”科目中“公共基础设施累计折旧”明细科目的期末余额后的金额填列。

“公共基础设施原价”项目，反映行政单位期末占有并直接管理的公共基础设施的原价。本项目应当根据“公共基础设施”科目的期末余额填列。

“公共基础设施累计折旧”项目，反映行政单位期末占有并直接管理的公共基础设施的累计折旧金额。本项目应当根据“累计折旧”科目中“公共基础设施累计折旧”明细科目的期末余额填列。

(14)“公共基础设施在建工程”项目，反映行政单位期末尚未完工交付使用的公共基础设施在建工程的实际成本。本项目应当根据“在建工程”科目中属于公共基础设施在建工程的期末余额填列。

(15)“受托代理资产”项目，反映行政单位期末受托代理资产的价值。本项目应当根据“受托代理资产”科目的期末余额(扣除其中受托储存管理物资的金额)加上“库存现金”“银行存款”科目中属于受托代理资产的现金余额和银行存款余额的合计数填列。

2. 负债类项目

(1)“应缴财政款”项目，反映行政单位期末按规定应当上缴财政的款项(应交税费除外)。本项目应当根据“应缴财政款”科目的期末余额填列。

(2)“应交税费”项目，反映行政单位期末应缴未缴的各种税费。本项目应当根据“应交税费”科目的期末贷方余额填列；如“应交税费”科目期末为借方余额，则以“－”号填列。

(3)“应付职工薪酬”项目，反映行政单位期末尚未支付给职工的各种薪酬。本项目应当根据“应付职工薪酬”科目的期末余额填列。

(4)“应付账款”项目，反映行政单位期末尚未支付的偿还期限在1年以内(含1年)的应付账款的金额。本项目应当根据“应付账款”科目的期末余额填列。

(5)“应付政府补贴款”项目，反映行政单位期末尚未支付的应付政府补贴款的金额。本项目应当根据“应付政府补贴款”科目的期末余额填列。

(6)“其他应付款”项目，反映行政单位期末尚未支付的其他各项应付及暂收款项的金额。本项目应当根据“其他应付款”科目的期末余额填列。

(7)“一年内到期的非流动负债”项目，反映行政单位期末承担的1年以内(含1年)到期偿还的非流动负债。本项目应当根据“长期应付款”等科目的期末余额分析填列。

(8)“长期应付款”项目，反映行政单位期末承担的偿还期限超过1年的应付款项。本项目应当根据“长期应付款”科目的期末余额减去其中1年以内(含1年)到期偿还的长期应付款金额后的余额填列。

(9)“受托代理负债”项目,反映行政单位期末受托代理负债的金额。本项目应当根据“受托代理负债”科目的期末余额(扣除其中受托储存管理物资对应的金额)填列。

3. 净资产类项目

(1)“财政拨款结转”项目,反映行政单位期末滚存的财政拨款结转资金。本项目应当根据“财政拨款结转”科目的期末余额填列。

(2)“财政拨款结余”项目,反映行政单位期末滚存的财政拨款结余资金。本项目应当根据“财政拨款结余”科目的期末余额填列。

(3)“其他资金结转结余”项目,反映行政单位期末滚存的除财政拨款以外的其他资金结转结余的金额。本项目应当根据“其他资金结转结余”科目的期末余额填列。

“项目结转”项目,反映行政单位期末滚存的非财政拨款未完成项目结转资金。本项目应当根据“其他资金结转结余”科目中“项目结转”明细科目的期末余额填列。

(4)“资产基金”项目,反映行政单位期末预付账款、存货、固定资产、在建工程、无形资产、政府储备物资、公共基础设施等非货币性资产在净资产中占用的金额。本项目应当根据“资产基金”科目的期末余额填列。

(5)“待偿债净资产”项目,反映行政单位期末因应付账款和长期应付款等负债而相应需在净资产中冲减的金额。本项目应当根据“待偿债净资产”科目的期末借方余额以“－”号填列。

第三,行政单位按月编制资产负债表的,应当遵照以下规定编制:

(1)月度资产负债表应在资产部分“银行存款”项目下增加“零余额账户用款额度”项目。

(2)“零余额账户用款额度”项目,反映行政单位期末零余额账户用款额度的金额。本项目应当根据“零余额账户用款额度”科目的期末余额填列。

(3)“财政拨款结转”项目。本项目应当根据“财政拨款结转”科目的期末余额,加上“财政拨款收入”科目本年累计发生额,减去“经费支出——财政拨款支出”科目本年累计发生额后的余额填列。

(4)“其他资金结转结余”项目。本项目应当根据“其他资金结转结余”科目的期末余额,加上“其他收入”科目本年累计发生额,减去“经费支出——其他资金支出”科目本年累计发生额,再减去“拨出经费”科目本年累计发生额后的余额填列。

“项目结转”项目。本项目应当根据“其他资金结转结余”科目中“项目结转”明细科目的期末余额,加上“其他收入”科目中项目收入的本年累计发生额,减去“经费支出——其他资金支出”科目中项目支出本年累计发生额,再减去“拨出经费”科目中项目支出本年累计发生额后的余额填列。

(5)月度资产负债表其他项目的填列方法与年度资产负债表的填列方法相同。

(四)资产负债表编制举例

【例16－1】 某行政单位2014年年末的总分类账户余额表见表16－2。

表16－2　　**总分类账户余额表**　　单位:元

账户名称	借方金额	账户名称	贷方金额
库存现金	30 000	应付账款	1 400 000
银行存款	600 000	其他应付款	600 000

续表

账户名称	借方金额	账户名称	贷方金额
财政应返还额度	500 000	应付职工薪酬	684 000
应收账款	460 000	应交税费	100 000
其他应收款	100 000	财政拨款结转	78 000
预付账款	200 000	财政拨款结余	200 000
存货	60 000	其他资金结转结余	68 000
固定资产	12 298 000	资产基金	17 018 000
累计折旧	—2 000 000	待偿债净资产	—1 400 000
在建工程	4 000 000		
无形资产	3 000 000		
累计摊销	—500 000		
合　计	18 748 000	合　计	18 748 000

2015 年发生的交易或事项如下：

(1)1 月，收到同级财政国库支付执行机构委托代理银行转来的"财政直接支付入账通知书"及电话费 600 000 元、大型会议费 250 000 元等原始凭证。

(2)2 月，收到同级财政国库支付执行机构委托代理银行转来的"财政授权支付额度到账通知书"600 000 元。

(3)收到出租设备租金收入 2 000 元，存入银行。

(4)在财政直接支付方式下，根据财政国库支付执行机构委托代理银行转来的"财政直接支付入账通知书"及原始凭证，支付职工薪酬 229 900 元，代扣水电费、房租等 651 00 元，代扣个人所得税 1 200 元，代扣代缴社会保险费和住房公积金 3 800 元。

(5)在财政直接支付方式下，购买电脑一批，价值 700 000 元，运输费 8 000 元，收到财政国库支付执行机构委托代理银行转来的"财政直接支付入账通知书"及原始凭证。

(6)偿还基建项目的欠款 900 000 元，收到财政国库支付执行机构委托代理银行转来的"财政直接支付入账通知书"。

(7)经财政部门批准将一批不使用的物资出售，原值 40 000 元，售价 6 000 元，款项未收。

(8)年末发现有逾期 3 年或以上、有确凿证据表明确实无法收回的应收账款 3 000 元，按规定报经批准后予以核销。

(9)上述应收账款以后年度又收回 1 000 元。

(10)为了购进一批 A 设备，通过财政直接支付方式向胜利公司预付了一笔款项 1 00 000 元。

(11)收到 A 设备，实际价款 80 000 元，同时通过财政直接支付方式支付剩余货款。

(12)将一批库存未用的 A 材料换入 B 材料，A 材料的账面价值为 6 000 元，以银行存款支付运输费 500 元。

(13)购入需要安装的全新设备一台，价款 40 000 元，支付包装及运杂费 600 元，以上款项均通过零余额账户支付。设备安装过程中领用存货500元，支付安装工人工资1 000元。安装完毕已交付生产使用。

(14)经批准将一批家具出售，原价30 000元，已提折旧22 000元，出售收入1 200元，清理费用600元，均通过银行收支。

(15)通过财政授权支付方式支付租赁费5 59 400元。

(16)年末，本年度财政授权支付预算指标数大于财政授权支付额度下达数3 0 000元。

(17)年末将应缴财政款7 600元全额上缴。

(18)年末计提固定资产折旧200 000元、无形资产摊销1 00 000元。

(19)年末结转收支：财政补助收入——基本支出拨款1 559 900元，财政补助收入——项目支出结转1 83 8 000元；经费支出——基本支出1 559 900元，经费支出——项目支出1 880 100元；其他收入2 000元结转，项目未完成。

要求：根据该行政单位2015年度的交易或事项编制有关会计分录，并在此基础上编制资产负债表。

有关账务处理如下：

(1)借：经费支出——基本支出	600 000	
——项目支出	250 000	
贷：财政补助收入——基本支出拨款		600 000
——项目支出拨款		250 000
(2)借：零余额账户用款额度	600 000	
贷：财政补助收入——基本支出拨款		600 000
(3)借：银行存款	2 000	
贷：其他收入		2 000
(4)借：经费支出——基本支出	300 000	
贷：应付职工薪酬		300 000
同时：		
借：应付职工薪酬	296 200	
贷：财政补助收入——基本支出拨款		229 900
其他应收款		65 100
应交税费——应交个人所得税		1 200
(5)借：经费支出——项目支出	708 000	
贷：财政补助收入——项目支出拨款		708 000
同时：		
借：固定资产	708 000	
贷：资产基金——固定资产		708 000
(6)借：经费支出——项目支出	900 000	
贷：财政补助收入——项目支出拨款		900 000
同时：		
借：应付账款	900 000	
贷：待偿债净资产		900 000

(7)借:待处理财产损溢——待处理财产价值 40 000
　　贷:存货 40 000

经批准:

借:资产基金——存货 40 000
　　贷:待处理财产损溢——待处理财产价值 40 000

借:应收账款 6 000
　　贷:待处理财产损溢——处理净收入 6 000

借:银行存款 6 000
　　贷:应收账款 6 000

借:待处理财产损溢——处理净收入 6 000
　　贷:应缴财政款 6 000

(8)借:待处理财产损溢——待处理财产价值 3 000
　　贷:应收账款 3 000

报经批准时:

借:其他应付款 3 000
　　贷:待处理财产损溢——待处理财产价值 3 000

(9)借:银行存款 1 000
　　贷:应缴财政款 1 000

(10)借:预付账款 100 000
　　贷:资产基金——预付款项 1 00 000

同时:

借:经费支出——基本支出 1 00 000
　　贷:财政拨款收入——基本支出拨款 1 00 000

(11)借:资产基金——预付款项 100 000
　　贷:预付账款 1 00 000

同时:

借:固定资产 80 000
　　贷:资产基金——固定资产 80 000

借:财政拨款收入——项目支出拨款 20 000
　　贷:经费支出——项目支出 20 000

(12)换出资产:

借:待处理财产损溢——待处理财产价值 6 000
　　贷:存货——A 6 000

经批准:

借:资产基金——存货 6 000
　　贷:待处理财产损溢——待处理财产价值 6 000

换入资产:

借:存货——B 6 500
　　贷:资产基金——存货 6 500

同时：

借：经费支出——基本支出　500

　　贷：银行存款　500

(13)①购入需要安装的全新设备时：

借：在建工程　40 600

　　贷：资产基金——在建工程　40 600

同时：

借：经费支出——项目支出　40 600

　　贷：零余额账户用款额度　40 600

②发生安装费用时：

借：在建工程　1 500

　　贷：资产基金——在建工程　1 500

同时：

借：经费支出——项目支出　1 500

　　贷：存货　500

　　　　应付职工薪酬　1 000

③安装完毕交付使用时：

借：固定资产　421 00

　　贷：资产基金——固定资产　421 00

同时：

借：资产基金——在建工程　421 00

　　贷：在建工程　421 00

(14)借：待处理财产损溢——待处理财产价值　8 000

　　　　累计折旧　22 000

　　贷：固定资产　30 000

经批准：

借：资产基金——固定资产　8 000

　　贷：待处理财产损溢——待处理财产价值　8 000

出售收入：

借：银行存款　1 200

　　贷：待处理财产损溢——处理净收入　1 200

借：待处理财产损溢——处理净收入　600

　　贷：银行存款　600

清理结束：

借：待处理财产损溢——处理净收入　600

　　贷：应缴财政款　600

(15)借：经费支出——基本支出　559 400

　　贷：零余额账户用款额度　559 400

(16)借:财政应返还额度——财政授权支付 30 000
　　贷:财政补助收入——基本支出拨款 30 000
(17)借:应缴财政款 7 600
　　贷:银行存款 7 600
(18)借:资产基金——固定资产 200 000
　　　　　　——无形资产 100 000
　　贷:累计折旧 200 000
　　　　累计摊销 100 000
(19)借:财政补助收入——基本支出拨款 1 559 900
　　　　　　　　——项目支出结转 1 838 000
　　贷:财政拨款结转 3 397 900
　借:财政拨款结转 3 440 000
　　贷:经费支出——基本支出 1 559 900
　　　　　　——项目支出 1 880 100
　借:其他收入 2 000
　　贷:其他资金结转结余 2 000

2015 年 12 月 31 日的总分类账户余额表见表 16—3。

表 16—3　　总分类账户余额表　　单位:元

账户名称	借方金额	账户名称	贷方金额
库存现金	30 000	应付账款	500 000
银行存款	601 500	其他应付款	600 000
财政应返还额度	530 000	应付职工薪酬	685 000
应收账款	457 000	应交税费	101 200
其他应收款	34 900	财政拨款结转	35 900
预付账款	200 000	财政拨款结余	200 000
存货	20 000	其他资金结转结余	70 000
固定资产	13 098 000	资产基金	17 500 000
累计折旧	—2 178 000	待偿债净资产	—500 000
在建工程	4 000 000		
无形资产	3 000 000		
累计摊销	—600 000		
合　计	19 193 500	合　计	19 193 500

根据上述材料编制资产负债表,见表 16—4。

表 16—4　　资产负债表　　会行政 01 表

编制单位：　　2015 年 12 月 31 日　　单位：元

资　产	年初余额	期末余额	负债和净资产	年初余额	期末余额
流动资产			短期负债		
库存现金	30 000	30 000	应缴财政款		
银行存款	600 000	601 500	应交税费	100 000	101 200
财政应返还额度	500 000	530 000	应付职工薪酬	684 000	685 000
应收账款	460 000	457 000	应付账款	1 400 000	500 000
其他应收款	100 000	34 900	应付政府补贴款		
预付账款	200 000	200 000	其他应付款	600 000	600 800
存货	60 000	20 000	一年内到期的长期负债		
其中：政府储备物资			短期负债合计	2 784 000	1 887 000
流动资产合计	1 950 000	1 873 400	长期负债		
固定资产	10 298 000	10 920 100	长期应付款		
固定资产原价	12 298 000	13 098 100	长期负债合计		
其中：公共基础设施原价			受托代理负债		
减：累计折旧	2 000 000	2 178 000	负债合计	2 784 000	1 887 000
其中：公共基础设施累计折旧			财政拨款结转	78 000	35 900
在建工程	4 000 000	4 000 000	财政拨款结余	200 000	500 000
无形资产	2 500 000	2 400 000	其他资金结转结余	68 000	70 000
无形资产原价	3 000 000	3 000 000	其中：项目结余		
减：累计摊销	500 000	600 000	资产基金	17 018 000	17 500 600
待处理财产损溢			待偿债净资产	—1 400 000	—500 000
受托代理资产			净资产合计	15 964 000	17 306 500
资产总计	18 748 000	19 193 500	负债和净资产总计	18 748 000	19 193 500

二、收入支出表

(一)收入支出表的定义

收入支出表是反映行政单位在某一会计期间全部预算收支执行结果的报表。收入支出表应当按照收入、支出的构成和结转结余情况分类、分项列示。

收入支出表可以反映行政单位各项收入和支出按计划完成的情况，还可以反映行政单位收入和支出的结构、行政单位当年取得的结转结余以及以前年度的结转结余等。

通过分析收入支出表，可以肯定行政单位在预算执行中所取得的成绩，还可以及时发现行政单位在预算执行中存在的问题，以便采取措施，保证行政单位的各项收支按预算顺利完成。

(二)收入支出表的基本内容与格式

(1)表首。表首提供了编报行政单位的名称、报表的名称、报表所涵盖的期间、金额单位及币种等内容。

(2)表体。表体根据行政单位的年初各项资金结转结余、各项资金结转结余调整及变动和本期收支差额分为三部分,并按照"收入－支出＝结余"的关系将三个部分联系起来。

(3)收入支出表按行政单位实有各项收支项目汇总列示。

(三)收入支出表的编制说明

第一,本表"本月数"栏反映各项目的本月实际发生数。在编制年度收入支出表时,应当将本栏改为"上年数"栏,反映上年度各项目的实际发生数;如果本年度收入支出表规定的各个项目的名称和内容同上年度不一致,应对上年度收入支出表各项目的名称和数字按照本年度的规定进行调整,填入本年度收入支出表的"上年数"栏。

本表"本年累计数"栏反映各项目自年初起至报告期末止的累计实际发生数。编制年度收入支出表时,应当将本栏改为"本年数"栏。

第二,本表"本月数"栏各项目的内容和填列方法:

(1)"年初各项资金结转结余"项目及其所属各明细项目,反映行政单位本年初所有资金结转结余的金额。各明细项目应当根据"财政拨款结转""财政拨款结余""其他资金结转结余"及其明细科目的年初余额填列本项目及其所属各明细项目的数额,应当与上年度收入支出表中"年末各项资金结转结余"中各明细项目的数额相等。

(2)"各项资金结转结余调整及变动"项目及其所属各明细项目,反映行政单位因发生需要调整以前年度各项资金结转结余的事项,以及本年因调入、上缴或交回等导致各项资金结转结余变动的金额。

①"财政拨款结转结余调整及变动"项目,根据"财政拨款结转""财政拨款结余"科目下的"年初余额调整""归集上缴""归集调入"明细科目的本期贷方发生额合计数减去本期借方发生额合计数的差额填列;如为负数,以"－"号填列。

②"其他资金结转结余调整及变动"项目,根据"其他资金结转结余"科目下的"年初余额调整""结余调剂"明细科目的本期贷方发生额合计数减去本期借方发生额合计数的差额填列;如为负数,以"－"号填列。

(3)"收入合计"项目,反映行政单位本期取得的各项收入的金额。本项目应当根据"财政拨款收入"科目的本期发生额加上"其他收入"科目的本期发生额的合计数填列。

①"财政拨款收入"项目及其所属明细项目,反映行政单位本期从同级财政部门取得的各类财政拨款的金额。本项目应当根据"财政拨款收入"科目及其所属明细科目的本期发生额填列。

②"其他资金收入"项目及其所属明细项目,反映行政单位本期取得的各类非财政拨款的金额。本项目应当根据"其他收入"科目及其所属明细科目的本期发生额填列。

(4)"支出合计"项目,反映行政单位本期发生的各项资金支出金额。本项目应当根据"经费支出"和"拨出经费"科目的本期发生额的合计数填列。

①"财政拨款支出"项目及其所属明细项目,反映行政单位本期发生的财政拨款支出金额。本项目应当根据"经费支出——财政拨款支出"科目及其所属明细科目的本期发生额填列。

②"其他资金支出"项目及其所属明细项目,反映行政单位本期使用各类非财政拨款资金

发生的支出金额。本项目应当根据“经费支出——其他资金支出”和“拨出经费”科目及其所属明细科目的本期发生额的合计数填列。

(5)“本期收支差额”项目及其所属各明细项目，反映行政单位本期发生的各项资金收入和支出相抵后的余额。

①“财政拨款收支差额”项目，反映行政单位本期发生的财政拨款资金收入和支出相抵后的余额。本项目应当根据本表中“财政拨款收入”项目金额减去“财政拨款支出”项目金额后的余额填列；如为负数，以“—”号填列。

②“其他资金收支差额”项目，反映行政单位本期发生的非财政拨款资金收入和支出相抵后的余额。本项目应当根据本表中“其他资金收入”项目金额减去“其他资金支出”项目金额后的余额填列；如为负数，以“—”号填列。

(6)“年末各项资金结转结余”项目及其所属各明细项目，反映行政单位截至本年末的各项资金结转结余金额。各明细项目应当根据“财政拨款结转”“财政拨款结余”“其他资金结转结余”科目的年末余额填列。

应当注意的是，上述“年初各项资金结转结余”“年末各项资金结转结余”项目及其所属各明细项目，只在编制年度收入支出表时填列。

【例 16—2】 某行政单位资料见【例 16—1】，根据上述材料编制收入支出表，见表 16—5。

表 16—5　　**收入支出表**　　会行政 02 表

编制单位：×××　　2015 年 12 月　　单位：元

项　目	行次	本月数	本年累计数
一、年初各项资金结转结余	1		346 000
(一)年初财政拨款结转结余	2		278 000
1. 财政拨款结转	3		78 000
2. 财政拨款结余	4		200 000
(二)年初其他资金结转结余	5		68 000
二、各项资金结转结余调整及变动	6		
(一)财政拨款结转结余调整及变动	7		
(二)其他资金结转结余调整及变动	8		3 399 900
三、收入合计	9		3 397 900
(一)财政拨款收入	10		1 559 900
1. 基本支出拨款	11		1 838 000
2. 项目支出拨款	12		2 000
(二)其他资金收入	13		2 000
1. 非项目收入	14		
2. 项目收入	15		
四、支出合计	16		

续表

项　目	行次	本月数	本年累计数
(一)财政拨款支出	17		3 440 000
1. 基本支出	18		1 559 900
2. 项目支出	19		1 880 000
(二)其他资金支出	20		
1. 非项目支出	21		
2. 项目支出	22		
五、本期收支差额	23		-40 100
(一)财政拨款收支差额	24		-42 100
(二)其他资金收支差额	25		2 000
六、年末各项资金结转结余	26		307 900
(一)年末财政拨款结转结余	27		235 900
1. 财政拨款结转	28		35 900
2. 财政拨款结余	29		200 000
(二)年末其他资金结转结余	30		72 000

三、财政拨款收入支出表

(一)财政拨款收入支出表的定义

财政拨款收入支出表是反映行政单位在某一会计期间财政拨款收入、支出、结转及结余情况的报表。

(二)财政拨款收入支出表的基本内容与格式

财政拨款收入支出表应当以多栏式结构列示，由表首和正表两部分组成。

(1)表首。表首提供了编报行政单位的名称、报表的名称、报表所涵盖的期间、金额单位及币种等内容。

(2)正表。正表反映了行政单位财政拨款结转结余的增减变动及年初、年末余额情况，采用矩阵形式列示，纵向按照财政拨款收支变动的来源分别列示，横向按照财政拨款结转结余各组成部分(包括年初财政拨款结转结余、归集调入或上缴、单位内部调剂、本年财政拨款收入、本年财政拨款支出、年末财政拨款结转结余)及其总额列示交易或事项对财政拨款结转结余的影响。

(三)财政拨款收入支出表的编制说明

第一，本表“项目”栏内各项目，应当根据行政单位取得的财政拨款种类分项设置。其中“项目支出”下，根据每个项目设置；行政单位取得除公共财政预算拨款和政府性基金预算拨款以外的其他财政拨款的，应当按照财政拨款种类增加相应的资金项目及其明细项目。

第二，本表各栏及其对应项目的内容和填列方法：

(1)“年初财政拨款结转结余”栏中各项目，反映行政单位年初各项财政拨款结转和结余的金额。各项目应当根据“财政拨款结转”“财政拨款结余”及其明细科目的年初余额填列。本栏目中各项目的数额，应当与上年度财政拨款收入支出表中“年末财政拨款结转结余”栏中各项目的数额相等。

(2)“调整年初财政拨款结转结余”栏中各项目，反映行政单位对年初财政拨款结转结余的调整金额。各项目应当根据“财政拨款结转”“财政拨款结余”科目中“年初余额调整”科目及其所属明细科目的本年发生额填列。如调整减少年初财政拨款结转结余，以“－”号填列。

(3)“归集调入或上缴”栏中各项目，反映行政单位本年取得主管部门归集调入的财政拨款结转结余资金和按规定实际上缴的财政拨款结转结余资金金额。各项目应当根据“财政拨款结转”“财政拨款结余”科目中“归集上缴”和“归集调入”科目及其所属明细科目的本年发生额填列。对归集上缴的财政拨款结转结余资金，以“－”号填列。

(4)“单位内部调剂”栏中各项目，反映行政单位本年财政拨款结转结余资金在内部不同项目之间的调剂金额。各项目应当根据“财政拨款结转”和“财政拨款结余”科目中的“单位内部调剂”及其所属明细科目的本年发生额填列。对单位内部调剂减少的财政拨款结转结余项目，以“－”号填列。

(5)“本年财政拨款收入”栏中各项目，反映行政单位本年从同级财政部门取得的各类财政预算拨款金额。各项目应当根据“财政拨款收入”科目及其所属明细科目的本年发生额填列。

(6)“本年财政拨款支出”栏中各项目，反映行政单位本年发生的财政拨款支出金额。各项目应当根据“经费支出”科目及其所属明细科目的本年发生额填列。

(7)“年末财政拨款结转结余”栏中各项目，反映行政单位年末财政拨款结转结余的金额。各项目应当根据“财政拨款结转”“财政拨款结余”科目及其所属明细科目的年末余额填列。

【例 16－3】 某行政单位资料见【例 16－1】，根据上述材料编制财政拨款收入支出表，见表 16－6。

表 16－6　　**财政拨款收入支出表**　　会行政 03 表

编制单位　　2015 年　　单位：元

项　目	年初财政拨款结转结余		调整年初财政拨款结转结余	归集调入或上缴	单位内部调剂		本年财政拨款收入	本年财政拨款支出	年末财政拨款结转结余	
	结转	结余			结转	结余			结转	结余
一、公共财政预算资金	78 000	200 000					3 458 000	3 440 000	35 900	200 000
(一)基本支出		200 000					1 559 900	1 559 900		200 000
1. 人员经费										
2. 日常公用经费										
(二)项目支出	78 000						1 838 000	1 880 100	35 900	
1.××项目										
2.××项目										
…										
二、政府性基金预算资金										
(一)基本支出										

续表

项目	年初财政拨款结转结余		调整年初财政拨款结转结余	归集调入或上缴	单位内部调剂		本年财政拨款收入	本年财政拨款支出	年末财政拨款结转结余	
	结转	结余			结转	结余			结转	结余
1. 人员经费										
2. 日常经费										
(二)项目支出										
1.××项目										
2.××项目										
…										
总计										

四、附注

附注是指对在会计报表中列示项目的文字描述或明细资料，以及对未能在会计报表中列示项目的说明等。行政单位的会计报表附注应当至少披露下列内容：

(1)遵循《行政单位会计制度》的声明；

(2)单位整体财务状况、预算执行情况的说明；

(3)会计报表中列示的重要项目的进一步说明，包括其主要构成、增减变动情况等；

(4)重要资产处置、资产重大损失情况的说明；

(5)以名义金额计量的资产名称、数量等情况，以及以名义金额计量理由的说明；

(6)或有负债情况的说明、1年以上到期负债预计偿还时间和数量的说明；

(7)以前年度结转结余调整情况的说明；

(8)有助于理解和分析财务报表的其他需要说明事项。

本章小结

财务报表是反映行政单位财务状况和预算执行结果的书面文件，由会计报表及其附注构成。

会计报表以表格形式反映行政单位的财务状况、预算收入支出情况和其他会计信息，是财务报告的重要组成部分。行政单位会计报表包括资产负债表、收入支出表、财政拨款收入支出表等。

会计报表附注是指对在会计报表中列示项目的文字描述或明细资料，以及对未能在会计报表中列示项目的说明等。

财务报表的编制要求：内容真实、形式规范、报送及时、责任明确。

按编制期间划分，行政单位财务报表分为年度财务报表和中期财务报表。

资产负债表是反映行政单位在某一特定日期财务状况的报表。资产负债表应当按照资产、负债和净资产分类、分项列示。

收入支出表是反映行政单位在某一会计期间全部预算收支执行结果的报表。收入支出表应当按照收入、支出的构成和结转结余情况分类、分项列示。

收入支出表可以反映行政单位各项收入和支出按计划完成的情况，还可以反映行政单位收入和支出的结构、行政单位当年取得的结转结余以及以前年度的结转结余等。

通过分析收入支出表，可以肯定行政单位在预算执行中所取得的成绩，还可以及时发现行政单位在预算执行中存在的问题，以便采取措施，保证行政单位的各项收支按预算顺利完成。

附注是指对在会计报表中列示项目的文字描述或明细资料，以及对未能在会计报表中列示项目的说明等。

练习题

一、单项选择题

1. 资产负债表主表的内容有（　　）。
A. 资产、负债、收入支出和净资产
B. 资产、负债、净资产
C. 资产、负债、收入支出
D. 资产、负债、收入支出和费用

2. 下列选项中，不属于行政单位财务报表的是（　　）。
A. 利润表
B. 收入支出表
C. 资产负债表
D. 财政拨款收入支出表

3. 下列资产负债表项目中，不应根据期末余额分析填列的是（　　）。
A. “公共基础设施”项目
B. “无形资产”项目
C. “待偿债净资产”项目
D. “受托代理负债”项目

4. 行政单位的会计报表编制要求有（　　）。
A. 内容完整　B. 报送及时　C. 数字准确　D. 以上都正确

5. 行政单位在编制资产负债表时，填列“其他资金结转结余”项目不涉及的科目是（　　）。
A. “其他资金结转结余”
B. “经费支出——其他资金支出”
C. “零余额账户用款额度”
D. “其他收入”

二、多项选择题

1. 附注应披露的内容包括（　　）。
A. 单位整体财务状况、预算执行情况的说明
B. 重要资产处置、资产重大损失情况的说明
C. 以名义金额计量的资产名称、数量等情况，以及以名义金额计量理由的说明
D. 以前年度结转结余调整情况的说明

2. 行政单位按年编制的报表有（　　）。
A. 资产负债表
B. 财政拨款收入支出表
C. 附注
D. 收入支出表

3. 下列行政单位财务报表中，不包括以前年度结转结余调整情况说明的报表是（　　）。
A. 资产负债表
B. 财政拨款收入支出表
C. 报表附注
D. 收入支出表

4. 下列关于行政单位收入支出表的说法中，正确的是（　　）。
A. 收入支出表是反映行政单位在某一会计期间全部预算收支执行结果的报表

B. 属于动态报表

C. 收入支出表应当按照收入、支出的构成分项列示

D. 收入支出表可以反映行政单位以前年度积累的各项结转结余资金的内容与金额

5. 行政单位收入支出表主体部分的项目包括(　　)。

A. 年初各项资金结转结余　　B. 各项资金结转结余调整及变动

C. 收入合计　　D. 以前年度结转结余调整

三、判断题

1. 资产负债表和收入支出表都必须按月编制。(　　)

2. 行政单位报表附注是指对在会计报表中列示项目的文字描述或明细资料,以及对未能在会计报表中列示项目的说明等。(　　)

3. 行政单位编制月度收入支出表时,“年初各项资金结转结余”“年末各项资金结转结余”项目及其所属各明细项目仍需填列。(　　)

4. 资产负债表是反映行政单位在某一特定时期财务状况的报表。(　　)

5. 资产负债表“固定资产”项目,应当根据“固定资产”科目的期末余额减去“累计折旧”科目中“固定资产累计折旧”明细科目的期末余额后的金额填列。(　　)

第四篇

事业单位会计

第十七章　事业单位会计概述

学习目标

本章主要介绍事业单位会计的基本理论。通过本章的学习，了解事业单位会计的概念，掌握事业单位会计的范围、特点和确认基础。

第一节　事业单位会计及其范围

事业单位会计是我国政府与非营利组织会计的重要组成部分。从财务资源的性质来看，财政拨款是事业单位的一项重要经费来源，需要纳入财政预算管理。根据我国财政预算管理体系，事业单位的预算属于部门预算，事业单位会计是预算会计的组成部分。从组织的类型来看，事业单位主要从事社会公益性活动，不以营利为目的，事业单位会计是非营利组织会计的组成部分。

一、事业单位

事业单位是国家为了社会公益目的，由国家机关举办或者其他组织利用国有资产举办的，从事教育、科技、文化、卫生等活动的社会服务组织。事业单位有两个属性：一是具有国有性质。事业单位必须是由国家出资设立的或者由社会其他组织利用国有资产举办的。社会其他组织和个人利用非国有资产举办的公益性组织不属于事业单位。二是具有社会公益性质。事业单位具有社会公益性质，以社会公益活动为目的。事业单位是提供各种社会服务的公益性组织，不以营利为目的，注重社会效益，满足人们对物质文化生活的需要，与以营利为目的的企业组织有较大区别。我国的非营利组织按所有权性质划分，包括公立非营利组织和民间非营利组织。公立非营利组织是国家或其他组织利用国有资产举办的，称为事业单位。事业单位与行政单位的区别在于是否具有政府管理职能。行政单位具有政府管理职能，依据国家法律法规向社会提供管理服务。事业单位一般不具有政府管理职能，根据服务领域不同向社会提供各种公益性服务。

事业单位的目的是向社会提供各类公益性服务，其活动领域较为广泛，主要包括教育、科研、文化、卫生、体育、新闻出版、广播电视、社会福利、救助减灾、统计调查、技术推广与实验、公用设施管理、物资仓储、监测、勘探与勘察、测绘、检验检测与鉴定、法律服务、资源管理事务、质量技术监督事务、经济监督事务、知识产权事务、公证与认证、信息与咨询、人才交流、就业服务、机关后勤服务等。

我国事业单位管理体制正处于改革与完善中。根据事业单位分类及相关改革的试点方案，现有事业单位按社会功能可以划分为行政支持类事业单位、社会公益类事业单位、经营开发服务类事业单位三种类型。

(一)行政支持类事业单位

行政支持类事业单位是指依据法律法规授权，完全从事具体行政执法、监督检查的事业单位。行政支持类事业单位是为政府行政行为执行提供必要支持和保障的单位，此类事业单位只允许政府举办，经费来源完全靠政府财政拨款，其管理体制和运行机制可适当参照国家机关，主要包括政策研究机构、数据统计机构等。

(二)社会公益类事业单位

社会公益类事业单位是指为实现社会公共利益和国家长远利益举办的、面向社会提供公益产品和公共服务的事业单位。这类事业单位又可具体分为三种情况：公益一类，承担政府规定的社会公益性服务任务，面向社会无偿提供公益服务，不能通过市场配置资源，如义务教育、公共卫生等机构。公益二类，面向社会提供公益服务，按照政府确定的公益服务价格收取费用，其资源在一定区域或程度上可通过市场配置，如普通高等教育、非营利性医疗机构等。公益三类，业务活动具有公益属性，在国家政策支持下可以通过市场实现资源配置，如广播电视、党报、党刊等机构。

(三)经营开发服务类事业单位

经营开发服务类事业单位是指从事生产经营、技术开发和中介服务等活动的事业单位，可以通过市场配置资源，如技术开发应用型科研机构、出版发行机构、工程勘察设计机构、培训中心后勤服务机构等。这类事业单位需要逐步向企业过渡。

二、事业单位会计

事业单位会计是以事业单位实际发生的各项业务活动为对象，记录、反映和监督事业单位预算执行过程和结果的专业会计。事业单位会计是我国预算会计的组成部分，对于加强事业单位内部管理，提供及时、准确的预算信息有着重要的作用。财政部于 2012 年 12 月颁布了最新《事业单位会计准则》和《事业单位会计制度》，规范事业单位的会计行为。

一般来说，我国的各类国有事业单位执行《事业单位会计制度》。但《事业单位会计制度》是通用事业单位会计规范，并非所有的事业单位均执行事业单位会计制度。关于《事业单位会计制度》范围的有关规定如下：

(一)《事业单位会计制度》适用于各级通用事业单位

我国大多数事业单位为通用事业单位，业务类型相似，具有相同的会计核算方法，这些事业单位的会计核算执行《事业单位会计制度》。

(二)《事业单位会计制度》不适用于执行特殊行业会计制度的事业单位

我国有些事业单位业务类型较为复杂，不同于通用类型的事业单位，有独自的会计核算要求，需要在通用制度的基础上单独制定会计制度，如我国的医院会计、高等学校会计就分别执行《医院会计制度》和《高等学校会计制度》。

(三)纳入企业管理的事业单位执行企业会计制度，不执行《事业单位会计制度》

我国有些事业单位，生产经营业务较多，采用企业化管理方法，并逐步向企业组织转变。

这些单位尽管属于事业单位，但执行企业会计的有关规定。

三、事业单位会计的特点

事业单位会计是我国预算会计的重要组成部分，以部门预算资金为会计核算对象，反映事业单位预算资金的收支情况和结果。同时，事业单位作为公益性社会组织，在向社会提供服务时产生业务资金运动，事业单位会计还需要反映其业务运营情况。事业单位会计的特点，主要体现在以下几个方面：

（一）事业单位的存在注重社会效益

事业单位的目的是向社会提供公益性服务，业务活动不以营利为目的，注重社会效益。事业单位的会计核算，以当期收入和支出为侧重点。事业单位的事业类业务不要求进行成本核算，经营类业务只要求进行内部成本核算。事业单位会计不计算损益，事业类业务不考核经济效益。

（二）事业单位的资金来源渠道多样

事业单位的资金来源主要包括财政拨款和业务收入两部分。事业单位有一部分资金来源于财政预算，需要按财政预算体制的要求组织管理与核算。事业单位尽管不以营利为目的，但实行有偿服务，在提供服务的同时收取一定费用。事业单位的业务收入包括事业收入和经营收入，事业单位也会开展一些经营活动弥补事业经费的不足。

（三）事业单位存在多层次会计主体

事业单位组织层次较多，存在多层次的会计主体。事业单位涉及的领域较为广泛，组织机构较为庞大，有些事业单位会设置一些附属独立核算单位，存在二级或三级核算体系，事业单位与所属单位之间会发生缴款、拨款、债权、债务关系，需要分层次组织会计核算。

（四）事业单位部分业务需要进行专项核算

事业单位取得的一些收入属于专项资金性质，要求只能用于专门的使用方向或特定的项目，事业单位会计需要设置专门的科目进行核算，反映专项资金的收入、支出和结余情况。

（五）事业单位会计中同时存在两种会计确认基础

事业单位包括事业和经营两类业务活动，需要根据业务类型选择会计确认基础。事业单位的事业业务，要求准确反映当期收入和支出情况，一般采用收付实现制基础确认。事业单位的经营类业务，要求合理反映一定期间的收入与费用，一般采用权责发生制基础确认。

第二节　事业单位会计要素与会计科目

一、事业单位会计要素

事业单位会计根据其业务特点设置了资产、负债、净资产、收入、支出五个会计要素。

二、事业单位会计科目

根据《事业单位会计制度》，事业单位会计共设置会计科目 48 个。其中，资产类 17 个，负债类 11 个，净资产类 9 个，收入类 6 个，支出类 5 个。各事业单位会计，要根据《事业单位会计制度》设置一级会计科目，按预算科目设置和预算收支分类的要求设置各级明细科目。事业单位的会计科目如表 17－1 所示。

表 17－1　　事业单位会计科目表

序　号	科目编号	科目名称
	一、资产类	
1	1001	库存现金
2	1002	银行存款
3	1011	零余额账户用款额度
4	1101	短期投资
5	1201	财政应返还额度
	120101	财政直接支付
	120102	财政授权支付
6	1211	应收票据
7	1212	应收账款
8	1213	预付账款
9	1215	其他应收款
10	1301	存货
11	1401	长期投资
12	1501	固定资产
13	1502	累计折旧
14	1511	在建工程
15	1601	无形资产
16	1602	累计摊销
17	1701	待处置资产损溢
	二、负债类	
18	2001	短期借款
19	2101	应交税费
20	2102	应缴国库款
21	2103	应缴财政专户款
22	2201	应付职工薪酬
23	2301	应付票据
24	2302	应付账款
25	2303	预收账款
26	2305	其他应付款
27	2401	长期借款
28	2402	长期应付款

续表

序　号	科目编号	科目名称
三、净资产类		
29	3001	事业基金
30	3101	非流动资产基金
	310101	长期投资
	310102	固定资产
	310103	在建工程
	310104	无形资产
31	3201	专用基金
32	3301	财政补助结转
	330101	基本支出结转
	330102	项目支出结转
33	3302	财政补助结余
34	3401	非财政补助结转
35	3402	事业结余
36	3403	经营结余
37	3404	非财政补助结余分配
四、收入类		
38	4001	财政补助收入
39	4101	事业收入
40	4201	上级补助收入
41	4301	附属单位上缴收入
42	4401	经营收入
43	4501	其他收入
五、支出类		
44	5001	事业支出
45	5101	上缴上级支出
46	5201	对附属单位补助支出
47	5301	经营支出
48	5401	其他支出

各级、各类事业单位在使用统一设置的事业单位通用会计科目时，应当遵循如下要求：

（1）应当使用按规定统一设置的会计科目，不得擅自更改统一设置的会计科目的名称，不需要的会计科目可以不用。

（2）在使用会计科目的编号时，应同时使用会计科目的名称，不得只使用会计科目的编号，不使用会计科目的名称。对于统一设定的会计科目的编号，各事业单位只能使用，不得打乱重编。

(3)根据财政部规定,适用特殊行业会计制度的事业单位,不执行本会计科目;事业单位有关基本建设投资的会计核算,按有关规定执行,不执行本会计科目;已经纳入企业会计核算体系的事业单位,按有关企业会计制度执行。

本章小结

事业单位会计是以事业单位实际发生的各项业务活动为对象,记录、反映和监督事业单位预算执行过程和结果的专业会计。事业单位具体分为行政支持类事业单位、社会公益类事业单位、经营开发服务类事业单位;事业单位会计具有注重社会效益、资金来源渠道多样、存在多层次会计主体、需要进行专项核算、存在两种会计确认基础等特点;事业单位会计根据其业务特点设置了资产、负债、净资产、收入、支出五个会计要素,48个会计科目。

练习题

一、单项选择题

1. 下列单位中,不属于事业单位的是(　　)。

A. 高等学校　　B. 中学

C. 中国化工进出口总公司　　D. 医院

2. 下列关于行政事业单位会计的特点的表述中,不正确的是(　　)。

A. 会计要素分为五大类,即资产、负债、净资产、收入和支出

B. 会计核算基础以收付实现制为主

C. 某些具体业务的会计核算与企业会计不同

D. 会计报表较为简单,主要包括资产负债表和利润表

3. 事业单位业务活动的特点是(　　)。

A. 只有业务收入　　B. 只有业务支出

C. 只有财政补助收入　　D. 既有业务收入,又有业务支出

4. 下列单位中,采用权责发生制的是(　　)。

A. 实行成本核算的单位　　B. 不实行成本核算的单位

C. 任何事业单位　　D. 任何企业事业单位

5. 事业单位的任务不包括(　　)。

A. 组织资金供应,合理使用资金　　B. 保护公共财产,合理分配结余

C. 积极开辟财源,实行盈亏核算　　D. 反映预算执行情况,参与制定经费预算

6. 下列关于事业单位会计的描述中,错误的是(　　)。

A. 企业会计体系包括企业会计准则和小企业会计准则

B. 我国会计体系包括企业会计体系和非企业会计体系

C. 行政事业单位会计以资产、负债、净资产、收入和费用情况为主要核算内容,反映单位财务状况和预算执行等有关的会计信息

D. 财政总预算会计核算的主要内容是预算执行情况,包括各级政府财政性资金的收入、支出和结余

二、多项选择题

1. 下列关于事业单位特点的说法中，正确的是(　　)。

A. 事业单位会计的核算目标是向会计信息使用者提供与事业单位财务状况、事业成果、预算执行等有关的会计信息

B. 事业单位会计的核算一般采用权责发生制，只有部分经济业务或事项的核算采用收付实现制

C. 事业单位的会计要素与企业单位一样，包括资产、负债、所有者权益、收入、费用和利润

D. 事业单位的各项财产物资应当按照取得或购建时的实际成本进行计量

2. 根据《事业单位会计准则》的规定，事业单位的资产包括(　　)。

A. 固定资产　　B. 经营收入　　C. 短期投资　　D. 库存现金

3. 基金会计以基金作为独立的会计主体进行确认、计量和披露。我国的基金会计包括(　　)。

A. 社会保险基金会计　　B. 住房公积金会计

C. 新型农村合作医疗基金会计　　D. 新型农村合作养老保险基金会计

4. 财政部于2012年12月颁布了(　　)，规范事业单位的会计行为。

A.《行政单位会计准则》　　B.《事业单位会计准则》

C.《事业单位会计制度》　　D.《中华人民共和国预算法》

5. 事业单位会计要素包括(　　)。

A. 资产　　B. 负债与净资产

C. 收入　　D. 支出

三、判断题

1.《事业单位会计制度》也适用于执行特殊行业会计制度的事业单位。(　　)

2. 所有事业单位都是二级预算管理单位。(　　)

3. 公安部门所属公安学校属于教育事业单位，其会计适用事业单位会计。(　　)

4. 政府有关行政单位中设立了很多专业的研究机构，为政府决策提供咨询，如财政部门设立财政科学研究所、审计部门设立审计科学研究所、中国人民银行设立金融研究所等，这些专业的研究机构适用事业单位会计。(　　)

5. 对于统一设定的会计科目的编号，各事业单位只能使用，不得打乱重编。(　　)

四、简答题

1. 什么是事业单位？具体包括哪些？

2. 什么是事业单位会计？其特点是什么？

3. 事业单位会计准则和会计制度主要包括哪些内容？

4. 事业单位通用会计科目分为哪五类？使用时应当遵循哪些要求？

5. 事业单位会计的确认基础是什么？

第十八章　事业单位资产的核算

学习目标

通过本章的学习，要求明确各项资产的概念及其核算的内容和方法，掌握事业单位各项流动资产、对外投资、固定资产、无形资产的会计核算方法。

资产是事业单位占有或者使用的能以货币计量的经济资源，包括各种财产、债权和其他权利。事业单位的资产，是事业单位开展业务活动的物质基础，能为事业单位带来经济利益或者服务潜力。事业单位的资产可以分为流动资产、对外投资、固定资产、无形资产，具体包括“库存现金”“银行存款”“零余额账户用款额度”“短期投资”“财政应返还额度”“应收票据”“应收账款”“预付账款”“其他应收款”“存货”“长期投资”“固定资产”“累计折旧”“在建工程”“无形资产”“累计摊销”“待处置资产损溢”17个会计科目。

第一节　事业单位流动资产的核算

一、货币资金

(一)货币资金的内容

事业单位货币资金主要包括库存现金、银行存款、零余额账户用款额度等。库存现金是指存放在事业单位会计部门的现金；银行存款是指事业单位存入银行和其他金融机构账户的货币，包括人民币存款和外币存款两种。已经实行国库集中收付制度改革的事业单位，财政资金通过国库单一科目体系拨付，财政授权支付额度通过零余额账户用款额度核算。

(二)货币资金的核算

1. 库存现金的核算

为了总括反映事业单位现金的收支及结存情况，事业单位应设置“库存现金”科目，核算现金的收付及结存情况。从银行等金融机构提取现金，按照实际提取的金额，借记本科目，贷记“银行存款”等科目。将现金存入银行等金融机构，按照实际存入的金额，借记“银行存款”等科目，贷记本科目。因内部职工出差等原因借出的现金，按照实际借出的现金金额，借记“其他应收款”科目，贷记本科目。出差人员报销差旅费时，按照应报销的金额，借记有关科目；按照实际借出的现金金额，贷记“其他应收款”科目；按照其差额，借记或贷记本科目。

事业单位应当设置“现金日记账”，由出纳人员根据收、付款凭证，按照业务发生顺序逐笔登记。每日终了，应当计算当日的现金收入合计数、现金支出合计数和结余数，并将结余数与实际库存数核对，做到账款相符。每日账款核对中发现现金溢余或短缺的，应当及时进行处理。

如发现现金溢余，属于应支付给有关人员或单位的部分，借记本科目，贷记“其他应付款”科目；属于无法查明原因的部分，借记本科目，贷记“其他收入”科目。如发现现金短缺，属于应由责任人赔偿的部分，借记“其他应收款”科目，贷记本科目；属于无法查明原因的部分，报经批准后，借记“其他支出”科目，贷记本科目。现金收入业务较多、单独设有收款部门的事业单位，收款部门的收款员应当将每天所收现金连同收款凭据等一并交财务部门核收记账；或者将每天所收现金直接送存开户银行后，将收款凭据及向银行送存现金的凭证等一并交财务部门核收记账。

事业单位有外币现金的，应当分别按照人民币、各种外币设置“现金日记账”进行明细核算。有关外币现金业务的账务处理参见“银行存款”科目的相关规定。

【例 18—1】 某事业单位 2015 年 3 月份发生如下现金收付业务：

(1) 职工李晔预借差旅费 2 000 元。

借：其他应收款——李晔　　2 000

　　贷：库存现金　　2 000

(2) 职工李晔交回出差票据 1 700 元，差旅费剩余款 300 元。

借：库存现金　　300

　　事业支出　　1 700

　　贷：其他应收款——李晔　　2 000

(3)从财政部门为本单位在商业银行开设的零余额账户中提取现金 1 000 元，准备购买办公用品。

借：库存现金　　1 000

　　贷：零余额账户用款额度　　1 000

(4)以现金 700 元购买办公用品，存入仓库。

借：事业支出　　700

　　贷：库存现金　　700

(5)收到零星杂项现金收入 300 元。

借：库存现金　　300

　　贷：其他收入　　300

(6)月底现金清查，发现现金短款 50 元。

借：其他应收款　　50

　　贷：库存现金　　50

(7)经查，上述短款是出纳员王某工作失误造成的，应由其赔偿。

借：库存现金　　50

　　贷：其他应收款——王某　　50

2. 银行存款的核算

为了总括反映事业单位银行存款的收支及结存情况，事业单位应设置“银行存款”科目，核算银行存款的收付及结存情况。事业单位将款项存入银行或其他金融机构时，借记本科目，贷记“库存现金”“事业收入”“经营收入”等有关科目；事业单位提取或支出存款时，借记有关科目，贷记本科目。

事业单位应当按开户银行或其他金融机构、存款种类及币种等，分别设置“银行存款日记账”，由出纳人员根据收、付款凭证，按照业务的发生顺序逐笔登记，每日终了应结出余额。“银行存款日记账”应定期与“银行对账单”核对，至少每月核对一次。月度终了，事业单位银行存款账面余额与银行对账单余额之间如有差额，必须逐笔查明原因并进行处理，按月编制“银行存款余额调节表”，调节相符。本科目期末借方余额，反映事业单位实际存放在银行或其他金融机构的款项。

【例 18—2】 某事业单位尚未纳入财政集中支付制度改革。2015 年 10 月发生如下银行存款收、付业务：

(1)收到财政部门拨入事业经费 100 000 元，款项已存入银行。

借：银行存款	100 000	
贷：财政补助收入		100 000

(2)收到不需要上缴财政的专业业务活动收入 10 000 元，款项已存入银行。

借：银行存款	10 000	
贷：事业收入		10 000

(3)根据银行转来的委托收款凭证，支付本月电费 3 000 元。

借：事业支出	3 000	
贷：银行存款		3 000

(4)开出转账支票一张，按预算所属关系向所属单位拨付经费 30 000 元。

借：拨出经费	30 000	
贷：银行存款		30 000

(5)开出转账支票金额 1 500 元购买办公用品。

借：事业支出	1 500	
贷：银行存款		1 500

3. 零余额账户用款额度的核算

零余额账户是指财政部门或预算单位在办理直接支付和授权支付业务时，先由代理银行根据支付令(即拨款凭证)，通过财政部门零余额账户或预算单位零余额账户将资金支付到供应商或收款人账户。支付的资金由代理银行在每天规定的时间内与中国人民银行通过国库单一账户进行清算，将当天支付的所有资金从中国人民银行国库划转到上述各账户，当天轧账后，各账户的余额均为零。

事业单位应设置“零余额账户用款额度”科目，核算实行国库集中支付的事业单位根据财政部门批复的用款计划收到和支用的零余额账户用款额度。本科目期末借方余额，反映事业单位尚未支用的零余额账户用款额度。本科目年末应无余额。零余额账户用款额度的主要账务处理如下：

(1)在财政授权支付方式下，收到代理银行盖章的“财政授权支付额度到账通知书”时，根据通知书所列数额，借记“零余额账户用款额度”科目，贷记“财政补助收入”科目。

(2)按规定支用额度时，借记有关科目，贷记“零余额账户用款额度”科目。

(3)从零余额账户提取现金时,借记"库存现金"科目,贷记"零余额账户用款额度"科目。

(4)因购货退回等发生国库授权支付额度退回的,属于以前年度支付的款项,按照退回金额,借记"零余额账户用款额度"科目,贷记"财政补助结转""财政补助结余""存货"等有关科目;属于本年度支付的款项,按照退回金额,借记"零余额账户用款额度"科目,贷记"事业支出""存货"等有关科目。

(5)年度终了,依据代理银行提供的对账单做注销额度的相关账务处理,借记"财政应返还额度——财政授权支付"科目,贷记"零余额账户用款额度"科目。事业单位本年度财政授权支付预算指标数大于零余额账户用款额度下达数的,根据未下达的用款额度,借记"财政应返还额度——财政授权支付"科目,贷记"财政补助收入"科目。

(6)下年初,事业单位依据代理银行提供的"财政授权支付额度恢复到账通知书"做恢复额度的相关账务处理,借记"零余额账户用款额度"科目,贷记"财政应返还额度——财政授权支付"科目。事业单位收到财政部门批复的上年末未下达零余额账户用款额度的,借记"零余额账户用款额度"科目,贷记"财政应返还额度——财政授权支付"科目。

【例 18-3】 某事业单位 2015 年发生零余额账户业务如下:

(1)1 月初收到财政授权支付到账额度金额 500 万元。

借:零余额账户用款额度	5 000 000	
贷:财政补助收入		5 000 000

(2)通过零余额账户购买事业用甲材料 56 000 元。

借:存货——甲材料	56 000	
贷:零余额账户用款额度		56 000

(3)年终对账鉴证后,按照有关规定,注销零余额账户财政授权支付额度。该事业单位根据"财政授权支付额度年终对账鉴证单",将零余额账户财政授权支付额度余额 50 000 元注销。

借:财政应返还额度——财政授权支付	50 000	
贷:零余额账户用款额度		50 000

下年度收到银行转来的"财政授权支付额度恢复到账通知书"时:

借:零余额账户用款额度	50 000	
贷:财政应返还额度——财政授权支付		50 000

假如该事业单位本年度财政授权支付预算指标数大于零余额账户用款额度下达数,两者差额为 30 000 元。

借:财政应返还额度——财政授权支付	30 000	
贷:财政补助收入		30 000

下年度收到财政部门批复的上年末下达零余额账户用款额度 20 000 元。

借:零余额账户用款额度	20 000	
贷:财政应返还额度		20 000

二、短期投资的核算

短期投资是指事业单位依法取得的、持有时间不超过 1 年(含 1 年)的投资。短期投资是事业单位非常规性的其他业务,投资时要严格遵守国家有关规定,不得使用财政拨款及其结余进行对外投资,不得从事股票、期货、基金、企业债券等投资(国家另有规定的除外),在保证主体业务的前提下严格控制对外投资。事业单位的短期投资主要是国债投资。

事业单位应设置“短期投资”科目，核算事业单位依法取得的、持有时间不超过1年(含1年)的投资，主要是国债投资。本科目期末借方余额，反映事业单位持有的短期投资成本。短期投资的主要账务处理如下：

(1)短期投资在取得时，应当以其实际成本(包括购买价款以及税金、手续费等相关税费)作为投资成本，借记“短期投资”科目，贷记“银行存款”等科目。

(2)短期投资持有期间收到利息时，按实际收到的金额，借记“银行存款”科目，贷记“其他收入——投资收益”科目。

(3)出售短期投资或到期收回短期国债本息，按照实际收到的金额，借记“银行存款”科目；按照出售或收回短期国债的成本，贷记“短期投资”科目；按照其差额，贷记或借记“其他收入——投资收益”科目。

【例18—4】 A事业单位发生短期投资业务如下：

(1)购入年利率5%、3年期的国债100 000元。

借：短期投资　　100 000

　　贷：银行存款　　100 000

(2)6个月后将该批国债全部转让，收到款项102 500元。

借：银行存款　　102 500

　　贷：短期投资　　100 000

　　　　其他收入——投资收益　　2 500

三、财政应返还额度的核算

财政部门对事业单位的财政应返还额度采用先注销后恢复的管理方法，即年度终了，财政部门对事业单位的财政应返还额度先进行注销；次年初，财政部门对事业单位的该部分额度再予以恢复，供事业单位在额度内使用。财政应返还额度是指实行国库集中支付的事业单位，年度终了应收财政下年度返还的资金额度，即本年度财政直接支付的预算指标数与当年财政直接支付实际支出数的差额，以及财政授权支付预算指标数大于零余额账户用款额度下达数的差额(即未下达的用款额度)，结转下年度使用的用款额度。

事业单位应设置“财政应返还额度”科目，核算实行国库集中支付的事业单位应收财政返还的资金额度。本科目应当设置“财政直接支付”“财政授权支付”两个明细科目，进行明细核算。本科目期末借方余额，反映事业单位应收财政应返还的资金额度。财政应返还额度的主要账务处理如下：

(1)财政直接支付。年度终了，事业单位根据本年度财政直接支付预算指标数与当年财政直接支付实际支出数的差额，借记“财政应返还额度”科目(财政直接支付)，贷记“财政补助收入”科目。下年度恢复财政直接支付额度后，事业单位以财政直接支付方式发生实际支出时，借记有关科目，贷记“财政应返还额度”科目(财政直接支付)。

(2)财政授权支付。年度终了，事业单位依据代理银行提供的对账单做注销额度的相关账务处理，借记“财政应返还额度”科目(财政授权支付)，贷记“零余额账户用款额度”科目。事业单位本年度财政授权支付预算指标数大于零余额账户用款额度下达数的，根据未下达的用款额度，借记“财政应返还额度”科目(财政授权支付)，贷记“财政补助收入”科目。下年初，事业单位依据代理银行提供的“财政授权支付额度恢复到账通知书”做恢复额度的相关账务处理，借记“零余额账户用款额度”科目，贷记“财政应返还额度”科目(财政授权支付)。事业单位收到财政部门批复的上年末未下达零余额账户用款额度时，借记“零余额账户用款额度”科目，贷记“财政应返还额度”科目(财政授权支付)。

【例 18－5】 A 事业单位 2014 年 12 月发生财政应返还额度业务如下：

(1)年度终了，本年度预算结余资金为 35 万元，其中财政直接支付年终结余资金为 15 万元，财政授权支付年终结余资金为 20 万元。

①财政直接支付：

借：财政应返还额度——财政直接支付　　150 000

　　贷：财政补助收入　　150 000

②财政授权支付：

借：财政应返还额度——财政授权支付　　200 000

　　贷：零余额账户用款额度　　200 000

(2)2015 年 1 月 3 日，收到“财政直接支付额度恢复到账通知书”，恢复年度财政直接支付额度 15 万元；收到代理银行转来的“财政授权支付额度恢复到账通知书”，恢复 2014 年度财政授权支付额度 20 万元。

①对恢复财政直接支付额度不做会计处理，在使用预算结余资金时再做会计处理。

2015 年度发生实际支出 15 万元：

借：事业支出　　150 000

　　贷：财政应返还额度　　150 000

②对恢复财政授权支付额度的会计处理为：

借：零余额账户用款额度　　200 000

　　贷：财政应返还额度——财政授权支付　　200 000

四、应收及预付款项的核算

(一)应收票据

应收票据是指事业单位因开展经营活动销售产品、提供有偿服务等而收到的商业汇票。商业汇票是由出票人签发的、指定付款人在一定日期支付一定金额给收款人或持票人的票据。

商业汇票按承兑人不同，可分为银行承兑汇票和商业承兑汇票。银行承兑汇票是由收款人或承兑人申请签发，并由承兑申请人向银行申请，由银行承兑的票据。商业承兑汇票是由付款人承兑的汇票，它可以由收款人签发，也可以由付款人签发，但必须由付款人承兑。商业汇票根据支付本息额的不同，又可分为带息票据和不带息票据。带息票据是指到期时，根据票据面值和利率收取的票据。不带息票据是指到期时，根据票据面值收取的票据。按偿还期的长短，应收票据可分为短期应收票据和长期应收票据。应收票据可背书转让，银行承兑汇票可申请贴现。

事业单位应当设置“应收票据备查簿”，逐笔登记每一应收票据的种类、号数、出票日期、到期日、票面金额、交易合同号和付款人、承兑人、背书人姓名或单位名称、背书转让日、贴现日期、贴现率和贴现净额、收款日期、收回金额和退票情况等资料。应收票据到期结清票款或退票后，应当在备查簿内逐笔注销。

事业单位应设置“应收票据”科目，核算事业单位因开展经营活动销售产品、提供有偿服务等而收到的商业汇票，包括银行承兑汇票和商业承兑汇票。本科目应当按照开出、承兑商业汇票的单位等进行明细核算。本科目期末借方余额，反映事业单位持有的商业汇票票面金额。

【例 18—6】 某事业单位为增值税一般纳税人，在开展经营活动中发生以下业务：

(1)2015 年 3 月 1 日，销售一批商品给 M 公司，价款 20 000 元，增值税 3 400 元，M 公司以期限 3 个月的商业承兑汇票支付。

借：应收票据——M 公司	23 400	
贷：经营收入		20 000
应交税费——应交增值税(销项税额)		3 400

(2)2015 年 6 月 1 日，M 公司的商业汇票到期，票款 23 400 元收存银行。

借：银行存款	23 400	
贷：应收票据——M 公司		23 400

(3)假如商业汇票到期，M 公司无力偿还票款。

借：应收账款——M 公司	23 400	
贷：应收票据——M 公司		23 400

(二)应收账款

应收账款是指事业单位因开展经营活动销售产品、提供有偿服务等而应向客户收取的款项。应收账款应该按服务成交时的实际发生额计量，按应收未收的债权金额入账。

事业单位应设置“应收账款”科目，核算事业单位因开展经营活动销售产品、提供有偿服务等而应收取的款项。事业单位在开展业务活动中形成的债权、职工借款、备用金、各项预付款等不同于应收账款，不在科目中核算。本科目应当按照购货、接受劳务单位(或个人)进行明细核算。本科目期末借方余额，反映事业单位尚未收回的应收账款。应收账款的主要账务处理如下：

(1)发生应收账款时，按照应收未收金额，借记“应收账款”科目；按照确认的收入金额，贷记“经营收入”等科目；按照应交增值税的金额，贷记“应交税费——应交增值税”科目。

(2)收回应收账款时，按照实际收到的金额，借记“银行存款”等科目，贷记“应收账款”科目。

(3)坏账的核销。逾期 3 年或以上、有确凿证据表明确实无法收回的应收账款，按规定报经批准后予以核销。核销的应收账款应在备查簿中保留登记。

①转入待处置资产时，按照待核销的应收账款金额，借记“待处置资产损溢”科目，贷记“应收账款”科目。

②报经批准予以核销时，借记“其他支出”科目，贷记“待处置资产损溢”科目。

③已核销应收账款在以后期间收回的，按照实际收回的金额，借记“银行存款”等科目，贷记“其他收入”科目。

【例 18—7】 2015 年，某事业单位发生有关应收账款的业务如下：

(1)销售新产品一批给 H 单位，货已按合同发出，价款 50 000 元，增值税 8 500 元，货款尚未收到。

借：应收账款——H 单位	58 500	
贷：经营收入		50 000
应交税费——应交增值税(销项税额)		8 500

(2)收到上述销售产品欠款及代垫的运费。

借:银行存款　　58 500

　　贷:应收账款——H 单位　　58 500

(3)该事业单位 3 年前销售的甲产品有 10 000 元货款尚未收回,对方单位 J 公司申请破产,已被法院受理。

借:待处置资产损溢　　10 000

　　贷:应收账款——J 公司　　10 000

(4)当收到法院核销通知时:

借:其他支出　　10 000

　　贷:待处置资产损溢　　10 000

(三)预付账款

预付账款是指事业单位按照购货、劳务合同规定预付给供应单位的款项。预付账款应该按照实际发生额计量。

事业单位应设置"预付账款"科目,核算事业单位按照购货、劳务合同规定预付给供应单位的款项。本科目应当按照供应单位(或个人)进行明细核算。预付账款的主要账务处理如下:

(1)发生预付账款时,按照实际预付的金额,借记"预付账款"科目,贷记"零余额账户用款额度""财政补助收入""银行存款"等科目。

(2)收到所购物资或劳务,按照购入物资或劳务的成本,借记有关科目;按照相应预付账款金额,贷记"预付账款"科目;按照补付的款项,贷记"零余额账户用款额度""财政补助收入""银行存款"等科目。

(3)逾期 3 年或以上,有确凿证据表明因供货单位破产、撤销等原因已无望再收到所购物资,且确实无法收回的预付账款,按规定报经批准后予以核销。核销的预付账款应在备查簿中保留登记。

①转入待处置资产时,按照待核销的预付账款金额,借记"待处置资产损溢"科目,贷记"预付账款"科目。

②报经批准予以核销时,借记"其他支出"科目,贷记"待处置资产损溢"科目。

③已核销预付账款在以后期间收回的,按照实际收回的金额,借记"银行存款"等科目,贷记"其他收入"科目。

【例 18—8】 某研究院发生的预付账款业务如下:

(1)购置科研用乙材料一批,以银行存款预付给 B 供货公司货款 20 000 元。该款项从零余额账户中支付。

借:预付账款——B 公司　　20 000

　　贷:零余额账户用款额度　　20 000

(2)收到上述供货单位发来乙材料和增值税专用发票,全部货款 30 000 元,增值税税额 5 100元,用零余额账户补付 15 100 元。

借:存货——乙材料(按资金性质明细核算)　　30 000

　　应交税费——应交增值税(进项税额)　　5 100

　　贷:预付账款——B 公司　　20 000

　　　　零余额账户用款额度　　151 00

(四)其他应收款

其他应收款是指事业单位除财政应返还额度、应收票据、应收账款、预付账款以外的其他各项应收及暂付款项,包括拨付给内部有关部门的备用金、职工预借的差旅费、应向职工收取的各种垫付款项等。

事业单位应设置"其他应收款"科目,核算事业单位除财政应返还额度、应收票据、应收账款、预付账款以外的其他各项应收及暂付款项,如职工预借的差旅费、拨付给内部有关部门的备用金、应向职工收取的各种垫付款项等。该科目应当按照其他应收款的类别以及债务单位(或个人)进行明细核算。本科目期末借方余额,反映事业单位尚未收回的其他应收款。其他应收款的主要账务处理如下:

(1)发生其他各种应收及暂付款项时,借记"其他应收款"科目,贷记"银行存款""库存现金"等科目。

(2)收回或转销其他各种应收及暂付款项时,借记"库存现金""银行存款"等科目,贷记"其他应收款"科目。

(3)事业单位内部实行备用金制度的,有关部门使用备用金以后应当及时到财务部门报销并补足备用金。财务部门核定并发放备用金时,借记"其他应收款"科目,贷记"库存现金"等科目。根据报销数用现金补足备用金定额时,借记有关科目,贷记"库存现金"等科目,报销数和拨补数都不再通过本科目核算。

(4)逾期 3 年或以上、有确凿证据表明确实无法收回的其他应收款,按规定报经批准后予以核销。核销的其他应收款应在备查簿中保留登记。

①转入待处置资产时,按照待核销的其他应收款金额,借记"待处置资产损溢"科目,贷记"其他应收款"科目。

②报经批准予以核销时,借记"其他支出"科目,贷记"待处置资产损溢"科目。

③已核销其他应收款在以后期间收回的,按照实际收回的金额,借记"银行存款"等科目,贷记"其他收入"科目。

【例 18-9】 某研究所 2015 年 1 月发生有关其他应收款业务如下:

(1)某事业单位业务人员出差,预借差旅费 2 000 元,以现金支付。

借:其他应收款	2 000	
贷:库存现金		2 000

(2)某事业单位上述业务人员出差归来,根据票据报销差旅费 1 500 元,交回剩余现金 500 元。

借:事业支出	1 500	
库存现金	500	
贷:其他应收款		2 000

(3)某事业单位一笔 3 000 元的应收账款已超过 3 年,多次催收仍无法收回,经确认已属坏账。

借:待处置资产损溢	3 000	
贷:应收账款		3 000

(4)上述应收账款经批准核销。

借:应收账款	3 000	
贷:待处置资产损溢		3 000

(5)上述已冲销的应收账款以后又收回。

借:银行存款 3 000

贷:其他收入 3 000

五、存货

(一)存货的内容

存货是指事业单位在开展业务活动及其他活动中为耗用而储存的资产,包括材料、燃料、包装物和低值易耗品以及达不到固定资产标准的用具、装具、动植物等的实际成本。事业单位为开展业务活动会耗用一定的存货,这些存货数量较大,需要进入仓库进行管理,在领用时形成支出。对于生产经营型事业单位,为生产加工产品会购置一定的原材料或器具等,加工的产成品也需要进入库存管理,在耗用及销售时转为支出。

(二)存货的核算

事业单位的存货业务,应当设置"存货"科目核算。其借方登记存货的增加,贷方登记存货的减少;期末余额在借方,表示期末尚可使用的存货金额。存货应当按照存货的种类、规格、保管地点等进行明细核算。存货的主要账务处理如下:

1. 存货取得时的核算

存货在取得时,应当按照其实际成本入账。

(1)购入的存货,其成本包括购买价款、相关税费、运输费、装卸费、保险费以及其他使得存货达到目前场所和状态所发生的其他支出。事业单位按照税法规定属于增值税一般纳税人的,其购进非自用(如用于生产对外销售的产品)材料所支付的增值税款不计入材料成本。

购入的存货验收入库,应按确定的成本,借记"存货"科目,贷记"银行存款""应付账款""财政补助收入""零余额账户用款额度"等科目。

属于增值税一般纳税人的事业单位购入非自用材料的,应按确定的成本(不含增值税进项税额),借记"存货"科目;按增值税专用发票上注明的增值税税额,借记"应交税费——应交增值税(进项税额)"科目;按实际支付或应付的金额,贷记"银行存款""应付账款"等科目。

(2)自行加工的存货,其成本包括耗用的直接材料费用、发生的直接人工费用和按照一定方法分配的与存货加工有关的间接费用。

自行加工的存货在加工过程中发生各种费用时,借记"存货"科目(生产成本),贷记"存货"科目(领用材料相关的明细科目)、"应付职工薪酬""银行存款"等科目。

加工完成的存货验收入库,应按照所发生的实际成本,借记"存货"科目(相关明细科目),贷记本科目(生产成本)。

(3)接受捐赠、无偿调入的存货,其成本应按照有关凭据注明的金额加上相关税费、运输费等确定;没有相关凭据的,其成本比照同类或类似存货的市场价格加上相关税费、运输费等确定;没有相关凭据、同类或类似存货的市场价格也无法可靠取得的,该存货按照名义金额(即人民币1元,下同)入账。相关财务制度仅要求进行实物管理的除外。

接受捐赠、无偿调入的存货验收入库,应按照确定的成本,借记"存货"科目;按照发生的相关税费、运输费等,贷记"银行存款"等科目;按照其差额,贷记"其他收入"科目。

按照名义金额入账的情况下,按照名义金额,借记"存货"科目,贷记"其他收入"科目;按照发生的相关税费、运输费等,借记"其他支出"科目,贷记"银行存款"等科目。

【例18—10】 某事业单位是增值税一般纳税人，2015年3月9日购进甲材料50千克，每千克1 000元，取得的增值税发票上记载的价款为50 000元，增值税税款8 500元，发生搬运费200元，材料款及搬运费已通过转账支票支付，该批材料准备日后价格看涨时销售。

借：存货——材料	50 200
应交税费——应交增值税(进项税额)	8 500
贷：银行存款	58 700

【例18—11】 某事业单位自行生产乙产品以备使用，生产该产品过程中领用材料300千克，成本30 000元，发生生产工人的工资10 000元，发生应由该产品负担的水电等制造费用2 000元。

借：生产成本	42 000
贷：存货——材料	30 000
应付职工薪酬	10 000
制造费用	2 000

【例18—12】 承【例18—11】，上述乙产品完工入库。

借：存货——产成品	42 000
贷：生产成本	42 000

2. 存货发出时的核算

存货在发出时，应当根据实际情况采用先进先出法、加权平均法或者个别计价法确定发出存货的实际成本。计价方法一经确定，不得随意变更。低值易耗品的成本于领用时一次摊销。

(1)开展业务活动等领用、发出存货，按领用、发出存货的实际成本，借记"事业支出""经营支出"等科目，贷记"存货"科目。

(2)对外捐赠、无偿调出存货，转入待处置资产时，按照存货的账面余额，借记"待处置资产损溢"科目，贷记"存货"科目。

属于增值税一般纳税人的事业单位对外捐赠、无偿调出购进的非自用材料，转入待处置资产时，按照存货的账面余额与相关增值税进项税额转出金额的合计金额，借记"待处置资产损溢"科目；按存货的账面余额，贷记"存货"科目；按转出的增值税进项税额，贷记"应交税费——应交增值税(进项税额转出)"科目。

实际捐出、调出存货时，按照"待处置资产损溢"科目的相应余额，借记"其他支出"科目，贷记"待处置资产损溢"科目。

【例18—13】 某事业单位开展业务活动领用库存材料，成本5 000元。

借：经营支出	5 000
贷：存货——材料	5 000

【例18—14】 某事业单位是增值税一般纳税人，无偿调出购进的非自用材料一批，该批材料当初的购买价格为50 000元，增值税税款为8 500元。

(1)借：待处置资产损溢	58 500
贷：存货——材料	50 000
应交税费——应交增值税(进项税额转出)	8 500
(2)借：其他支出	58 500
贷：待处置资产损溢	58 500

3. 存货的清查

事业单位的存货应当定期进行清查盘点，每年至少盘点一次。对于发生的存货盘盈、盘亏或者报废、毁损，应当及时查明原因，按规定报经批准后进行账务处理。

(1)盘盈的存货，按照同类或类似存货的实际成本或市场价格确定入账价值；同类或类似存货的实际成本、市场价格均无法可靠取得的，按照名义金额入账。

盘盈的存货，按照确定的入账价值，借记"存货"科目，贷记"其他收入"科目。

(2)盘亏或者毁损、报废的存货，转入待处置资产时，按照待处置存货的账面余额，借记"待处置资产损溢"科目，贷记"存货"科目。

属于增值税一般纳税人的事业单位购进的非自用材料发生盘亏或者毁损、报废的，转入待处置资产时，按照存货的账面余额与相关增值税进项税额转出金额的合计金额，借记"待处置资产损溢"科目；按照存货的账面余额，贷记"存货"科目；按照转出的增值税进项税额，贷记"应交税费——应交增值税(进项税额转出)"科目。

报经批准予以处置时，按照"待处置资产损溢"科目的相应余额，借记"其他支出"科目，贷记"待处置资产损溢"科目。

【例 18－15】 某事业单位(非增值税一般纳税人)年末进行存货盘点时发现盘盈某材料 10 千克，市场价值 200 元。

借：存货——材料	200	
贷：其他收入		200

【例 18－16】 某事业单位(非增值税一般纳税人)年末进行存货盘点时发现盘亏甲材料 20 千克，市场价值 300 元。

借：待处置资产损溢	300	
贷：存货		300

【例 18－17】 承【例 18－16】，材料盘亏报经批准处置。

借：其他业务支出	300	
贷：待处置资产损溢		300

【例 18－18】 承【例 18－16】，若上述盘亏材料的事业单位是增值税一般纳税人，该材料为非自用，购进时的增值税税款为 51 元，发现盘亏及报经批准时的账务处理如下：

借：待处置资产损溢	351	
贷：存货		300
应交税费——应交增值税(进项税额转出)		51
借：其他支出	351	
贷：待处置资产损溢		351

第二节 事业单位非流动资产的核算

事业单位的非流动资产包括长期投资、待处置资产损溢、固定资产、在建工程、无形资产等。

一、长期投资

(一)长期投资的内容

长期投资是指事业单位依法取得的、持有时间超过1年(不含1年)的股权性质和债权性质的投资,包括长期股权投资和长期债券投资。为了核算这类业务,应设置"长期投资"科目。该科目的借方登记取得长期投资时的成本,贷方登记因转让或其他原因减少的长期投资金额;期末余额在借方,表示期末事业单位持有的长期投资的成本。本科目应当按照长期投资的种类和被投资单位等进行明细核算。事业单位应当严格遵守国家法律、行政法规以及财政部门、主管部门有关事业单位对外投资的规定。

(二)长期投资的核算

1. 长期股权投资的核算

(1)长期股权投资取得的核算

长期股权投资在取得时,应当按照其实际成本作为投资成本。具体规定如下:

以货币资金取得的长期股权投资,按照实际支付的全部价款(包括购买价款以及税金、手续费等相关税费)作为投资成本,借记"长期投资"科目,贷记"银行存款"等科目;同时,按照投资成本金额,借记"事业基金"科目,贷记"非流动资产基金——长期投资"科目。

以固定资产取得的长期股权投资,按照评估价值加上相关税费作为投资成本,借记"长期投资"科目,贷记"非流动资产基金——长期投资"科目;按照发生的相关税费,借记"其他支出"科目,贷记"银行存款""应交税费"等科目。同时,按照投出固定资产对应的非流动资产基金,借记"非流动资产基金——固定资产"科目;按照投出固定资产已计提折旧,借记"累计折旧"科目;按照投出固定资产的账面余额,贷记"固定资产"科目。

以已入账无形资产取得的长期股权投资,按照评估价值加上相关税费作为投资成本,借记"长期投资"科目,贷记"非流动资产基金——长期投资"科目;按照发生的相关税费,借记"其他支出"科目,贷记"银行存款""应交税费"等科目。同时,按照投出无形资产对应的非流动资产基金,借记"非流动资产基金——无形资产"科目;按照投出无形资产已计提摊销,借记"累计摊销"科目;按照投出无形资产的账面余额,贷记"无形资产"科目。

以未入账无形资产取得的长期股权投资,按照评估价值加上相关税费作为投资成本,借记"长期投资"科目,贷记"非流动资产基金——长期投资"科目;按照发生的相关税费,借记"其他支出"科目,贷记"银行存款""应交税费"等科目。

【例18-19】 某事业单位购买甲公司的股票1 000股,每股价格20元,同时缴纳税金及手续费200元,款项均已通过银行存款支付。

借:长期投资——长期股权投资	20 200	
贷:银行存款		20 200

同时:

借:事业基金	20 200	
贷:非流动资产基金——长期投资		20 200

【例18-20】 某事业单位用本单位的一项固定资产换取乙公司股票1 000股,每股市价15元,该项固定资产账面价值20 000元,评估价值18 000元,已提折旧2 000元。

借:长期投资——长期股权投资　　18 000
　　贷:非流动资产基金——长期投资　　18 000

同时:

借:非流动资产基金——固定资产　　18 000
　　累计折旧　　2 000
　　贷:固定资产　　20 000

(2)长期股权投资持有期间的核算

长期股权投资持有期间,收到利润等投资收益时,按照实际收到的金额,借记“银行存款”等科目,贷记“其他收入——投资收益”科目。

【例 18—21】 某事业单位购买的甲公司股票于 2015 年 7 月 8 日分配上年度股利,共获得股利 500 元,已存入银行。

借:银行存款　　500
　　贷:其他收入——投资收益　　500

(3)转让长期股权投资的核算

转让长期股权投资,转入待处置资产时,按照待转让长期股权投资的账面余额,借记“待处置资产损溢——处置资产价值”科目,贷记“长期投资”科目。实际转让时,按照所转让长期股权投资对应的非流动资产基金,借记“非流动资产基金——长期投资”科目,贷记“待处置资产损溢——处置资产价值”科目。转让长期股权投资过程中取得的价款、发生的相关税费,以及转让价款扣除相关税费后的净收入的账务处理,参见“待处理财产损溢”科目。

(4)核销长期股权投资的核算

因被投资单位破产清算等原因,有确凿证据表明长期股权投资发生损失,按规定报经批准后予以核销。将待核销长期股权投资转入待处置资产时,按照待核销的长期股权投资账面价值余额,借记“待处置资产损溢”科目,贷记“长期投资”科目。

报经批准予以核销时,借记“非流动资产基金——长期投资”科目,贷记“待处置资产损溢”科目。

【例 18—22】 某事业单位将原持有的甲公司股票转让,该股票账面余额 20 000 元,转让收入 22 000 元,已存入银行。发生相关税费 500 元,用银行存款支付,假定该股权转让款应上缴国库。

借:待处置资产损溢——处置资产价值　　20 000
　　贷:长期投资——长期股权投资　　20 000

实际转让时:

借:非流动资产基金——长期投资　　20 000
　　贷:待处置资产损溢——处置资产价值　　20 000

收到股权转让款时:

借:银行存款　　22 000
　　贷:待处置资产损溢——处置净收入　　22 000

支付股权转让中的相关税费时:

借:待处置资产损溢——处置净收入　　500
　　贷:银行存款　　500

将净收入上缴国库时：

借：待处置资产损溢——处置净收入　　21 500

　　贷：应缴国库款　　21 500

2. 长期债券投资的核算

(1)长期债券投资取得的核算

长期债券投资在取得时，应当按照其实际成本作为投资成本。以货币资金购入的长期债券投资，按照实际支付的全部价款（包括购买价款以及税金、手续费等相关税费）作为投资成本，借记"长期投资"科目，贷记"银行存款"等科目；同时，按照投资成本金额，借记"事业基金"科目，贷记"非流动资产基金——长期投资"科目。

【例 18－23】 2015 年 3 月 10 日，某事业单位购买国债 20 000 元，发生手续费 200 元，已通过银行存款支付。

借：长期投资——长期债券投资　　20 200

　　贷：银行存款　　20 200

同时：

借：事业基金　　20 200

　　贷：非流动资产基金——长期投资　　20 200

(2)长期债券投资持有期间的核算

长期债券投资持有期间收到利息时，按照实际收到的金额，借记"银行存款"等科目，贷记"其他收入——投资收益"科目。

【例 18－24】 承【例 18－23】，事业单位购买的国债在 2015 年 6 月 30 日获得利息 600 元，已存入银行。

借：银行存款　　600

　　贷：其他收入——投资收益　　600

(3)转让或收回长期债券投资的核算

对外转让或到期收回长期债券投资本息，按照实际收到的金额，借记"银行存款"等科目；按照收回长期投资的成本，贷记"长期投资"科目；按照其差额，贷记或借记"其他收入——投资收益"科目。同时，按照收回长期投资对应的非流动资产基金，借记"非流动资产基金——长期投资"科目，贷记"事业基金"科目。

【例 18－25】 承【例 18－23】，事业单位所购国债在 2015 年 10 月 8 日出售，出售所得 25 000元。

借：银行存款　　25 000

　　贷：长期投资——长期债券投资　　20 200

　　　　其他收入——投资收益　　4 800

同时：

借：非流动资产基金——长期投资　　20 200

　　贷：事业基金　　20 200

二、待处置资产损溢

事业单位资产处置包括资产出售、出让、转让、对外捐赠、无偿调出、盘亏、报废、毁损以及货币性资产损失核销等。

事业单位应设置“待处置资产损溢”科目，核算事业单位待处置资产的价值及处置损溢。本科目应当按照待处置资产项目进行明细核算；对于在处置过程中取得相关收入、发生相关费用的处置项目，还应设置“处置资产价值”“处置净收入”明细科目，进行明细核算。本科目期末如为借方余额，反映尚未处置完毕的各种资产价值及净损失；期末如为贷方余额，反映尚未处置完毕的各种资产净溢余。年度终了报经批准处理后，本科目一般应无余额。

事业单位处置资产一般应当先记入本科目，按规定报经批准后及时进行账务处理。年度终了结账前一般应处理完毕。待处置资产损溢的主要账务处理如下：

(一)按规定报经批准予以核销的应收及预付款项、长期股权投资、无形资产

(1)转入待处置资产时，借记“待处置资产损溢”科目(核销无形资产的，还应借记“累计摊销”科目)，贷记“应收账款”“预付账款”“其他应收款”“长期投资”“无形资产”等科目。

(2)报经批准予以核销时，借记“其他支出”科目(应收及预付款项核销)或“非流动资产基金——长期投资、无形资产”科目(长期投资、无形资产核销)，贷记“待处置资产损溢”科目。

(二)盘亏或者毁损、报废的存货、固定资产

(1)转入待处置资产时，借记“待处置资产损溢——处置资产价值”科目(处置固定资产的，还应借记“累计折旧”科目)，贷记“存货”“固定资产”等科目。

(2)报经批准予以处置时，借记“其他支出”科目(处置存货)或“非流动资产基金——固定资产”科目(处置固定资产)，贷记“待处置资产损溢——处置资产价值”科目。

(3)处置毁损、报废存货、固定资产过程中收到残值变价收入、保险理赔和过失人赔偿等，借记“库存现金”“银行存款”等科目，贷记“待处置资产损溢——处置净收入”科目。

(4)处置毁损、报废存货、固定资产过程中发生相关费用，借记“待处置资产损溢——处置净收入”科目，贷记“库存现金”“银行存款”等科目。

(5)处置完毕，按照处置收入扣除相关处置费用后的净收入，借记“待处置资产损溢——处置净收入”科目，贷记“应缴国库款”等科目。

(三)对外捐赠、无偿调出存货、固定资产、无形资产

(1)转入待处置资产时，借记“待处置资产损溢”科目(捐赠、调出固定资产、无形资产的，还应借记“累计折旧”“累计摊销”科目)，贷记“存货”“固定资产”“无形资产”等科目。

(2)实际捐出、调出时，借记“其他支出”科目(捐出、调出存货)或“非流动资产基金——固定资产、无形资产”科目(捐出、调出固定资产、无形资产)，贷记“待处置资产损溢”科目。

(四)转让(出售)长期股权投资、固定资产、无形资产

(1)转入待处置资产时，借记“待处置资产损溢——处置资产价值”科目(转让固定资产、无形资产的，还应借记“累计折旧”“累计摊销”科目)，贷记“长期投资”“固定资产”“无形资产”等科目。

(2)实际转让时，借记“非流动资产基金——长期投资、固定资产、无形资产”科目，贷记“待处置资产损溢——处置资产价值”科目。

【例18—26】 某事业单位在资产全面清查中发现盘亏材料一批，账面价值800元。报经批准按非正常损失处理。

(1)对清查中出现的材料盘亏转入待处理财产时：

借:待处置资产损溢——处置资产价值	800	
贷:存货		800

(2)报经批准予以处置时:

借:其他支出——处置存货	800	
贷:待处置资产损溢——处置资产价值		800

【例 18－27】 某事业单位报废设备一台,账面原值 15 000 元,已计提折旧 13 000 元,报经批准予以处置。另外,该报废设备变价收入 3 000 元,清理费用 500 元,均通过银行转账形式予以收支。

(1)将报废设备转入待处置资产时:

借:待处置资产损溢——处置资产价值	2 000	
累计折旧	13 000	
贷:固定资产		15 000

(2)经批准处置时:

借:非流动资产基金——固定资产	2 000	
贷:待处置资产损溢——处置资产价值		2 000

(3)收取报废设备变价收入,支付清理费用时:

借:银行存款	3 000	
贷:待处置资产损溢——处置净收入		3 000
借:待处置资产损溢——处置净收入	500	
贷:银行存款		500

(4)处置完毕,按处置净收入,做以下会计处理:

借:待处置资产损溢——处置净收入	2 500	
贷:应缴国库款		2 500

三、固定资产

(一)固定资产的内容

固定资产是指事业单位持有的使用期限超过 1 年(不含 1 年),单位价值在规定标准以上,并在使用过程中基本保持原有物质形态的资产,包括房屋及构筑物、专用设备、通用设备等。单位价值虽未达到规定标准,但是耐用时间超过 1 年(不含 1 年)的大批同类物资,应当作为固定资产核算。

事业单位的固定资产一般分为六类:房屋及构筑物,专用设备,通用设备,文物和陈列品,图书、档案,家具、用具、装具及动植物。有关说明如下:

(1)对于应用软件,如果其构成相关硬件不可缺少的组成部分,应当将该软件价值包括在所属硬件价值中,一并作为固定资产进行核算;如果其不构成相关硬件不可缺少的组成部分,应当将该软件作为无形资产核算。

(2)事业单位以经营租赁租入的固定资产,不作为固定资产核算,应当另设备查簿进行登记。

(3)购入需要安装的固定资产,应当先通过“在建工程”科目核算,安装完毕交付使用时再转入本科目核算。

事业单位应当根据固定资产的定义，结合本单位的具体情况，制定适合于本单位的固定资产目录、具体分类方法，作为进行固定资产核算的依据。事业单位应当设置“固定资产登记簿”和“固定资产卡片”，按照固定资产类别、项目和使用部门等进行明细核算。出租、出借的固定资产，应当设置备查簿进行登记。

（二）固定资产的计价

根据《事业单位会计制度》的规定，事业单位的固定资产应当按照取得或购建时的实际成本入账。具体要求如下：

（1）购入的固定资产，其成本包括购买价款、相关税费以及固定资产交付使用前所发生的可归属于该项资产的运输费、装卸费、安装调试费和专业人员服务费等。以一笔款项购入多项没有单独标价的固定资产，按照各项固定资产同类或类似资产市场价格的比例对总成本进行分配，分别确定各项固定资产的入账成本。

（2）自行建造的固定资产，其成本包括建造该项资产至交付使用前所发生的全部必要支出。

（3）在原有固定资产基础上进行改建、扩建、修缮后的固定资产，其成本按照原固定资产账面价值（“固定资产”科目账面余额减去“累计折旧”科目账面余额后的净值）加上改建、扩建、修缮发生的支出，再扣除固定资产拆除部分的账面价值后的金额确定。

（4）以融资租赁租入的固定资产，其成本按照租赁协议或者合同确定的租赁价款、相关税费以及固定资产交付使用前所发生的可归属于该项资产的运输费、途中保险费、安装调试费等确定。

（5）接受捐赠、无偿调入的固定资产，其成本按照有关凭据注明的金额加上相关税费、运输费等确定；没有相关凭据的，其成本比照同类或类似固定资产的市场价格加上相关税费、运输费等确定；没有相关凭据、同类或类似固定资产的市场价格也无法可靠取得的，该固定资产按照名义金额入账。

（三）固定资产的核算

为反映事业单位固定资产的增减变化情况，事业单位需要设置“固定资产”和“固定基金”两个科目。事业单位的固定资产业务，主要包括固定资产取得的核算、固定资产折旧的核算、固定资产处置的核算等业务。

1. 固定资产取得的核算

事业单位固定资产的取得主要包括购置、建造、接受捐赠、融资租赁等。

（1）固定资产购置的核算

购入不需安装的固定资产，按照确定的固定资产成本，借记“固定资产”科目，贷记“非流动资产基金——固定资产”科目；同时，按照实际支付金额，借记“事业支出”“经营支出”“专用基金——修购基金”等科目，贷记“财政补助收入”“零余额账户用款额度”“银行存款”等科目。

购入需要安装的固定资产，先通过“在建工程”科目核算。安装完工交付使用时，借记“固定资产”科目，贷记“非流动资产基金——固定资产”科目；同时，借记“非流动资产基金——在建工程”科目，贷记“在建工程”科目。

购入固定资产扣留质量保证金的，应当在取得固定资产时，按照确定的成本，借记“固定资产”科目（不需安装）或“在建工程”科目（需要安装），贷记“非流动资产基金——固定资产、在建工程”科目。

同时取得固定资产全款发票的，应当同时按照构成资产成本的全部支出金额，借记“事业支出”“经营支出”“专项基金——修购基金”等科目；按照实际支付金额，贷记“财政补助收入”“零余额账户用款额度”“银行存款”等科目；按照扣留的质量保证金，贷记“其他应付款”（扣留在1年以内，含1年）或“长期应付款”（扣留期在1年以上）科目。取得的发票金额不包括质量保证金的，应当同时按照不包括质量保证金的支出金额，借记“事业支出”“经营支出”“专项基金——修购基金”等科目，贷记“财政补助收入”“零余额账户用款额度”“银行存款”等科目。

保证期满支付质量保证金时，借记“其他应付款”“长期应付款”科目，或借记“事业支出”“经营支出”“专项基金——修购基金”等科目，贷记“财政补助收入”“零余额账户用款额度”“银行存款”等科目。

【例18－28】 某事业单位购置一项试验用设备，价值100 000元，增值税17 000元，发生相关运输费、装卸费等3 000元。扣留质量保证金10 000元，扣留期为3个月。已通过零余额账户用款额度支付。该设备可直接使用，不需安装。

借：固定资产　　100 000
　　贷：非流动资产基金——固定资产　　100 000

同时：

借：事业支出　　120 000
　　贷：零余额账户用款额度　　110 000
　　　　其他应付款——某单位质量保证金　　10 000

【例18－29】 承【例18－28】，若上述试验设备需支付安装费5 000元，则核算如下：

购入时：

借：在建工程　　120 000
　　贷：零余额账户用款额度　　110 000
　　　　其他应付款——某单位质量保证金　　10 000

支付安装费时：

借：在建工程　　5 000
　　贷：银行存款　　5 000

转入固定资产时：

借：固定资产　　125 000
　　贷：非流动资产基金——固定资产　　125 000

同时：

借：事业支出　　125 000
　　贷：在建工程　　125 000

（2）自行建造固定资产的核算

自行建造的固定资产，其成本包括建造该项资产至交付使用前所发生的全部必要支出。工程完工交付使用时，按自行建造过程中发生的实际支出，借记“固定资产”科目，贷记“非流动资产基金——固定资产”科目；同时，借记“非流动资产基金——在建工程”科目，贷记“在建工程”科目。已交付使用但尚未办理竣工决算手续的固定资产，按照估计价值入账，待确定实际成本后再进行调整。

（3）在原有固定资产基础上进行改建、扩建、修缮后的固定资产的核算在原有固定资产基础上进行改建、扩建、修缮后的固定资产，其成本按照原固定资产账面价值（“固定资产”科目账面余额减去“累计折旧”科目账面余额后的净值）加上改建、扩建、修缮发生的支出，再扣除固定资产拆除部分的账面价值后的金额确定。

将固定资产转入改建、扩建、修缮时，按固定资产的账面价值，借记“在建工程”科目，贷记“非流动资产基金——在建工程”科目；同时，按固定资产对应的非流动资产基金，借记“非流动资产基金——固定资产”科目；按固定资产已计提折旧，借记“累计折旧”科目；按固定资产的账面余额，贷记“固定资产”科目。

工程完工交付使用时，借记“固定资产”科目，贷记“非流动资产基金——固定资产”科目；同时，借记“非流动资产基金——在建工程”科目，贷记“在建工程”科目。

【例 18－30】 某事业单位自行建造一项固定资产，发生各种支出 80 000 元，建造 3 个月后交付使用。

发生实际支出时：

借：在建工程　　80 000

　贷：非流动资产基金——在建工程　　80 000

同时：

借：事业支出　　80 000

　贷：银行存款　　80 000

交付使用时：

借：固定资产　　80 000

　贷：非流动资产基金——固定资产　　80 000

借：非流动资产基金——在建工程　　80 000

　贷：在建工程　　80 000

（4）融资租入固定资产的核算

融资租入的固定资产，按照确定的成本，借记“固定资产”科目（不需安装）或“在建工程”科目（需安装）；按照租赁协议或者合同确定的租赁价款，贷记“长期应付款”科目；按照其差额，贷记“非流动资产基金——固定资产、在建工程”科目。同时，按照实际支付的相关税费、运输费、途中保险费、安装调试费等，借记“事业支出”“经营支出”等科目，贷记“财政补助收入”“零余额账户用款额度”“银行存款”等科目。定期支付租金时，按照支付的租金金额，借记“事业支出”“经营支出”等科目，贷记“财政补助收入”“零余额账户用款额度”“银行存款”等科目；同时，借记“长期应付款”科目，贷记“非流动资产基金——固定资产”科目。

【例 18－31】 某事业单位融资租入一项经营用设备，确定的设备成本为 900 000 元，合同规定融资租赁价款为 800 000 元，分四次支付租金，每期支付 200 000 元，该设备不需安装，发生运输费 10 000 元，以银行存款支付。

借：固定资产　　900 000

　贷：长期应付款　　800 000

　　非流动资产基金——固定资产　　100 000

支付运输费时：

借：经营支出　　10 000

　贷：银行存款　　10 000

定期支付租金时：

借：经营支出　　20 0000

　　贷：银行存款　　20 0000

同时：

借：长期应付款　　200 000

　　贷：非流动资产基金——固定资产　　200 000

(5)接受捐赠、无偿调入固定资产的核算

接受捐赠、无偿调入的固定资产，按照确定的固定资产成本，借记“固定资产”科目(不需安装)或“在建工程”科目(需安装)，贷记“非流动资产基金——固定资产、在建工程”科目；按照发生的相关税费、运输费等，借记“其他支出”科目，贷记“银行存款”等科目。

【例18—32】 某事业单位接受捐赠一固定资产(不需安装)，收到捐赠单位的发票，记载金额为80 000元，发生运费2 000元，已通过银行存款支付。

借：固定资产　　80 000

　　贷：非流动资产基金——固定资产　　80 000

借：其他支出　　2 000

　　贷：银行存款　　2 000

2. 固定资产折旧的核算

根据2013年1月1日起执行的《事业单位会计制度》的要求，事业单位应当对固定资产计提折旧。折旧是指在固定资产使用寿命内，按照确定的方法对应折旧金额进行系统分摊。有关说明如下：

第一，事业单位应当根据固定资产的性质和实际使用情况，合理确定其折旧年限。省级以上财政部门、主管部门对事业单位固定资产折旧年限做出规定的，从其规定。

第二，事业单位一般应当采用年限平均法或工作量法计提固定资产折旧。

第三，事业单位固定资产的应折旧金额为其成本，计提固定资产折旧不考虑预计净残值。

第四，事业单位一般应当按月计提固定资产折旧。当月增加的固定资产，当月不提折旧，从下月起计提折旧；当月减少的固定资产，当月照提折旧，从下月起不提折旧。

第五，固定资产提足折旧后，无论能否继续使用，均不再计提折旧；提前报废的固定资产，也不再补提折旧。已提足折旧的固定资产，可以继续使用的，应当继续使用，规范管理。

第六，计提融资租入固定资产折旧时，应当采用与自有固定资产相一致的折旧政策。能够合理确定租赁期届满时将会取得租入固定资产所有权的，应当在租入固定资产尚可使用年限内计提折旧；无法合理确定租赁期届满时能够取得租入固定资产所有权的，应当在租赁期与租入固定资产尚可使用年限两者中较短的期间内计提折旧。

第七，固定资产因改建、扩建或修缮等原因而延长其使用年限的，应当按照重新确定的固定资产的成本以及重新确定的折旧年限，重新计算折旧额。

为了核算固定资产的折旧，需要设置“累计折旧”科目进行核算。计提折旧时，登记本科目的贷方；处置固定资产而使固定资产减少时，同时减少该固定资产的折旧，登记在该科目的借方；期末贷方余额，反映事业单位计提的固定资产折旧累计数。本科目应当按照所对应固定资产的类别、项目等进行明细核算。

(1)事业单位计提折旧的固定资产

事业单位应当对除下列各项资产以外的其他固定资产计提折旧：

①文物和陈列品；

②动植物；

③图书、档案；

④以名义金额计量的固定资产。

(2)事业单位固定资产折旧的核算

事业单位固定资产折旧采用年限平均法及工作量法。

①年限平均法。年限平均法又称直线法，是指将固定资产的应计提折旧总额均衡地分摊到固定资产预计使用寿命内的一种方法。其计算公式为：

年折旧率＝1÷预计使用寿命(年)×100%

年折旧额＝固定资产原值×年折旧率

月折旧率＝年折旧率÷12

月折旧额＝固定资产原值×月折旧率

或：

每期折旧额＝固定资产原价÷使用期数

【例 18－33】 某事业单位一项固定资产原值为 240 万元，预计使用 20 年，固定资产按年限平均法计提折旧。则：

月折旧额＝240÷(12×20)＝1(万元)

借：非流动资产基金——固定资产	10 000	
贷：累计折旧		10 000

②工作量法。工作量法是将固定资产的应计折旧额在固定资产预计总工作量中平均分摊的一种折旧计提方法。其计算公式如下：

单位工作量的折旧额＝固定资产原价÷预计总工作量

某项固定资产月折旧额＝该固定资产当月工作量×单位工作量折旧额

【例 18－34】 某事业单位有载货汽车一辆，原值 100 000 元，预计总行驶里程为 100 万千米，10 月份行驶 10 000 千米。该辆载货汽车的单位折旧额和本月的折旧额为：

单位折旧额＝100 000÷1 000 000＝0.1(元/千米)

10 月份折旧额＝10 000×0.1＝1 000(元)

借：非流动资产基金——固定资产	1 000	
贷：累计折旧		1 000

(四)固定资产的后续支出

固定资产的后续支出是指固定资产投入使用以后发生的与固定资产使用效能、使用状态直接相关的各种支出，如固定资产的改建、扩建、修缮、改良、修理、重装等事项发生的支出。与固定资产有关的后续支出，应分别以下情况处理：

(1)为增加固定资产使用效能或延长其使用年限而发生的改建、扩建或修缮等后续支出，应当计入固定资产成本，通过“在建工程”科目核算，完工交付使用时转入“固定资产”科目。有关账务处理参见“在建工程”科目。

(2)为维护固定资产的正常使用而发生的日常修理等后续支出，应当计入当期支出，但不计入固定资产成本，借记“事业支出”“经营支出”等科目，贷记“财政补助收入”“零余额账户用款额度”“银行存款”等科目。

【例 18—35】 某事业单位对现有的专用设备进行日常维护，维护过程中领用材料一批，价值 5 000 元，应支付维护人员工资 2 000 元；不考虑其他相关税费。

借：事业支出　　7 000

　　贷：存货——材料　　5 000

　　　　应付职工薪酬　　2 000

(五)固定资产的处置

事业单位固定资产的处置，包括出售、无偿调出、对外捐赠固定资产或以固定资产对外投资。事业单位处置固定资产应当按照国家有关规定办理，并经主管部门审批同意后报同级财政部门审批。事业单位固定资产的处置应当分别以下情况处理：

(1)出售、无偿调出、对外捐赠固定资产，转入待处置资产时，按照待处置固定资产的账面价值，借记“待处置资产损溢”科目；按照已计提折旧，借记“累计折旧”科目；按照固定资产的账面余额，贷记“固定资产”科目。

实际出售、调出、捐出时，按照处置固定资产对应的非流动资产基金，借记“非流动资产基金——固定资产”科目，贷记“待处置资产损溢”科目。

出售固定资产过程中取得价款、发生相关税费，以及出售价款扣除相关税费后的净收入，借记“银行存款”等科目，贷记“待处置资产损溢——处置净收入”科目；处置过程中发生的相关税费，按照实际发生的金额，借记“待处置资产损溢——处置净收入”科目，贷记“银行存款”等科目；按照国家规定，将净收入上缴国家时，借记“待处置资产损溢——处置净收入”科目，贷记“应缴国库款”科目。

(2)以固定资产对外投资，按照评估价值加上相关税费作为投资成本，借记“长期投资”科目，贷记“非流动资产基金——长期投资”科目；按照发生的相关税费，借记“其他支出”科目，贷记“银行存款”“应交税费”等科目；同时，按照投出固定资产对应的非流动资产基金，借记“非流动资产基金——固定资产”科目；按照投出固定资产已计提折旧，借记“累计折旧”科目；按照投出固定资产的账面余额，贷记“固定资产”科目。

【例 18—36】 某事业单位报主管部门审批后，将一批不需用的计算机捐出。该批计算机账面价值 200 000 元，已提折旧 80 000 元。

借：待处置资产损溢　　1 20 000

　　累计折旧　　80 000

　　贷：固定资产——专用设备——××计算机　　200 000

(六)固定资产的清查盘点

事业单位的固定资产应当定期进行清查盘点，每年至少盘点一次。对于发生的固定资产盘盈、盘亏或者报废、毁损，应当及时查明原因，按规定报经批准后进行账务处理。

(1)盘盈的固定资产，按照同类或类似固定资产的市场价格确定入账价值；同类或类似固定资产的市场价格无法可靠取得的，按照名义金额入账。

盘盈的固定资产，按照确定的入账价值，借记“固定资产”科目，贷记“非流动资产基金——固定资产”科目。

(2)盘亏或者毁损、报废的固定资产，转入待处置资产时，按照待处置固定资产的账面价值，借记“待处置资产损溢”科目；按照已计提折旧，借记“累计折旧”科目；按照固定资产的账面余额，贷记“固定资产”科目。

报经批准予以处置时，按照处置固定资产对应的非流动资产基金，借记“非流动资产基金——固定资产”科目，贷记“待处置资产损溢”科目。

处置毁损、报废固定资产过程中所取得的收入、发生的相关费用，以及处置收入扣除相关费用后的净收入的账务处理，参见“待处置资产损溢”科目。

【例 18—37】 某事业单位发生固定资产盘盈、盘亏业务如下：

(1)年终盘点，盘盈设备一台，市场上同类设备的市场价格 30 000 元。

借：固定资产	30 000	
贷：非流动资产基金——固定资产		30 000

(2)年终盘点，发现丢失电脑一台，原价 5 000 元，已计提折旧 2 000 元。经查，该电脑丢失的原因在于使用者保管不当。经批准，由使用的职工赔偿 1 000 元，上缴国库。

发现设备丢失时：

借：待处置资产损溢——处置资产价值	3 000	
累计折旧	2 000	
贷：固定资产		5 000

报经批准后：

借：非流动资产基金——固定资产	3 000	
贷：待处置资产损溢——处置资产价值		3 000
借：其他应收款	1 000	
贷：待处置资产损溢——处置净收入		1 000
借：待处置资产损溢——处置净收入	1 000	
贷：应缴国库款		1 000

四、在建工程

(一)在建工程的内容

在建工程是事业单位为形成固定资产已经发生必要支出，但尚未达到交付使用状态的建设工程，如尚未完工交付使用的新建、改建、扩建、修缮工程和设备安装工程等。

《国有建设单位会计制度》规定，事业单位基本建设投资项目必须按规定单独建账、单独核算。事业单位基本建设投资的会计核算，在执行上述规定的同时，要将基建账的相关数据并入事业单位“大账”，涉及建造及安装的在建工程并入“在建工程”科目核算，并要求至少按月并入“大账”，按规定进行会计核算，以保证会计“大账”及据此编制的会计报表信息的完整性。将基建账套中相关数据并入事业单位会计“大账”时，其记账依据可以为根据基建账套编制的科目发生额汇总表等类似凭证。在建工程应按照实际发生额计量。事业单位为建筑工程借入的专门借款的利息，属于建设期间发生的，计入在建工程成本。

事业单位应设置“在建工程”科目，核算事业单位已经发生必要支出，但尚未完工交付使用的各种建筑(包括新建、改建、扩建、修缮等)和设备安装工程的实际成本。

“在建工程”科目应当按照工程性质和具体工程项目等进行明细核算。期末借方余额，反映事业单位尚未完工的在建工程发生的实际成本。

(二)在建工程的账务处理

(1)将固定资产转入改建、扩建或修缮等时，按照固定资产的账面价值，借记“在建工程”科目，贷记“非流动资产基金——在建工程”科目；同时，按照固定资产对应的非流动资产基金，借记“非流动资产基金——固定资产”科目；按照已计提折旧，借记“累计折旧”科目；按照固定资产的账面余额，贷记“固定资产”科目。

(2)根据工程价款结算账单与施工企业结算工程价款时，按照实际支付的工程价款，借记“在建工程”科目，贷记“非流动资产基金——在建工程”科目；同时，借记“事业支出”等科目，贷记“财政补助收入”“零余额账户用款额度”“银行存款”等科目。

(3)事业单位为建筑工程借入的专门借款的利息，属于建设期间发生的，计入在建工程成本，借记“在建工程”科目，贷记“非流动资产基金——在建工程”科目；同时，借记“其他支出”科目，贷记“银行存款”科目。

(4)工程完工交付使用时，按照建筑工程所发生的实际成本，借记“固定资产”科目，贷记“非流动资产基金——固定资产”科目；同时，借记“非流动资产基金——在建工程”科目，贷记“在建工程”科目。

【例 18－38】 某研究院按支出预算对某实验室进行改建，该实验室账面价值 1 500 000 元，已提折旧 600 000 元，改建支出 200 000 元。该项目资金来源为财政拨款，采用授权支付方式。

(1)将某实验室账面价值转入在建工程时：

借：在建工程——某实验室	900 000	
贷：非流动资产基金——在建工程		900 000
借：非流动资产基金——固定资产	900 000	
累计折旧	600 000	
贷：固定资产——房屋及构筑物——房屋(实验室)		1 500 000

(2)支付工程款时：

借：在建工程	200 000	
贷：非流动资产基金——在建工程		200 000
借：事业支出——项目支出——财政补助支出	200 000	
贷：零余额账户用款额度		200 000

(3)工程完工交付使用时：

借：固定资产——房屋及构筑物——某实验室	1 100 000	
贷：非流动资产基金——固定资产		1 100 000
借：非流动资产基金——在建工程	1 100 000	
贷：在建工程		1 100 000

(三)设备安装的账务处理

(1)购入需要安装的设备，按照确定的成本，借记“在建工程”科目，贷记“非流动资产基金——在建工程”科目；同时，按照实际支付金额，借记“事业支出”“经营支出”等科目，贷记“财政补助收入”“零余额账户用款额度”“银行存款”等科目。

融资租入需要安装的设备，按照确定的成本，借记“在建工程”科目；按照租赁协议或者合同确定的租赁价款，贷记“长期应付款”科目；按照其差额，贷记“非流动资产基金——在建工程”科目。同时，按照实际支付的相关税费、运输费、途中保险费等，借记“事业支出”“经营支出”等科目，贷记“财政补助收入”“零余额账户用款额度”“银行存款”等科目。

(2)发生安装费用，借记“在建工程”科目，贷记“非流动资产基金——在建工程”科目；同时，借记“事业支出”“经营支出”等科目，贷记“财政补助收入”“零余额账户用款额度”“银行存款”等科目。

(3)设备安装完工交付使用时，借记“固定资产”科目，贷记“非流动资产基金——固定资产”科目；同时，借记“非流动资产基金——在建工程”科目，贷记“在建工程”科目。

【例 18－39】 某事业单位以自有资金购置一台专用设备，增值税专用发票上注明价款 300 000 元、增值税 5 1 000 元，支付运费 5 000 元。安装时，支付安装费 20 000 元。一个月后安装调试完毕，交付使用。

(1)购进设备时：

借：在建工程——设备安装——××设备	356 000	
贷：非流动资产基金——在建工程		356 000
借：事业支出——项目支出	356 000	
贷：银行存款		356 000

(2)支付 20 000 元安装费时：

借：在建工程——设备安装——××设备	20 000	
贷：非流动资产基金——在建工程		20 000
借：事业支出——项目支出	20 000	
贷：银行存款		20 000

(3)安装调试完毕，交付使用时：

借：固定资产——专用设备——××设备	376 000	
贷：非流动资产基金——固定资产		376 000
借：非流动资产基金——在建工程	376 000	
贷：在建工程——设备安装——××设备		376 000

五、无形资产

(一)无形资产的内容

无形资产是指事业单位持有的没有实物形态的可辨认非货币性资产，包括专利权、商标权、著作权、土地使用权、非专利技术等。无形资产是事业单位资产的重要组成部分，在事业单位开展各项业务活动中发挥着重要的作用。事业单位购入的不构成相关硬件不可缺少组成部分的应用软件，应当作为无形资产核算。

(二)无形资产的核算

1. 无形资产取得的核算

为反映事业单位对无形资产的增减变动情况，事业单位会计应当设立“无形资产”科目。无形资产应当在受益期内平均摊销，摊销时使用“累计摊销”科目。无形资产在取得时，应当按照其实际成本入账。具体有以下几种情况：

(1)外购的无形资产，其成本包括购买价款、相关税费以及可归属于该项资产达到预定用途所发生的其他支出。

购入的无形资产，按照确定的无形资产成本，借记“无形资产”科目，贷记“非流动资产基金——无形资产”科目；同时，按照实际支付金额，借记“事业支出”等科目，贷记“财政补助收入”“零余额账户用款额度”“银行存款”等科目。

(2)委托软件公司开发软件视同外购无形资产进行处理。

支付软件开发费时，按照实际支付金额，借记“事业支出”等科目，贷记“财政补助收入”“零余额账户用款额度”“银行存款”等科目。软件开发完成交付使用时，按照软件开发费总额，借记“无形资产”科目，贷记“非流动资产基金——无形资产”科目。

(3)自行开发并按法律程序申请取得的无形资产，按照依法取得时发生的注册费、聘请律师费等费用，借记“无形资产”科目，贷记“非流动资产基金——无形资产”科目；同时，借记“事业支出”等科目，贷记“财政补助收入”“零余额账户用款额度”“银行存款”等科目。

依法取得前所发生的研究开发支出，应于发生时直接计入当期支出，借记“事业支出”等科目，贷记“银行存款”等科目。

(4)接受捐赠、无偿调入的无形资产，其成本按照有关凭据注明的金额加上相关税费等确定；没有相关凭据的，其成本比照同类或类似无形资产的市场价格加上相关税费等确定；没有相关凭据、同类或类似无形资产的市场价格也无法可靠取得的，该资产按照名义金额入账。

接受捐赠、无偿调入的无形资产，按照确定的无形资产成本，借记“无形资产”科目，贷记“非流动资产基金——无形资产”科目；按照发生的相关税费等，借记“其他支出”科目，贷记“银行存款”等科目。

【例 18－40】 某事业单位外购一项专利权，价款 100 000 元，以银行存款支付。

借：无形资产——专利权　　100 000

　　贷：非流动资产基金——无形资产　　100 000

同时，按照实际支付金额：

借：事业支出　　100 000

　　贷：银行存款　　100 000

2. 无形资产摊销的核算

事业单位应当对无形资产进行摊销，以名义金额计量的无形资产除外。摊销是指在无形资产使用寿命内，按照确定的方法对应摊销金额进行系统分摊。有关说明如下：

第一，事业单位应当按照如下原则确定无形资产的摊销年限：法律规定了有效年限的，按照法律规定的有效年限作为摊销年限；法律没有规定有效年限的，按照相关合同或单位申请书中的受益年限作为摊销年限；法律没有规定有效年限、相关合同或单位申请书也没有规定受益年限的，按照不少于 10 年的期限摊销。

第二，事业单位应当采用年限平均法对无形资产进行摊销。

第三，事业单位无形资产的应摊销金额为其成本。

第四，事业单位应当自无形资产取得当月起，按月计提无形资产摊销。

第五，因发生后续支出而增加无形资产成本的，应当按照重新确定的无形资产成本，重新计算摊销额。

按月计提无形资产摊销时，按照应计提摊销金额，借记“非流动资产基金——无形资产”科目，贷记“无形资产”科目。

【例 18－41】 某事业单位的经营用无形资产本月摊销额为 20 000 元。

借:非流动资产基金——无形资产　　20 000
　　贷:累计摊销——专利权　　20 000

3. 无形资产处置的核算

无形资产处置时,按照所处置无形资产的账面价值,借记“待处置资产损溢”科目;按照已计提摊销,借记“累计摊销”科目;按照无形资产的账面余额,贷记“无形资产”科目。

本章小结

资产是事业单位占有或者使用的能以货币计量的经济资源,包括各种财产、债权和其他权利。事业单位的资产,是事业单位开展业务活动的物质基础,能为事业单位带来经济利益或者服务潜力。事业单位的资产可以分为流动资产、对外投资、固定资产、无形资产,具体包括“库存现金”“银行存款”“零余额账户用款额度”“短期投资”“财政应返还额度”“应收票据”“应收账款”“预付账款”“其他应收款”“存货”“长期投资”“固定资产”“累计折旧”“在建工程”“无形资产”“累计摊销”“待处置资产损溢”17 个会计科目。

练习题

一、单项选择题

1. 下列关于无形资产在取得时的账务处理的说法中,错误的是(　　)。
A. 无形资产在取得时,应当按照其公允价值入账
B. 委托软件公司开发软件视同外购无形资产进行处理
C. 外购的无形资产,其成本包括购买价款、相关税费及可归属于该项资产达到预定用途所发生的其他支出
D. 购入的无形资产,按照确定的无形资产成本,借记“无形资产”科目,贷记“非流动资产基金——无形资产”科目

2. 下列关于“无形资产”科目的说法中,错误的是(　　)。
A. 本科目核算事业单位无形资产的原价
B. 本科目按照无形资产类别、项目等进行明细核算
C. 事业单位购入的不构成相关硬件不可缺少组成部分的应用软件,不应作为无形资产核算
D. 无形资产是指事业单位持有的没有实物形态的可辨认非货币性资产,包括专利权、商标权、著作权、土地使用权、非专利技术等

3. 下列关于“在建工程”科目的说法中,错误的是(　　)。
A. 本科目应当按照工程性质和具体工程项目进行明细核算
B. 本科目期末借方余额,反映事业单位尚未完工的在建工程发生的实际成本
C. 事业单位的基本建设投资应当按照国家有关规定单独建账、单独核算,同时按照本制度的规定至少按季度并入本科日及其他相关科日反映
D. 本科目核算事业单位已经发生必要支出,但尚未完工交付使用各种建筑(包括新建、改建、扩建、修缮等)和设备安装工程的实际成本

4. 下列关于应收账款的说法中,错误的是(　　)。
A. 逾期 3 年且有确凿证据表明确实无法收回的应收账款,按规定报经批准后予以核销

B. 核销的应收账款应在备查簿中保留登记

C. 按照待核销的应收账款金额，借记“待处置资产损溢”科目，贷记“应收账款”科目

D. 报经批准予以核销时，借记“事业支出”科目，贷记“待处置资产损溢”科目

5. 2015 年 1 月 1 日，某事业单位购买 3 个月到期的国债，购买金额为 20 000 元，票面利率为 4%，一次还本付息。购买时涉及的会计科目为（　　）。

A.“短期投资”　　B.“长期股权投资”　　C.“长期投资”　　D.“交易性金融资产”

6. 下列关于事业单位存货的清查盘点的说法中，错误的是（　　）。

A. 盘盈的存货，通过“待处置资产损溢”科目核算，经过批准之后，转入“其他收入”科目

B. 报废的存货，按照待处置存货的账面余额，借记“待处置资产损溢”科目，贷记“存货”科目

C. 报废的存货，报经批准予以处置时，借记“其他支出”科目，贷记“待处置资产损溢”科目

D. 盘盈的存货，按照确定的入账价值，借记“存货”科目，贷记“其他收入”科目

7. 2015 年 1 月 1 日，某事业单位以银行存款购入 5 年期国债 20 000 元，年利率为 5%，按年分期付息，到期还本，付息日为每年 7 月 1 日，最后一年偿还本金并最后一次付息。购入国债的分录为（　　）。

A. 借：长期投资　　20 000
　　贷：银行存款　　20 000

B. 借：长期投资　　20 000
　　贷：银行存款　　20 000
　借：事业基金　　20 000
　　贷：非流动资产基金——长期投资　　20 000

C. 借：短期投资　　20 000
　　贷：银行存款　　20 000

D. 借：短期投资　　20 000
　　贷：银行存款　　20 000
　借：事业基金　　20 000
　　贷：非流动资产基金——短期投资　　20 000

二、多项选择题

1. 关于事业单位长期投资持有期间的会计处理，下列说法中正确的是（　　）。

A. 在持有期间应采用成本法核算，除非追加（或收回）投资，其账面价值一直保持不变

B. 在持有期间视情况不同分别采用成本法或权益法核算

C. 收到利润或者利息时，确认其他收入——投资收益

D. 收到利润或者利息时，应增加非流动资产基金——长期投资

2. 2015 年，某事业单位对其自用材料进行盘点，盘盈乙材料 5 件，同类材料每件单价为 234 元；盘亏丙材料 30 件，每件单价 117 元。盘亏的材料报经批准予以处置。相关的会计分录正确的是（　　）。

A. 盘盈的乙材料：
　借：存货　　1 170
　　贷：待处置资产损溢　　1 170

B. 盘盈的乙材料，予以处置时：
　借：待处置资产损溢　　1 170
　　贷：其他收入　　1 170

C. 盘亏的丙材料：
　借：待处置资产损溢　　3 510
　　贷：存货　　3 510

D. 盘亏的丙材料，予以处置时：

借：其他支出　　3 510

　　贷：待处置资产损溢　　3 510

3. 某研究所于 2015 年 2 月 1 日根据经过批准的部门预算和用款计划，为进行研究向主管财政部门申请财政授权支付用款额度 50 万元。3 月 10 日，经过审核后，采用财政授权支付方式下达了 45 万元用款额度。3 月 15 日，研究所收到了代理银行转来的“财政授权支付到账通知书”。用此款项于 4 月 1 日购买研究设备一台，价款 20 万元。下列处理中正确的是(　　)。

A. 2015 年 2 月 1 日应确认财政补助收入 50 万元

B. 2015 年 3 月 15 日应增加零余额账户用款额度 45 万元

C. 2015 年 4 月 1 日增加固定资产 20 万元

D. 2015 年 4 月 1 日增加事业支出 20 万元

4. 2015 年 6 月 1 日，某事业单位使用财政项目补助资金购入一项专利权，价款为 600 000 元，以财政授权支付方式支付，月末进行计提该专利权摊销额 5 000 元。下列会计处理中正确的是(　　)。

A. 购入专利权时：

借：无形资产　　600 000

　　贷：非流动资产基金——无形资产　　600 000

B. 购入专利权时：

借：事业支出　　600 000

　　贷：零余额账户用款额度　　600 000

C. 计提累计摊销时

借：非流动资产基金——无形资产　　5 000

　　贷：累计摊销　　5 000

D. 计提累计摊销时

借：事业支出　　5 000

　　贷：累计摊销　　5 000

5. 事业单位的货币资金包括(　　)。

A. 库存现金　　B. 银行存款

C. 零余额账户用款额度　　D. 其他货币资金

6. 下列关于事业单位“短期投资”科目的说法中，正确的是(　　)。

A. 该科目借方反映事业单位实际取得的短期投资

B. 该科目贷方反映因出售或到期收回而减少的短期投资

C. 该科目期末借方余额反映事业单位持有的短期投资的实际成本

D. 该科目期末无余额

7. 对接受捐赠、无偿调入的固定资产，关于其计量金额的确定，下列说法中正确的是(　　)。

A. 应当按照有关凭证注明的金额加上相关税费、运输费等确定

B. 没有相关凭据的，其成本比照同类或类似固定资产的市场价格加上相关税费等确定

C. 同类或类似固定资产的市场价格也无法可靠取得的，所取得的固定资产按照名义金额(即人民币 1 元)入账

D. 同类或类似资产的市场价格也无法可靠取得的不入账

8. 关于事业单位长期投资的取得，下列说法中正确的是(　　)。

A. 以货币资金取得的长期投资，按照实际支付的全部价款(包括购买价款以及税金、手续费等相关税费)作为投资成本

B. 以非现金资产取得的长期投资，按照非现金资产的评估价值加上相关税费作为投资成本

C. 以非现金资产取得的长期投资，按照非现金资产的原账面价值加上相关税费作为投资成本

D. 长期投资增加时，应当相应增加非流动资产基金——长期投资

三、判断题

1. 事业单位可以从单位零余额账户中提取现金以供日常使用。（　）

2. 对于已经实行国库单一账户制度的事业单位，银行存款的内容不包括财政预算资金。（　）

3. 事业单位的固定资产不提折旧。（　）

4. 财政部门对事业单位年终尚未使用或尚未收到的财政直接支付用款额度和财政授权支付用款额度，采用年终注销、次年可以直接继续使用的管理办法。（　）

5. 应收账款是指事业单位因开展业务活动而形成的应向有关单位或个人收取的款项，如研究所的应收医疗款等。（　）

四、综合题

1. 资料：

(1)2015 年 12 月 31 日，甲事业单位财政直接支付指标数与财政直接支付实际支出数之间差额为200 000元。2016 年年初，财政部门恢复了该单位的财政直接支付额度。2016 年 1 月 20 日，该单位以财政直接支付方式购买办公用品物资(属于上年预算指标数)，支付给供应商 80 000 元价款。

(2)某事业单位财政预算拨款实行财政授权支付方式。2015 年 9 月 3 日，该单位收到代理银行盖章的“财政授权支付到账通知书”，通知书中注明月度授权支付额度为 90 000 元。2015 年 9 月份，该事业单位为开展专业业务活动购入材料一批，价值 65 000 元，已全部用于专业业务活动；为开展专业业务活动向劳务供应商支付服务费 25 000 元。

(3)2015 年 12 月 31 日，乙事业单位与代理银行提供对账单核对无误后，将 200 000 万元零余额账户用款额度予以注销。另外，本年度财政授权支付指标数大于零余额账户用款、额度下达数。未下达用款额度为 300 000 万元。2016 年度，乙单位收到代理银行提供的“财政授权支付额度恢复到账通知书”及财政部门批复的上年末未下达零余额账户用款额度。

(4)①某事业单位向乙公司销售产品一批，货款共计 100 000 元，增值税 11 700 元，收到 6 个月期的带息商业汇票一张，该商业汇票面值为 11 700 元，票据年利率为 12%。

②2 个月后，该事业单位因急需资金，将该商业票据向银行贴现，银行贴现年利率为 9%。

要求：根据上述经济业务，编制会计分录。

2. 资料：

(1)某事业单位建造图书馆一座，总造价为 900 万元。为建造图书馆发生借款利息支出 10 万元，其中 6 万元为办理竣工结算前发生的。该图书馆按规定由专项拨款为建造图书馆资金来源。为充实图书馆藏书，开出支票 15 万元购入图书；接收国外捐赠的图书馆设备一套，价值 120 万元。

(2)2015 年 3 月 1 日，某事业单位融资租入专用设备一台，租赁合同确定的租赁价款为 600 万元，分 3 年付清，每年支付 200 万元，第一笔租金于 2016 年 3 月 1 日以银行存款支付，同时以银行存款支付相关税费、运输费、保险费 6 万元。

(3)2015 年 4 月 2 日，某事业单位有一项固定资产使用期满，申请报废。该项固定资产账面余额为 200 万元，按照财务制度规定，该固定资产不计提折旧。经批准予以处置时，该事业单位以银行存款支付清理费用 5 万元，并收到残料变卖收入 7.5 万元，根据国家有关规定，处置净收入应缴入国库，假定不考虑其他相关税费。

(4)2015 年 7 月 1 日，某事业单位以银行存款购入 5 年期国债 100 万元，年利率为 3%，按年分期付息，到期还本，付息日为每年 7 月 1 日，最后一年偿还本金并付最后一次利息。

(5)2015 年 5 月 15 日，某事业单位出资 1 000 万元投资了一家三产企业甲企业，占甲企业 20%的股份。

2015 年年底，甲企业实现利润 100 万元。2016 年 3 月 5 日，甲企业宣告分派利润 50 万元。该事业单位于 2016 年 4 月 20 日收到甲企业分配的利润。

(6)2015 年 6 月，某事业单位使用财政项目补助资金购入一项专利权，价款为 1 000 万元，以财政直接支付的方式支付。6 月 20 日，该事业单位收到“财政直接支付入账通知书”。

(7)2015 年 9 月 18 日，某事业单位将其拥有的一项专利权转让，取得转让收入 200 万元，该专利权账面余额为 18 万元，已计提摊销 1.2 万元。不考虑相关税费，转让净收入按有关规定执行“收支两条线”管理，应先上缴国库。

要求：根据以上经济业务，编制会计分录。

五、简答题

1. 事业单位的资产包括哪些内容？
2. 事业单位应当如何在银行开设存款科目？
3. 事业单位的应收及预付款项包括哪些内容？各自应当如何核算？
4. 事业单位的存货应当如何计价？
5. 什么是短期投资、长期投资？应当如何核算？
6. 什么是固定资产？事业单位的固定资产如何计提折旧？
7. 什么是无形资产？应当如何核算？

第十九章　事业单位负债的核算

学习目标

通过本章的学习，要求明确事业单位负债的含义和具体内容，掌握事业单位各项负债的核算方法。

第一节　事业单位负债概述

一、负债的概念

负债是指事业单位所承担的能以货币计量、需要以资产或劳务偿付的债务。负债是由事业单位过去的经济业务或会计事项形成的现时义务，履行该义务预期会导致事业单位经济利益或者服务潜力的流出。事业单位的负债包括借入款项、应付及预收款项和各种应缴款项等。

二、负债的分类

事业单位的负债按照流动性，分为流动负债和非流动负债。

流动负债，是指预计在1年内(含1年)偿还的负债。事业单位的流动负债包括短期借款、应付及预收款项、应付职工薪酬、应缴款项等。应缴款项包括事业单位收取的应当上缴国库或者财政专户的资金、应交税费，以及其他按照国家有关规定应当上缴的款项。

非流动负债，是指流动负债以外的负债。事业单位的非流动负债包括长期借款、长期应付款等。

三、负债的确认与计量

(一)负债的确认

负债是指事业单位所承担的能以货币计量，需要以资产或者劳务偿还的债务。事业单位的负债包括从金融机构取得的借款，以及在开展业务活动中发生的待结算债务款项。事业单位代行政府职能收取的纳入预算管理的款项，以及按规定收取的纳入财政专户管理的款项，应当上缴国库或财政专户，在应缴未缴时也形成一种负债。

负债要求能以货币形式可靠计量，以资产或劳务偿还。负债是由事业单位过去的经济业务或会计事项形成的现时义务，履行该义务会导致经济利益流出。一般来说，负债只有在与该义务有关的经济利益或服务潜力能够流出单位，且未来流出的经济利益或服务潜力能可靠地计量时予以确认。

(二)负债的计量

事业单位应当按照合同金额或实际发生额的原则进行计量。事业单位有些负债的金额是根据相关合同确定的，如采购货物的应付账款；有些负债是根据实际发生的金额确定的，如各种应缴款等。

四、负债的财务管理

对不同性质的负债实行分类管理，及时清理并按照规定办理结算，保证各项负债在规定期限内归还。事业单位应当建立健全财务风险控制机制，规范和加强借入款项管理，严格执行审批程序，不得违反规定举借债务和提供担保。

第二节　事业单位流动负债的核算

一、短期借款

(一)短期借款的内容

短期借款是指事业单位借入的期限在1年内(含1年)的各种借款。为了核算这类业务，应当设置"短期借款"科目进行核算。该科目的借方登记归还的短期借款；贷方登记借入的短期借款；期末余额在借方，表示尚未归还的短期借款本金。短期借款应当按照贷款单位和贷款种类进行明细核算。

(二)短期借款的核算

(1)借入各种短期借款时，按照实际借入的金额，借记"银行存款"科目，贷记"短期借款"科目。

(2)支付短期借款利息时，借记"其他支出"科目，贷记"银行存款"科目。

(3)归还短期借款时，借记"短期借款"科目，贷记"银行存款"科目。

【例19—1】　某事业单位为满足对资金的需要，从银行借入300 000元，借款期限1年，年利率8%。

借：银行存款	300 000	
贷：短期借款		300 000

【例19—2】　承【例19—1】，该笔借款支付每个季度利息时：

每个季度利息额=300 000×8%÷12×3=6 000(元)

借：其他支出	6 000	
贷：银行存款		6 000

【例19—3】　承【例19—1】，事业单位到期偿还事业借款300 000元。

借：短期借款	300 000	
贷：银行存款		300 000

二、应交税费

(一)应交税费的内容

应交税费是指事业单位按照税法等规定计算应缴纳的各种税费,包括营业税、增值税、城市维护建设税、教育费附加、车船税、房产税、城镇土地使用税、企业所得税等。事业单位代扣代缴的个人所得税,也通过应交税费核算。事业单位应缴纳的印花税不需要预提应交税费,直接通过支出等有关科目核算。

为了核算缴纳税款的业务,应当设置“应交税费”科目。该科目借方登记已经缴纳的税金;贷方登记按税法规定应当缴纳的税款;期末借方余额反映事业单位多缴纳的税费金额,期末贷方余额反映事业单位应缴未缴的税费金额。本科目应当按照应缴纳的税费种类进行明细核算。属于增值税一般纳税人的事业单位,其应交增值税明细账中应设置“进项税额”“已交税金”“销项税额”“进项税额转出”等专栏。

(二)应交税费的核算

(1)发生营业税、城市维护建设税、教育费附加纳税义务的,按税法规定计算的应交税费金额,借记“待处置资产损溢——处置净收入”科目(出售不动产应缴的税费)或有关支出科目,贷记“应交税费”科目。实际缴纳时,借记“应交税费”科目,贷记“银行存款”科目。

(2)属于增值税一般纳税人的事业单位购入非自用材料的,按确定的成本(不含增值税进项税额),借记“存货”科目;按增值税专用发票上注明的增值税税额,借记“应交税费”科目(应交增值税——进项税额);按实际支付或应付的金额,贷记“银行存款”“应付账款”等科目。

属于增值税一般纳税人的事业单位所购进的非自用材料发生盘亏、毁损、报废、对外捐赠、无偿调出等税法规定不得从增值税销项税额中抵扣进项税额的,将所购进的非自用材料转入待处置资产时,按照材料的账面余额与相关增值税进项税额转出金额的合计金额,借记“待处置资产损溢”科目;按材料的账面余额,贷记“存货”科目;按转出的增值税进项税额,贷记“应交税费”科目(应交增值税——进项税额转出)。

属于增值税一般纳税人的事业单位销售应税产品或提供应税服务,按包含增值税的价款总额,借记“银行存款”“应收账款”“应收票据”等科目;按扣除增值税销项税额后的价款金额,贷记“经营收入”等科目;按增值税专用发票上注明的增值税金额,贷记“应交税费”科目(应交增值税——销项税额)。

属于增值税一般纳税人的事业单位实际缴纳增值税时,借记“应交税费”科目(应交增值税——已交税金),贷记“银行存款”科目。

属于增值税小规模纳税人的事业单位销售应税产品或提供应税服务,按实际收到或应收的价款,借记“银行存款”“应收账款”“应收票据”等科目;按实际收到或应收价款扣除增值税税额后的金额,贷记“经营收入”等科目;按应交增值税金额,贷记“应交税费”科目(应交增值税)。实际缴纳增值税时,借记“应交税费”科目(应交增值税),贷记“银行存款”科目。

(3)发生房产税、城镇土地使用税、车船税纳税义务的,按税法规定计算的应交税费数额,借记有关科目,贷记“应交税费”科目。实际缴纳时,借记“应交税费”科目,贷记“银行存款”科目。

(4)发生企业所得税纳税义务的,按税法规定计算的应交税费数额,借记“非财政补助结余分配”科目,贷记“应交税费”科目。实际缴纳时,借记本科目,贷记“银行存款”科目。

【例 19—4】　某事业单位的经营业务实现对外服务收入 20 000 元，按税法规定应按 5% 计征营业税。

借：营业支出　　1 000
　　贷：应交税费　　1 000

【例 19—5】　承【例 19—4】，上述事业单位缴纳营业税 1 000 元，以银行存款支付。

借：应交税费　　1 000
　　贷：银行存款　　1 000

【例 19—6】　2015 年 3 月 10 日，某事业单位（增值税一般纳税人）购入一批非自用的材料一批，增值税发票上记载的材料款为 10 000 元，增值税税款为 1 700 元，材料款及增值税税款均通过银行存款支付。2015 年 3 月 20 日，将该材料出售，售价为 15 000 元，增值税税款为 2 550元，款项尚未收到。

购入材料时：

借：存货——材料　　10 000
　　应交税费——应交增值税（进项税额）　　1 700
　　贷：银行存款　　11 700

销售材料时：

借：应收账款　　17 250
　　贷：经营收入　　15 000
　　　　应交税费——应交增值税（销项税额）　　2 250

【例 19—7】　某事业单位经营业务本年度发生所得税 20 000 元，用银行存款支付。

借：非财政补助结余分配　　20 000
　　贷：应交税费　　20 000

实际缴纳时：

借：应交税费　　20 000
　　贷：银行存款　　20 000

三、应缴国库款

（一）应缴国库款的内容

应缴国库款是指事业单位按规定应缴入国库的款项（应交税费除外），主要包括事业单位代收的纳入预算管理的政府性基金、行政事业性收费收入、罚没收入、无主财物变价收入、赃款和赃物变价收入、其他按照预算管理规定应上缴预算的款项等。事业单位的各种应缴预算款项，属于国家财政性资金，事业单位不能视为已有，应按规定收取并及时、足额上缴财政，不得误入“预算外资金”科目，不得截留、坐支，更不得隐匿不报或挪作他用。应设置“应缴国库款”科目进行核算，并应当按照应缴国库的各款项类别进行明细核算。

（二）应缴国库款的核算

按规定计算确定或实际取得应缴国库的款项时，借记有关科目，贷记“应缴国库款”科目。上缴款项时，借记“应缴国库款”科目，贷记“银行存款”等科目。

【例 19—8】　某事业单位发生如下业务：

（1）收到一项应缴财政预算的行政事业性收费收入 12 000 元，款项已存入银行账户。

借:银行存款　　12 000

　　贷:应缴国库款　　12 000

(2)将收到的应缴预算款 12 000 元通过开户银行上缴财政国库。

借:应缴国库款　　12 000

　　贷:银行存款　　12 000

四、应缴财政专户款

(一)应缴财政专户款的内容

应缴财政专户款是指事业单位按规定应缴入财政专户的款项。应当设置“应缴财政专户款”科目进行核算,并应当按照应缴财政专户的各款项类别进行明细核算。

(二)应缴财政专户款的核算

取得应缴财政专户的款项时,借记有关科目,贷记本科目。上缴款项时,借记本科目,贷记“银行存款”等科目。

【例 19—9】 某事业单位发生如下业务:

(1)收到一项应缴财政专户的款项 10 000 元,款项已存入开户银行。

借:银行存款　　10 000

　　贷:应缴财政专户款　　10 000

(2)该单位按规定时间将上述收取的款项通过开户上缴财政专户。

借:应缴财政专户款　　10 000

　　贷:银行存款　　10 000

五、应付职工薪酬

(一)应付职工薪酬的内容

应付职工薪酬是指事业单位按有关规定应付给职工以及为职工支付的各种薪酬,包括基本工资、绩效工资、国家统一规定的津贴补贴、社会保险费、住房公积金等。应当设置“应付职工薪酬”科目进行核算,根据国家有关规定按照“工资(离退休费)”“地方(部门)津贴补贴”“其他个人收入”“社会保险费”“住房公积金”等进行明细核算。

(二)应付职工薪酬的核算

计算当期应付职工薪酬,借记“事业支出”“经营支出”等科目,贷记本科目。向职工支付工资、津贴补贴等薪酬,借记本科目,贷记“财政补助收入”“零余额账户用款额度”“银行存款”等科目。按税法规定代扣代缴个人所得税,借记本科目,贷记“应交税费——应交个人所得税”科目。按照国家有关规定缴纳职工社会保险费和住房公积金,借记本科目,贷记“财政补助收入”“零余额账户用款额度”“银行存款”等科目。从应付职工薪酬中支付其他款项,借记本科目,贷记“财政补助收入”“零余额账户用款额度”“银行存款”等科目。本科目期末贷方余额,反映事业单位应付未付的职工薪酬。

【例 19—10】 某事业单位发生如下业务:

(1)按照国家统一规定,计算出应向在职人员发放的基本工资 130 000 元,应向退休人员发放的退休费 51 000 元。

借：事业支出　　181 000

　　贷：应付职工薪酬——工资（离退休费）——在职人员　　130 000

　　　　　　　　　　　　　　　　　　　——退休人员　　51 000

（2）按照国家统一规定，通过财政零余额账户向在职人员发放工资130 000元，向退休人员发放退休费51 000元。

借：应付职工薪酬——工资（离退休费）——在职人员　　130 000

　　　　　　　　　　　　　　　　　——退休人员　　51 000

　　贷：财政补助收入　　181 000

（3）按照国家规定，发给在职出差人员伙食补助费1 000元，市内交通费200元。款项以现金支付。

借：事业支出　　1 200

　　贷：应付职工薪酬——其他个人收入——在职人员　　1 200

同时：

借：应付职工薪酬——其他个人收入——在职人员　　1 200

　　贷：库存现金　　1 200

六、应付及预收款项

（一）应付及预收款项的内容

应付及预收款项是指事业单位在开展业务活动中发生的各项债务，包括应付票据、应付账款、其他应付款等应付款项和预收账款。

1. 应付票据

应付票据是事业单位对外发生债务时所开出、承兑的商业汇票，包括银行承兑汇票和商业承兑汇票。按照国家有关规定，单位之间只有在商品交易的情况下，才能使用商业汇票结算方式。

2. 应付账款

应付账款是事业单位因购买材料、物资或接受劳务供应而应付给供应单位的款项，是买卖双方在购销活动中由于取得材料、物资及提供劳务与支付货款在时间上不一致而产生的负债。

3. 预收账款

预收账款是事业单位按照合同规定向购货单位或接受劳务单位预收的款项。这些预收的款项需要事业单位在一定时间内以交付货物或提供劳务的方式来予以偿付。

4. 其他应付款

其他应付款是事业单位除了应付票据、应收账款和预收账款等意外发生的应付、暂收其他单位或个人的款项，如租入固定资产的租金、存入保证金以及应付个人缴存的住房公积金、医疗保险等。

（二）应付及预收款项的核算

事业单位会计应当设置“应付票据”“应付账款”“预收账款”“其他应付款”等科目，核算在结算过程中产生的债务。

【例19－11】 某事业单位（一般纳税人）购买一批材料，材料价款为5 000元，增值税税款为850元，开出一张不带息商业承兑汇票，面额为5 850元，期限为3个月。材料已经入库。

借：存货——材料　5 000

　应交税费——应交增值税（进项税额）　850

　贷：应付票据　5 850

【例 19—12】 某实行内部成本核算的事业单位（该单位为小规模纳税人）购买材料，开出不带息的银行承兑汇票一张，票面金额为 200 000 元，用银行存款支付承兑手续费 200 元。

购买材料时：

借：存货——材料　200 000

　贷：应付票据　200 000

支付承诺手续费时：

借：经营支出　200

　贷：银行存款　200

【例 19—13】 某事业单位购买材料一批，材料价款为 8 000 元，增值税税款为 1 360 元，材料已经验收入库，款项尚未支付。

借：存货——材料　8 000

　应交税费——应交增值税（进项税额）　1 360

　贷：应付账款　9 360

【例 19—14】 承【例 19—13】，该事业单位以银行存款支付上述购买材料所欠款项。

借：应付账款　9 360

　贷：银行存款　9 360

【例 19—15】 某事业单位按协议规定向甲单位提供技术服务，预先收取技术服务费 50 000元，款项已经收到并存入银行。

借：银行存款　50 000

　贷：预收账款　50 000

【例 19—16】 承【例 19—15】，该事业单位提供技术服务完毕，经结算，甲单位应支付技术服务费 40 000 元，该事业单位已将多收的款项退还甲单位。

借：预收账款　50 000

　贷：经营收入　40 000

　　银行存款　10 000

第三节　事业单位非流动负债的核算

一、长期借款

(一)长期借款的内容

长期借款是指事业单位借入的期限超过 1 年（不含 1 年）的各种借款。应设置"长期借款"科目进行核算，按照贷款单位和贷款种类进行明细核算。对于基建项目借款，还应按具体项目进行明细核算。

(二)长期借款的核算

借入各项长期借款时,按照实际借入的金额,借记“银行存款”科目,贷记“长期借款”科目。为购建固定资产支付的专门借款利息,分别以下情况处理:属于工程项目建设期间支付的,计入工程成本,按照支付的利息,借记“在建工程”科目,贷记“非流动资产基金——在建工程”科目;同时,借记“其他支出”科目,贷记“银行存款”科目。属于工程项目完工交付使用后支付的,计入当期支出但不计入工程成本,按照支付的利息,借记“其他支出”科目,贷记“银行存款”科目。归还长期借款时,借记本科目,贷记“银行存款”科目。期末贷方余额,反映事业单位尚未偿还的长期借款本金。

【例 19—17】 2015 年 1 月 1 日,某事业单位为满足对资金的需要,从银行借入 300 000 元,借款期限为 3 年,年利率为 8%。

借:银行存款　　300 000

　　贷:长期借款　　300 000

【例 19—18】 承【例 19—17】,2015 年年末支付利息时:

每年利息额=300 000×8%=24 000(元)

借:其他支出　　24 000

　　贷:银行存款　　24 000

【例 19—19】 承【例 19—17】,事业单位到期偿还事业借款 300 000 元。

借:长期借款　　300 000

　　贷:银行存款　　300 000

二、长期应付款的核算

长期应付款是事业单位在业务活动中发生的偿还期限超过 1 年(不含 1 年)的应付款项,如以融资租赁租入固定资产的租赁费、跨年度分期付款购入固定资产的价款等。

事业单位应设置“长期应付款”科目,核算事业单位发生的偿还期限超过 1 年(不含 1 年)的应付款项。本科目应当按照长期应付款的类别以及债权单位(或个人)进行明细核算。期末贷方余额,反映事业单位尚未支付的长期应付款。长期应付款的主要账务处理如下:

(1)发生长期应付款时,借记“固定资产”“在建工程”等科目,贷记“长期应付款”科目;按其差额,贷记“非流动资产基金”等科目。

(2)支付长期应付款时,借记“事业支出”“经营支出”等科目,贷记“银行存款”等科目;同时,借记“长期应付款”科目,贷记“非流动资产基金”科目。

(3)无法偿付或债权人豁免偿还的长期应付款,借记“长期应付款”科目,贷记“其他收入”科目。

【例 19—20】 某事业单位 2015 年经批准融资租入不需要安装设备一台,租赁协议价款 1 000 000元,每年年底付款 1 00 000 元,10 年支付所有款项。

(1)融资租入设备时:

借:固定资产　　1 000 000

　　贷:长期应付款——应付融资租赁款　　1 000 000

(2)年底及以后每年年底付款时:

借:长期应付款——应付融资租赁款 100 000
　贷:非流动资产基金——固定资产 100 000

同时:

借:事业支出——项目支出 100 000
　贷:银行存款 100 000

本章小结

负债是指事业单位所承担的能以货币计量、需要以资产或劳务偿付的债务。负债是由事业单位过去的经济业务或会计事项形成的现时义务,履行该义务预期会导致事业单位经济利益或者服务潜力的流出。事业单位的负债包括借入款项、应付及预收款项和各种应缴款项等。

短期借款是指事业单位借入的期限在1年内(含1年)的各种借款。为了核算这类业务,应当设置"短期借款"科目进行核算。该科目借方登记归还的短期借款;贷方登记借入的短期借款;期末余额在借方,表示尚未归还的短期借款本金。短期借款应当按照贷款单位和贷款种类进行明细核算。

应缴款项是指事业单位应缴未缴的各种款项,包括应当上缴国库或者财政专户的款项、应交税费,以及其他按照国家有关规定应当上缴的款项。

应付职工薪酬是指事业单位按有关规定应付给职工以及为职工支付的各种薪酬,包括基本工资、绩效工资、国家统一规定的津贴补贴、社会保险费、住房公积金等。应当设置"应付职工薪酬"科目进行核算,根据国家有关规定按照"工资(离退休费)""地方(部门)津贴补贴""其他个人收入""社会保险费""住房公积金"等进行明细核算。

应付及预收款项是指事业单位在开展业务活动中发生的各项债务,包括应付票据、应付账款、其他应付款等应付款项和预收账款。

长期借款是指事业单位借入的期限超过1年(不含1年)的各种借款。应设置"长期借款"科目进行核算,按照贷款单位和贷款种类进行明细核算。对于基建项目借款,还应按具体项目进行明细核算。

练习题

一、单项选择题

1. 某事业单位根据经过批准的部门预算和用款计划,向同级财政申请支付本月的水电费,财政部门经审核后,以财政直接支付的方式向自来水公司支付了该单位的水电费。则该事业单位进行会计处理时,贷方应记入(　　)科目。

A."财政补助收入"　B."银行存款"　C."应缴国库款"　D."应缴款项"

2. 无法偿付或债权人豁免偿还的应付账款,应转入(　　)科目。

A."其他收入"　B."经营收入"　C."事业收入"　D."事业基金"

3. 关于事业单位长期应付款的账务处理,下列表述中错误的是(　　)。

A. 发生长期应付款时,借记"固定资产"等科目,贷记本科目、"非流动资产基金"等科目

B. 支付长期应付款时，借记“事业支出”“经营支出”科目，贷记“银行存款”科目

C. 支付长期应付款时，借记“其他支出”科目，贷记“银行存款”科目

D. 支付长期应付款时，还应同时借记“长期应付款”科目，贷记“非流动资产基金”科目

4. 2015 年 6 月，甲事业单位为了开展非独立核算的经营业务，发放人员工资 300 000 元，奖金 100 000 元，按照规定应代扣代缴个人所得税 10 000 元，该单位通过转账方式支付薪酬并上缴代扣的个人所得税。下列表述中正确的是（　　）。

A. 计算应付职工薪酬金额时，不应包含奖金金额　B. 代扣代缴所得税费用应记在“其他应付款”科目

C. 实际承担的职工薪酬为 400 000 元　D. 计算应付职工薪酬时应计入事业支出

5. 下列关于“长期借款”科目的说法中，错误的是（　　）。

A. 本科目期末贷方余额反映事业单位尚未偿还的长期借款本金

B. 本科目应当按照贷款单位和贷款种类进行明细核算，对于基建项目借款，还应按具体项目进行明细核算

C. 本科目核算事业单位借入的期限超过 1 年（不含 1 年）的各种借款

D. 为购建固定资产支付的专门借款利息，属于工程项目建设期间支付的，计入当期支出但不计入工程成本

二、多项选择题

1. 下列属于事业单位长期应付款的是（　　）。

A. 融资租赁租入固定资产的租赁费　B. 跨年度分期付款购入固定资产的价款

C. 租入包装物暂付的押金　D. 暂付给企业有关部门和个人周转使用的款项

2. 下列属于事业单位应付职工薪酬的是（　　）。

A. 基本工资　B. 绩效工资　C. 社会保险费　D. 住房公积金

3. 关于应缴款项，下列表述中正确的是（　　）。

A.“应缴款项”科目期末无余额

B.“应交税费”科目期末贷方余额表示事业单位应缴未缴的税费金额

C.“应缴国库款”科目期末贷方余额表示事业单位应缴入国库但尚未缴纳的款项

D.”应缴财政专户款“科目期末贷方余额表示事业单位应缴入财政专户但尚未缴纳的款项

4. 下列关于“长期应付款”科目的说法中，正确的有（　　）。

A. 本科目期末贷方余额反映事业单位尚未偿还的长期应付款

B. 本科目应当按照长期应付款的类别以及债权人（或单位）进行明细核算

C. 本科目核算事业单位发生的偿还期限超过 1 年（不含 1 年）的应付款项，如以融资租赁注入固定资产的租赁费、跨年度分期购入的固定资产价款等

D. 无法偿付或债权人豁免偿还的长期应付款，借记本科目，贷记“事业收入”科目。

5. 事业单位应缴款项包括（　　）。

A. 应缴国库款　B. 应缴财政专户款

C. 应交税费　D. 其他按国家规定上缴的款项

三、判断题

1. 事业单位的借入款项，包括长期借款与短期借款。（　　）

2. 应交税费是指事业单位按照税法等规定计算应缴纳的各种税费，包括营业税、增值税、城市维护建设税、教育费附加、车船税、房产税、城镇土地使用税、企业所得税等。（　　）

3. 与行政单位相同，事业单位也不存在应交税费的核算内容。（　　）

4. 应缴国库款主要包括事业单位代收的纳入预算管理的政府性基金、行政事业性收费收入、罚没收入、

无主财物变价收入、赃款和赃物变价收入、其他按照预算管理规定应上缴预算的款项等。 （ ）

5. 与行政单位相同，事业单位不存在应缴财政专户款的核算内容。 （ ）

四、综合题

1. 资料：

（1）某事业单位 2015 年 5 月转让一项专利权，该项无形资产原账面价值为 15 万元，已提取摊销额 6 万元，取得转让收入 100 000 元。款项已存入银行。按照有关税收法规的规定，该项收入应当缴纳营业税，税率为 5%。假定按税额 7%和 3%分别征收城市维护建设税和教育附加。

（2）某事业单位发放职工薪酬业务的有关账务处理如下：

①代发工资。根据银行盖章转回的工资发放明细表，发放基本工资总额 300 000 元，转入个人账户工资总额 270 000 元，代扣住房公积金 30 000 元，单位配套补贴住房公积金 30 000 元。款项已通过财政直接支付转入个人账户和住房公积金个人账户。

②支付退休人员工资 120 000 元，以零余额账户转账。

③从零余额账户向工会账户划拨工会经费 10 000 元。

要求：根据以上经济业务，编制会计分录。

2. 资料：

（1）某事业单位购入一幢办公楼，价值 1 500 000 元。根据购买合同约定，事业单位将扣除 20%的价款作为质量保证金，扣留时间为 18 个月。

①在办公楼交付使用时，事业单位通过银行转账向房地产开发商支付购房款 1 200 000 元，其余 300 000 元作为扣留质量保证金。房地产开发商为事业单位开具了全款发票。

②办公楼质量保证期满后，事业单位通过银行账户向房地产开发商支付 300 000 元扣留的质量保证金。

（2）某事业单位根据专业业务发展的需要，以分期付款方式购入检测设备一台。根据购买合同，检测设备价款为 72 000 元，设备款分 2 年支付。

①事业单位收到检测设备。该设备不需要安装，事业单位在取得该设备时通过零余额账户转账支付运费 500 元。

②事业单位根据购买合同约定，通过零余额账户转账支付检测设备的第一笔款项 36 000 元。

（3）某事业单位采用融资租入的方式向某公司租入专用设备一台，按租赁协议规定，设备的价款为 250 000元，每年付租金 50 000 元，分 5 年付清。当付清最后一笔租金后，该事业单位可以 5 000 元优惠价格购买该专用设备。租入该专用设备时，发生运杂费、安装费等 2 000 元，以银行存款支付。

要求：根据以上经济业务，编制会计分录。

五、简答题

1. 事业单位的负债包括哪些内容？

2. 事业单位的应付及预收款项包括哪些内容？各自应当如何核算？

3. 什么是事业单位的应交税费？应当如何核算？

第二十章　事业单位净资产的核算

学习目标

通过本章的学习，要求重点掌握净资产的概念和具体核算内容，以及各项净资产的核算方法。

净资产是指事业单位资产扣除负债后的余额，包括事业基金、非流动资产基金、专用基金、财政补助结转结余、非财政补助结转结余等。

第一节　事业单位事业基金的核算

一、事业基金的内容

事业基金是事业单位拥有的非限定性质的净资产，主要为非财政补助结余扣除结余分配后滚存的金额。所谓非限定，是指在使用上无时间或用途的限定。事业单位开展各项业务活动，必须有一定的资金做保障，事业基金是事业单位最基本的基金，主要用于事业单位的日常业务活动，平衡日常的收入与支出，弥补日常资金的不足，保证事业单位的正常运转。事业单位的各项基金按是否存在限制，分为限定性基金和非限定性基金两种。限定性基金只能在规定的时间内使用，或限定用于规定的使用方向。事业单位的非流动资产基金和专用基金属于限定性基金，事业基金则是一种非限定性基金，不限制基金的时间或用途，可以根据事业单位的需要灵活运用。

事业单位的事业基金主要来源于非财政补助结余资金的转入。年终结余分配后，需要将本年度非财政补助结余的余额转入事业基金。已经完成的非财政补助专项资金有剩余，若按规定留归本单位使用，也应当转入事业基金。

二、事业基金的核算

事业单位应当设置“事业基金”科目，核算事业单位拥有的非限定性质的净资产。本科目期末贷方余额，反映事业单位历年积存的非限定性净资产金额。事业基金的主要账务处理如下：

(1)年末，将“非财政补助结余分配”科目余额转入事业基金，借记“非财政补助结余分配”

科目，贷记“事业基金”科目。将留归本单位使用的非财政补助专项（项目已完成）剩余资金转入事业基金，借记“非财政补助结转——××项目”科目，贷记“事业基金”科目。

（2）以货币资金取得长期投资，在确认长期投资的同时，按照投资成本金额，借记“事业基金”科目，贷记“非流动资产基金——长期投资”科目。对外转让或到期收回长期债券投资本息，在确认收回长期投资成本和投资收益的同时，按照收回长期投资对应的非流动资产基金，借记“非流动资产基金——长期投资”科目，贷记“事业基金”科目。

（3）事业单位发生需要调整以前年度非财政补助结余的事项，通过“事业基金”科目核算。

【例 20－1】 年末，某事业单位按规定提取职工福利基金后，“非财政补助结余分配”科目贷方余额 186 000 元，按规定转入事业基金。

借：非财政补助结余分配　　186 000

　　贷：事业基金　　186 000

【例 20－2】 某事业单位以货币资金进行一项长期股权投资。根据投资协议，事业单位将银行存款 1 50 000 元转入被投资单位。

借：长期投资——长期股权投资　　150 000

　　贷：银行存款　　150 000

同时：

借：事业基金　　150 000

　　贷：非流动资产基金——长期投资　　150 000

【例 20－3】 某事业单位在对上一年度报表审计时发现，经营业务的一项预收账款 5 000 元，已经提供了相应的服务，但会计人员未将其转为经营收入。

借：预收账款——某单位　　5 000

　　贷：事业基金　　5 000

第二节　非流动资产基金的核算

一、非流动资产基金的内容

非流动资产基金是事业单位非流动资产占用的金额，反映事业单位非流动资产的净额。为兼顾预算管理和财务管理的需求，事业单位的非流动资产在取得时其成本已经一次性计入了当期支出，但此时这些资产尚未耗用，其对应的价值计入非流动资产基金，待资产计提折旧、摊销和处置时，再冲销该资产对应的非流动资产基金。

事业单位的非流动资产包括长期投资、固定资产、在建工程、无形资产等，非流动资产基金即上述资产所对应的资产净额。

二、非流动资产基金的核算

事业单位应当设置“非流动资产基金”科目，核算事业单位长期投资、固定资产、在建工程、无形资产等非流动资产占用的金额。本科目应当设置“长期投资”“固定资产”“在建工程”“无形资产”等明细科目，进行明细核算。本科目期末贷方余额，反映事业单位非流动资产占用的金额。非流动资产基金的主要账务处理如下：

（1）非流动资产基金应当在取得长期投资、固定资产、在建工程、无形资产等非流动资产或发生相关支出时予以确认。取得上述资产或发生相关支出时，借记“长期投资”“固定资产”“在建工程”“无形资产”等科目，贷记“非流动资产基金”科目；同时或待以后发生相关支出时，借记“事业支出”等有关科目，贷记“财政补助收入”“零余额账户用款额度”“银行存款”等科目。

（2）计提固定资产折旧、无形资产摊销时，应当冲减非流动资产基金。计提固定资产折旧、无形资产摊销时，按照计提的折旧或摊销金额，借记“非流动资产基金”科目，贷记“累计折旧”“累计摊销”科目。

（3）处置固定资产、长期投资、无形资产，以及以固定资产、无形资产对外投资时，应当冲销该资产对应的非流动资产基金。

【例 20－4】 某事业单位收到国库支付执行机构委托代理银行转来的“财政直接支付入账通知书”及原始凭证，事业单位以政府集中采购方式购入一批专业检测设备已经完成采购，款项已经由财政直接支付。采购清单表明，设备价值共计 265 000 元，所附独立操作软件 36 000元。

借：固定资产——检测设备　　265 000
　　无形资产——检测软件　　36 000
　　贷：非流动资产基金——固定资产　　265 000
　　　　　　　　　　　——无形资产　　36 000

同时：

借：事业支出——财政补助支出——项目支出　　301 000
　　贷：财政补助收入——项目支出　　301 000

第三节　专用基金的核算

一、专用基金的内容

专用基金是指事业单位按规定提取或者设置的具有专门用途的净资产。事业单位开展各项业务活动需要有一定的资金做保证，在资金使用上需要统筹安排，兼顾各项业务活动的资金需要。但是，事业单位的有些业务活动有特殊的要求，需要有专门的渠道形成资金来源，并按规定的用途使用，为此事业单位设立了专用基金。专用基金是事业单位的限定性基金，要求设置专户进行管理，遵循先提后用、收支平衡、专款专用的原则，支出不得超出基金规模。事业单位应当根据业务发展的需要，设立专用基金项目。目前，事业单位设立的专用基金主要有修购基金、职工福利基金和其他基金等。

修购基金，是指按照事业收入和经营收入的一定比例提取，以及按照其他规定转入，用于事业单位固定资产维修和购置的资金。事业收入和经营收入较少的事业单位可以不提取修购基金，实行固定资产折旧的事业单位不提取修购基金。

职工福利基金，是指按照非财政补助结余的一定比例提取，以及按照其他规定提取转入，用于单位职工的集体福利设施、集体福利待遇等的资金。

其他基金，是指按照其他有关规定提取或者设置的专用资金。

二、专用基金的核算

事业单位应当设置“专用基金”科目，核算事业单位按规定提取或者设置的具有专门用途的净资产。本科目应当按照专用基金的类别进行明细核算。本科目期末贷方余额，反映事业单位专用基金余额。专用基金的主要账务处理如下：

(1)按规定提取专用基金。按规定提取修购基金的，按照提取金额，借记“事业支出”“经营支出”科目，贷记“专用基金——修购基金”科目。年末，按规定从本年度非财政补助结余中提取职工福利基金的，按照提取金额，借记“非财政补助结余分配”科目，贷记“专用基金——职工福利基金”科目。

(2)按规定使用专用基金。使用专用基金时，借记“专用基金——××基金”科目，贷记“银行存款”等科目。

【例 20－5】 某事业单位没有建立固定资产折旧制度，按照事业收入和经营收入的 5%的比例提取修购基金。本期事业收入为 400 000 元，经营收入为 200 000 元。

借：事业支出　　20 000
　　经营支出　　10 000
　　贷：专用基金——修购基金　　30 000

【例 20－6】 年终，某事业单位从非财政补助结余中提取职工福利基金 50 000 元。

借：非财政补助结余分配　　50 000
　　贷：专用基金——职工福利基金　　50 000

【例 20－7】 某事业单位用职工福利基金支付职工福利开支 3 000 元，款项以银行存款支付。

借：专用基金——职工福利基金　　3 000
　　贷：银行存款　　3 000

第四节　结转和结余的核算

一、结转和结余的内容

结转和结余资金简称结转(余)，是指事业单位一定期间收入与支出相抵后的余额滚存的资金。按照资金的后续的使用要求的不同，结转(余)资金分为结转资金和结余资金。结转资金是指当年预算已执行但未完成，或者因故未执行，下一年度需要按照原用途继续使用的资金；结余资金是指当年预算工作目标已完成，或者因故终止，当年剩余的资金。按照资金性质的不同，结转(余)资金分为财政补助结转结余和非财政补助结转结余。

(一)财政补助结转结余

财政补助结转结余是指事业单位各项财政补助收入与其相关支出相抵后剩余的滚存资金。财政补助结转结余包括财政补助结转和财政补助结余。

1. 财政补助结转

财政补助结转，是指事业单位财政补助收支所形成的结转资金。按照部门预算管理的要求，财政补助结转分为基本支出结转和项目支出结转。

基本支出结转是事业单位财政基本支出补助收入与其支出相抵后余额的累计，是下一年度需要继续用于维持事业单位正常运行和完成日常工作任务的财政补助滚存资金。

项目支出结转是事业单位财政项目支出补助收入与其支出相抵后余额的累计，是下一年度需要继续用于完成特定任务的财政补助滚存资金。项目支出结转原则上不得调整用途，限定用于规定的项目支出。

2. 财政补助结余

财政补助结余，是指事业单位财政补助收支所形成的结余资金。按照部门预算管理的要求，事业单位预算年度的基本经费的收支相抵后的余额全部列入财政补助结转，不会形成基本支出结余。所以，财政补助结余即是项目支出结余。

项目支出结余是事业单位已经完成项目或因故终止项目剩余的滚存资金。项目支出结余资金应统筹用于编制以后年度部门预算，或按照同级财政部门的规定在单位内部、部门之间调剂使用。

(二)非财政补助结转结余

非财政补助结转结余是指事业单位除财政补助收支以外的各项收入与各项支出相抵后剩余的滚存资金。非财政补助结转结余包括非财政补助结转和非财政补助结余。

1. 非财政补助结转

非财政补助结转是指事业单位除财政补助收支以外的各专项资金收入与其相关支出相抵后剩余滚存的、需按规定用途使用的结转资金。非财政补助结转属于项目结转，应当区分年末已完成项目和尚未完成项目。

年末已完成项目的结转资金，按照项目拨款单位的要求进行管理，剩余的资金或缴回原拨款单位，或经批准留归本单位用于其他非项目用途。年末未完成项目的结转资金，结转下一年度继续用于该项目的支出，不经批准不得用于其他方面。

2. 非财政补助结余

非财政补助结余，是指事业单位除财政补助收支以外的各非专项资金收入与各非专项资金支出相抵后剩余的滚存资金。非财政补助结余包括事业结余和经营结余。

事业结余是指事业单位开展专业业务活动取得的收入与发生的支出之间的差额。经营结余是指事业单位开展非独立核算经营业务活动取得的收入与发生的支出之间的差额。

年末，应将事业结余和经营结余转入非财政补助结余分配，按照国家有关规定提取职工福利基金，剩余部分作为事业基金用于弥补以后年度单位收支差额。

为反映各项结转和结余的情况，事业单位应当设置“财政补助结转”“财政补助结余”“非财政补助结转”“事业结余”“经营结余”和“非财政补助结余分配”六个结转(余)类净资产科目。事业单位的结转结余事项，有些要求在期末(月末或季末)进行会计处理，有些则要求在年末进行会计处理。

二、财政补助结转的核算

事业单位应当设立“财政补助结转”科目，核算事业单位滚存的财政补助结转资金。本科目应当设置“基本支出结转”“项目支出结转”两个明细科目，并在“基本支出结转”明细科目下按照“人员经费”“日常公用经费”进行明细核算，在“项目支出结转”明细科目下按照具体项目进行明细核算；本科目还应按照《政府收支分类科目》中“支出功能分类科目”的相关科目进行明细核算。本科目期末贷方余额，反映事业单位财政补助结转资金数额。财政补助结转的主要账务处理如下：

（一）本期基本支出结转

基本支出结转是事业单位本期财政基本补助收入与财政基本补助支出的差额。财政基本补助收入的数额为“财政补助收入——基本支出”明细科目的发生额；财政基本补助支出的数额为“事业支出——财政补助支出（基本支出）”明细科目的发生额。期末，进行基本支出结转时，按照其发生额，借记“财政补助收入——基本支出”科目，贷记“事业支出——财政补助支出（基本支出）”科目；按照计算出来的本期财政补助基本支出结转的数额，贷记“财政补助结转——基本支出结转”科目。

（二）本期项目支出结转

项目支出结转是事业单位本期财政项目补助收入与财政项目补助支出的差额。财政项目补助收入的数额为“财政补助收入——项目支出”明细科目的发生额；财政项目补助支出的数额为“事业支出——财政补助支出（项目支出）”明细科目的发生额。期末，进行项目支出结转时，按照其发生额，借记“财政补助收入——项目支出”科目，贷记“事业支出——财政补助支出（项目支出）”科目；按照计算出来的本期财政补助项目支出结转的数额，贷记“财政补助结转——项目支出结转”科目。

（三）本年财政补助结余转出

年末，完成上述期末结转后，应当对财政补助各明细项目执行情况进行分析，按照有关规定将符合财政补助结余性质的项目余额转入财政补助结余。具体核算方法将在“财政补助结余”科目中介绍。

（四）财政补助结转资金的处理

财政补助结转资金一般要求按原用途或项目继续使用。如有规定上缴财政补助结转资金或注销财政补助结转额度的，按照实际上缴资金数额或注销的资金额度数额，借记“财政补助结转”科目，贷记“财政应返还额度”“零余额账户用款额度”“银行存款”等科目。取得主管部门归集调入财政补助结转资金或额度的，做相反会计分录。

（五）调整以前年度财政补助结转

事业单位发生需要调整以前年度财政补助结转的事项，通过“财政补助结转”科目核算。根据调整事项的内容，借记（或贷记）有关科目，贷记（或借记）“财政补助结转”科目。

【例 20－8】 某事业单位 2015 年 12 月份结账前各收入、支出类账户余额见表 20－1。12 月份结账前“财政补助结转”科目贷方余额为 543 000 元，其中“基本支出结转”为 433 000 元，“项目支出结转”为 110 000 元。根据表 20－1 所列资料，进行本月（12 月份）财政补助结转的处理。

表 20－1 收入、支出类账户余额表 单位：元

支出类	本月数	本年累计	收入类	本月数	本年累计
事业支出	1 252 000	15 000 000	财政补助收入	840 000	10 000 000
其中：财政补助支出——基本支出	668 000	8 020 000	其中：基本支出	715 000	8 500 000
——项目支出	115 000	1 380 000	项目支出	125 000	1 500 000

续表

支出类	本月数	本年累计	收入类	本月数	本年累计
非财政专项资金支出	16 000	280 000	上级补助收入	152 000	1 824 000
其他资金支出	453 000	5 320 000	其中：专项资金收入	23 000	274 000
对附属单位补助支出	126 000	1 512 000	非专项资金收入	129 000	1 550 000
上缴上级支出	81 000	972 000	事业收入	515 000	6 180 000
经营支出	13 000	156 000	其中：专项资金收入	0	0
其他支出	5 000	60 000	非专项资金收入	515 000	6 180 000
其中：非财政专项资金支出	1 600	13 000	附属单位上缴收入	25 000	300 000
其他资金支出	3 400	47 000	其中：专项资金收入	0	0
			非专项资金收入	25 000	300 000
			经营收入	21 000	252 000
			其他收入	12 000	144 000
			其中：专项资金收入	3 600	45 000
			非专项资金收入	8 400	99 000
支出合计	1 477 000	17 700 000	收入合计	1 565 000	17 700 000

(1)本月基本支出结转。本月“财政补助收入——基本支出”为715 000元，“事业支出——财政补助支出——基本支出”为668 000元。

借：财政补助收入——基本支出　　715 000

　贷：事业支出——财政补助支出——基本支出　　668 000

　　财政补助结转——基本支出结转　　47 000

(2)本月项目支出结转。本月“财政补助收入——项目支出”为125 000元，“事业支出——财政补助支出——项目支出”为115 000元。

借：财政补助收入——项目支出　　125 000

　贷：事业支出——财政补助支出——项目支出　　115 000

　　财政补助结转——项目支出结转　　10 000

经过上述处理后，“财政补助结转——基本支出结转”科目贷方余额为480 000元，“财政补助结转——项目支出结转”科目贷方余额为120 000元。

三、财政补助结余的核算

事业单位应当设立“财政补助结余”科目，核算事业单位滚存的财政补助项目支出结余资金。本科目应当按照《政府收支分类科目》中“支出功能分类科目”的相关科目进行明细核算。本科目期末贷方余额，反映事业单位财政补助结余资金数额。财政补助结余的主要账务处理如下：

(一)年终财政补助结余资金的转入

财政补助结余是事业单位年度财政项目补助收支差额中，符合财政补助结余资金性质的数额。年末,事业单位应当对财政补助项目执行情况进行分析,将已经完成预算工作目标或因故终止的项目当年剩余的财政补助资金,从"财政补助结转——项目支出结转"科目转到"财政补助结余"科目。

年末,对财政补助各明细项目执行情况进行分析,按照有关规定将符合财政补助结余性质的项目余额转入财政补助结余,借记"财政补助结转——项目支出结转(××项目)"科目,贷记"财政补助结余"科目。

(二)年终财政补助结余资金的处置

事业单位形成的财政补助结余资金,应当按照财政部门的规定管理。财政补助结余资金不参与事业单位的结余分配、不转入事业基金。年度结余的财政补助资金,或按规定上缴,或注销资金额度,或经批准转为其他用途。

按规定上缴财政补助结余资金或注销财政补助结余额度的,按照实际上缴资金数额或注销的资金额度数额,借记"财政补助结余"科目,贷记"财政应返还额度""零余额账户用款额度""银行存款"等科目。取得主管部门归集调入财政补助结余资金或额度的,做相反会计分录。事业单位发生需要调整以前年度财政补助结余的事项,应当通过"财政补助结余"科目核算。

(三)调整以前年度财政补助结余

事业单位发生需要调整以前年度财政补助结余的事项,通过"财政补助结余"科目核算。根据调整事项的内容,借记(或贷记)有关科目,贷记(或借记)"财政补助结余"科目。

【例 20—9】 经过 12 月末财政补助结转处理后,"财政补助结转——项目支出结转"科目贷方余额为 120 000 元。进行年末财政补助结余的处理:

(1)年终财政补助结余资金的转入。事业单位对财政补助项目执行情况进行分析,确认已经完成预算工作目标的项目当年剩余资金为 30 000 元,因故终止的项目当年剩余资金为 10 000元,即符合财政补助结余资金性质的数额为 40 000 元。

借:财政补助结转——项目支出结转　　40 000
　　贷:财政补助结余　　40 000

(2)年终财政补助结余资金的处置。按财政部门的规定,因故终止的项目当年剩余资金 10 000 元需要上缴财政部门,事业单位通过零余额账户予以上缴。

借:财政补助结余　　10 000
　　贷:零余额账户用款额度　　10 000

经过上述处理后,年末"财政补助结转——基本支出结转"科目贷方余额为 480 000 元,"财政补助结转——项目支出结转"科目贷方余额为 80 000 元,"财政补助结余"科目贷方余额为 30 000 元。

四、非财政补助结转的核算

事业单位应当设立"非财政补助结转"科目,核算事业单位除财政补助收支以外的各专项资金收入与其相关支出相抵后剩余滚存的、需按规定用途使用的结转资金。本科目应当按照非财政专项资金的具体项目进行明细核算;本科目期末贷方余额,反映事业单位非财政补助专项结转资金数额。非财政补助结转的主要账务处理如下:

(一)本期非财政补助结转资金的转入

非财政补助结转是事业单位财政补助资金以外的各专项资金收支相抵后的差额。非财政补助结转资金有两个特点:一是它属于非财政补助资金,二是它属于专项资金。事业单位除财政补助收入外,还存在一些非财政性资金收入,如上级补助收入、事业收入、附属单位上缴收入、其他收入。非财政性资金收入包括专项资金收入和非专项资金收入,专项资金收入必须按规定用途使用,用于专项事业支出或其他支出。形成的非财政补助结转资金,按照规定结转下一年度继续使用。

期末,将各项收入本期发生额中的专项资金收入转入非财政补助结转时,借记“事业收入”“上级补助收入”“附属单位上缴收入”“其他收入”科目下各专项资金收入明细科目;将各项支出本期发生额中的专项资金支出转入非财政补助结转时,贷记“事业支出——非财政专项资金支出”“其他支出——非财政专项资金支出”科目下各专项资金支出明细科目;按上述科目的借贷方差额,贷记“非财政补助结转”科目。

(二)年终非财政补助结转资金的分析与处置

事业单位的非财政补助结转资金,应区分未完成项目和已经完成项目。未完成项目的结转资金结转下一年度继续使用,已完成项目的剩余资金按项目规定处理,或缴回原专项资金拨款单位,或转入事项基金留归本单位使用。

年末,完成上述结转后,应当对非财政补助专项结转资金各项目情况进行分析,将已完成项目的项目剩余资金区分以下情况处理:缴回原专项资金拨款单位的,借记“非财政补助结转”科目(××项目),贷记“银行存款”等科目;留归本单位使用的,借记“非财政补助结转”科目(××项目),贷记“事业基金”科目。事业单位发生需要调整以前年度非财政补助结转的事项,应当通过“非财政补助结转”科目核算。

(三)调整以前年度非财政补助结转

事业单位发生需要调整以前年度非财政补助结转的事项,应当通过“非财政补助结转”科目核算。根据调整事项的内容,借记(或贷记)有关科目,贷记(或借记)“非财政补助结转”科目。

【例 20－10】 2015 年 12 月份结账前“非财政补助结转”科目贷方余额为 17 000 元。根据表 20－1 所列资料,进行本月(12 月份)和年终非财政补助结转的处理。

(1)本月非财政补助结转资金的转入。本月“上级补助收入——专项资金收入”为 23 000 元,“其他收入——专项资金收入”为 3 600 元。“事业支出——非财政专项资金支出”为 16 000元,“其他支出——非财政专项资金支出”为 1 600 元。其余各收支类科目无专项资金本期发生额。

借:上级补助收入——专项资金收入	23 000	
其他收入——专项资金收入	3 600	
贷:事业支出——非财政专项资金支出		16 000
其他支出——非财政专项资金支出		1 600
非财政补助结转		9 000

(2)年终非财政补助结转资金的分析与处置。经过 12 月末财政补助结转处理后,“非财政补助结转”科目贷方余额为 26 000 元。事业单位对非财政专项资金项目执行情况进行了分析,确认已经完成项目当年剩余资金为 5 000 元。根据项目资金管理规定,项目剩余资金按 60%的比例缴回原拨款单位,其余留归本单位使用。

借：非财政补助结转　　5 000
　　贷：银行存款　　3 000
　　　　事业基金　　2 000

经过上述处理后，年末“非财政补助结转”科目贷方余额为 21 000 元，结转下一年度继续使用。

五、事业结余的核算

事业单位应当设立“事业结余”科目，核算事业单位一定期间除财政补助收支、非财政专项资金收支和经营收支以外各项收支相抵后的余额。本科目期末如为贷方余额，反映事业单位自年初至报告期末累计实现的事业结余；如为借方余额，反映事业单位自年初至报告期末累计发生的事业亏损。年末结账后，本科目应无余额。事业结余的主要账务处理如下：

（一）本期事业结余的结转

事业结余是事业单位一定期间事业类收入与支出相抵后的余额，反映事业单位专业业务的收支平衡情况。事业单位的财政补助收支、非财政专项资金收支和经营收支不转入事业结余。

期末，将各项收入本期发生额中的非专项资金投入转入事业结余时，借记“事业收入”“上级补助收入”“附属单位上缴收入”“其他收入”科目下各非专项资金收入明细科目；将事业支出，其他支出本期发生额中的非财政、非专项资金支出，以及对附属单位补助支出、上缴上级支出的本期发生额转入事业结余时，贷记“事业支出——其他资金支出”科目、“其他支出”科目下各非专项资金支出明细科目、“对附属单位补助支出”科目、“上缴上级支出”科目；按上述科目的借贷方差额，贷记（或借记）“事业结余”科目。

（二）年终将事业结余转入结余分配

事业结余是非财政补助性质的结余，年终应当将本年度形成的事业结余转入非财政补助结余分配。年末，若“事业结余”科目存在贷方余额，借记“事业结余”科目，贷记“非财政补助结余分配”科目；若“事业结余”科目存在借方余额，借记“非财政补助结余分配”科目，贷记“事业结余”科目。

【例 20—11】 2015 年 12 月份结账前“事业结余”科目贷方余额为 264 000 元。根据表 20—1所列资料，进行本月（12 月份）和年终事业结余的处理。

（1）结转本月事业结余。

借：事业收入——非专项资金收入　　515 000
　　上级补助收入——非专项资金收入　　129 000
　　附属单位上缴收入——非专项资金收入　　25 000
　　其他收入——非专项资金收入　　8 400
　　贷：事业支出——其他资金支出　　453 000
　　　　对附属单位补助支出　　126 000
　　　　上缴上级支出　　81 000
　　　　其他支出——其他资金支出　　3 400
　　　　事业结余　　14 000

（2）年终将事业结余转入结余分配。结转 12 月份事业结余后，“事业结余”科目贷方余额为 278 000 元。将其转入"非财政补助结余分配"科目。

借:事业结余 278 000

贷:非财政补助结余分配 278 000

经过上述处理后,年末"事业结余"科目没有余额。

六、经营结余的核算

事业单位应当设立"经营结余"科目,核算事业单位一定期间各项经营收支相抵后的余额。本科目期末如为贷方余额,反映事业单位自年初至报告期末累计实现的经营结余弥补以前年度经营亏损后的经营结余;如为借方余额,反映事业单位截至报告期末累计发生的经营亏损。年末结账后,本科目一般无余额;如为借方结余,反映事业单位累计发生的经营亏损。经营结余的主要账务处理如下:

(一)本期经营结余的结转

经营结转结余是事业单位一定期间经营类收入与支出相抵后的余额,反映事业单位经营业务的成果。期末,结转本期经营结余时,按照经营收入、经营支出的发生额,借记"经营收入"科目,贷记"经营支出"科目;按照上述科目的借贷方差额,贷记(或借记)"经营结余"科目。

(二)年终将经营结余转入结余分配

经营结余是非财政补助性质的结余,年终应当将本年度形成的经营结余转入非财政补助结余分配。年末,若"经营结余"科目为贷方余额,借记"经营结余"科目,贷记"非财政补助结余分配"科目;若"经营结余"科目为借方余额,为经营亏损,不予结转。

【例 20—12】 2015 年 12 月份结账前"经营结余"科目贷方余额为 88 000 元。根据表 20—1所列资料,进行本月(12 月份)和年终经营结余的处理。

(1)结转本月事业结余。

借:经营收入 21 000

贷:经营支出 13 000

经营结余 8 000

(2)年终将经营结余转入结余分配。结转 12 月份经营结余后,"经营结余"科目贷方余额为 96 000 元。将其转入"非财政补助结余分配"科目。

借:经营结余 96 000

贷:非财政补助结余分配 96 000

经过上述处理后,由于本年经营业务盈利,并已经转入"非财政补助结余分配"科目,所以年末"经营结余"科目没有余额。

七、非财政补助结余分配的核算

事业单位应当设立"非财政补助结余分配"科目,核算事业单位本年度非财政补助结余分配的情况和结果。年末结账后,本科目应无余额。非财政补助结余分配的主要账务处理如下:

(一)年终事业结余与经营结余的转入

年末,无论"事业结余"科目余额在贷方或借方,均应转入"非财政补助结余分配"科目。年末,若"经营结余"科目为贷方余额,转入"非财政补助结余分配"科目;若"经营结余"科目为借方余额,不进行结转,留待后期的经营盈余来弥补。

(二)非财政补助结余的分配

非财政补助结余可以按照国家有关规定提取职工福利基金,剩余部分作为事业基金用于弥补以后年度单位收支差额。有企业所得税缴纳义务的事业单位计算出应缴纳的企业所得税,也通过"非财政补助结余分配"科目核算。

按照有关规定提取职工福利基金的,按提取的金额,借记"非财政补助结余分配"科目,贷记"专用基金——职工福利基金"科目。将剩余部分转入事业基金时,借记"非财政补助结余分配"科目,贷记"事业基金"科目。用事业基金弥补事业亏损时,借记"事业基金"科目,贷记"非财政补助结余分配"科目。

【例 20—13】 年末,事业单位"非财政补助结余分配"科目贷方余额为 374 000 元。按规定提取职工福利基金 112 200 元,其余 261 800 元转入事业基金。

借:非财政补助结余分配	374 000	
贷:专用基金——职工福利基金		112 200
事业基金		261 800

经过结余分配后,年末"非财政补助结余分配"科目没有余额。

本章小结

净资产是指事业单位资产扣除负债后的余额,包括事业基金、非流动资产基金、专用基金、财政补助结转结余、非财政补助结转结余等。

事业基金是事业单位拥有的非限定用途的净资产。事业单位的事业基金,主要为非财政补助结余扣除结余分配后滚存的金额。

非流动资产基金是指事业单位长期投资、固定资产、在建工程、无形资产等非流动资产占用的金额。

专用基金是指事业单位按规定提取或者设置的具有专门用途的净资产。专用基金是事业单位的限定性基金,要求设置专户进行管理,每个专用基金均有专门的来源渠道,限定用于指定的方向。事业单位普遍设立的专用基金主要包括修购基金和职工福利基金两项内容。

事业结余是指事业单位一定期间除财政补助收支、非财政专项资金收支和经营收支以外各项收支相抵后的余额。

经营结余是指事业单位一定期间各项经营收支相抵后余额弥补以前年度经营亏损后的余额。

财政补助结转是指事业单位滚存的财政补助结转资金,包括基本支出结转和项目支出结转。

财政补助结余是指事业单位滚存的财政补助项目支出结余资金。

非财政补助结转是指事业单位除财政补助收支以外的各专项资金收入与其相关支出相抵后剩余滚存的、需按规定用途使用的结转资金。

非财政补助结余分配是指事业单位本年度非财政补助结余分配的情况和结果。

练习题

一、单项选择题

1. 关于事业单位职工福利基金和修购基金提取比例问题，下列说法中错误的是(　　)。

A.《关于事业单位提取专用基金比例问题的通知》自 2012 年 4 月 1 日起施行

B. 事业单位职工福利基金的提取比例，在单位年度非财政拨款结余的 50%以内确定

C. 事业收入和经营收入较少的事业单位可以不提取修购基金，实行固定资产折旧的事业单位不提取修购基金

D. 地方事业单位职工福利基金和修购基金的提取比例，由省级财政部门参照本通知有关规定，结合本地实际确定

2. 事业单位非财政补助专项资金结转后，按规定留归本单位使用的剩余资金应转入(　　)科目。

A.“事业结余”　B.“事业基金”　C.“财政补助结余”　D.“非财政补助结余分配”

3. 下列关于事业单位财政拨款结转结余的表述中，不正确的是(　　)。

A. 财政拨款结转结余不参与事业单位的结余分配

B. 财政拨款结转结余期末应转入“事业基金”科目

C. 财政拨款结转结余应单独设置“财政补助结转”科目

D. 财政拨款结转结余应单独设置“财政补助结余”科目

4. 某大学当年取得事业收入(专项资金收入)5 万元，取得债券利息收入(非专项资金收入)0.5 万元，发生事业支出(其他资金支出)4.5 万元，财政补助收入 0.8 万元，财政补助支出 0.7 万元，该事业单位的事业结余为(　　)万元。

A. 1.1　B. 1　C. 1.7　D. −4

5. 年末，若经营结余结转后为贷方余额，应将其余额转入(　　)科目。

A.“经营结余”　B.“非财政补助结余分配”C.“非财政补助结转”　D. 不予结转

二、多项选择题

1. 下列各项中，应转入事业单位结余的有(　　)。

A. 上级补助收入　B. 财政补助收入

C. 附属单位上缴收入　D. 其他收入中的非专项资金收入

2. 下列项目中，影响事业基金的有(　　)。

A. 非财政补助结转　B. 事业结余

C. 取得主管部门归集调入财政补助结转资金　D. 财政补助收入

3. 2015 年，甲事业单位收到财政补助收入 2 500 000 元，“事业支出”科目下“财政补助支出”明细科目的当期发生额为 2 000 000 元。假设余额均符合财政补助结余性质。期末结转入财政补助结余。下列表述中正确的是(　　)。

A. 结转财政补助收入

借：财政补助收入　2 500 000

　贷：财政补助结转　2 500 000

B. 结转财政补助支出

借：财政补助结转　2 000 000

　贷：事业支出——财政补助支出　2 000 000

C. 期末结转

借:财政补助结转　　500 000

　　贷:财政补助结余　　500 000

D. 期末结转

借:财政补助结余　　500 000

　　贷:财政补助结转　　500 000

4. 事业结余是指事业单位一定期间除(　　)以外各项收支相抵后的余额。

A. 财政补助收支　　B. 非财政专项资金收支

C. 营业外收支　　D. 经营收支

5. 下列各项中,属于事业单位净资产的有(　　)。

A. 专用基金　　B. 非流动资产基金

C. 事业基金　　D. 财政补助结转结余

三、判断题

1. 事业基金是指事业单位拥有限定用途的净资产,其来源主要是非财政补助结余扣除结余分配后滚存的金额。(　　)

2. 事业单位针对对外转让或到期收回长期债券投资本息,将长期投资对应的非流动资产基金转回事业基金。(　　)

3. 财政补助结转是指事业单位滚存的财政补助结转资金,包括基本支出结转和项目支出结转。(　　)

4. 事业单位发生需要调整以前年度财政补助结余的款项,通过"财政补助结转"科目核算。(　　)

5. 事业单位在年末结账后,"事业结余"科目应无余额。(　　)

四、综合题

资料:

(1)某事业单位年终结账前"事业结余"科目一般资金贷方余额为 400 000 元,"经营结余"科目贷方余额为 100 000 元。根据规定,应缴纳所得税 25 000 元,提取职工福利基金 160 000 元,其余转入事业基金。

(2)2015 年 6 月,财政部门拨付某事业单位基本补助 4 000 万元、项目补助 1 000 万元,"事业支出"科目下"财政补助支出(基本支出)""财政补助支出(项目支出)"明细科目的当期发生额分别为 4 000 万元和 800 万元。月末,该事业单位将本月财政补助收入和支出结转。

(3)2015 年年末,某事业单位完成财政补助收支结转后,对财政补助各明细项目进行分析,按照有关规定将某项目结余资金 45 万元转入财政补助结余。

(4)2015 年 1 月,某事业单位启动一项科研项目。当年收到上级主管部门拨付的项目经费 5 000 万元,为该项目发生事业支出 4 800 万元。2015 年 12 月,项目结项,经上级主管部门批准,该项目的结余资金留归事业单位使用。

(5)2015 年 7 月 31 日,某事业单位对其收支科目进行分析,事业收入和上级补助收入本月发生额中的非专项资金收入分别为 1 000 万元、200 万元,事业支出和其他支出本期发生额中的非财政、非专项资金支出分别为 800 万元、100 万元,对附属单位补助支出本月发生额为 200 万元。经营收入本月发生额为 94 万元,经营支出本月发生额为 64 万元。

(6)2015 年年终结账时,某事业单位当年事业结余的贷方余额为 40 万元,经营结余的贷方余额为 30 万元。该事业单位应当缴纳企业所得税 6 万元。按照有关规定提取职工福利基金 10 万元。

要求:根据上述经济业务,编制相应的会计分录。

五、简答题

1. 简述事业单位净资产及其主要内容。

2. 简述事业单位结余及其主要内容。
3. 简述事业基金及其主要内容。
4. 什么是事业单位的经营结余？应当如何核算？事业单位的经营结余应当如何分配？
5. 什么是事业单位的专用基金？主要包括哪些种类？设置的意义有哪些？应当如何核算？

第二十一章　事业单位收入的核算

学习目标

通过本章的学习，要求明确事业单位收入的含义和具体内容，掌握事业单位各项收入核算账户的设置及其核算方法。

收入是指事业单位为开展业务及其他活动依法取得的非偿还性资金。收入只有在经济利益或服务潜力已经流入或者能够流入从而导致事业单位资产增加或者负债减少，且经济利益或服务潜力的流入额能够可靠计量时才能予以确认。事业单位的收入分为补助收入、业务活动收入和其他活动收入三类，具体包括财政补助收入、上级补助收入、事业收入、经营收入、附属单位上缴收入和其他收入。

第一节　财政补助收入的核算

一、财政补助收入的内容

财政补助收入是指事业单位按照部门预算隶属关系从同级财政部门取得的补助款项。财政补助收入来源于国家财政预算资金，是国家按预算安排给予事业单位的补助。财政补助收入用来弥补其事业经费的不足，促使事业单位更好地开展公益性服务活动。事业单位的财政补助收入需要进行分类管理与核算。

（1）按部门预算管理的要求划分，财政补助收入分为基本支出补助和项目支出补助两类。基本支出补助是事业单位用于维持正常运行和完成日常工作任务所需要的经费，项目支出补助是事业单位在基本支出以外完成特定任务所需要的经费。事业单位的基本支出补助，又可进一步划分为人员经费和日常公用经费。

（2）按《政府收支分类科目》的要求，财政补助收入需要按其功能分设类、款、项三级预算科目。对于事业单位来说，类级科目主要包括：教育、科学技术、文化体育与传媒、社会保障和就业、医疗卫生、节能环保、农林水事务、其他支出等。

二、财政补助收入的核算

为反映事业单位取得的财政补助情况，事业单位应当设置“财政补助收入”科目。该科目核算事业单位从同级财政部门取得的各类财政拨款。财政补助收入是事业类收入，按收付实现制基础确认，按实际收到的数额计量。财政补助收入一般应当于发生财政直接支付或收到财政授权支付额度，或者实际收到时确认。

“财政补助收入”科目应按部门预算管理和《政府收支分类科目》的要求设置明细科目。

(1)“财政补助收入”科目应设置“基本支出”和“项目支出”两个一级明细科目。

(2)“财政补助收入——基本支出”科目应设置“人员经费”和“日常公用经费”两个二级明细科目，再根据《政府收支分类科目》中支出的功能分类的要求，按类、款、项分级设置三级明细科目。

(3)“财政补助收入——项目支出”科目应按项目名称设置二级明细科目，再根据《政府收支分类科目》中支出的功能分类的要求，按类、款、项分级设置次级明细科目。事业单位会计的“财政补助收入”科目的明细科目，对应于财政总预算会计的“一般预算支出”科目的明细科目。

事业单位的财政补助收入需要分别财政直接支付、财政授权支付和其他方式三种支付方式确认。

(一)财政直接支付方式

在财政直接支付方式下，对财政直接支付的支出，事业单位根据财政国库支付执行机构委托代理银行转来的“财政直接支付入账通知书”及原始凭证，按照通知书中的直接支付方式入账金额，借记有关科目，贷记“财政补助收入”科目。年度终了，根据本年度财政直接支付预算指标数与当年财政直接支付实际支出数的差额，借记“财政应返还额度——财政直接支付”科目，贷记“财政补助收入”科目。

【例 21－1】 某事业单位收到国库支付执行机构委托代理银行转来的“财政直接支付入账通知书”及原始凭证，事业单位通过财政直接支付方式购买的办公用品已经采购完成，办公用品价值为 3 800 元，已经验收入库。

借：存货——办公用品	3 800	
贷：财政补助收入——基本支出		3 800

(二)财政授权支付方式

在财政授权支付方式下，事业单位在收到代理银行转来的“财政授权支付额度到账通知书”时，即可确认财政补助收入，同时确认已经下达的零余额账户用款额度。

【例 21－2】 某事业单位收到代理银行转来的“财政授权支付额度到账通知书”，本月事业单位财政授权支付额度为 1 70 000 元，已经下达，其中，基本经费为 1 50 000 元，项目经费为 20 000 元。

借：零余额账户用款额度	170 000	
贷：财政补助收入——基本支出		150 000
——项目支出		20 000

(三)其他方式

财政直接支付和财政授权支付是国库集中收付制度下两种主要的支付方式。除此之外，还存在其他支付方式，主要是财政实拨资金。在财政实拨资金方式下，事业单位收到开户银行转来的“到账通知书”，款项已经到账时，即可确认财政补助收入。

【例 21－3】 某事业单位为科学研究事业单位，根据预算安排和资金使用计划，向财政部门领取本月财政补助经费 500 000 元，以用于开展高新技术应用研究。现收到开户银行转来的"到账通知书",补助款项已经到账。

借:银行存款 500 000

贷:财政补助收入——基本支出 500 000

【例 21—4】 某事业单位为公共医疗卫生事业单位,收到开户银行转来的"到账通知书",财政部门拨入的项目经费 1 50 000 元已经到账。此款项为项目经费,专门用于应对突发的流感的预防。

借:银行存款 1 50 000

贷:财政补助收入——项目支出 1 50 000

因购货退回等发生国库直接支付款项退回的,属于以前年度支付的款项,按照退回金额,借记"财政应返还额度"科目,贷记"财政补助结转""财政补助结余""存货"等科目;属于本年度支付的款项,按照退回金额,借记"财政补助收入"科目,贷记"事业支出""存货"等科目。期末,将本科目本期发生额转入财政补助结转,借记"财政补助收入"科目,贷记"财政补助结转"科目。

第二节 上级补助收入的核算

一、上级补助收入的内容

上级补助收入是事业单位收到主管部门或上级单位拨入的非财政补助资金。根据事业单位的管理体制,每个事业单位均有主管部门或上级单位。主管部门或上级单位可以利用自身的收入或集中的收入,对所属事业单位给予补助,以调剂事业单位的资金余缺。

上级补助收入不同于财政补助收入,并非来源于同级财政部门,也不是同级财政部门安排的财政预算资金。上级补助收入并不是事业单位的常规性收入,主管部门或上级单位一般根据自身的资金情况和事业单位的需要进行拨付。

二、上级补助收入的核算

为反映事业单位取得主管部门或上级单位的补助情况,事业单位应当设置"上级补助收入"科目。本科目应当按照发放补助单位、补助项目、《政府收支分类科目》中"支出功能分类科目"相关科目等进行明细核算。上级补助收入属于非财政补助收入,上级补助收入中如有专项资金收入,还应按具体项目进行明细核算。

【例 21—5】 某事业单位收到上级主管部门拨来的补助款 100 000 元,款项已经到账。此款项是上级单位用其所集中的款项,对附属单位基本经费进行的调剂。

借:银行存款 1 00 000

贷:上级补助收入——上级主管部门(基本支出) 1 00 000

【例 21—6】 某事业单位收到上级主管部门拨来的补助款 8 000 元,作为事业单位所开展的一项课题研究经费专项资金收入。

借:银行存款 8 000

贷:上级补助收入——上级主管部门(课题经费) 8 000

第三节　事业收入的核算

一、事业收入的内容

事业收入是事业单位开展专业业务活动及辅助活动所取得的收入。事业收入是事业单位的业务收入，包括提供服务取得的收入和销售商品取得的收入。专业业务活动是事业单位的主要业务事项，是事业单位为了实现其宗旨所开展的业务活动。每个事业单位的专业业务活动可能有所不同，如学校的专业业务活动是教育活动、研究机构的专业业务活动是科研活动，卫生事业单位的专业业务活动是医疗服务活动等。辅助活动是与专业活动相关的、为专业业务提供支持的活动。事业单位的业务活动具有公益属性，在国家政策支持下可以通过事业收费运转的事业单位，提供的公益性服务不以营利为目的，但需要按成本补偿的原则制定价格，收取服务费用。事业收入不同于各种补助类收入，事业收入是一种有偿收入，以提供各项服务(或商品)为前提，是事业单位在业务活动中通过收费等方式取得的。

事业单位应当坚持其公益性质，把社会效益放在首位，在国家政策允许的范围内依法取得事业收入。事业单位应当严格按照经国家批准的收费项目和收费标准进行收费，向交费人开具统一印制的财政票据或税务票据，加强事业收入的预算管理。

二、事业收入的核算

为反映事业单位事业类收入的情况，事业单位会计应当设置“事业收入”科目。该科目核算事业单位开展专业业务活动及辅助活动所取得的收入。事业收入一般按收付实现制基础确认，按实际收到的数额计量。“事业收入”科目应当按照事业收入类别、项目、《政府收支分类科目》中“支出功能分类科目”相关科目等进行明细核算。事业收入属于非财政补助收入，事业收入中如有专项资金收入，还应按具体项目进行明细核算。

根据事业单位业务活动收入的取得和管理方式的不同，事业收入应当分别以下两种情况进行核算：

(一)未采用财政专户返还方式管理的事业收入

如果事业单位的收入没有纳入财政专户管理，事业单位提供服务或商品取得的收入不需要上缴财政专户，事业单位在收讫价款时即可确认事业收入。收到事业收入时，按照收到的款项金额，借记“银行存款”“库存现金”等科目，贷记“事业收入”科目。

【例 21-7】 某事业单位为博物馆，其专业业务活动为文化艺术品展览。当日展览取得门票收入 6 520 元，款项已经存入银行。

借：银行存款	6 520	
贷：事业收入——展览门票收入		6 520

【例 21-8】 某事业单位为培训中心，为某企业举办两期业务培训班，培训收费总计为 32 000元。现收到第一期培训费 16 000 元，款项已经存入银行。

借：银行存款	16 000	
贷：事业收入——培训收入		16 000

(二)采用财政专户返还方式管理的事业收入

如果事业单位的收入纳入了财政专户管理,事业收入需要按"收支两条线"的方式管理。在这种管理方式下,事业单位取得的各项事业性收费不能立即安排支出,需要上缴同级财政部门设立的财政资金专户,支出由同级财政部门按资金收支计划从财政专户中拨付。事业单位经过审批取得从财政专户核拨的款项时,方可确认事业收入。事业单位应当正确区分财政专户返还收入和普通事业收入,如果一项事业收费是代行政府职能,已经纳入财政专户管理的收费目录,应确认为财政专户返还收入。

事业单位在收到应上缴财政专户的事业收入时,应按照收到的款项金额,借记"银行存款""库存现金"等科目,贷记"应缴财政专户款"科目。上缴财政专户时,按照实际上缴的款项金额,借记"应缴财政专户款"科目,贷记"银行存款"科目。收到从财政专户返还的事业收入时,按照实际收到的返还金额,借记"银行存款"等科目,贷记"事业收入"科目。根据部门预算管理的需要,事业单位的财政专户返还收入应当区分基本支出和项目支出。

【例 21—9】 某事业单位开展专业业务活动收到事业服务费 8 600 元,款项已经存入银行账户。此款项纳入财政专户管理,按规定需要全额上缴财政专户。

借:银行存款	8 600	
贷:应缴财政专户款		8 600

【例 21—10】 某事业单位收到开户银行通知,申请财政专户核拨的基本经费 53 000 元已经到账。

借:银行存款	53 000	
贷:事业收入——财政专户返还收入		53 000

【例 21—11】 某事业单位收到国库支付执行机构委托代理银行转来的"财政直接支付入账通知书",财政部门通过直接支付方式,用财政专户管理的资金为事业单位支付相关费用 91 000元。

借:事业支出——基本支出	91 000	
贷:事业收入——财政专户返还收入		91 000

【例 21—12】 某事业单位收到代理银行转来的"财政授权支付额度到账通知书",财政部门通过授权支付方式核拨的财政专户管理资金 40 000 元已经下达,此款项为事业单位的专项课题经费。

借:零余额账户用款额度	40 000	
贷:事业收入——财政专户返还收入		40 000

第四节　经营收入的核算

一、经营收入的内容

经营收入是事业单位在专业业务活动及辅助活动之外开展非独立核算经营活动取得的收入。经营收入是一种有偿收入,以提供各项服务或商品为前提,是事业单位在经营活动中通过收费等方式取得的。事业单位的主要业务活动是专业业务活动,在专业业务活动及辅助活动以外开展的各项业务活动即为经营活动。事业单位开展经营活动的目的，是通过经营活动获取一定的收入，弥补事业经费的不足。事业单位的经营收入主要包括商品销售收入、提供服务收入、租赁收入等。

事业单位经营收入的确认，有两个条件：一是经营收入是事业单位在专业业务活动及辅助活动之外取得的收入；二是经营收入是事业单位非独立核算单位取得的收入。一个收入事项同时具备以上两个条件方能确认为经营收入。事业单位从事专业业务活动及辅助活动取得的收入确认为事业收入。事业单位所属独立核算单位的各项收入，由所属独立核算单位自行组织核算，上级单位不进行记录。事业单位收到所属独立核算单位上缴的收入，通过“附属单位上缴收入”科目核算。

二、经营收入的核算

为反映事业单位经营业务的收入情况，事业单位应当设置“经营收入”科目。该科目核算事业单位在专业业务活动及辅助活动之外开展非独立核算经营活动取得的收入。“经营收入”科目应当按照经营活动类别、项目、《政府收支分类科目》中“支出功能分类科目”相关科目等进行明细核算。经营业务较为复杂的事业单位，可以根据经营情况并行设置若干一级科目。经营收入以权责发生制为基础确认。事业单位在已提供服务或商品同时收讫价款或者取得收款凭据时，按照收到或应收的金额确认经营收入。

【例 21－13】 某档案管理事业单位，下设复印服务部为客户服务（没有实行独立核算）。本日收到复印费收入 680 元，款项已经存入银行。

借：银行存款	680	
贷：经营收入——复印部		680

【例 21－14】 某环境保护事业单位，下设检测服务部向社会公众提供家庭装修污染检测服务（没有实行独立核算）。本日应收检测服务费 3 000 元，实际收到 2 000 元，款项已经存入银行。

借：银行存款	2 000	
应收账款	1 000	
贷：经营收入——检测服务部		3 000

【例 21－15】 某科学技术事业单位，利用其技术条件对外销售一项附属产品。本日销售商品一批，价值 234 000 元（含税），款项尚未收到。该事业单位为增值税一般纳税人，销售商品的增值税税率为 17%，增值税销项税额为 34 000 元。

借：应收账款	234 000	
贷：经营收入——产品销售收入		200 000
应交税费——应交增值税（销项税额）		34 000

第五节　附属单位上缴收入的核算

一、附属单位上缴收入的内容

附属单位上缴收入是指事业单位附属独立核算单位按规定标准或比例缴纳的各项收入。

事业单位一般下设一些独立核算的附属单位，这些单位按规定应当上缴一定的收入，形成事业单位的附属单位上缴收入。

所谓附属单位，是指事业单位内部设立的、实行独立核算的下级单位，与上级单位存在一定的体制关系。附属单位缴款是事业单位收到的附属单位上缴的款项。事业单位与附属单位之间的往来款项，不通过附属单位缴款核算。事业单位对外投资获得的投资收益也不通过附属单位缴款核算。

二、附属单位上缴收入的核算

为反映事业单位取得所属单位缴款的情况，事业单位应当设置"附属单位上缴收入"科目。该科目核算事业单位收到独立核算附属单位按规定缴来的款项。附属单位缴款按收付实现制基础确认，按实际收到的数额计量。"附属单位上缴收入"科目应当按照附属单位、缴款项目、《政府收支分类科目》中"支出功能分类科目"相关科目等进行明细核算。附属单位上缴收入属于非财政补助收入，附属单位上缴收入中如有专项资金收入，还应按具体项目进行明细核算。

【例 21-16】 某事业单位下属的招待所为独立核算的附属单位。按事业单位与招待所签订的收入分配办法规定，本月招待所应缴纳分成款 100 000 元，事业单位已收到招待所上缴的款项。

借：银行存款	100 000	
贷：附属单位上缴收入——招待所		100 000

第六节　其他收入的核算

一、其他收入的内容

其他收入是指事业单位除财政补助收入、事业收入、上级补助收入、附属单位上缴收入、经营收入以外的各项收入，包括投资收益、银行存款利息收入、租金收入、捐赠收入、现金盘盈收入、存货盘盈收入、收回已核销应收及预付款项、无法偿付的应付及预收款项等。

二、其他收入的核算

事业单位应当设置"其他收入"科目，核算事业单位除上述各项收入以外的收入。其他收入按收付实现制基础确认，按实际收到的数额计量。"其他收入"科目应当按照其他收入的类别、《政府收支分类科目》中"支出功能分类科目"相关科目等进行明细核算。对于事业单位对外投资实现的投资净损益，应单设"投资收益"明细科目进行核算。其他收入属于非财政补助收入，其他收入中如有专项资金收入（如限定用途的捐赠收入），还应按具体项目进行明细核算。

【例 21-17】 某事业单位将一暂时闲置的房屋出租，收到本月租金 6 000 元。同时收到长期投资利息收入 50 000 元。款项均已经到账。

借：银行存款	56 000	
贷：其他收入——租金收入		6 000
——投资收益		50 000

【例 21－18】 某事业单位收到社会捐赠的款项 82 000 元，根据捐赠人的意愿，此款项限定用于事业单位所开展的一项公益项目（专项资金收入）。

借：银行存款　　82 000

　　贷：其他收入——捐赠收入——某公益项目　　82 000

三、其他收入的主要账务处理

（一）投资收益

对外投资持有期间收到利息、利润等，按实际收到的金额，借记“银行存款”等科目，贷记“其他收入”科目（投资收益）。出售或到期收回国债投资本息，按照实际收到的金额，借记“银行存款”等科目；按照出售或收回国债投资的成本，贷记“短期投资”“长期投资”科目；按其差额，贷记或借记“其他收入”科目（投资收益）。

（二）银行存款利息收入、租金收入

收到银行存款利息、资产承租人支付的租金，按照实际收到的金额，借记“银行存款”等科目，贷记“其他收入”科目。

（三）捐赠收入

接受捐赠现金资产，按照实际收到的金额，借记“银行存款”等科目，贷记“其他收入”科目。接受捐赠的存货验收入库，按照确定的成本，借记“存货”科目；按照发生的相关税费、运输费等，贷记“银行存款”等科目；按照其差额，贷记“其他收入”科目。接受捐赠固定资产、无形资产等非流动资产，不通过“其他收入”科目核算。

（四）现金盘盈收入

每日现金账款核对中如发现现金溢余，属于无法查明原因的部分，借记“库存现金”科目，贷记“其他收入”科目。

（五）存货盘盈收入

盘盈的存货，按照确定的入账价值，借记“存货”科目，贷记“其他收入”科目。

（六）收回已核销应收及预付款项

已核销应收账款、预付账款、其他应收款在以后期间收回的，按照实际收回的金额，借记“银行存款”等科目，贷记“其他收入”科目。

（七）无法偿付的应付及预收款项

无法偿付或债权人豁免偿还的应付账款、预收账款、其他应付款及长期应付款，借记“应付账款”“预收账款”“其他应付款”“长期应付款”等科目，贷记“其他收入”科目。

【例 21－19】 某事业单位将闲置办公房出租，取得租金收入 30 000 元，已存入银行。

借：银行存款　　30 000

　　贷：其他收入　　30 000

【例 21－20】 某事业单位现金盘点时，发现溢余现金 200 元。

借：库存现金　　200

　　贷：其他收入　　200

本章小结

财政补助收入核算事业单位从同级财政部门取得的各类财政拨款，包括基本支出补助和项目支出补助。应当设置“财政补助收入”科目进行总分类核算，并设置“基本支出”和“项目支出”两个明细科目；同时，在“基本支出”明细科目下按照“人员经费”和“日常公用经费”进行明细核算，在“项目支出”明细科目下按照具体项目进行明细核算。

事业收入是指事业单位开展专业业务活动及其辅助活动取得的收入。应当设置“事业收入”科目进行核算，并按照事业收入类别、项目、《政府收支分类科目》中“支出功能分类科目”相关科目等进行明细核算。事业收入中如有专项资金收入，还应按具体项目进行明细核算。

上级补助收入是指事业单位从主管部门和上级单位取得的非财政补助收入。应当设置“上级补助收入”科目进行核算，并按照发放补助单位、补助项目、《政府收支分类科目》中“支出功能分类科目”相关科目等进行明细核算。上级补助收入中如有专项资金收入，还应按具体项目进行明细核算。

附属单位上缴收入是指事业单位附属独立核算单位按照有关规定上缴的收入。应当设置“附属单位上缴收入”科目进行核算，并按照附属单位、缴款项目、《政府收支分类科目》中“支出功能分类科目”相关科目等进行明细核算。附属单位上缴收入中如有专项资金收入，还应按具体项目进行明细核算。

附属单位上缴收入是指事业单位在专业业务活动及其辅助活动之外开展非独立核算经营活动取得的收入。应当设置“经营收入”科目进行核算，并按照经营活动类别、项目、《政府收支分类科目》中“支出功能分类科目”相关科目等进行明细核算。

其他收入是指事业单位除财政补助收入、事业收入、上级补助收入、附属单位上缴收入、经营收入以外的各项收入，包括投资收益、银行存款利息收入、租金收入、捐赠收入、现金盘盈收入、存货盘盈收入、收回已核销应收及预付款项、无法偿付的应付及预收款项等。

练习题

一、单项选择题

1. 某医院于2015年1月份收到开户银行转来的收款通知，收到财政部门拨入的事业经费10万元。该医院收到该笔款项时，应记入的会计科目为（　　）。

A.“财政补助收入”　　B.“上级补助收入”　　C.“事业收入”　　D.“事业基金”

2. 下列关于上级补助收入的账务处理中，不正确的是（　　）。

A. 收到上级补助收入时，借记“银行存款”科目，贷记“上级补助收入”科目

B. 将专项资金收入结转入非财政补助结转

C. 将非专项资金收入结转入非财政补助结转

D. 将非专项资金收入结转入事业结余

3. 无法偿付或债权人豁免偿还的预收账款，应转入（　　）科目。

A.“事业基金”　　B.“事业收入”　　C.“经营收入”　　D.“其他收入”

第二十二章　事业单位支出的核算

学习目标

通过本章的学习，要求明确事业单位支出的含义和具体内容，掌握事业单位各项支出、成本费用核算账户的设置及其核算方法。

支出是指事业单位开展业务及其他活动发生的资金耗费和损失。支出只有在经济利益或者服务潜力已经流出或者能够流出，从而导致事业单位资产减少或者负债增加，且经济利益或者服务潜力的流出额能够可靠计量时才能予以确认。事业单位的支出分为业务活动支出和其他活动支出两类，具体包括事业支出、对附属单位补助支出、上缴上级支出、经营支出、其他支出等。

第一节　事业支出的核算

一、事业支出的内容

事业支出是指事业单位开展各项专业业务活动及辅助活动发生的支出。事业支出与事业收入相对应，是事业单位支出的核心内容。事业单位是提供各种社会服务的公益性组织，在提供专业服务和辅助服务活动时，必然会发生一定的耗费。事业单位活动的领域不同，事业支出的内容也有所不同，如教育事业支出、科研事业支出、医疗事业支出、文化事业支出、展览事业支出、环境保护事业支出、福利事业支出等。

事业单位应当将事业支出纳入单位预算管理，严格执行国家财政制度和财经纪律，建立健全支出的管理与控制制度，在保证专业业务活动需要的前提下，尽可能减少事业支出，以提高财政资金和业务资金的使用效益。为加强事业支出的管理与核算，根据财政部门的要求，事业单位需要对事业支出进行适当的分类。事业支出的主要分类如下：

(一)按经费的性质划分，事业支出分为财政补助支出和非财政补助支出两类

(1)财政补助支出是事业单位使用财政部门拨入的款项安排的事业支出。财政部门拨入的款项，是财政部门根据预算安排通过国库拨入事业单位的纳入预算管理的资金。

(2)非财政补助支出是事业单位使用除财政拨款以外的款项安排的事业支出。事业单位的收入除财政补助收入外，还有事业收入、上级补助收入、附属单位上缴收入、其他收入等，使用这些款项安排的支出为非财政补助支出。按资金的使用要求的不同，非财政补助支出分为专项资金支出和非专项资金支出。

(二)按部门预算管理的要求划分,事业支出分为基本支出和项目支出两类

(1)基本支出是事业单位为了保障其正常运转、完成日常工作任务而发生的支出,包括人员经费支出和日常公用经费支出。

(2)项目支出是事业单位为了完成特定工作任务和事业发展目标,在基本支出之外所发生的支出。

(三)按预算科目的要求,事业支出需要进行经济分类

根据《政府收支分类科目》的规定,事业支出需要按其经济内容分设类、款两级预算科目,并分别人员经费支出和日常公用经费支出进行核算。

(1)人员经费支出,是指用于事业单位人员方面的事业支出,主要是《政府收支分类科目》中的"工资福利支出"和"对个人和家庭的补助"类别的具体款项。其中:属于"工资福利支出"类别的款项包括基本工资、津贴补贴、奖金、社会保障缴费、伙食费、伙食补助费、其他工资福利支出;属于"对个人和家庭的补助"类别的款项包括离(退)休费、抚恤金、生活补助费、救济费、医疗费、住房公积金、购房补贴、其他对个人和家庭的补助支出等款项。

(2)日常公用经费支出,是用于事业单位日常公务活动的经费支出,主要是《政府收支分类科目》中的"商品和服务支出"和"基本建设支出"类别的具体款项。其中:属于"商品和服务支出"类别的款项包括办公费、印刷费、咨询费、手续费、水电费、邮电费、取暖费、物业管理费、差旅费、因公出国(境)费用、维修(护)费、租赁费、会议费、培训费、公务接待费、劳务费、委托业务费、工会经费、福利费、公务用车运行维护费、其他商品和服务支出;属于"基本建设支出"类别的款项包括房屋建筑物购建、办公设备购置、专用设备购置、基础设施建设、大型修缮、信息网络及软件购置更新支出、物资储备、公务用车购置、其他交通工具购置、其他基本建设支出等。

二、事业支出的核算

为了反映事业单位事业性支出的情况,事业单位应当设置"事业支出"科目。该科目核算事业单位开展各项专业业务活动及辅助活动发生的实际支出。事业支出按收付实现制基础确认,以实际发生的数额计量。"事业支出"科目应按经费性质、部门预算管理的要求和《政府收支分类科目》的规定设置明细科目。

"事业支出"科目应当按经费的性质设置"财政补助支出""非财政专项资金支出"和"其他资金支出"三个明细科目。

事业支出的主要账务处理如下:

(一)财政直接支付

以财政直接支付方式发生的支出,事业单位在收到国库支付执行机构委托代理银行转来的"财政直接支付入账通知书"及原始凭证后确认事业支出,借记"事业支出"科目,贷记"财政补助收入"等科目。

【例 22—1】 某事业单位收到国库支付执行机构委托代理银行转来的"财政直接支付入账通知书"及原始凭证,事业单位的新招聘人员业务培训费 36 000 元已经由财政直接支付给培训机构。

借:事业支出——财政补助支出——基本支出	36 000	
贷:财政补助收入——基本支出		36 000

(二)财政授权支付

以财政授权支付方式发生的支出，事业单位开出“授权支付凭证”使用授权额度时确认事业支出，借记“事业支出”科目，贷记“零余额账户用款额度”科目。

【例 22－2】 某事业单位为公共医疗卫生事业单位，从单位的零余额账户用款额度中支出 9 200 元，用于支付流感的预防项目工作人员的特殊岗位津贴。

借：事业支出——财政补助支出——项目支出　　9 200

　　贷：零余额账户用款额度　　9 200

(三)货币资金支付

直接以货币资金支付的人员经费、公用经费，在实际支付时按支付的金额确认事业支出，借记“事业支出”科目，贷记“银行存款”“库存现金”等科目。

【例 22－3】 某事业单位租用某宾馆综合厅举办工作会议，发生会议费 10 000 元，以银行存款支付。所付款项为财政部门当年拨入的基本经费。

借：事业支出——财政补助支出——基本支出　　10 000

　　贷：银行存款　　10 000

【例 22－4】 某事业单位用事业收入支付一笔公务接待费用 2 800 元，款项以银行存款支付。所用款项为非财政补助、非专项资金。

借：事业支出——其他资金支出——基本支出　　2 800

　　贷：银行存款　　2 800

【例 22－5】 某事业单位使用上级主管部门拨入的课题研究经费(非财政专项资金)，以银行转账方式支付项目调研费 6 000 元。

借：事业支出——非财政专项资金支出——课题经费　　6 000

　　贷：银行存款　　6 000

除上述方式外，事业单位的事业支出还包括计提职工薪酬、领用库存材料、购入固定资产、购入无形资产、计提修购基金等，将在后续的内容中讲解。

第二节　对附属单位补助支出的核算

一、对附属单位补助支出的内容

对附属单位补助支出是指事业单位用财政补助收入之外的收入对附属单位补助所发生的支出。附属单位是指实行独立核算的下级单位，事业单位作为上级单位，可以使用自有经费对下属单位进行各项补助，支持所属单位事业的发展。

二、对附属单位补助支出的核算

为反映事业单位给予所属单位的补助情况，事业单位应当设置“对附属单位补助支出”科目。“对附属单位补助支出”科目应当按照接受补助单位、补助项目、《政府收支分类科目》中“支出功能分类科目”相关科目等进行明细核算。

【例 22－6】 某事业单位用自有经费，对所属独立核算杂志社补助 20 000 元，以银行存款支付。

借:对附属单位补助支出——杂志社　　20 000

　　贷:银行存款　　20 000

第三节　上缴上级支出的核算

一、上缴上级支出的内容

上缴上级支出是指事业单位按规定标准或比例上缴上级单位的支出。有上缴上级支出的事业单位是实行独立核算并附属于上级单位的事业单位,根据本单位与上级之间的体制安排,事业单位取得的各项收入,应当按规定的标准或比例上缴上级单位,形成事业单位的上缴上级支出。

二、上缴上级支出的核算

为反映事业单位向上级单位缴款的情况,事业单位应当设置"上缴上级支出"科目。"上缴上级支出"科目应当按照收缴款项单位、缴款项目、《政府收支分类科目》中"支出功能分类"相关科目等进行明细核算。

【例 22—7】 某事业单位根据本年收入情况,按规定比例上缴上级单位 200 000 元。

借:上缴上级支出——上级单位　　200 000

　　贷:银行存款　　200 000

第四节　经营支出的核算

一、经营支出的内容

经营支出是指事业单位在专业业务活动及辅助活动之外开展非独立核算经营活动发生的支出,以及实行内部成本核算单位的已销产品的实际成本。事业单位的主要业务是专业业务活动及辅助活动。为弥补事业单位经费的不足,更好地开展公益性服务活动,事业单位也可以开展经营类的业务活动。有经营活动的事业单位应正确划分事业支出和经营支出的界限。

事业单位的经营业务,可以实行内部成本核算,也可以不实行内部成本核算。对于不实行内部成本核算的经营业务,经营业务发生的所有支出均通过"经营支出"核算。对于实行内部成本核算的经营业务,经营业务发生的费用需要通过"存货——生产成本"等科目归集,计算产品生产成本,在结转已销产品实际成本时确认经营支出。

二、经营支出的核算

为反映事业单位经营活动的情况,事业单位应当设置"经营支出"科目。该科目核算事业单位在专业业务活动及辅助活动之外开展非独立核算经营活动发生的各项支出,以及实行内部成本核算单位的已销产品的实际成本。经营支出按权责发生制基础确认,并与经营收入配比,以便考核经营业务的经济效益。"经营支出"科目应按经营业务的主要类别设置明细账,进行明细核算。

经营支出的主要账务处理如下：

(一)经营业务不实行内部成本核算

如果事业单位的经营业务不实行内部成本核算，经营支出在发生时按实际发生的数额确认。为开展非独立核算经营活动人员计提的薪酬，借记“经营支出”科目，贷记“应付职工薪酬”等科目。经营业务活动领用、发出的存货，按领用、发出存货的实际成本，借记“经营支出”科目，贷记“存货”科目。经营业务活动中发生的其他各项支出，借记“经营支出”科目，贷记“库存现金”“银行存款”“应交税费”等科目。

【例22—8】 某档案管理事业单位，下设复印部为客户服务，其业务设有实行独立核算，也不要求进行内部成本核算。现以银行存款支付本月临时聘用人员劳务费用1 800元。

借：经营支出——复印部　　1 800

　　贷：银行存款　　1 800

【例22—9】 某环境保护事业单位，向社会提供家庭装修污染检测服务，其业务没有实行独立核算，也不要求进行内部成本核算。本日购置检测用品360元，款项尚未支付。

借：经营支出——检测服务　　360

　　贷：应付账款　　360

(二)经营业务实行内部成本核算

内部成本核算，是指以内部管理为目的的成本计算与成本管理。内部成本是一种不完全并且也不是十分严格的成本，其成本核算方法较为简单。如果事业单位的生产、加工经营业务实行内部成本核算，需要通过“存货——生产成本”等科目归集生产费用，计算产品生产成本，在结转已销存货实际成本时确认经营支出。生产成本的核算，主要包括两个环节：一是成本费用的归集与分配，将发生的各项费用计入相应的成本对象中；二是完工产品成本的结转，将成本费用转入相应的产品成本中。

【例22—10】 某事业单位为研究所，开展一项技术产品生产经营业务，没有实行独立核算，但要求实行内部成本核算。现生产A产品领用甲材料价值6 000元。

借：存货——生产成本——A产品——直接材料　　6 000

　　贷：存货——甲材料　　6 000

【例22—11】 承【例22—10】，根据工资分配计算单，A产品分配的人工费用为4 000元。

借：存货——生产成本——A产品——直接人工　　4 000

　　贷：应付职工薪酬　　4 000

【例22—12】 承【例22—10】，A产品发生制造费用2 000元，以银行存款交付。

借：存货——生产成本——A产品——制造费用　　2 000

　　贷：银行存款　　2 000

【例22—13】 承【例22—10】，月末A产品完工产品为120件(无在产品)，成本为100元/件，结转A产品完工成本。

借：存货——A产品　　12 000

　　贷：存货——生产成本——A产品——直接材料　　6 000

　　　　　　　　　　　　　　　　——直接人工　　4 000

　　　　　　　　　　　　　　　　——制造费用　　2 000

【例 22—14】 承【例 22—10】，月末结转已销 A 产品成本。本月共销售 A 产品 50 件，成本为 100 元/件。经计算，本月已销产品成本为 5 000 元。

借：经营支出——技术产品销售　　5 000

　贷：存货——A 成品　　5 000

第五节　其他支出的核算

一、其他支出的内容

其他支出是事业单位除上述各项支出以外的各种支出。事业单位会计设置了“事业支出”“对附属单位补助支出”“上缴上级支出”“经营支出”等会计科目，核算相应的支出事项，但是上述会计科目并不能涵盖事业单位所有的支出事项，需要设置“其他支出”科目核算没有列入上述科目核算范围的各项支出。如果某一支出事项不在上述任何一个支出科目的核算范围之内，则可以确认其为其他支出。

其他支出的主要内容包括利息支出、捐赠支出、现金盘亏损失、资产处置损失、接受捐赠（调入）非流动资产发生的税费支出等。

二、其他支出的核算

事业单位应当设置“其他支出”科目，核算事业单位除事业支出、对附属单位补助支出、上缴上级支出、经营支出以外的支出。“其他支出”科目应当按照其他支出的类别或项目等进行明细核算。其他支出中如有专项资金支出，还应按具体项目进行明细核算。

【例 22—15】 某事业单位因专业业务发展的需要，从银行借入了一笔 3 年期的长期借款，按规定支付本期借款利息 12 400 元。

借：其他支出——利息支出　　12 400

　贷：银行存款　　12 400

【例 22—16】 某事业单位接受某单位捐赠的一台设备，按规定应当缴纳税费 6 850 元。

借：其他支出——税费支出　　6 850

　贷：应交税费　　6 850

本章小结

事业单位支出是指事业单位为开展业务活动和其他活动所发生的各项资金耗费及损失，以及用于基本建设项目的开支。事业单位的支出可以表现为经济利益的流出或者服务潜力的流出，导致本期净资产的减少。事业单位的支出包括事业支出、对附属单位补助支出、上缴上级支出、经营支出、其他支出等。事业单位的收入支出应在会计期末进行相应的结转。

对附属单位补助支出是指事业单位用财政补助收入之外的收入对附属单位补助发生的支出。应当设置“对附属单位补助支出”科目进行核算，并按照接受补助单位、补助项目、《政府收支分类科目》中“支出功能分类科目”相关科目等进行明细核算。

上缴上级支出是指事业单位按照财政部门和主管部门的规定上缴上级单位的支出。应当设置“上缴上级支出”科目进行核算，并按照收缴款项单位、缴款项目、《政府收支分类科目》中“支出功能分类科目”相关科目等进行明细核算。

经营支出是指事业单位在专业业务活动及其辅助活动之外开展非独立核算经营活动发生的支出。事业单位开展非独立核算经营活动的，应当正确归集开展经营活动发生的各项费用数；无法直接归集的，应当按照规定的标准或比例合理分摊。事业单位的经营支出与经营收入应当配比。

其他支出是指事业单位除事业支出、对附属单位补助支出、上缴上级支出、经营支出以外的各项支出，包括利息支出、捐赠支出、现金盘亏损失、资产处置损失、接受捐赠（调入）非流动资产发生的税费支出等。应当设置“其他支出”科目进行核算，并按照其他支出的类别、《政府收支分类科目》中“支出功能分类科目”相关科目等进行明细核算。其他支出中如有专项资金支出，还应按具体项目进行明细核算。

练习题

一、单项选择题

1. 下列关于事业单位“财政补助收入”科目的说法中，错误的是（　　）。

A. 期末结账后，本科目应无余额

B. 本科目应当设置“基本支出”和“项目支出”两个明细科目，并按照《政府收支分类科目》中“支出功能分类科目”的相关科目进行明细核算

C. “项目支出”明细科目下按照“人员经费”和“日常公用经费”进行明细核算

D. 本科目核算事业单位从同级财政部门取得的各类财政拨款，包括基本支出补助和项目支出补助

2. 事业单位在专业业务活动及其辅助活动之外开展非独立核算经营活动发生的各项支出不涉及（　　）科目。

A. “经营支出”　　B. “事业支出”　　C. “应付职工薪酬”　　D. “存货”

3. 某事业单位以财政授权支付的方式支付印刷费 10 000 元，该事业单位的会计处理为（　　）。

A. 借：事业支出　10 000
　贷：财政补助收入　10 000

B. 借：事业支出　10 000
　贷：银行存款　10 000

C. 借：事业支出　10 000
　贷：库存现金　10 000

D. 借：事业支出　10 000
　贷：零余额账户用款额度　10 000

4. 实行国库集中支付后，对于由财政授权支付的支出，事业单位在借记“事业支出”等科目的同时，应贷记（　　）科目。

A. “零余额账户用款额度”　　B. “银行存款”

C. “财政补助收入”　　D. “上级补助收入”

5. 2015 年 4 月，A 事业单位开展非独立核算经营活动，取得劳务收入 100 000 元，适用的营业税税率为 3%，款项已经收入银行。不考虑其他因素。以下表述中，不正确的是（　　）。

A. 由于该业务是非独立核算经营活动，因此应计入事业收入

B. 营业税应计入经营支出

C. 应缴纳营业税 3 000 元

D. 实际缴纳营业税时应借记“应交税费”科目。

二、多项选择题

1. 2015 年 5 月 1 日，甲事业单位购入用于非独立核算经营项目的物资，取得增值税专用发票上注明的价款为 200 000 元，增值税税额为 34 000 元。该单位开出一张期限为 3 个月的不带息银行承兑汇票，手续费 100 元通过银行存款支付。8 月 1 日，支付了全部价款。根据上述资料，下列表述中不正确的是(　　)。

A. 增值税税额计入进项税额

B. 购入物资时，借记“经营支出”科目，贷记“应付票据”科目

C. 支付手续费时，借记“其他支出”科目，贷记“银行存款”科目

D. 票据到期支付票款时，借记“应付票据”科目 234 000 元

2. 实行内部成本核算的事业单位开展专业业务活动发生的下列支出，不应直接计入当期支出的有(　　)。

A. 以实务对外投资　　B. 用修购基金购置固定资产

C. 购置土地使用权　　D. 购入随买随用的零星办公用品

3. 下列各项中，属于事业单位支出的有(　　)。

A. 利息支出　　B. 捐赠支出　　C. 事业支出　　D. 上缴上级支出

4. 关于“上缴上级支出”科目，下列表述中不正确的是(　　)。

A. 本科目期末结转后无余额

B. 期末结转后，借方余额表示应上缴但尚未上缴的款项

C. 上缴上级支出指的是上缴国库的支出

D. 期末，应将上缴上级支出本期发生额结转入“事业结余”科目

5. 下列关于事业支出的会计处理中，正确的有(　　)

A. 期末，将事业支出(财政补助支出)本期发生额结转入“财政补贴结转”科目

B. 期末，将事业支出(非财政补助支出)本期发生额结转入“非财政补贴结转”科目

C. 期末，将事业支出(其他资金支出)本期发生额结转入“事业结余”科目

D. 期末，将事业支出(其他资金支出)本期发生额结转入“事业基金”科目

三、判断题

1. 事业单位的事业支出可以不将其纳入单位预算管理。(　　)

2. 按照部门预算管理的要求，事业单位的事业支出分为基本支出和项目支出两大类。(　　)

3. 事业单位购置办公用品的支出属于基本支出。(　　)

4. 事业单位的利息支出应在“事业支出”科目中进行核算。(　　)

5. 对所属单位补助支出属于财政性资金，事业单位不能用财政补助收入对附属单位进行补助。(　　)

四、综合题

资料：

(1)某事业单位租用某宾馆综合厅举办工作会议，发生会议费 20 000 元，以银行存款支付。所付款项为财政部门当年拨入的基本经费。

(2)某事业单位使用上级主管部门拨入的课题研究经费(非财政专项资金)，以银行转账方式支付项目研究费 10 000 元。

(3)某事业单位为公共医疗卫生事业单位，从单位的零余额账户用款额度中支出 125 000 元，用于支付流感的预防项目工作人员的特殊岗位津贴。

(4)某环境保护事业单位，向社会提供家庭装修污染检测服务，此业务没有实行独立核算，也不要求进行

内部成本核算。本日购置检测用品 5 600 元，已经支付款项 3 000 元，其余款项尚未支付。

(5)某事业单位根据体制安排和本年事业收入的数额，经计算，本年应上缴上级单位款项 150 000 元。事业单位通过银行转账上缴了款项。

要求：根据以上经济业务，编制会计分录。

五、简答题

1. 事业单位的支出包括哪些内容？事业支出的报销口径如何规定？
2. 什么是事业支出？什么是经营支出？
3. 什么是上缴上级支出？什么是对附属单位补助支出？
4. 什么是其他支出，包括哪些内容？

第二十三章　事业单位会计结账和会计报表

学习目标

通过本章的学习，要求了解事业单位年终结算的内容及阶段，了解会计报表的主要内容及编制方法。

第一节　事业单位年终清理结算与结账

一、年终清理结算

事业单位在年度终了前，应根据财政部门或主管部门的决算编审工作要求，对各项收支账目、往来款项、货币资金和财产物资等进行全面的年度清理结算。事业单位年度清理结算主要包括以下内容：

(1)清理、核对年度预算收支数字和各项缴拨款项、上缴下拨款项数字。年终前，对财政部门、上级单位和所属各单位之间的全年预算数(包括追加追减和上下划数字)以及应上缴、拨补的款项等，都应按规定逐笔进行清理结算，保证上下级之间的年度预算数、领拨经费数和上缴下拨数一致。为了准确反映各项收支数额，凡属本年度的应拨应缴款项，应当在 12 月 31 日前汇达对方。主管会计单位对所属各单位的拨款应截至 12 月 25 日，逾期一般不再下拨。

(2)清理、核对各项收支款项。

(3)清理各项往来款项。事业单位的各项往来款项，年终前应逐笔进行清理。按照有关规定应转作各项收入或各项支出的往来款项，要及时转入各有关科目，编入本年决算。

(4)清理货币资金。事业单位年终要及时同开户银行对账，银行存款账面余额要同银行对账单的余额核对相符。现金账面余额要同库存现金核对相符。有价证券账面数字要同实存的有价证券核对相符。

(5)清理财产物资。年终前，应对各项财产物资进行清理盘点，发生盘盈、盘亏的，要及时查明原因，按规定做出处理，调整账务，做到账实相符、账账相符。

二、年终结账

事业单位应在年终清理结算的基础上进行年度结账。年度结账包括年终转账、结清旧账和记入新账三个阶段。

(一)年终转账

账目核对无误后，首先计算出各科目的12月份合计数和全年累计数，结出12月末的余额。然后，编制结账前的"资产负债表"，试算平衡后，再将应对冲结转的各个科目的余额按年终冲转办法，填制12月31日的记账凭单办理结账冲转。

(二)结清旧账

办理完年终转账后，所有收入类科目("拨入专款"科目除外)、支出类科目("拨出专款""专款支出""成本费用"科目除外)及"应缴预算款""应缴财政专户款"等科目都没有余额。对没有余额的科目结出全年总累计数，然后在下面画双红线，表示该科目全部结清。对年终转账后仍有余额的科目，在"全年累计数"下行的"摘要"栏内注明"结转下年"字样，再在下面画双红线，表示年终余额转入新账，旧账结束。

(三)记入新账

根据本年度各科目余额，编制年终决算的资产负债表和有关明细表。将表列各科目的年终余额数，直接记入新年度相应的各有关科目(不需要编制记账凭单)，并在"摘要"栏注明"上年结转"字样，以区别新年度发生数。

在会计电算化下，事业单位每月月底都需要进行结账处理，计算机结账不仅要结转各科目的本期发生额和期末余额，还要进行一系列电算化处理，检查会计凭证是否全部登记入账并审核签章、试算平衡、辅助账处理等。与手工结账相比，电算化结账工作更加规范，结账全部是由计算机自动完成的。

第二节　事业单位会计报表的编制

会计报表是对事业单位财务状况、事业成果、预算执行情况等的结构性表述。会计报表由会计报表及其附注构成，包括资产负债表、收入支出表、财政补助收入支出表、会计报表附注、附表和收支情况说明书等。

一、资产负债表

(一)资产负债表的概念与平衡等式

资产负债表是反映事业单位在某一特定日期财务状况的报表。所谓财务状况，是指事业单位的资产、负债、净资产及其相互关系。资产负债表是事业单位的主要会计报表之一。按时间划分，资产负债表可分为月报和年报两种。

资产负债表应当按照资产、负债和净资产分类列示。资产和负债应当分别流动资产和非流动资产、流动负债和非流动负债列示。事业单位资产负债表年报的平衡等式为"资产＝负债＋净资产"。

(二)资产负债表的格式与编制方法

1. 资产负债表的格式

资产负债表，按照"资产＋支出＝负债＋净资产＋收入"这一平衡等式，其格式一般如表23—1所示。

表 23－1　　资产负债表　　会事业 01 表

编制单位：　　年　月　日　　单位：元

资　产	期末余额	年初余额	负债和净资产	期末余额	年初余额
流动资产：			流动负债：		
货币资金			短期借款		
短期投资			应交税费		
财政应返还额度			应缴国库款		
应收票据			应缴财政专户款		
应收账款			应付职工薪酬		
预付账款			应付票据		
其他应收款			应付账款		
存货			预收账款		
其他流动资产			其他应付款		
流动资产合计			其他流动负债		
非流动资产：			流动负债合计		
长期投资			非流动负债：		
固定资产			长期借款		
固定资产原价			长期应付款		
减：累计折旧			非流动负债合计		
在建工程			负债合计		
无形资产			净资产：		
无形资产原价			事业基金		
减：累计摊销			非流动资产基金		
待处置资产损溢			专用基金		
非流动资产合计			财政补助结转		
			财政补助结余		
			非财政补助结转		
			非财政补助结余		
			1. 事业结余		
			2. 经营结余		
			净资产合计		
资产总计			负债和净资产总计		

2. 资产负债表的编制方法

(1)本表“年初余额”栏内各项数字，应当根据上年年末资产负债表“期末余额”栏内数字填列。如果本年度资产负债表规定的各个项目的名称和内容同上年度不相一致，应对上年年末资产负债表各项目的名称和数字按照本年度的规定进行调整，填入本表“年初余额”栏内。

(2)本表“期末余额”栏各项目的内容和填列方法如下：

①资产类项目。

“货币资金”项目，反映事业单位期末库存现金、银行存款和零余额账户用款额度的合计数。本项目应当根据“库存现金”“银行存款”“零余额账户用款额度”科目的期末余额合计填列。

“短期投资”项目，反映事业单位期末持有的短期投资成本。本项目应当根据“短期投资”科目的期末余额填列。

“财政应返还额度”项目，反映事业单位期末财政应返还额度的金额。本项目应当根据“财政应返还额度”科目的期末余额填列。

“应收票据”项目，反映事业单位期末持有的应收票据的票面金额。本项目应当根据“应收票据”科目的期末余额填列。

“应收账款”项目，反映事业单位期末尚未收回的应收账款余额。本项目应当根据“应收账款”科目的期末余额填列。

“预付账款”项目，反映事业单位预付给商品或者劳务供应单位的款项。本项目应当根据“预付账款”科目的期末余额填列。

“其他应收款”项目，反映事业单位期末尚未收回的其他应收款余额。本项目应当根据“其他应收款”科目的期末余额填列。

“存货”项目，反映事业单位期末为开展业务活动及其他活动耗用而储存的各种材料、燃料、包装物、低值易耗品及达不到固定资产标准的用具、装具、动植物等的实际成本。本项目应当根据“存货”科目的期末余额填列。

“其他流动资产”项目，反映事业单位除上述各项之外的其他流动资产，如将在1年内(含1年)到期的长期债券投资。本项目应当根据“长期投资”等科目的期末余额分析填列。

“长期投资”项目，反映事业单位持有时间超过1年(不含1年)的股权和债权性质的投资。本项目应当根据“长期投资”科目期末余额减去其中将于1年内(含1年)到期的长期债券投资余额后的金额填列。

“固定资产”项目，反映事业单位期末各项固定资产的账面价值。本项目应当根据“固定资产”科目期末余额减去“累计折旧”科目期末余额后的金额填列。“固定资产原价”项目，反映事业单位期末各项固定资产的原价。本项目应当根据“固定资产”科目的期末余额填列。“累计折旧”项目，反映事业单位期末各项固定资产的累计折旧。本项目应当根据“累计折旧”科目的期末余额填列。

“在建工程”项目，反映事业单位期末尚未完工交付使用的在建工程发生的实际成本。本项目应当根据“在建工程”科目的期末余额填列。

“无形资产”项目，反映事业单位期末持有的各项无形资产的账面价值。本项目应当根据“无形资产”科目期末余额减去“累计摊销”科目期末余额后的金额填列。“无形资产原价”项目，反映事业单位期末持有的各项无形资产的原价。本项目应当根据“无形资产”科目的期末余额填列。“累计摊销”项目，反映事业单位期末各项无形资产的累计摊销。本项目应当根据“累计摊销”科目的期末余额填列。

"待处置资产损溢"项目，反映事业单位期末待处置资产的价值及处置损溢。本项目应当根据"待处置资产损溢"科目的期末借方余额填列；如"待处置资产损溢"科目期末为贷方余额，则以"－"号填列。

"非流动资产合计"项目，按照"长期投资""固定资产""在建工程""无形资产""待处置资产损溢"项目金额的合计数填列。

②负债类项目。

"短期借款"项目，反映事业单位借入的期限在1年内(含1年)的各种借款。本项目应当根据"短期借款"科目的期末余额填列。

"应交税费"项目，反映事业单位应缴未缴的各种税费。本项目应当根据"应交税费"科目的期末贷方余额填列；如"应交税费"科目期末为借方余额，则以"－"号填列。

"应缴国库款"项目，反映事业单位按规定应缴入国库的款项(应交税费除外)。本项目应当根据"应缴国库款"科目的期末余额填列。

"应缴财政专户款"项目，反映事业单位按规定应缴入财政专户的款项。本项目应当根据"应缴财政专户款"科目的期末余额填列。

"应付职工薪酬"项目，反映事业单位按有关规定应付给职工及为职工支付的各种薪酬。本项目应当根据"应付职工薪酬"科目的期末余额填列。

"应付票据"项目，反映事业单位期末应付票据的金额。本项目应当根据"应付票据"科目的期末余额填列。

"应付账款"项目，反映事业单位期末尚未支付的应付账款的金额。本项目应当根据"应付账款"科目的期末余额填列。

"预收账款"项目，反映事业单位期末按合同规定预收但尚未实际结算的款项。本项目应当根据"预收账款"科目的期末余额填列。

"其他应付款"项目，反映事业单位期末应付未付的其他各项应付及暂收款项。本项目应当根据"其他应付款"科目的期末余额填列。

"其他流动负债"项目，反映事业单位除上述各项之外的其他流动负债，如承担的将于1年内(含1年)偿还的长期负债。本项目应当根据"长期借款""长期应付款"等科目的期末余额分析填列。

"长期借款"项目，反映事业单位借入的期限超过1年(不含1年)的各项借款本金。本项目应当根据"长期借款"科目的期末余额减去其中将于1年内(含1年)到期的长期借款余额后的金额填列。

"长期应付款"项目，反映事业单位发生的偿还期限超过1年(不含1年)的各种应付款项。本项目应当根据"长期应付款"科目的期末余额减去其中将于1年内(含1年)到期的长期应付款余额后的金额填列。

③净资产类项目。

"事业基金"项目，反映事业单位期末拥有的非限定用途的净资产。本项目应当根据"事业基金"科目的期末余额填列。

"非流动资产基金"项目，反映事业单位期末非流动资产占用的金额。本项目应当根据"非流动资产基金"科目的期末余额填列。

"专用基金"项目，反映事业单位按规定设置或提取的具有专门用途的净资产。本项目应当根据“专用基金”科目的期末余额填列。

“财政补助结转”项目，反映事业单位滚存的财政补助结转资金。本项目应当根据“财政补助结转”科目的期末余额填列。

“财政补助结余”项目，反映事业单位滚存的财政补助项目支出结余资金。本项目应当根据“财政补助结余”科目的期末余额填列。

“非财政补助结转”项目，反映事业单位滚存的非财政补助专项结转资金。本项目应当根据“非财政补助结转”科目的期末余额填列。

“非财政补助结余”项目，反映事业单位自年初至报告期末累计实现的非财政补助结余弥补以前年度经营亏损后的余额。本项目应当根据“事业结余”“经营结余”科目的期末余额合计填列；如“事业结余”“经营结余”科目的期末余额合计为亏损数，则以“－”号填列。在编制年度资产负债表时，本项目金额一般应为“0”；若不为“0”，本项目金额应为“经营结余”科目的期末借方余额（以“－”号填列）。

“事业结余”项目，反映事业单位自年初至报告期末累计实现的事业结余。本项目应当根据“事业结余”科目的期末余额填列；如“事业结余”科目的期末余额为亏损数，则以“－”号填列。在编制年度资产负债表时，本项目金额应为“0”。

“经营结余”项目，反映事业单位自年初至报告期末累计实现的经营结余弥补以前年度经营亏损后的余额。本项目应当根据“经营结余”科目的期末余额填列；如“经营结余”科目的期末余额为亏损数，则以“－”号填列。在编制年度资产负债表时，本项目金额一般应为“0”；若不为“0”，本项目金额应为“经营结余”科目的期末借方余额（以“－”号填列）。

二、收入支出表

（一）收入支出表的概念与作用

收入支出表是指反映事业单位在某一会计期间的事业成果及其分配情况的报表。收入支出表应当根据事业结余、经营结余、非财政补助结余、非财政补助结转结余等项目分别列示。

（二）收入支出表的格式与编制方法

1. 收入支出表的格式

按照“收入－支出＝结余”的收支结余计算公式，事业单位收入支出表的格式如表 23－2 所示。

表 23－2 **收入支出表** 会事业 02 表

编制单位： 年 月 单位：元

项　目	本月数	本年累计数
一、本期财政补助结转结余		
财政补助收入		
减：事业支出（财政补助支出）		
二、本期事业结转结余		
（一）事业类收入		
1. 事业收入		

续表

项　目	本月数	本年累计数
2. 上级补助收入		
3. 附属单位上缴收入		
4. 其他收入		
其中：捐赠收入		
减：(二)事业类支出		
1. 事业支出(非财政补助支出)		
2. 上缴上级支出		
3. 对附属单位补助支出		
4. 其他支出		
三、本期经营结余		
经营收入		
减：经营支出		
四、弥补以前年度亏损后的经营结余		
五、本年非财政补助结转结余		
减：非财政补助结转		
六、本年非财政补助结余		
减：应缴企业所得税		
减：提取专用基金		
七、转入事业基金		

2. 收入支出表的编制方法

收入支出表中的本月数反映本月有关收入和支出的取得或发生的实际数额。它可以根据有关收入和支出科目的本月发生数额填列。

(1)本表反映事业单位在某一会计期间内各项收入、支出和结转结余情况，以及年末非财政补助结余的分配情况。

(2)本表“本月数”栏反映各项目的本月实际发生数。在编制年度收入支出表时，应当将本栏改为“上年数”栏，反映上年度各项目的实际发生数；如果本年度收入支出表规定的各个项目的名称和内容同上年度不一致，应对上年度收入支出表各项目的名称和数字按照本年度的规定进行调整，填入本年度收入支出表的“上年数”栏。

本表“本年累计数”栏反映各项目自年初起至报告期末止的累计实际发生数。编制年度收入支出表时，应当将本栏改为“本年数”栏。

(3)本表“本月数”栏各项目的内容和填列方法如下：

①“本期财政补助结转结余”项目，反映事业单位本期财政补助收入与财政补助支出相抵后的余额。本项目应当按照本表中“财政补助收入”项目金额减去“事业支出(财政补助支出)”

项目金额后的余额填列。

“财政补助收入”项目，反映事业单位本期从同级财政部门取得的各类财政拨款。本项目应当根据“财政补助收入”科目的本期发生额填列。

“事业支出（财政补助支出）”项目，反映事业单位本期使用财政补助发生的各项事业支出。本项目应当根据“事业支出——财政补助支出”科目的本期发生额填列，或者根据“事业支出——基本支出（财政补助支出）”“事业支出——项目支出（财政补助支出）”科目的本期发生额合计填列。

②“本期事业结转结余”项目，反映事业单位本期除财政补助收支、经营收支以外的各项收支相抵后的余额。本项目应当按照本表中“事业类收入”项目金额减去“事业类支出”项目金额后的余额填列；如为负数，以“－”号填列。

“事业类收入”项目，反映事业单位本期事业收入、上级补助收入、附属单位上缴收入、其他收入的合计数。本项目应当按照本表中“事业收入”“上级补助收入”“附属单位上缴收入”“其他收入”项目金额的合计数填列。

“事业收入”项目，反映事业单位开展专业业务活动及其辅助活动取得的收入。本项目应当根据“事业收入”科目的本期发生额填列。

“上级补助收入”项目，反映事业单位从主管部门和上级单位取得的非财政补助收入。本项目应当根据“上级补助收入”科目的本期发生额填列。

“附属单位上缴收入”项目，反映事业单位附属独立核算单位按照有关规定上缴的收入。本项目应当根据“附属单位上缴收入”科目的本期发生额填列。

“其他收入”项目，反映事业单位除财政补助收入、事业收入、上级补助收入、附属单位上缴收入、经营收入以外的其他收入。本项目应当根据“其他收入”科目的本期发生额填列。

“捐赠收入”项目，反映事业单位接受现金、存货捐赠取得的收入。本项目应当根据“其他收入”科目所属相关明细科目的本期发生额填列。

“事业类支出”项目，反映事业单位本期事业支出（非财政补助支出）、上缴上级支出、对附属单位补助支出、其他支出的合计数。本项目应当按照本表中“事业支出（非财政补助支出）”“上缴上级支出”“对附属单位补助支出”“其他支出”项目金额的合计数填列。

“事业支出（非财政补助支出）”项目，反映事业单位使用财政补助以外的资金发生的各项事业支出。本项目应当根据“事业支出——非财政专项资金支出”“事业支出——其他资金支出”科目的本期发生额合计填列，或者根据“事业支出——基本支出（其他资金支出）”“事业支出——项目支出（非财政专项资金支出、其他资金支出）”科目的本期发生额合计填列。

“上缴上级支出”项目，反映事业单位按照财政部门和主管部门的规定上缴上级单位的支出。本项目应当根据“上缴上级支出”科目的本期发生额填列。

“对附属单位补助支出”项目，反映事业单位用财政补助收入之外的收入对附属单位补助发生的支出。本项目应当根据“对附属单位补助支出”科目的本期发生额填列。

“其他支出”项目，反映事业单位除事业支出、上缴上级支出、对附属单位补助支出、经营支出以外的其他支出。本项目应当根据“其他支出”科目的本期发生额填列。

③“本期经营结余”项目，反映事业单位本期经营收支相抵后的余额。本项目应当按照本表中“经营收入”项目金额减去“经营支出”项目金额后的余额填列；如为负数，以“－”号填列。

“经营收入”项目，反映事业单位在专业业务活动及其辅助活动之外开展非独立核算经营活动取得的收入。本项目应当根据“经营收入”科目的本期发生额填列。

“经营支出”项目，反映事业单位在专业业务活动及其辅助活动之外开展非独立核算经营活动发生的支出。本项目应当根据“经营支出”科目的本期发生额填列。

④“弥补以前年度亏损后的经营结余”项目，反映事业单位本年度实现的经营结余扣除本年初未弥补经营亏损后的余额。本项目应当根据“经营结余”科目年末转入“非财政补助结余分配”科目前的余额填列；如该年末余额为借方余额，以“－”号填列。

⑤“本年非财政补助结转结余”项目，反映事业单位本年除财政补助结转结余之外的结转结余金额。如本表中“弥补以前年度亏损后的经营结余”项目为正数，本项目应当按照本表中“本期事业结转结余”“弥补以前年度亏损后的经营结余”项目金额的合计数填列；如为负数，以“－”号填列。如本表中“弥补以前年度亏损后的经营结余”项目为负数，本项目应当按照本表中“本期事业结转结余”项目金额填列；如为负数，以“－”号填列。

“非财政补助结转”项目，反映事业单位本年除财政补助收支外的各专项资金收入减去各专项资金支出后的余额。本项目应当根据“非财政补助结转”科目本年贷方发生额中专项资金收入转入金额合计数减去本年借方发生额中专项资金支出转入金额合计数后的余额填列。

⑥“本年非财政补助结余”项目，反映事业单位本年除财政补助之外的其他结余金额。本项目应当按照本表中“本年非财政补助结转结余”项目金额减去“非财政补助结转”项目金额后的金额填列；如为负数，以“－”号填列。

“应缴企业所得税”项目，反映事业单位按照税法规定应缴纳的企业所得税金额。本项目应当根据“非财政补助结余分配”科目的本年发生额分析填列。

“提取专用基金”项目，反映事业单位本年按规定提取的专用基金金额。本项目应当根据“非财政补助结余分配”科目的本年发生额分析填列。

⑦“转入事业基金”项目，反映事业单位本年按规定转入事业基金的非财政补助结余资金。本项目应当按照本表中“本年非财政补助结余”项目金额减去“应缴企业所得税”“提取专用基金”项目金额后的余额填列；如为负数，以“－”号填列。

三、财政补助收入支出表

(一)财政补助收入支出表的概念

财政补助收入支出表是反映事业单位某一会计年度财政补助收入、支出、结转及结余情况的报表。

1. 财政补助收入支出表的格式

财政补助收入支出表的格式如表 23－3 所示。

表 23－3　　财政补助收入支出表　　会事业 03 表

编制单位：　　年度　　单位：元

项　目	本年数	上年数
一、年初财政补助结转结余		
(一)基本支出结转		
1. 人员经费		

续表

项　目	本年数	上年数
2. 日常公用经费		
(二)项目支出结转		
××项目		
(三)项目支出结余		
二、调整年初财政补助结转结余		
(一)基本支出结转		
1. 人员经费		
2. 日常公用经费		
(二)项目支出结转		
××项目		
(三)项目支出结余		
三、本年归集调入财政补助结转结余		
(一)基本支出结转		
1. 人员经费		
2. 日常公用经费		
(二)项目支出结转		
××项目		
(三)项目支出结余		
四、本年上缴财政补助结转结余		
(一)基本支出结转		
1. 人员经费		
2. 日常公用经费		
(二)项目支出结转		
××项目		
(三)项目支出结余		
五、本年财政补助收入		
(一)基本支出		
1. 人员经费		
2. 日常公用经费		
(二)项目支出		
××项目		

续表

项　目	本年数	上年数
六、本年财政补助支出		
(一)基本支出		
1. 人员经费		
2. 日常公用经费		
(二)项目支出		
××项目		
七、年末财政补助结转结余		
(一)基本支出结转		
1. 人员经费		
2. 日常公用经费		
(二)项目支出结转		
××项目		
(三)项目支出结余		

2. 财政补助收入表的填列方法

(1)本表“上年数”栏内各项数字，应当根据上年度财政补助收入支出表“本年数”栏内数字填列。

(2)本表“本年数”栏各项目的内容和填列方法如下：

①“年初财政补助结转结余”项目及其所属各明细项目，反映事业单位本年初财政补助结转和结余余额。各项目应当根据上年度财政补助收入支出表中“年末财政补助结转结余”项目及其所属各明细项目“本年数”栏的数字填列。

②“调整年初财政补助结转结余”项目及其所属各明细项目，反映事业单位因本年发生需要调整以前年度财政补助结转结余的事项，而对年初财政补助结转结余的调整金额。各项目应当根据“财政补助结转”“财政补助结余”科目及其所属明细科目的本年发生额分析填列。如调整减少年初财政补助结转结余，以“－”号填列。

③“本年归集调入财政补助结转结余”项目及其所属各明细项目，反映事业单位本年度取得主管部门归集调入的财政补助结转结余资金或额度金额。各项目应当根据“财政补助结转”“财政补助结余”科目及其所属明细科目的本年发生额分析填列。

④“本年上缴财政补助结转结余”项目及其所属各明细项目，反映事业单位本年度按规定实际上缴的财政补助结转结余资金或额度金额。各项目应当根据“财政补助结转”“财政补助结余”科目及其所属明细科目的本年发生额分析填列。

⑤“本年财政补助收入”项目及其所属各明细项目，反映事业单位本年度从同级财政部门取得的各类财政拨款金额。各项目应当根据“财政补助收入”科目及其所属明细科目的本年发生额填列。

⑥“本年财政补助支出”项目及其所属各明细项目，反映事业单位本年度发生的财政补助

支出金额。各项目应当根据“事业支出”科目所属明细科目本年发生额中的财政补助支出数填列。

⑦“年末财政补助结转结余”项目及其所属各明细项目，反映事业单位截至本年末的财政补助结转和结余余额。各项目应当根据“财政补助结转”“财政补助结余”科目及其所属明细科目的年末余额填列。

四、事业单位会计报表附注

(一)事业单位会计报表附注的概念与作用

会计报表附注是为了帮助使用者了解主要会计报表及其附表的有关内容和项目而以文字的形式对其所做的补充说明和详细解释。它是事业单位会计报表的有机组成部分。

会计报表附注的主要作用是：它可以对主要会计报表及其附表本身无法或者难以用数字充分表述的有关内容和项目以文字的形式作补充说明和详细解释，从而可以帮助使用者更好地理解事业单位的主要会计报表及其附表。

(二)事业单位会计报表附注的内容

事业单位的会计报表附注至少应当披露下列内容：

(1)遵循《事业单位会计准则》《事业单位会计制度》的声明；

(2)单位整体财务状况、业务活动情况的说明；

(3)会计报表中列示的重要项目的进一步说明，包括其主要构成、增减变动情况等；

(4)重要资产处置情况的说明；

(5)重大投资、借款活动的说明；

(6)以名义金额计量的资产名称、数量等情况，以及以名义金额计量理由的说明；

(7)以前年度结转结余调整情况的说明；

(8)有助于理解和分析会计报表需要说明的其他事项。

本章小结

事业单位在年度终了前，应根据财政部门或主管部门的决算编审工作要求，对各项收支账目、往来款项、货币资金和财产物资等进行全面的年度清理结算；年终结账包括年终转账、结清旧账和记入新账三个阶段。会计报表是反映事业单位财务状况和收支情况的书面说明，包括资产负债表、收入支出表、财政补助收入支出表、会计报表附注。

练习题

一、单项选择题

1. 事业单位资产负债表“年初余额”栏内各项数字，应当根据上年年末资产负债表(　　)栏内数字填列。

A.“期末余额”　　B.“年初余额”　　C.“累计余额”　　D.“资产总额”

2. 事业单位的(　　)是反映事业单位某一特定日期的财务状况和某一会计期间的事业成果、预算执行等会计信息的文件。

A. 资产负债表　　B. 收入支出表　　C. 财政补助收入支出表　D. 财务报告

3. 下列各项中，不会引起事业单位年末资产负债表中事业基金总额发生变化的有(　　)。

A. 以银行存款购入固定资产　　B. 用本企业固定资产对外投资

C. 提取职工福利基金　　D. 购入国库券

4. 下列关于事业单位报表附注内容的说法中，不正确的是(　　)。

A. 单位整体财务状况、业务活动情况的说明

B. 重要资产处置情况的说明

C. 一般性投资、借款活动的说明

D. 以前年度结转结余调整情况的说明

5. 反映事业单位在某一特定日期的财务状况的报表为(　　)。

A. 资产负债表　　B. 收入支出表　　C. 现金流量表　　D. 预算执行情况表

二、多项选择题

1. 2015 年 1 月 15 日，某事业单位领取价值 30 000 元的物资用于开展专业业务活动。辅助登记的信息表明，购买该物资使用的资金是非财政、非专项资金，这笔经济业务可能对资产负债表中(　　)项目产生影响。

A. "存货"　　B. "事业基金"　　C. "事业结余"　　D. "非财政补助结转"

2. 下列关于事业单位报表附注内容的说法中，正确的是(　　)。

A. 单位整体财务状况、业务活动情况的说明　　B. 重要资产处置情况的说明

C. 重大投资、借款活动的说明　　D. 以前年度结转结余调整情况的说明

3. 事业单位财务报表是对事业单位(　　)情况等的结构性表述。

A. 财务状况　　B. 经营成果　　C. 预算信息　　D. 预算执行情况

4. 下列各项中，会引起事业单位年末资产负债表中事业基金总额发生变化的有(　　)。

A. 以银行存款购入固定资产　　B. 用本企业固定资产对外投资

C. 提取职工福利基金　　D. 购入国库券

5. 事业单位在编制财务报表时应遵循的规定有(　　)。

A. 事业单位的财务报表由会计报表及其附注构成

B. 事业单位的财务报表应当按照月度和半年度编制

C. 事业单位的财务报表应当由单位负责和主管会计工作的负责人、会计机构负责人签字并盖章

D. 事业单位的财务报表应当根据登记完整、核对无误的账簿记录和其他有关资料编制，做到数字真实、计算准确、内容完整、报送及时

三、判断题

1. 事业单位会计报表只需编制资产负债表和收入支出表。　(　　)

2. 财政补助收入支出表是反映事业单位某一会计期间财政补助收入、支出、结转及结余情况的报表。　(　　)

3. 上级事业单位在编制本部门汇总收入支出表时，可以直接将本单位的收入、支出和结余与所属单位的收入、支出和结余进行相加。　(　　)

4. 资产负债表是反映事业单位在某一特定日期财务状况的报表。　(　　)

5. 事业单位应定期编制收入支出表，披露事业单位在一定会计期间的业务活动成果。　(　　)

四、简答题

1. 什么是事业单位财务报告？它由哪些部分组成？

2. 事业单位会计报表主要包括哪几张报表？
3. 什么是资产负债表？如何编制？
4. 什么是收入支出表？如何编制？
5. 什么是财政补助收入支出表？

第二十四章　医院会计

学习目标

通过本章的学习，了解我国医院会计的特点和范围，掌握医院会计收入、支出的内容和会计核算方法，掌握医院会计资产、负债和净资产的会计核算方法。

第一节　医院会计概述

医院会计是我国事业单位会计的组成部分。我国的国有医疗机构是承担一定福利职能的社会公益事业单位，向社会提供医疗保健服务，在保障人们的健康方面发挥了重要的作用。由于医院的业务活动具有一定的特殊性，财政部在《事业单位会计制度》的基础上，结合医院会计的特点，单独制定了《医院会计制度》。

一、医院会计及其范围

(一)医院会计的含义

医院是向社会提供医疗保健服务的社会组织，主要从事医疗、药品、保健、康复、检查、咨询、培训、宣传等活动。从医院的组织形式看，医院包括非营利性医院和营利性医院两种组织形式。非营利性医院以事业单位和民办非企业单位为主要组织形式，是向社会提供公益性医疗服务的社会组织。营利性医院是以企业为组织形式，通过提供医疗服务而获取一定利润的社会组织。非营利性医院按性质又可以划分为公立医院（又称国有医院）和私立医院（又称民营医院）两种类型。公立医院是国家或其他单位利用国有资产举办的医疗机构，以事业单位为主要组织形式。私立医院是单位或个人利用非国有资产举办的医院，以民办非企业单位为主要组织形式。

医院会计是反映和监督医院财务收支活动及结果的专业会计。医院会计是医院经济管理的重要组成部分，为医院的经济管理提供会计信息。医院会计的基本职能是进行日常会计核算，监督医院的预算资金和业务资金运动，参与医院的经济管理和经济决策。我国医院会计是事业单位会计的组成部分，财政部在《事业单位会计制度》的基础上，结合医院的业务特点和相应的会计核算的要求，制定了《医院会计制度》，规范医院的会计核算活动。

(二)《医院会计制度》的适用范围

《医院会计制度》适用于我国境内各级各类独立核算的公立医院（以下简称医院），包括综合医院、中医院、专科医院、门诊部(所)、疗养院等,不包括城市社区卫生服务中心(站)、乡镇卫生院等基层医疗卫生机构。企业事业单位、社会团体及其他社会组织举办的非营利性医院可参照本制度执行。

二、医院会计的特点

医院会计是事业单位会计中比较有特点的一个专业会计,与普通事业单位会计相比较存在较大的差异,主要特点如下:

(一)医院会计侧重反映业务资金运动

尽管医院属于事业单位,但其财政预算拨款较少,国家对医院实行“核定收支、定额或定项补助、超支不补、结余留用”的预算管理办法,医院主要依靠提供医疗服务、药品销售取得的业务收入来保证正常运营活动。医院会计既要反映预算资金运动,又要反映业务资金运动,但与普通事业单位会计不同,医院会计以业务资金运动为核算重点。

(二)医院会计的业务具有综合性

医院的业务活动较为复杂,包括医疗、药品、加工等多种业务活动类型。医院提供的医疗服务要执行国家的定价政策,并享有一定的财政拨款补贴,医疗服务具有商业性质。医院在提供医疗服务的过程中销售药品,是一种商业活动,类似于商品零售业,药品销售具有商业性质。有些大型医院设有制剂加工业务,与制造业的产品生产过程类似,加工业务具有工业性质。所以,医院会计同时具有预算会计、商品流通会计和制造业会计的特点。

(三)医院会计要求成本核算

医院会计需要为医院的经济管理提供会计信息,要求实行成本核算,在以社会效益为主的原则下讲求经济效益。医院会计要求以医疗业务、药品业务和加工业务为对象,进行成本核算。

(四)医院会计以权责发生制为会计核算基础

医院会计要求进行成本核算,要求考核经济效益,所以必须采用权责发生制为确认基础,准确核算会计期间的各项收入和费用,进行业绩评价与考核。

三、医院会计要素与会计科目

医院会计也设置了资产、负债、净资产、收入、支出五种会计要素。根据《医院会计制度》,医院会计共设置会计科目 43 个。其中,资产类 18 个,负债类 10 个,净资产类 5 个,收入类 5 个,支出类 5 个。各医院会计,要根据《医院会计制度》设置一级会计科目。按预算科目分类和业务要求设置的各级明细科目医院的会计科目如表 24—1 所示。

表 24—1　　**医院会计科目表**

序　号	编　号	名　称
		一、资产类
1	1001	库存现金
2	1002	银行存款
3	1003	零余额账户用款额度
4	1004	其他货币资金

续表

序 号	编 号	名 称
5	1101	短期投资
6	1201	财政应返还额度
	120101	财政直接支付
	120102	财政授权支付
7	1211	应收在院病人医疗款
8	1212	应收医疗款
9	1215	其他应收款
10	1221	坏账准备
11	1231	预付账款
12	1301	库存物资
13	1302	在加工物资
14	1401	待摊费用
15	1501	长期投资
	150101	股权投资
	150102	债权投资
16	1601	固定资产
17	1602	累计折旧
18	1611	在建工程
19	1621	固定资产清理
20	1701	无形资产
21	1702	累计摊销
22	1801	长期待摊费用
23	1901	待处理财产损溢
		二、负债类
24	2001	短期借款
25	2101	应缴款项
26	2201	应付票据
27	2202	应付账款
28	2203	预收医疗款
29	2204	应付职工薪酬
30	2205	应付福利费
31	2206	应付社会保障费
32	2207	应交税费
33	2209	其他应付款

续表

序　号	编　号	名　称
34	2301	预提费用
35	2401	长期借款
36	2402	长期应付款
		三、净资产类
37	3001	事业基金
38	3101	专用基金
39	3201	待冲基金
	320101	待冲财政基金
	320102	待冲科教项目基金
40	3301	财政补助结转(余)
41	3302	科教项目结转(余)
42	3401	本期结余
43	3501	结余分配
		四、收入类
44	4001	医疗收入
	400101	门诊收入
	400102	住院收入
45	4101	财政补助收入
	410101	基本支出
	410102	项目支出
46	4201	科教项目收入
47	4301	其他收入
		五、费用类
48	5001	医疗业务成本
49	5101	财政项目补助支出
50	5201	科教项目支出
51	5301	管理费用
52	5302	其他支出

第二节　医院资产、负债和净资产的核算

医院资产、负债和净资产的会计核算，有些与普通事业单位会计的核算方法相同，有些则与企业会计的核算方法类似。本节简要介绍医院资产、负债和净资产的会计核算特点。

一、医院的资产

(一)医院资产的内容

医院资产是医院拥有的能以货币计量并能够给医院带来经济利益的经济资源。资产是医院在过去的事项中所形成的、能够给医院带来预期的经济利益或者服务潜力的资源。资产是医院所拥有的经济资源,对于医院开展医疗服务活动有着重要的作用。医院的资产包括流动资产、固定资产、无形资产、对外投资等内容。

(二)医院资产的核算方法

医院的资产科目较多,医院资产的会计核算分为两种情况。

1. 医院会计成本核算

医院会计要求成本核算,以权责发生制为确认基础,有些资产类科目与企业会计相同,采用与企业会计类似的会计核算方法。这些资产类科目主要包括"坏账准备""待摊费用""在建工程""待处理财产损溢"等。

2. 医院特有的资产

医院根据其业务特点,设置了相应的资产类会计科目。这些资产类科目主要包括"应收在院病人医药款""应收医疗款"等。

下面对医院特有资产的会计核算进行介绍。

医院会计采用权责发生制确认医疗收入、科研收入等,需要设置"应收款项"科目核算属于本期的收入。医院的应收款项主要包括"应收在院病人医药款"和"应收医疗款"两个科目。

医院会计设置"应收在院病人医药款"科目,核算医院因向住院病人提供医疗服务而应向其收取的医药费。医院会计设置"应收医疗款"科目,核算医院因向门诊病人和出院病人提供医疗服务而应向其收取的医疗费。两者的区别在于核算内容不同,"应收在院病人医药款"科目核算住院病人的欠费情况,包括医疗费和药品费,反映尚未办理结算的住院病人所欠的医药费;"应收医疗款"科目核算门诊病人和出院病人的欠费情况,反映医院尚未收回的医疗款。医院对应收款项应及时清理,应收住院病人医药费要及时结算,应收医疗款要派专人负责催收,减少坏账损失。医院应按年末"应收医疗款"和"应收在院病人医药款"科目余额的3%～5%计提坏账准备。

【例24－1】 某医院清理住院部在院病人医药费欠费情况,发生欠交的医药费共计130 000元。

借:应收在院病人医药款	130 000	
贷:医疗收入——住院收入		130 000

【例24－2】 某医院经过清理,门诊部病人欠交医疗费33 000元。

借:应收医疗款	33 000	
贷:医疗收入——门诊收入		33 000

二、医院的负债

(一)医院负债的内容

医院负债是指医院所承担的能以货币计量、需要以资产或者劳务偿还的债务。负债是医院需要承担的未来义务,履行该义务会导致医院经济利益或者服务潜力的流出。医院应对不同性质的负债分别管理，及时清理并按照规定办理结算，保证各项负债在规定期限内归还。医院的负债包括流动负债和长期负债。

(二)医院负债的核算方法

医院会计负债的内容较少，会计核算的方法也较为简单。本节只介绍医院会计特有的负债。

医院会计根据其业务特点，设置了相应的负债类会计科目。这些负债类科目主要包括"预收医疗款""应缴款项"等。

预收医疗款是医院预收住院病人的预交金和社会保障机构预拨的医疗保险金。医院实行住院病人预交金制度，在办理入院时应预先缴纳一定数额的住院押金，预交金额度应根据病人病情和治疗的需要合理确定。对于享有社会医疗保险的病人，在病人入院时，社会医疗保险机构也会预先拨入一定数额的医疗保险金。

医院会计设置"预收医疗款"科目，核算医院预收住院病人的押金和社会医疗保险机构预拨的医疗款项。收到住院押金或保险预拨款时，借记"库存现金""银行存款"等科目，贷记"预收医疗款"科目。待提供相应的医药服务时，再转为相应的收入。医院与住院病人结算医药费时，预付款项不足部分需要以现金结清，超出部分应当予以退还。

【例 24—3】 某医院收取病人住院押金 20 000 元，当日存入银行。

借：银行存款	20 000	
贷：预收医疗款		20 000

【例 24—4】 某医院病人出院，经结算，其住院期间的医疗费用为 7 000 元，药品费用为 12 000 元。病人住院时预交押金 20 000 元。差额以现金退还病人。

借：预收医疗款	20 000	
贷：医疗收入		19 000
库存现金		1 000

三、医院的净资产

(一)事业基金

1. 事业基金的内容

事业基金是指医院拥有的非限定用途的净资产，主要包括滚存的结余资金和科教项目结余解除限定后转入的金额等。

2. 事业基金的核算

医院应当设置"事业基金"科目核算，按规定将科教项目结项后的结余资金转入事业基金时，借记"科教项目结转(余)"科目，贷记本科目。年末，将当年未分配结余转入事业基金时，借记"结余分配——转入事业基金"科目，贷记本科目。年末，用事业基金弥补亏损时，借记本科目，贷记"结余分配——事业基金弥补亏损"科目。医院发生需要调整以前年度结余的事项，凡国家另有规定的，从其规定；没有规定的，应通过本科目进行核算，并在会计报表附注中予以说明。本科目期末贷方余额，反映医院非限定用途净资产的金额。

(二)专用基金

1. 专用基金的内容

专用基金是指医院按规定设置、提取的具有专门用途的净资产，如职工福利基金、医疗风险基金等。

2. 专用基金的核算

医院应当设置"专用基金"科目进行总分类核算，并应按照基金类别设置明细账，进行明细核算。按照有关规定提取职工福利基金时，借记"结余分配——提取职工福利基金"科目，贷记本科目(职工福利基金)。按照有关规定提取医疗风险基金时，借记"医疗业务成本"科目，贷记本科目(医疗风险基金)。按规定使用专用基金时，借记本科目，贷记"银行存款"等科目。所提取的医疗风险基金不足支付时，按照超出部分的金额，借记"医疗业务成本"科目，贷记"银行存款"等科目。本科目期末贷方余额，反映医院按规定设置、提取的具有专门用途净资产的金额。

(三)待冲基金

1. 待冲基金的内容

待冲基金是指医院使用财政补助、科教项目收入购建固定资产、无形资产或购买药品、卫生材料等物资所形成的，留待计提资产折旧、摊销或领用发出库存物资时予以冲减的基金。

2. 待冲基金的核算

医院应当设置"待冲基金"科目进行总分类核算，并应设置"待冲财政基金"和"待冲科教项目基金"两个明细科目，进行明细核算。其中，"待冲财政基金"明细科目核算使用财政补助购建固定资产、无形资产或购买药品、卫生材料等物资所形成的，留待计提资产折旧、摊销或领用发出库存物资时予以冲减的基金；"待冲科教项目基金"明细科目核算使用科教项目收入购入固定资产、无形资产或购买药品、卫生材料等物资所形成的，留待计提资产折旧、摊销或领用发出库存物资时予以冲减的基金。

待冲基金应当在使用财政补助、科教项目收入购建固定资产、无形资产或购买药品、卫生材料等物资发生支出时予以确认，并在相关固定资产、无形资产按期计提折旧、摊销或领用发出库存物资时予以冲减。领用发出库存物资一并冲减的待冲基金金额为发出库存物资所对应的待冲基金金额。随相关固定资产、无形资产各期计提折旧、摊销一并冲减的待冲基金金额，按照以下公式计算确定：

$$\begin{matrix}\text{相关资产计提折旧、摊销时}\\\text{应冲减的待冲基金金额}\end{matrix}=\begin{matrix}\text{相关资产应计提}\\\text{的折旧、摊销额}\end{matrix}\times\begin{matrix}\text{相关资产入账成本中财政补助资金}\\\text{或科教项目资金所占的比例}\end{matrix}$$

相关固定资产、无形资产在提足折旧、摊销前处置、盘亏的，以及相关库存物资在领用发出前发生盘亏、变质、毁损的，应当在将该资产予以冲销的同时，将该资产所对应的尚未冲减完毕的待冲基金一并冲销。

使用财政补助资金为购建固定资产、无形资产或购买药品、卫生材料等库存物资发生支出时，按照实际支出金额，借记"财政项目补助支出"等科目，贷记"财政补助收入""零余额账户用款额度""银行存款"等科目；同时，借记"在建工程""固定资产""无形资产""库存物资"等科目，贷记"待冲基金——待冲财政基金"科目。

使用科教项目资金为购入固定资产、无形资产或购买药品、卫生材料等库存物资发生支出时，按照实际支出金额，借记"科教项目支出"科目，贷记"银行存款"等科目；同时，借记"固定资产""无形资产""库存物资"等科目，贷记"待冲基金——待冲科教项目基金"科目。

财政补助、科教项目资金形成的固定资产、无形资产计提折旧、摊销时，按照财政补助、科教项目资金形成的金额部分，借记"待冲基金"科目；按照应提折旧、摊销额中的其余金额部分，借记"医疗业务成本""管理费用"等科目；按照应计提的折旧、摊销额，贷记"累计折旧""累计摊销”科目。

领用、发出财政补助、科教项目资金形成的库存物资时，按发出物资所对应的待冲基金金额，借记“待冲基金”科目，贷记“库存物资”科目。

处置、盘亏财政补助、科教项目资金形成的固定资产、无形资产，以及财政补助、科教项目资金形成的库存物资发生盘亏、变质、毁损的，应当在进行相关账务处理的同时，按该项资产对应的尚未冲减完毕的待冲基金数额，借记“待冲基金”科目，贷记“固定资产”“无形资产”“库存物资”等科目。

“待冲基金”科目期末贷方余额，反映医院尚未冲减完毕的待冲基金数额。

(四)财政补助结转(余)

1. 财政补助结转(余)的内容

财政补助结转(余)是指医院历年滚存的财政补助结转和结余资金，包括基本支出结转、项目支出结转和项目支出结余。

2. 财政补助结转(余)的核算

医院应当设置“财政补助结转(余)”科目进行总分类核算，并应设置“财政补助结转”“财政补助结余”两个一级明细科目。

(1)“财政补助结转”明细科目。

“财政补助结转”一级明细科目下应设置“基本支出结转”“项目支出结转”两个二级明细科目。

“基本支出结转”二级明细科目下应按照《政府收支分类科目》中“支出功能分类科目”的相关科目进行明细核算。

“项目支出结转”二级明细科目下应按照《政府收支分类科目》中“支出功能分类科目”的“医疗卫生”“科学技术”“教育”等相关科目以及具体项目进行明细核算。

(2)“财政补助结余”明细科目。

“财政补助结余”一级明细科目下应按照《政府收支分类科目》中“支出功能分类科目”的相关科目进行明细核算。

期末，将本期财政项目补助收入结转入财政补助结转(余)时，借记“财政补助收入——项目支出”科目，贷记本科目(财政补助结转——项目支出结转)；将本期财政项目补助支出结转入财政补助结转(余)时，借记本科目(财政补助结转——项目支出结转)，贷记“财政项目补助支出”科目。

年末，将本年财政基本补助结转转入财政补助结转(余)时，按“财政补助收入——基本支出”明细科目本年发生额减去“医疗业务成本”“管理费用”科目下“财政基本补助支出”备查簿中登记的本年发生额合计后的金额，借记“本期结余”科目，贷记本科目(财政补助结转——基本支出结转)。

年末，完成上述结转后，应当对本科目下“财政补助结转——项目支出结转”明细科目下所属各明细项目的执行情况进行分析，按照有关规定将符合财政补助结余资金性质的对应项目的贷方余额转入本科目下“财政补助结余”明细科目。按照各项目结转金额，借记本科目(财政补助结转——项目支出结转——××项目)，贷记本科目(财政补助结余)。

按规定向主管部门等上缴财政补助结转和结余资金、注销财政补助结转和结余额度等时，按实际上缴资金数额或注销的资金额度数额，借记本科目，贷记“财政应返还额度”“零余额账户用款额度""银行存款"等科目。本科目期末贷方余额,反映医院财政补助结转和结余资金数额。

(五)科教项目结转(余)

1. 科教项目结转(余)的内容

科教项目结转(余)是指医院尚未结项的非财政资助科研、教学项目累计所取得收入减去累计发生支出后的、留待下期按原用途继续使用的结转资金,以及医院已经结项但尚未解除限定的非财政科教项目结余资金。

这里的"项目",是指医院从财政部门以外的部门或单位取得的、具有指定用途、项目完成后需要报送项目资金支出决算和使用效果书面报告的资金所对应的项目。

这里的"累计发生支出",是指使用非财政科研、教学项目收入累计所发生的支出。

2. 科教项目结转(余)的核算

医院应当设置"科教项目结转(余)"科目进行总分类核算,并应设置"科研项目结转(余)""教学项目结转(余)"两个明细科目,按具体项目进行明细核算。

期末,结转本期科教项目收入,借记"科教项目收入"科目,贷记本科目。期末,结转本期科教项目支出,借记本科目,贷记"科教项目支出"科目。科教项目结项后如有结余资金并解除限定可以转入事业基金的,按照结转金额,借记本科目,贷记"事业基金"科目。本科目期末贷方余额,反映医院留待下期按原用途继续使用的非财政科研、教学项目结转资金数额以及尚未解除限定的非财政科研、教学项目结余资金数额。

(六)本期结余

1. 本期结余的内容

本期结余是指医院本期除财政项目补助收支、科教项目收支以外的各项收入减去各项费用后的结余。

2. 本期结余的核算

医院应当设置"本期结余"科目进行核算,期末,应将除财政项目补助收支、科教项目收支以外的其他各收入、费用类科目的本期发生额结转入本期结余。按照应结转的各收入类科目的本期发生额,借记"医疗收入""财政补助收入——基本支出""其他收入"科目,贷记本科目;同时,按照应结转的各费用类科目的本期发生额,借记本科目,贷记"医疗业务成本""管理费用""其他支出"科目。

年末,经过上述结转后,首先,应将本年财政基本补助结转转入财政补助结转(余),按"财政补助收入——基本支出"明细科目本年发生额减去"医疗业务成本""管理费用"科目下"财政基本补助支出"备查簿中登记的本年发生额合计后的金额,借记本科目,贷记"财政补助结转(余)——财政补助结转(基本支出结转)"科目。其次,将扣除财政基本补助结转后本年实现的业务结余(或发生的业务亏损)结转入结余分配。如扣除财政基本补助结转后本科目为贷方余额(即为本年实现的业务结余),借记本科目,贷记"结余分配"科目;如扣除财政基本补助结转后本科目为借方余额(即为本年发生的业务亏损),借记"结余分配"科目,贷记本科目。本科目期末如为贷方余额,反映医院自年初至报告期末累计实现的业务结余;如为借方余额,反映医院自年初至报告期末累计发生的业务亏损。年末结转后,本科目应无余额。

(七)结余分配

1. 结余分配的内容

结余分配是指医院当年提取职工福利基金、未分配结余结转事业基金、用事业基金弥补亏损等的情况和结果。

2. 结余分配的核算

医院应当设置"结余分配"科目进行总分类核算,并应设置"事业基金弥补亏损""提取职工福利基金""转入事业基金"等明细科目,进行明细核算。

年末,将本年扣除财政基本补助结转后实现的业务结余结转入结余分配时,借记"本期结余"科目,贷记本科目;将本年扣除财政基本补助结转后发生的业务亏损结转入结余分配时,借记本科目,贷记"本期结余"科目。经过上述结转后,本科目为贷方余额的,可以按国家有关规定提取职工福利基金,剩余部分转入事业基金。提取职工福利基金时,借记本科目(提取职工福利基金),贷记"专用基金"科目;将提取职工福利基金后本科目的贷方余额转入事业基金时,借记本科目(转入事业基金),贷记"事业基金"科目。经过上述结转后,本科目为借方余额的,应由事业基金弥补,不得进行其他分配;事业基金不足以弥补的,为累计未弥补亏损。以事业基金弥补亏损时,借记"事业基金"科目,贷记本科目(事业基金弥补亏损)。年末,将未分配结余转入事业基金后,本科目一般应无余额。本科目年末有借方余额的,表示医院累计未弥补的亏损。

【例 24—5】 某医院年终各收入、支出类科目余额如表 24—2 所示,结转各项收支结余。

表 24—2 **医院收支类科目余额** 单位:元

收入类	金额	支出类	金额
财政补助收入——基本支出	2 000 000	医疗业务成本	16 500 000
其他收入	450 000	其他支出	420 000
医疗收入	15 000 000	管理费用	260 000
收入合计	17 450 000	支出合计	17 180 000

收支结余结转分录如下:

借:财政补助收入——基本支出	2 000 000	
医疗收入	15 000 000	
其他收入	450 000	
贷:医疗业务成本		16 500 000
其他支出		420 000
管理费用		260 000
本期结余		270 000

【例 24—6】 承【例 24—5】,该医院年终"本期结余"贷方余额为 270 000 元,转至结余分配。

借:本期结余	270 000	
贷:结余分配		270 000

第三节 医院收入的核算

收入是指医院为开展业务及其他活动依法取得的非偿还性资金。收入是医院经济利益或者服务潜力的流入，会导致医院净资产的增加。医院收入包括补助类收入、业务类收入和其他收入。

一、医疗收入

(一)医疗收入的内容

医疗收入是指医院开展医疗服务活动取得的收入，包括门诊收入和住院收入。

(二)医疗收入的核算

医院应设置“医疗收入”科目进行总分类核算，并应设置“门诊收入”“住院收入”两个一级明细科目。

1.“门诊收入”一级明细科目

“门诊收入”一级明细科目核算医院为门诊病人提供医疗服务所取得的收入。该一级明细科目下应当设置“挂号收入”“诊察收入”“检查收入”“化验收入”“治疗收入”“手术收入”“卫生材料收入”“药品收入”“药事服务费收入”“其他门诊收入”“结算差额”等二级明细科目，进行明细核算。其中，“药品收入”二级明细科目下，应设置“西药”“中成药”“中草药”等三级明细科目。“结算差额”二级明细科目核算医院同医疗保险机构结算时，因医院按照医疗服务项目收费标准计算确认的应收医疗款金额与医疗保险机构实际支付金额不同，而产生的需要调整医院医疗收入的差额(不包括医院因违规治疗等管理不善原因被医疗保险机构拒付所产生的差额)。医院因违规治疗等管理不善原因被医疗保险机构拒付而不能收回的应收医疗款，应按规定确认为坏账损失，不通过本明细科目核算。

2.“住院收入”一级明细科目

“住院收入”一级明细科目核算医院为住院病人提供医疗服务所取得的收入。该一级明细科目下应当设置“床位收入”“诊察收入”“检查收入”“化验收入”“治疗收入”“手术收入”“护理收入”“卫生材料收入”“药品收入”“药事服务费收入”“其他住院收入”“结算差额”等二级明细科目，进行明细核算。其中，“药品收入”二级明细科目下，应设置“西药”“中成药”“中草药”三级明细科目。“结算差额”二级明细科目的核算内容同“门诊收入”一级明细科目所属的“结算差额”二级明细科目。

医疗收入应当在提供医疗服务(包括发出药品)并收讫价款或取得收款权利时，按照国家规定的医疗服务项目收费标准计算确定的金额确认入账。医院给予病人或其他付费方的折扣不计入医疗收入。医院同医疗保险机构结算时，医疗保险机构实际支付金额与医院确认的应收医疗款金额之间存在差额的，对于除医院因违规治疗等管理不善原因被医疗保险机构拒付所产生的差额以外的差额，应当调整医疗收入。

医疗收入的主要账务处理如下：

实现医疗收入时，按照依据规定的医疗服务项目收费标准计算确定的金额(不包括医院给予病人或其他付费方的折扣)，借记“库存现金”“银行存款”“应收在院病人医疗款”“应收医疗款”等科目，贷记“医疗收入”科目。同医疗保险机构结算应收医疗款时，按照实际收到的金额，借记“银行存款”科目；按照医院因违规治疗等管理不善原因被医疗保险机构拒付的金额，借记“坏账准备”科目；按照应收医疗保险机构的金额，贷记“应收医疗款”科目；按照借贷方之间的差额，借记或贷记“医疗收入”科目(门诊收入、住院收入——结算差额)。期末，将“医疗收入”科目余额转入本期结余，借记“医疗收入”科目，贷记“本期结余”科目。期末结转后，“医疗收入”科目应无余额。

【例 24—7】 某医院收款部门报来收入日报表，本日门诊医疗收入 150 000 元，住院部医疗收入 450 000 元，均已存入银行。

借：银行存款	600 000	
贷：医疗收入——门诊收入		150 000
——住院收入		450 000

【例 24—8】 某医院医疗业务部门报来应收医疗费用明细表，门诊部发生医疗欠费 60 000元，住院部在院病人发生医疗欠费 120 000 元。

借：应收医疗款	60 000	
应收在院病人医药款	120 000	
贷：医疗收入——门诊收入		60 000
——住院收入		120 000

【例 24—9】 某医院收款部门报来医疗预收款报表，本日预收病人住院押金 500 000 元，款项已存入银行。

借：银行存款	500 000	
贷：预收医疗款		500 000

【例 24—10】 某医院收款部门报来收入日报表，本日门诊药品收入为 150 000 元，住院部药品收入为 300 000 元，均已存入银行。

借：银行存款	450 000	
贷：医疗收入——门诊收入		150 000
——住院收入		300 000

【例 24—11】 某医院住院部报来应收医药费明细表，住院部在院病人药费欠款为 100 000元。

借：应收在院病人医药款	100 000	
贷：医疗收入——住院收入		100 000

二、财政补助收入

(一)财政补助收入的内容

财政补助收入是指医院按部门预算隶属关系从同级财政部门取得的各类财政补助。

(二)财政补助收入的核算

1. 设置的科目

医院应设置“财政补助收入”科目进行总分类核算，并应设置“基本支出”和“项目支出”两个一级明细科目。其中，“基本支出”明细科目核算医院由财政部门拨入的符合国家规定的离退休人员经费、政策性亏损补贴等经常性补助；“项目支出”明细科目核算医院由财政部门拨入的主要用于基本建设和设备购置、重点学科发展、承担政府指定公共卫生任务等的专项补助。“基本支出”一级明细科目下应按照《政府收支分类科目》中“支出功能分类科目”的相关科目进行明细核算。“项目支出”一级明细科目下应按照《政府收支分类科目》中“支出功能分类科目”的“医疗卫生”“科学技术”“教育”等相关科目以及具体项目进行明细核算。财政补助采用国库集中支付方式下拨时，在财政直接支付方式下，应在收到代理银行转来的“财政直接支付入账通知书"时，按照通知书中的直接支付入账金额确认财政补助收入；在财政授权支付方式下，应在收到代理银行转来的"财政授权支付额度到账通知书"时，按照通知书中的授权支付额度确认财政补助收入。采用其他方式下拨的财政补助，应在实际取得补助时确认财政补助收入。

2. 财政补助收入的主要账务处理

在财政直接支付方式下，按照财政直接支付金额，借记"医疗业务成本""财政项目补助支出"等科目，贷记本科目；对于为购建固定资产、无形资产或购买药品等库存物资而由财政直接支付的支出，还应借记"在建工程""固定资产""无形资产""库存物资"等科目，贷记"待冲基金——待冲财政基金"科目。

年度终了，医院根据本年度财政直接支付预算指标数与当年财政直接支付实际支出数的差额，借记"财政应返还额度——财政直接支付"科目，贷记本科目。在财政授权支付方式下，按照财政授权支付到账额度金额，借记"零余额账户用款额度"科目，贷记本科目。

年度终了，医院本年度财政授权支付预算指标数大于零余额账户用款额度下达数的，借记"财政应返还额度——财政授权支付"科目，贷记本科目。在其他方式下，实际收到财政补助收入时，按照实际收到的金额，借记"银行存款"等科目，贷记本科目。

期末，将本科目的贷方余额分别转入本期结余和财政补助结转(余)。按本科目(基本支出)的贷方余额，借记本科目(基本支出)，贷记"本期结余"科目；按本科目(项目支出)的贷方余额，借记本科目(项目支出)，贷记"财政补助结转(余)——财政补助结转(项目支出结转)"科目。期末结转后，本科目应无余额。

【例 24－12】 某医院收到本月财政拨入的补助款 300 000 元，款项已经到账。

借：银行存款	300 000	
贷：财政补助收入		300 000

三、科教项目收入

(一)科教项目收入的内容

科教项目收入是指医院取得的除财政补助收入外专门用于科研、教学项目的补助收入。

(二)科教项目收入的核算

医院应设置"科教项目收入"科目进行总分类核算，并应设置"科研项目收入""教学项目收入"两个明细科目，按具体项目进行明细核算。

科教项目收入应当在实际收到时，按照实际收到的金额予以确认。取得除财政补助收入以外的科研、教学项目资金时，按收到的金额，借记"银行存款"等科目，贷记本科目。期末，将本科目余额转入科教项目结转(余)，借记本科目，贷记"科教项目结转(余)"科目。期末结转后，本科目应无余额。

【例 24－13】 某医院收到开户银行的通知，收讫一笔科研项目收入 800 000 元。

借：银行存款	800 000	
贷：科教项目收入——科研项目收入		800 000

四、其他收入

(一)其他业务收入的内容

其他业务收入是指医院除医疗收入、财政补助收入、科教项目收入以外的其他收入，包括培训收入、食堂收入、银行存款利息收入、租金收入、投资收益、财产物资盘盈收入、捐赠收入、确实无法支付的应付款项等。

(二)其他收入的核算

医院应设置“其他业务收入”科目进行总分类核算，并应按照其他收入的种类设置明细账，进行明细核算。其中，医院对外投资实现的投资净损益，应单设“投资收益”明细科目进行核算。

取得培训收入、食堂收入、银行存款利息收入等时，按照实际收到的金额，借记“库存现金”“银行存款”等科目，贷记本科目。固定资产出租收入，在租赁期内各个期间按直线法确认收入。采用预付租金方式的，收到预付的租金时，借记“银行存款”等科目，贷记“其他应收款”科目；分期确认租金收入时，借记“其他应收款”科目，贷记本科目。采用后付租金方式的，每期确认租金收入时，借记“其他应收款”科目，贷记本科目；收到租金时，借记“银行存款”等科目，贷记“其他应收款”科目。采用分期收取租金方式的，每期收取租金时，借记“银行存款”等科目，贷记本科目。

(三)投资收益

短期投资持有期间收到利息等投资收益时，按实际收到的金额，借记“银行存款”等科目，贷记本科目(投资收益)。出售或到期收回短期债券本息，按实际收到的金额，借记“银行存款”科目；按出售或收回短期投资的成本，贷记“短期投资”科目；按其差额，借记或贷记本科目(投资收益)。长期股权投资持有期间，被投资单位宣告分派利润时，按照宣告分派的利润中属于医院应享有的份额，借记“其他应收款”科目，贷记本科目(投资收益)。处置长期股权投资时，按照实际取得的价款，借记“银行存款”等科目；按照所处置长期股权投资的账面余额，贷记“长期投资——股权投资”科目；按照尚未领取的已宣告分派的利润，贷记“其他应收款”科目；按照其差额，借记或贷记本科目(投资收益)。

持有的长期债券投资，应在债券持有期间按照票面价值与票面利率按期计算确认利息收入，如为到期一次还本付息的债券投资，借记“长期投资——债权投资(应收利息)”科目，贷记本科目(投资收益)；如为分期付息、到期还本的债券投资，借记“其他应收款”科目，贷记本科目(投资收益)。

出售长期债权投资或到期收回长期债权投资本息，按照实际收到的金额，借记“银行存款”等科目；按照债券初始投资成本和已计未收利息金额，贷记“长期投资——债权投资(成本、应收利息)”科目(到期一次还本付息债券)，或“长期投资——债权投资”“其他应收款”科目(分期付息债券)；按照其差额，贷记或借记本科目(投资收益)。

盘盈的库存物资、固定资产等，在经批准处理时，借记“待处理财产损溢”科目，贷记本科目。接受的捐赠资金，按照实际收到的金额，借记“银行存款”等科目，贷记本科目。接受的实物资产捐赠，按照同类或类似资产的市场价格或有关凭据注明的金额加上相关税费，借记“固定资产”等科目；按照发生的相关税费金额，贷记“银行存款”等科目；按照其差额，贷记本科目。确实无法支付的应付款项，按照经批准核销的金额，借记“应付账款”“其他应付款”科目，贷记本科目。期末，将本科目余额转入本期结余，借记本科目，贷记“本期结余”科目。期末结转后，本科目应无余额。

【例 24—14】 某医院收到开户银行的通知，本月银行存款利息为 8 000 元。

借：银行存款	8 000	
贷：其他收入——存款利息		8 000

【例 24－15】 某医院开展救护车业务，本日取得收入 5 000 元，款项已经存入银行。

借：银行存款　　　　5 000

　贷：其他收入——救护车　　　　5 000

第四节　医院支出的核算

医院在开展医疗、科研业务和其他业务活动时要发生一定的耗费，形成一定数额的支出。医院会计要求考核经济效益，需要实行成本核算。医院会计需要加强各项支出的管理，正确计算各项医疗支出。

一、医疗业务成本

(一)医疗业务成本的内容

医疗业务成本是指医院开展医疗服务及其辅助活动发生的各项费用，包括人员经费、耗用的药品及卫生材料费、固定资产折旧费、无形资产摊销费、提取医疗风险基金和其他费用，不包括财政补助收入和科教项目收入形成的固定资产折旧和无形资产摊销。

(二)医疗业务成本的核算

医院应当设置“医疗业务收入”科目进行总分类核算，医院统一负担的离退休人员经费在“管理费用”科目核算，不在本科目核算。使用财政基本补助发生的归属于医疗业务成本的支出，在本科目核算；使用财政项目补助发生的支出，在“财政项目补助支出”科目核算，不在本科目核算。医院开展科研、教学项目使用自筹配套资金发生的支出，以及医院开展的不与本制度规定的特定“项目”相关的医疗辅助科研、教学活动发生的相关人员经费、专用材料费、资产折旧(摊销)费等费用，在本科目核算，不在“财政项目补助支出”“科教项目支出”科目核算。

医院应当设置“人员经费”“卫生材料费”“药品费”“固定资产折旧费”“无形资产摊销费”“提取医疗风险基金”“其他费用”等一级明细科目，并按照各具体科室进行明细核算，归集临床服务、医疗技术、医疗辅助类各科室发生的，能够直接计入各科室或采用一定方法计算后计入各科室的直接成本。

为从事医疗活动及其辅助活动人员计提的薪酬、福利费等，借记本科目(人员经费)，贷记“应付职工薪酬”“应付福利费”“应付社会保障费”等科目。开展医疗活动及其辅助活动中内部领用或出售发出的药品、卫生材料等，按其实际成本，借记本科目(卫生材料费、药品费)，贷记“库存物资”科目。开展医疗活动及其辅助活动所使用固定资产、无形资产计提的折旧、摊销，按照财政补助、科教项目资金形成的金额部分，借记“待冲基金”科目；按照应提折旧、摊销额中的其余金额部分，借记本科目(固定资产折旧费、无形资产摊销费)；按照应计提的折旧、摊销额，贷记“累计折旧”“累计摊销”科目。计提的医疗风险基金，按照计提金额，借记本科目(提取医疗风险基金)，贷记“专用基金——医疗风险基金”科目。开展医疗活动及其辅助活动中发生的其他各项费用，借记本科目(其他费用)，贷记“银行存款”“待摊费用”等科目。期末，将本科目余额转入本期结余，借记“本期结余”科目，贷记本科目。期末结转后，本科目应无余额。

【例 24－16】 某医院药房领用卫生材料，价值 8 000 元。

借:医疗业务成本——卫生材料费 8 000
　　贷:库存物资 8 000

【例 24—17】 某医院计算本月应支付工资,其中,医疗部门人员工资为 100 000 元,药品部门人员工资为 50 000 元。

借:医疗业务成本——医疗部门人员经费 100 000
　　　　　　　　——药品部门人员经费 50 000
　　贷:应付职工薪酬 190 000

二、财政项目补助支出

(一)财政项目补助支出的内容

财政项目补助支出是指医院本期使用财政项目补助(包括当年取得的财政补助和以前年度结转或结余的财政补助)发生的支出。

(二)财政项目补助支出的核算

医院应当设置"财政项目补助支出"科目进行总分类核算,并应当按照《政府收支分类科目》中"支出功能分类科目"的"医疗卫生""科学技术""教育"等相关科目以及具体项目进行明细核算。

在财政直接支付方式下,发生财政直接支付的项目补助时,按照支付金额,借记本科目,贷记"财政补助收入"科目;对于为购建固定资产、无形资产或购买药品等物资而由财政直接支付的支出,还应借记"在建工程""固定资产""无形资产""库存物资"等科目,贷记"待冲基金——待冲财政基金"科目。

在财政授权支付方式下,使用零余额账户用款额度发生项目补助支付时,按照支付金额,借记本科目,贷记"零余额账户用款额度"科目;对于为购建固定资产、无形资产或购买药品等物资而由财政授权支付的支出,还应借记"在建工程""固定资产""无形资产""库存物资"等科目,贷记"待冲基金——待冲财政基金"科目。

在其他方式下,发生财政项目补助支出时,按照实际支付的金额,借记本科目,贷记"银行存款"等科目;对于为购建固定资产、无形资产或购买药品等物资发生的支出,还应借记"在建工程""固定资产""无形资产""库存物资"等科目,贷记"待冲基金——待冲财政基金"科目。

期末,将本科目余额转入财政补助结转(余),借记"财政补助结转(余)——财政补助结转(项目支出结转)"科目,贷记本科目。期末结转后,本科目应无余额。

【例 24—18】 某医院使用财政拨入的补助款,为完成 A 项目任务发生费用 8 000 元,以银行存款支付。

借:财政项目补助支出——A 项目 8 000
　　贷:银行存款 8 000

三、科教项目支出

(一)科教项目支出的内容

科教项目支出是指医院使用除财政补助收入以外的科研、教学项目收入开展科研、教学项目活动所发生的各项支出。

(二)科教项目支出的核算

医院应当设置“科教项目支出”科目进行总分类核算,并应设置“科研项目支出”“教学项目支出”两个明细科目,按照具体项目进行明细核算。医院还应设置相应的辅助账,登记开展各科研、教学项目所使用自筹配套资金的情况。

使用科教项目收入发生的各项支出,按实际支出金额,借记本科目,贷记“银行存款”等科目;形成固定资产、无形资产、库存物资的,还应同时借记“固定资产”“无形资产”“库存物资”等科目,贷记“待冲基金——待冲科教项目基金”科目。期末,将本科目余额转入科教项目结转(余),借记“科教项目结转(余)”科目,贷记本科目。期末结转后,本科目应无余额。

【例 24－19】 某医院科研项目支出资金 100 000 元,已开出转账支票。

借:科教项目支出——科研项目支出　　100 000

　　贷:银行存款　　100 000

四、管理费用

(一)管理费用的内容

管理费用是指医院行政及后勤管理部门为组织、管理医疗、科研、教学业务活动所发生的各项费用,包括医院行政及后勤管理部门发生的人员经费、公用经费、资产折旧(摊销)费等费用,以及医院统一负担的离退休人员经费、坏账损失、银行借款利息支出、银行手续费支出、汇兑损益、聘请中介机构费、印花税、房产税、车船使用税等。为购建固定资产取得的专门借款,在工程项目建设期间的借款利息应予资本化,不在本科目核算;在工程完工交付使用后发生的专门借款利息,在本科目核算。使用财政基本补助发生的归属于管理费用的支出,在本科目核算;使用财政项目补助发生的支出,在“财政项目补助支出”科目核算,不在本科目核算。

(二)管理费用的核算

医院应当设置“管理费用”科目进行总分类核算,并应设置“人员经费”“固定资产折旧费”“无形资产摊销费”“其他费用”等一级明细科目。其中,“人员经费”“其他费用”明细科目应参照《政府收支分类科目》中“支出经济分类科目”的相关科目进行明细核算。

为行政及后勤管理部门人员以及离退休人员计提的薪酬、福利费等,借记本科目(人员经费),贷记“应付职工薪酬”“应付福利费”“应付社会保障费”等科目。行政及后勤管理部门所使用固定资产、无形资产计提的折旧、摊销,按照财政补助、科教项目资金形成的金额部分,借记“待冲基金”科目;按照应提折旧、摊销额中的其余金额部分,借记本科目(固定资产折旧费、无形资产摊销费);按照应计提的折旧、摊销额,贷记“累计折旧”“累计摊销”科目。提取坏账准备时,借记本科目(其他费用),贷记“坏账准备”科目;冲减坏账准备时,借记“坏账准备”科目,贷记本科目(其他费用)。发生应计入管理费用的银行借款利息支出时,借记本科目(其他费用),贷记“预提费用”“银行存款”“长期借款”等科目。发生其他各项管理费用时,借记本科目(其他费用),贷记“库存现金”“银行存款”“库存物资”“待摊费用”等科目。期末,将本科目余额转入本期结余,借记“本期结余”科目,贷记本科目。期末结转后,本科目应无余额。

【例 24－20】 某医院后勤部门发生水电费 40 000 元,以银行存款支付。

借:管理费用　　40 000

　　贷:银行存款　　40 000

【例 24－21】 某医院为本月的应收款项计提坏账准备 5 000 元。

借:管理费用——其他费用　　5 000
　　贷:坏账准备　　5 000

五、其他支出

(一)其他支出的内容

其他支出是指医院本期发生的,无法归属到医疗业务成本、财政项目补助支出、科教项目支出、管理费用中的支出,包括培训支出,食堂提供服务发生的支出,出租固定资产的折旧费,营业税、城市维护建设税、教育费附加等税费,财产物资盘亏或毁损损失,捐赠支出,罚没支出等。

(二)其他支出的核算

医院应当设置“其他支出”科目进行总分类核算,并应按照其他支出的种类和项目设置明细账,进行明细核算。

为出租固定资产计提的折旧额,按照财政补助、科教项目资金形成的金额部分,借记“待冲基金”科目;按照应提折旧额中的其余金额部分,借记本科目;按照应计提的折旧额,贷记“累计折旧”科目。盘亏、变质、毁损的财产物资,按照相关待处理财产损溢金额扣除可以收回的保险赔偿和过失人的赔偿等后的金额,借记本科目;按照已收回或应收回的保险赔偿和过失人赔偿等,借记“库存现金”“银行存款”“其他应收款”等科目;按照相关待处理财产损溢余额,贷记“待处理财产损溢”科目。发生营业税、城市维护建设税、教育费附加等纳税义务的,按照税法规定计算的应交税费金额,借记本科目、“固定资产清理”等科目,贷记“应交税费”科目。发生培训支出、食堂支出、捐赠支出、罚没支出等其他支出,借记本科目,贷记“银行存款”等科目。期末,将本科目余额转入本期结余,借记“本期结余”科目,贷记本科目。期末结转后,本科目应无余额。

【例 24—22】 某医院因医疗事故需要支付赔偿费 12 000 元,以银行存款支付。

借:其他支出——医疗赔偿支出　　12 000
　　贷:银行存款　　12 000

【例 24—23】 某医院捐赠希望工程 30 000 元,以存款支付。

借:其他支出——捐赠支出　　30 000
　　贷:银行存款　　30 000

本章小结

医院会计是反映和监督医院财务收支活动及结果的专业会计。医院包括非营利性医院和营利性医院两种组织形式。非营利性医院又可以划分为公立医院和私立医院两种类型,我国的公立医院执行《医院会计制度》。医院会计的特点主要体现在以下几个方面:医院会计侧重反映业务资金运动;医院会计的业务具有综合性;医院会计要求成本核算;医院会计以权责发生制为会计核算基础。医院会计的收入包括“医疗收入”“财政补助收入”“科教收入”“其他收入”等会计科目。

练习题

一、单项选择题

1. 医院会计成本核算采用(　　)为确认基础。

A. 收付实现制　　B. 权责发生制　　C. 实际发生制　　D. 已收抵支制

2. 医疗收入包括(　　)和住院收入。

A. 手术收入　　B. 门诊收入　　C. 药品收入　　D. 检测收入

3. 科教项目收入是指医院取得除财政补助收入外专门用于(　　)的补助收入。

A. 普及项目　　B. 教学项目　　C. 科研项目　　D. 科研、教学项目

4. 采用(　　)方式下拨财政补助,应在实际取得补助时确认财政补助收入。

A. 其他　　B. 财政直接支付　　C. 国库集中支付　　D. 财政授权支付

5. 科教项目收入应当在(　　)时予以确认。

A. 实际收到　　B. 财政告知　　C. 约定　　D. 其他情况

二、多项选择题

1. 从医院的组织形式看,医院包括(　　)医院和(　　)医院两种组织形式。

A. 公立　　B. 私立　　C. 非营利性　　D. 营利性

2. 非营利性医院按性质分为(　　)医院和(　　)医院。

A. 公立　　B. 私立　　C. 非营利性　　D. 营利性

3. 医院会计的特点有(　　)。

A. 侧重反映业务资金运动　　B. 业务具有综合性

C. 要求成本核算　　D. 以权责发生制为会计核算基础

4. 事业基金主要包括(　　)和(　　)。

A. 滚存的结余资金　　B. 科教项目结余解除限定后转入的金额

C. 职工福利基金　　D. 医疗风险基金

5. 医院净资产主要包括事业基金、(　　)和本期结余项目。

A. 专用基金　　B. 待冲基金　　C. 财政补助结转　　D. 科教项目结转

三、判断题

1. 医院会计成本核算采用收付实现制原则予以确认。　(　　)

2."事业基金"科目期末贷方余额反映医院非限定用途净资产的金额。　(　　)

3."应收在院病人医药款"科目主要核算医院因向住院病人提供医疗服务而应向其收取的医药费。　(　　)

4."应收医疗款"科目主要核算门诊病人和出院病人的欠费情况,反映医院尚未收回的医疗款。　(　　)

5. 待冲基金应当在使用财政补助、科教项目收入构建固定资产、无形资产或购买药品、卫生材料等物资发生支出时予以确认,但不必在相关固定资产、无形资产按期计提折旧、摊销或者领用发出库存物资时予以冲减。　(　　)

四、简答题

1. 什么是医院会计？它有哪些特点？

2. 我国哪些单位执行《医院会计制度》?
3. 医院会计需要编制哪些会计报表?
4. 医院的收入包括哪些内容？如何进行确认?
5. 医院的应收在院病人医药费和应收医疗款有何区别?
6. 医院的预收医疗款核算包括哪些内容?

第五篇

民间非营利组织会计

第二十五章 民间非营利组织会计

学习目标

通过本章的学习，要求理解民间非营利组织会计的含义、特点，掌握非交换交易收入和交换交易收入的确认方法，掌握限定性收入和非限定性收入的核算方法，熟悉民间非营利组织各项收入、费用的内容及核算过程，了解民间非营利组织会计中资产和负债的核算特点，掌握限定性净资产和非限定性净资产的结转方法，了解民间非营利组织财务报告的主要内容。

2004 年 8 月 1 8 日，我国财政部颁布了《民间非营利组织会计制度》，要求适用的民间非营利组织自 2005 年 1 月 1 日起执行。这些组织包括依照国家法律、行政法规登记的社会团体、基金会、民办非企业单位和寺院、宫观、清真寺、教堂等。这标志着我国的民间非营利组织不再需要参照事业单位会计制度，从而游离于现行的预算会计体系之外。这也是我国的政府与非营利组织会计向国际惯例靠拢而迈出的坚实的一步。本章主要介绍、讲解我国非营利组织会计的特点，资产、负债、净资产会计，民间非营利组织收入、成本和费用会计以及财务会计报告。

第一节 民间非营利组织会计概述

一、民间非营利组织的定义与特点

2004 年 8 月 18 日，财政部颁布《民间非营利组织会计制度》，要求适用的民间非营利组织自 2005 年 1 月 1 日起执行。这些组织包括依照国家法律、行政法规登记的社会团体、基金会、民办非企业单位和寺院、宫观、清真寺、教堂等。适用该制度的民间非营利组织应当同时具备以下特征：

(1)该组织不以营利为宗旨和目的。

(2)资源提供者向该组织投入资源不取得经济回报。

(3)资源提供者不享有该组织的所有权。

具体而言，民间非营利组织具有以下经营和财务上的特点：

(1)具有民间性或非政府性。民间非营利组织不是政府的一部分，也不同于政府拨款和补助的公立非营利组织。

(2)非营利性。民间非营利组织属于公益性服务组织，为社会和公众提供公共产品，其最终目标是为了满足社会及其成员的各种社会性需要，更为关注的是有多少现金和投资来满足该目标，而非追逐利润。

(3)民间非营利组织所需的经济资源部分或全部来源于捐赠收入、会员缴纳的会费、向服务对象收取的服务费等。捐赠者不期望按期收回所提供的资源，也不希望按提供资源的比例取得回报。

(4)民间非营利组织能控制自己的活动，具有不受外部控制的内部管理秩序，但是通常对所获得的资金负有受托责任，即捐赠人作为财务信息的主要使用者，关注的是其捐赠的资产是否用于限定项目、特定方面或特定期间的特别用途，一般都设置单独的基金科目并提供财务报告来说明有关责任履行的情况。

(5)非利润分配性。民间非营利组织可以盈利，但不是为其拥有者积累利润。收入大于支出的部分要归入净资产中，继续用于组织的使命，而不是在其成员中进行分配。

二、民间非营利组织的会计规范及其特点

在《民间非营利组织会计制度》颁布之前，所有的民间非营利组织比照公共事业单位会计规范展开会计核算，因此依附于预算会计体系。该制度的颁布，标志着民间非营利组织游离于预算会计体系之外，拥有自身独特的会计规范，可以说是为民间非营利组织量身定做的。根据该制度，民间非营利组织会计在很多方面与企业会计的规定是一致的。具体表现在以下几个方面：

(1)民间非营利组织的会计目标是向内、外部各方信息使用者（如捐赠人、会员、监管者等）提供反映组织财务状况、业务收支情况及结果、现金流量情况的会计信息。

(2)会计核算以持续经营、会计分期、货币计量和历史成本为基本前提。但是，对于一些特殊的交易事项，如捐赠、政府补助等，引入了公允价值等其他计量基础。

(3)会计核算应当以权责发生制为基础。这就要求民间非营利组织计提固定资产折旧，进行成本核算。在确认交换交易和非交换交易所形成的收入的标准方面，与企业的相同，都是以商品所有权上的主要风险和报酬的转移等条件的满足为收入确认的标准。

(4)会计核算必须遵循客观性、相关性、实质重于形式、一致性、可比性、及时性、明晰性、配比性、实际成本、谨慎性、区分资本性支出与运营性支出界限以及重要性等原则。

(5)会计核算以资产、负债、净资产、收入和费用这五个会计要素为基础。这些会计要素都充分体现了民间非营利组织财务活动及会计核算规范要求。例如，资产要素中的接受捐赠资产、受托代理资产，负债要素中的受托代理负债，净资产要素中的限定性净资产和非限定性净资产，收入要素中的捐赠收入、会费收入、提供服务收入，费用要素中的业务活动成本、筹资费用等。

(6)民间非营利组织财务会计报告由会计报表、会计报表附注和财务情况说明书组成。其中，会计报表至少应当由资产负债表、业务活动表和现金流量表三张主要报表组成；会计报表附注至少应当包括重要会计政策、董事会成员及组织的员工情况等 11 项内容；财务情况说明书至少应当就民间非营利组织的宗旨、组织结构及人员配备情况、业务活动基本情况以及相关事项做出说明。

第二节　民间非营利组织会计实务

一、民间非营利组织资产的核算

资产是指由过去的交易或者事项形成并由民间非营利组织拥有或者控制的资源，该资源预期会给民间非营利组织带来经济利益或者服务潜力。按流动性，可将资产分为流动资产、长期投资、固定资产、无形资产和受托代理资产等。流动资产，是指预期可在1年内（含1年）变现或者耗用的资产，主要包括现金、银行存款、短期投资、应收款项、预付账款、存货、待摊费用等。长期投资，是指除短期投资以外的投资，包括长期股权投资和长期债权投资（包括委托贷款、委托投资）等。无形资产，是指民间非营利组织为开展业务活动、出租给他人或为管理目的而持有的、没有实物形态的非货币性长期资产，包括专利权、非专利技术、商标权、著作权、土地使用权等。

民间非营利组织应当定期或者至少于每年年度终了，对短期投资、应收款项、存货、长期投资等资产是否发生了减值进行检查。如果这些资产发生了减值，应当计提减值准备，确认减值损失，并计入当期费用。对于固定资产、无形资产等其他资产，如果发生了重大减值，也应当计提减值准备，确认减值损失，并计入当期费用。如果已计提减值准备的资产价值在以后会计期间得以恢复，则应当在该资产已计提减值准备的范围内部分或全部转回已确认的减值损失，冲减当期费用。坏账准备的计提、或有事项、民间非营利组织如发生非货币性交易，可以比照企业进行会计处理。

由于民间非营利会计处理在很多方面类似于企业会计，所以本节主要介绍比较特别的资产项目会计处理（下同）。

（一）非货币性交易

非货币性交易是指交易双方以非货币性资产进行的交换。这种交换不涉及或只涉及少量的货币性资产（补价）。其中，货币性资产是指持有的现金及将以固定或可确定金额的货币收取的资产，包括现金、银行存款、应收账款、应收票据以及准备持有至到期的债券投资等；非货币性资产是指货币性资产以外的资产。在确定涉及补价的交易是否为非货币性交易时，收到补价的民间非营利组织应按收到的补价占换出资产公允价值的比例等于或低于25%确定；支付补价的民间非营利组织应按支付的补价占换出资产公允价值与支付的补价之和的比例等于或低于25%确定。

民间非营利组织如发生非货币性交易，应当按照以下原则处理：

(1)以换出资产的账面价值加上应支付的相关税费，作为换入资产的入账价值。

(2)非货币性交易中如果发生补价，应区别不同情况处理：

①支付补价的民间非营利组织，应以换出资产的账面价值加上补价和应支付的相关税费，作为换入资产的入账价值。

②收到补价的民间非营利组织，应按以下公式确定换入资产的入账价值和应确认的收入或费用：

换入资产入账价值＝换出资产账面价值－(补价÷换出资产公允价值)×换出资产账面价值－(补价÷换出资产公允价值)×(应交税费＋应支付的相关税费)

应确认的收入或费用＝补价×[1－(换出资产账面价值＋应交税费)÷换出资产公允价值]

(3)在非货币性交易中,如果同时换入多项资产,应按换入各项资产的公允价值占换入资产公允价值总额的比例,对换出资产的账面价值总额和应支付的相关税费进行分配,以确定各项换入资产的入账价值。

(二)应收款项

应收款项是指民间非营利组织在日常业务活动过程中发生的各项应收未收债权,包括应收票据、应收账款和其他应收款等。应收款项应当按照实际发生额入账,并按照往来户名等设置明细账,进行明细核算。期末,应当分析应收款项的可收回性,对预计可能产生的坏账损失计提坏账准备,确认坏账损失,并计入当期管理费用。坏账损失采用备抵法进行核算。计算提取坏账准备的方法有应收款项余额百分比法、账龄分析法和销货百分比法等。资产负债表中的"应收款项"以减去坏账准备的净额列示。

【例 25－1】 某研究机构 2015 年度发生如下会计事项:

(1)为甲公司提供咨询服务,商定收费 50 000 元,款项尚未收到。

借:应收账款——甲公司	50 000	
贷:提供服务收入		50 000

(2)上年度赊销给乙公司的价值 10 000 元的商品因质量问题而发生退货,根据收到退货的入库单,做会计分录如下:

借:商品销售收入	10 000	
贷:应收账款		10 000

(3)按账龄分析法,年末应当补提的坏账准备为 3 500 元。

借:管理费用——坏账损失	3 500	
贷:坏账准备		3 500

(三)存货

存货是指民间非营利组织在业务活动过程中将被消耗,或者在日常业务活动中持有以备出售或者捐赠,或者仍然处在业务活动过程的材料、物资、商品等,包括材料、库存商品、委托加工材料以及达不到固定资产标准的工具、器具等。存货应当按照以下原则进行核算:

(1)存货在取得时,应当以其成本入账。存货成本包括采购成本、加工成本和其他成本。其中,采购成本一般包括实际支付的采购价格、相关税费、运输费、装卸费、保险费以及其他可直接归属于存货采购的费用。加工成本包括直接人工以及按照合理方法分配的与存货加工有关的间接费用。其他成本是指除采购成本、加工成本以外的,使存货达到目前场所和状态所发生的其他支出。

(2)存货在发出时,应当根据实际情况采用个别计价法、先进先出法、加权平均法或者移动加权平均法,确定发出存货的实际成本。

(3)存货应当定期进行清查盘点,每年至少盘点一次。对于发生的盘盈、盘亏以及变质、毁损等存货,应当及时查明原因,并根据民间非营利组织的管理权限,经理事会、董事会或类似机构批准后,在期末结账前处理完毕。对于盘盈的存货,应当按照其公允价值入账,并确认为当期"其他收入";对于盘亏或者毁损的存货,应先扣除残料价值、可以收回的保险赔偿和过失人的赔偿等，将净损失确认为当期“管理费用”。

(4)期末，民间非营利组织应当对存货是否发生了减值进行检查。如果存货的可变现净值低于其账面价值，应当按照可变现净值低于账面价值的差额计提存货跌价准备，确认存货跌价损失，并计入当期费用。如果存货的可变现净值高于其账面价值，应当在该存货期初已计提跌价准备的范围内转回可变现净值高于账面价值的差额，冲减当期费用。其中，可变现净值，是指在正常业务活动中，以存货的估计售价减去至完工将要发生的成本以及销售所必需的费用后的金额。

【例 25—2】 某民间非营利组织发生如下会计事项：

(1)从甲公司购入 A 材料 10 000 千克，单价 4 元；B 材料 4 000 千克，单价 5 元；支付运输费 2 100 元，其他杂费 700 元。货款以银行存款支付，运杂费按重量分配。

借：存货——A 材料	42 000	
——B 材料	20 800	
贷：银行存款		62 800

(2)某月份 A 材料的“发料凭证汇总表”显示：产品生产单位领用 30 000 元，销售单位领用 6 000 元，管理部门领用 1 500 元。

借：存货——生产成本	30 000	
业务活动成本	6 000	
管理费用	1 500	
贷：存货——A 材料		37 500

(3)第一次计提减值准备。年末 A 材料的账面成本为 98 000 元，预计可变现净值为 90 000元。

借：管理费用——存货跌价准备	8 000	
贷：存货跌价准备		8 000

(四)固定资产

固定资产是指民间非营利组织拥有或者控制的，同时具有以下特征的有形资产：为行政管理、提供服务、生产商品或者出租目的而持有；预计使用年限超过 1 年；单位价值较高。

用于展览、教育或研究等目的的历史文物、艺术品以及其他具有文化或者历史价值并作长期或者永久保存的典藏等，作为固定资产核算，但不必计提折旧。在资产负债表中，应当在固定资产大项下单列“文物文化资产”项目，予以单独反映。

固定资产可以按历史成本、公允价值、净值计价。固定资产在取得时，应当按取得时的实际成本入账。取得时的实际成本包括买价、包装费、运输费、缴纳的有关税费等相关费用以及为使固定资产达到预定可使用状态前所必要的支出。固定资产取得时的实际成本，应当根据具体情况分别确定：

(1)外购的固定资产，按照实际支付的买价、相关税费以及为使固定资产达到预定可使用状态前所发生的可直接归属于该固定资产的其他支出(如运输费、安装费、装卸费等)确定其成本。如果以一笔款项购入多项没有单独标价的固定资产，按各项固定资产公允价值的比例对总成本进行分配，分别确定各项固定资产的成本。

(2)自行建造的固定资产，按照建造该项资产达到预定可使用状态前所发生的全部必要支出确定其成本，包括相关借款利息支出的资本化。

(3)通过非货币性交易换入的固定资产以及接受捐赠的固定资产，按照制度规定确定其成本。

(4)融资租入的固定资产，按照《企业会计准则——租赁》规定的原则确定其成本。

核算固定资产应当设置"固定资产""累计折旧""在建工程""存货——工程物资""固定资产清理"以及"文化文物资产"科目。折旧方法包括直线法、工作量法、年数总和法、双倍余额递减法等。

与固定资产有关的后续支出包括固定资产的改良和修理。如果使可能流入民间非营利组织的经济利益或者服务潜力超过了原先的估计，如延长了固定资产的使用寿命、使服务质量实质性提高或者使商品成本实质性降低，则应当将其计入固定资产账面价值，但其增计后的金额不应当超过该固定资产的可收回金额。其他后续支出应当计入当期费用。

民间非营利组织由于出售、报废或者毁损等原因而发生的固定资产清理净损益，应当计入当期收入或者费用。

民间非营利组织对固定资产应当定期或者至少每年实地盘点一次。对盘盈、盘亏的固定资产，应当及时查明原因，写出书面报告，并根据管理权限经董事会、理事会或类似权力机构批准后，在期末结账前处理完毕。盘盈的固定资产应当按照其公允价值入账，并计入当期收入；盘亏的固定资产在减去过失人或者保险公司等赔款和残料价值之后，计入当期费用。

【例 25—3】 某民间非营利组织发生如下会计事项：

(1)赊购一台需安装的设备，发票价款 97 000 元，对方代垫运杂费 3 000 元，设备及发票账单均到，货款未付。安装设备时，领用库存材料 2 500 元，支付工资 3 500 元。安装完毕交付使用。

借：在建工程	100 000	
贷：应付账款		100 000
借：在建工程	6 000	
贷：材料		2 500
应付工资		3 500
借：固定资产	106 000	
贷：在建工程		106 000

(2)接受外国机构捐赠的文物一件，报关单上显示，金额为 900 000 元，发生运杂费、包装费共 8 000 元。

借：文化文物资产	908 000	
贷：捐赠收入		900 000
银行存款		8 000

(3)使用直线法提取固定资产折旧。该年 1 月，各部门固定资产应分配的折旧额为：业务用固定资产 70 000 元，临时性出租的固定资产 55 000 元，总部管理部门 15 000 元。

借：业务活动成本——折旧费	70 000	
其他费用——固定资产出租	55 000	
管理费用——折旧费	15 000	
贷：累计折旧		140 000

(4)出售一台不需用的设备。其原价为 320 000 元，已提折旧 220 000 元，实际出售价格为

120 000 元并已收回价款，支付清理费用 6 000 元。

借：固定资产清理　　100 000
　　累计折旧　　220 000
　　贷：固定资产　　320 000
借：银行存款　　120 000
　　贷：固定资产清理　　120 000
借：固定资产清理　　6 000
　　贷：银行存款　　6 000
借：固定资产清理　　14 000
　　贷：其他收入——出售固定资产净收益　　14 000

（五）受托代理资产与受托代理负债

受托代理资产是指民间非营利组织因从事受托代理交易而从委托方取得的资产。在受托代理交易过程中，民间非营利组织通常只是从委托方收到受托资产，并按照委托人的意愿将资产转赠给指定的其他组织或者个人，或者按照有关规定将资产转交给指定的其他组织或者个人。民间非营利组织本身只是在交易过程中起中介作用。

受托代理资产的确认和计量原则依照民间非营利组织接受捐赠资产的确认和计量原则：收到受托代理的现金性资产，以实际收到的金额作为入账价值；对于非现金性资产，委托方提供有关凭证的，按其标明的金额作为入账价值，否则以公允价值作为入账价值。但是，当民间非营利组织在确认一项受托代理资产时，应当同时确认一项受托代理负债。受托代理负债，是指民间非营利组织因从事受托代理交易、接受受托代理资产而产生的负债。

为了核算受托代理资产与受托代理负债，应当设置"受托代理资产""受托代理负债""库存现金——受托代理资产""银行存款——受托代理资产"和"其他货币资产——受托代理资产"科目。

【例 25－4】 某民间非营利组织发生如下会计事项：

（1）收到某单位委托向 A 小学的捐款 100 000 元。

借：银行存款——受托代理资产　　100 000
　　贷：受托代理负债——A 小学　　100 000

（2）某单位委托本组织向某贫困地区转赠医疗设备一台。该设备已经运到本组织，发票上标明的金额为 95 000 元。

借：受托代理资产——某医疗设备　　95 000
　　贷：受托代理负债——某贫困地区　　95 000

（3）按委托协议通过银行向 A 小学捐款 100 000 元。

借：受托代理负债——A 小学　　100 000
　　贷：银行存款——受托代理资产　　100 000

二、民间非营利组织负债的核算

负债是指过去的交易或者事项形成的现时义务，履行该义务预期会导致含有经济利益或者服务潜力的资源流出民间非营利组织。负债按其流动性，可分为流动负债、长期负债和受托代理负债等。流动负债，是指将在 1 年内（含 1 年）偿还的负债，包括短期借款、应付款项、应付工资、应交款项、预收账款、预提费用和预计负债等。长期负债,是指偿还期限在1年以上(不含1年)的负债,包括长期借款、长期应付款和其他长期负债。

(一)应交款项

应交款项是指民间非营利组织对国家的税务性负债,包括应交税费和其他应交款。民间非营利组织在一定时期取得的收入和利润是纳税所得,要按规定向国家交税、交费,要按权责发生制原则记入有关科目,在交之前就形成负债。

应交税费主要包括增值税、消费税、企业所得税、土地增值税、城市维护建设税、房产税、土地使用税、车船使用税、印花税、耕地占用税和个人所得税。其他应交款是除了应交税费以外的其他各种应上缴国家的款项,如应交的教育费附加。非营利组织应当设置"应交税费"和"其他应交款"两个总账科目,并进行明细分类核算。

【例25—5】 某民间非营利组织从事应交增值税的业务活动,发生如下会计事项:

(1)2015年11月,应交增值税60 000元,按3.5%的计征比率缴纳教育费附加。

借:业务活动成本 60 000

  贷:应交税费——应交增值税 60 000

借:业务税金及附加 2 100

  贷:其他应交款——应交教育费附加 2 100

(2)经过计算,2015年应缴纳所得税530 000元。

借:其他费用 530 000

  贷:应交税费——应交所得税 530 000

(二)预计负债

预计负债是指民间非营利组织对因或有事项所产生的现时义务而确认的负债,包括对外提供担保、商业承兑汇票贴现、未决诉讼、产品保证等确认的负债。或有事项是指过去的交易或者事项形成的一种状况,其结果须通过未来不确定事项的发生或不发生予以证实。或有事项应当按照《企业会计准则——或有事项》规定的原则进行处理。

如果与或有事项相关的义务同时符合以下条件,则应当将其确认为负债,并在资产负债表中单列项目予以反映:

(1)该义务是民间非营利组织承担的现时义务。

(2)该义务的履行很可能导致含有经济利益或者服务潜力的资源流出民间非营利组织。

(3)该义务的金额能够可靠地计量。

三、民间非营利组织净资产的核算

净资产是指资产减去负债后的余额,包括限定性净资产和非限定性净资产。民间非营利组织的净资产在法律上归属于社会,任何人都不能分割其净资产,即使因故停止业务,其净资产仍应继续用于社会公益事业。

(一)净资产的特点、来源与分类

与负债一样,净资产是民间非营利组织所占有资产的资金来源。净资产是开办人无偿提供的或者由收支结余形成的,是民间非营利组织的自有资金。在通常情况下,净资产的出资开办人没有从民间非营利组织取得报酬的权利,但可以参与业务管理。净资产的计价要依赖资产、负债、收入和支出的计价。

净资产的来源渠道很多，主要包括开办人的开办资金、历年累计收支结余等。

如果资产或者资产所产生的经济利益(如资产的投资收益和利息等)的使用受到资产提供者或者国家有关法律法规所设置的时间限制或用途限制，则由此形成的净资产即为限定性净资产；除此之外的其他净资产即为非限定性净资产，包括开办人投入的资金以及历年滚存的非限定性收入扣除相关费用后结余形成的净资产。其中，时间限制，是指资产提供者或者国家有关法律法规要求民间非营利组织在收到资产后的某一时期或某一特定日期之后才能使用该项资产；用途限制，是指资产提供者或者国家有关法律法规要求民间非营利组织将收到的资产用于某一特定的用途。

民间非营利组织的董事会、理事会或类似机构对净资产的使用所做的限定性决策、决议或拨款限额等，属于民间非营利组织内部管理上对资产使用所做的限制，不属于会计上的定性净资产。

如果限定性净资产的限制已经解除，则应当对净资产进行重新分类，将限定性净资产转为非限定性净资产。

当存在下列情况之一时，可以认为限定性净资产的限制已经解除：

(1)所限定净资产的限制时间已经到期。

(2)所限定净资产规定的用途已经实现(或者目的已经达到)。

(3)资产提供者或者国家有关法律法规撤销了对资产的限制。

(二)净资产的核算

为了核算净资产，应当设置“非限定性净资产”和“限定性净资产”科目。

【例 25－6】　某机构拟发起成立一个基金会，通过审核后开立了临时科目，通过银行转入该临时科目 300 000 元。

借：银行存款——临时科目	300 000	
贷：非限定性净资产		300 000

【例 25－7】　某民间非营利组织结转各类“非限定性收入”科目贷方余额与相关的费用。

借：捐赠收入——非限定性收入	30 000	
提供服务收入——非限定性收入	300 000	
商品销售收入——非限定性收入	80 000	
其他收入——非限定性收入	50 000	
贷：非限定性净资产		460 000
借：非限定性净资产	370 000	
贷：业务活动成本		250 000
管理费用		90 000
筹资费用		10 000
其他费用		20 000

【例 25－8】　某民间非营利组织结转各类“限定性收入”科目贷方余额。原来捐赠人捐赠的 90 000 元约定的资产限制使用期限已满。

借：限定性净资产	90 000	
贷：非限定性净资产		90 000

四、民间非营利组织收入的核算

民间非营利组织的收入是指民间非营利组织开展业务活动取得的、导致本期净资产增加的经济利益或者服务潜力的流入，包括捐赠收入、会费收入、提供服务收入、政府补助收入、投资收益、商品销售收入等主要业务活动收入和其他收入等。捐赠收入，是指民间非营利组织接受其他单位或者个人捐赠所取得的收入。会费收入，是指民间非营利组织根据章程等的规定向会员收取的会费收入。提供服务收入，是指民间非营利组织根据章程等的规定向其服务对象提供服务取得的收入，包括学费收入、医疗费收入、培训收入等。政府补助收入，是指民间非营利组织因为政府拨款或者政府机构给予的补助而取得的收入。商品销售收入，是指民间非营利组织销售商品（如出版物、药品等）所形成的收入。投资收益，是指民间非营利组织因对外投资取得的投资净损益。其他收入，是指除上述主要业务活动收入以外的其他收入，如固定资产处置净收入、无形资产处置净收入、无法支付的应付款项、资产出租收入等。对于民间非营利组织接受的劳务捐赠，不予确认，但应当在会计报表附注中作相关披露。

上述各项收入应当按是否存在限定，区分为非限定性收入和限定性收入进行核算。如果资产提供者对资产的使用设置了时间限制或者（和）用途限制，则所确认的相关收入为限定性收入；除此之外的其他所有收入为非限定性收入。一般情况下，会费收入、提供服务收入、商品销售收入和投资收益等均为非限定性收入，除非相关资产提供者对资产的使用设置了限制；而对于捐赠收入和政府补助收入，则应当视相关资产提供者对资产的使用是否设置了限制，分别非限定性收入和限定性收入进行核算。

民间非营利组织在确认收入时，应当区分交换交易所形成的收入和非交换交易所形成的收入。交换交易是指按照等价交换原则所从事的交易，即当某一主体取得资产、获得服务或者解除债务时，需要向交易对方支付等值或者大致等值的现金，或者提供等值或者大致等值的货物、服务等的交易，如按照等价交换原则销售商品、提供劳务等均属于交换交易。非交换交易是指除交换交易之外的交易，如捐赠、政府补助等均属于非交换交易。在非交换交易中，某一主体取得资产、获得服务或者解除债务时，不必向交易对方支付等值或者大致等值的现金，或者提供等值或者大致等值的货物、服务等；或者某一主体在对外提供货物、服务等时，没有收到等值或者大致等值的现金、货物等。

民间非营利组织对于因交换交易所形成的收入，应当按照《企业会计准则——收入》规定的原则予以确认。对于因非交换交易所形成的收入，应当在同时满足下列条件时予以确认：

（1）与交易相关的含有经济利益或者服务潜力的资源能够流入组织并为组织所控制，或者相关的债务能够得到解除。

（2）交易能够引起净资产的增加。

（3）收入的金额能够可靠地计量。

一般情况下，对于无条件的捐赠或政府补助，应当在捐赠或政府补助收到时确认收入；对于附条件的捐赠或政府补助，应当在取得捐赠资产或政府补助资产控制权时确认收入，但当民间非营利组织存在需要偿还全部或部分捐赠资产（或者政府补助资产）或者相应金额的现时义务时，则应当就需要偿还的金额同时确认一项负债和费用。

在会计期末，民间非营利组织应当将本期限定性收入和非限定性收入分别结转至净资产项下的限定性净资产和非限定性净资产。有关的会计实务在上一部分已经阐述。

为了进行收入核算，应当设置“捐赠收入”“会费收入”“提供服务收入”“政府补助收入”“投资收益”“商品销售收入”“主要业务收入”和“其他收入”科目，并且各个科目都应按照是否存在限定区分为非限定性收入和限定性收入设置明细科目。

【例 25－9】 某基金会根据捐赠协议，收到一项无条件的捐赠款 200 000 元，款项已收妥。某企业放弃 80 000 元的债权，作为对该基金会的捐赠款，条件是与该企业签订长期合作协议。

借：银行存款	200 000	
贷：捐赠收入——非限定性收入		200 000
借：应付账款——某企业	80 000	
贷：捐赠收入——限定性收入		80 000

【例 25－10】 某社会团体向 A 公司销售商品一批，发票上注明的售价为 87 000 元，并以现金代垫 4 000 元的运杂费，货款尚未收到。

借：应收账款——A 公司	91 000	
贷：商品销售收入——非限定性收入		87 000
银行存款		4 000

民间非营利组织的劳务收入一般在交换交易中形成，应当根据权责发生制要求，在业务实际发生时确认。一般有两种确认方法：一是劳务完成法，即在某项劳务实际完成时确认收入，它适用于在同一年度开始并完成的劳务项目；二是完工百分比法，它适用于长期劳务收入项目。长期劳务收入项目是指跨越会计年度的、需要按照完工进度分期确认收入的长期劳务项目。

五、民间非营利组织成本和费用的核算

(一)成本与费用概述

民间非营利组织在业务过程中必然要发生各种耗费，包括人工等活劳动的耗费、机器设备等劳动手段的耗费以及原物料等劳动对象的耗费。费用，是指民间非营利组织为开展业务活动所发生的、导致本期净资产减少的经济利益或者服务潜力的流出，不包括为第三方或者客户垫付的款项。费用应该按其功能分为业务活动成本、管理费用、筹资费用和其他费用等，而成本是指民间非营利组织为提供服务和产品而发生的各种耗费，是对象化了的费用。

业务活动成本，是指民间非营利组织为了实现其业务活动目标、开展其项目活动或者提供服务所发生的费用。如果民间非营利组织从事的项目、提供的服务或者开展的业务比较单一，可以将相关费用全部归集在“业务活动成本”项目下进行核算和列报；如果民间非营利组织从事的项目、提供的服务或者开展的业务种类较多，民间非营利组织应当在“业务活动成本”项目下分别项目、服务或者业务大类进行核算和列报。例如，民办学校可以将“业务活动成本”分为学生教育成本、科研成本等进行核算，并在业务活动表的“业务活动成本”项目下分别列示；社会团体可以将“业务活动成本”分为项目服务费、会员服务费、商品(如出版物)销售成本等进行核算，并在业务活动表的“业务活动成本”项目下分别列示；基金会可以将“业务活动成本”分为资助项目服务费、商品销售成本等进行核算，并在业务活动表的“业务活动成本”项目下分别列示。

管理费用，是指民间非营利组织为组织和管理其业务活动所发生的各项费用。它包括民间非营利组织董事会(或者理事会，或者类似权力机构)经费和行政管理人员的工资、奖金、住

房公积金、住房补贴、社会保障费以及办公费、折旧费、无形资产摊销费、资产盘亏损失、资产减值损失、因预计负债所产生的损失、聘请中介机构费和应偿还的受赠资产等。

筹资费用，是指民间非营利组织为筹集业务活动所需资金而发生的费用，包括民间非营利组织为了获得捐赠资产而发生的费用以及应当计入当期费用的借款费用、汇兑损失(减汇兑收益)等。民间非营利组织为了获得捐赠资产而发生的费用包括举办募款活动费，准备、印刷和发放募款宣传资料费以及其他与募款或者争取捐赠资产有关的费用。

其他费用，是指民间非营利组织发生的，无法归属到上述业务活动成本、管理费用或者筹资费用中的费用，包括固定资产处置净损失、无形资产处置净损失等。

此外，应计入有关成本的费用按照经济用途的需要，可分为直接费用和间接费用。直接费用是指在提供服务和生产商品(或项目)过程中所发生的直接人工工资、直接材料耗费和其他直接费用。间接费用在成本计算中也称制造费用，是指应由服务或者产品成本(或项目成本)负担的、不能直接计入服务或者产品成本(或项目成本)的有关费用。它应当按一定的程序和方法进行分配，计入相关产品的生产成本(或项目成本)。民间非营利组织一定期间的直接费用和间接费用构成它一定期间的服务或者生产成本(或项目成本)总额。对于当期发生的服务或者生产成本(或项目成本)，民间非营利组织应当根据其类型和业务特点等，选择合理的成本计算方法，如品种法、分批法和分步法等，进行成本计算，确定当期产品的单位生产成本。

费用的确认，应当遵循权责发生制和配比原则。民间非营利组织的某些费用如果属于多项业务活动或者属于业务活动、管理活动和筹资活动等共同发生的，而且不能直接归属于某一类活动，则应当将这些费用按照合理的方法在各项活动中进行分配，必须分清本期成本、费用和下期成本、费用，不得任意预提和摊销费用。

(二)业务活动成本、管理费用、筹资费用和其他费用的核算

民间非营利组织发生的业务活动成本、管理费用、筹资费用和其他费用，应当在发生时按其发生额计入当期费用。在期末，民间非营利组织应当将本期发生的各项费用结转至净资产项下的非限定性净资产，作为非限定性净资产的减项。非营利组织应当设置“业务活动成本”“管理费用”“筹资费用”和“其他费用”总账科目，并根据各自的类别设置明细科目，进行明细分类核算。

【例 25—11】 某民间非营利组织计算 2015 年 10 月的工资为 97 000 元，其中，一线工作人员工资为 75 000 元，管理人员工资为 15 000 元，专门负责资金募集人员的工资为 7 000 元。

借：业务活动成本	75 000	
管理费用	15 000	
筹资费用	7 000	
贷：应付工资		97 000

六、民间非营利组织的财务会计报告

(一)财务会计报告概述

1. 财务会计报告体系

为了满足社会监督、国家征税和宏观管理以及信用发展的需要，基于经济和效率的考虑，报送简明扼要的财务会计报告显得非常必要。财务会计报告是反映民间非营利组织财务状况、业务活动情况和现金流量等的书面文件。民间非营利组织的财务会计报告由会计报表、会计报表附注和财务情况说明书组成。

会计报表是根据会计账簿记录有关资料，按照规定的报表格式，总括反映一定时间的经济活动和财务收支情况及其结果的一种报告文件。会计报表主要包括资产负债表、业务活动表、现金流量表三种主表及各种附表。

会计报表附注是对会计报表的补充说明，也是财务会计报告的重要组成部分，主要包括两项内容：一是对会计报表各要素的补充说明，二是对会计报表中无法描述的其他财务信息的补充说明，如对重要会计政策及其变更情况的说明、对重大资产减值情况的说明、对资产提供者设置了时间或用途限制的相关资产情况的说明等。

财务情况说明书是对民间非营利组织一定会计期间内收支情况进行分析总结的书面文字报告，也是财务会计报告的重要组成部分。财务情况说明书全面提供民间非营利组织的基本情况和业务活动情况，分析、总结业务活动中的经验和不足。财务情况说明书至少应当对下列情况做出说明：

(1)民间非营利组织的宗旨、组织结构以及人员配备等情况。

(2)民间非营利组织业务活动基本情况、年度计划和预算完成情况、产生差异的原因分析、下一会计期间业务活动计划和预算等。

(3)对民间非营利组织运作有重大影响的其他事项。

2. 财务会计报告的分类

按报送的期限划分，财务会计报告分为年度财务会计报告和中期财务会计报告。以短于一个完整的会计年度的期间(如半年度、季度和月度)编制的财务会计报告称为中期财务会计报告。年度财务会计报告是以整个会计年度为基础编制的财务会计报告。民间非营利组织在编制中期财务会计报告时，应当采用与年度会计报表相一致的确认与计量原则。中期财务会计报告的内容相对于年度财务会计报告而言，可以适当简化，但是它仍然应当保证包括与理解中期期末财务状况和中期业务活动情况及其现金流量相关的重要财务信息。年度财务会计报告至少应当于年度终了后 4 个月内对外提供。如果民间非营利组织被要求对外提供中期财务会计报告，则应当在规定的时间内对外提供。

按报送的范围划分，财务会计报告可分为对外报送的财务会计报告和对内报送的财务会计报告。本节主要讲述前者。民间非营利组织内部管理需要的会计报表由单位自行规定。

按会计报表所包含的范围划分，可分为个别财务会计报告和合并财务会计报告。民间非营利组织一般不涉及合并财务会计报告问题，但民间非营利组织对外投资并且占对被投资单位资本总额的 50%以上(不含 50%)，或者虽然占该单位资本总额不足 50%但具有实质上的控制权的，应当编制合并会计报表。

3. 财务会计报告的编报要求

会计报表所提供的信息应能真实、公允地反映民间非营利组织的财务状况、业务活动成果和现金流量。会计报表的真实可靠、相关可比、全面完整和便于理解是会计信息的质量要求。会计报表及时提供给使用者是会计信息的基本要求。采用的会计政策前后各期应当保持一致，不得随意变更；关于会计政策变更、资产负债表日后事项的处理，可以参照企业会计。

民间非营利组织对外提供的财务会计报告应当依次编定页数，加具封面，装订成册，盖公章。封面上应当注明：组织名称、组织登记证号、组织形式、地址、报表所属年度或者中期、报出日期，并由单位负责人和主管会计工作的负责人、会计机构负责人(会计主管人员)签名并盖章；设置总会计师的单位，还应当由总会计师签名并盖章。

（二）资产负债表

资产负债表是反映民间非营利组织某一会计期末全部资产、负债和净资产情况的会计报表，是必须对外提供的三大主表之一，中报和年报都应当编制。资产负债表一般包括表头、表身和表尾，在我国按科目式设计。表25—1是非营利组织资产负债表的基本格式。

表25—1 资产负债表 会民非01表

编制单位： 年 月 日 单位：元

资 产	期初数	期末数	负债和净资产	期初数	期末数
流动资产：			流动负债：		
货币资金			短期借款		
短期投资			应付款项		
应收账款			应付工资		
预付账款			应交税费		
存货			预收账款		
待摊费用			预提费用		
一年内到期的长期债权投资			预计负债		
其他流动资产			一年内到期的长期负债		
流动资产合计			其他流动负债		
长期投资：			流动负债合计		
长期股权投资			长期负债：		
长期债权投资			长期借款		
长期投资合计			长期应付款		
固定资产：			其他长期负债		
固定资产原价			长期负债合计		
减：累计折旧			受托代理负债：		
固定资产净值			受托代理负债		
在建工程			负债合计		
文物文化资产					
固定资产清理			净资产：		
固定资产合计			非限定性净资产		
无形资产：			限定性净资产		
无形资产			净资产合计		
受托代理资产：					
受托代理资产					
资产总计			负债和净资产总计		

（三）业务活动表

业务活动表是反映民间非营利组织在某一会计期间内开展业务活动实际情况的报表。它把某一会计期间的收入与其同一会计期间的费用进行配比，以计算出一定时期的净资产增加

(或减少)额，是必须对外提供的三大主表之一，中报和年报都应当编制；业务活动表的结构有多步式和单步式。我国民间非营利组织的业务活动表采用单步式结构，如表 25－2 所示。

表 25－2　　**业务活动表**　　会民非 02 表

编制单位：　　年度　　单位：元

项　目	本月数			本年累计数		
	非限定性	限定性	合　计	非限定性	限定性	合　计
一、收入						
其中：捐赠收入						
会费收入						
提供服务收入						
商品销售收入						
政府补助收入						
投资收益						
其他收入						
收入合计						
二、费用						
(一)业务活动成本						
1. 项目成本						
2. 服务成本						
3. 商品销售成本						
(二)管理费用						
(三)筹资费用						
(四)其他费用						
费用合计						
三、限定性净资产转为非限定性净资产						
四、净资产变动额(减少以“－”号填列)						

(四)现金流量表

现金流量表是反映民间非营利组织在某一会计期间内现金和现金等价物的流入和流出信息的报表，是必须对外提供的三大主表之一，但只需要在年报中编制。现金流量表反映某一会计期间内现金制基础上的财务状况变动情况，并区分业务活动、投资活动和筹资活动分别反映非营利组织现金流入和流出的全貌。其中，投资活动是指非营利的长期投资以及不包括在现金等价物范围内的短期投资的购买和处置；筹资活动是指导致民间非营利组织债务规模和结构发生变化的活动，包括借入资金、偿还债务等；业务活动是指民间非营利组织除投资活动和筹资活动以外的所有交易和事项。

我国民间非营利组织现金流量表采用直接法编制业务活动产生的现金流量:有关现金流量的信息可以从会计记录中直接获得,也可以在业务活动表收入和费用数据的基础上,通过调整存货和与业务活动有关的应收应付款项的变动、投资以及固定资产折旧、无形资产摊销等项目后获得。我国民间非营利组织现金流量表的基本格式如表 25－3 所示。

表 25－3 **现金流量表** 会民非 03 表

编制单位: 年度 单位:元

项 目	行 次	金 额
一、业务活动产生的现金流量:		
接受捐赠收到的现金		
收取会费收到的现金		
提供服务收到的现金		
销售商品收到的现金		
政府补助收到的现金		
收到的其他与业务活动有关的现金		
现金流入小计		
提供捐赠或者资助支付的现金		
支付给员工以及为员工支付的现金		
购买商品、接受服务支付的现金		
支付的其他与业务活动有关的现金		
现金流出小计		
业务活动产生的现金流量净额		
二、投资活动产生的现金流量:		
收回投资所收到的现金		
取得投资收益所收到的现金		
处置固定资产和无形资产所收回的现金		
收到的其他与投资活动有关的现金		
现金流入小计		
购建固定资产和无形资产所支付的现金		
对外投资所支付的现金		
支付的其他与投资活动有关的现金		
现金流出小计		
投资活动产生的现金流量净额		
三、筹资活动产生的现金流量:		
取得借款所收到的现金		
收到的其他与筹资活动有关的现金		

续表

项　目	行　次	金　额
现金流入小计		
偿还借款所支付的现金		
偿还利息所支付的现金		
支付的其他与筹资活动有关的现金		
现金流出小计		
筹资活动产生的现金流量净额		
四、汇率变动对现金的影响额		
五、现金及现金等价物净增加额		

本章小结

民间非营利组织应当同时具备以下三个特征：该组织不以营利为宗旨和目的；资源提供者向该组织投入资源不取得经济回报；资源提供者不享有该组织的所有权。民间非营利组织会计是以民间非营利组织的基本业务活动和其他业务活动为核算对象的专业会计。民间非营利组织会计侧重于为外部信息使用者服务，提供反映受托责任履行情况的会计信息。民间非营利组织会计以权责发生制为确认基础。

收入是指民间非营利组织开展业务活动取得的、导致本期净资产增加的经济利益或者服务潜力的流入，包括捐赠收入、会费收入、提供服务收入、政府补助收入、投资收益、商品销售收入和其他收入。按是否存在限定，收入区分为限定性收入和非限定性收入。按交易性质不同，收入区分为交换交易收入和非交换交易收入。非交换交易收入主要包括捐赠收入和政府补助收入，非交换交易收入应当在同时满足确认条件时予以确认。交换交易收入主要包括商品销售收入、提供服务收入和投资收益，交换交易收入应当分别销售商品、提供劳务等情况，采用不同的确认标准。

费用是指民间非营利组织为开展业务活动所发生的、导致本期净资产减少的经济利益或者服务潜力的流出，包括业务活动成本、管理费用、筹资费用和其他费用。

资产是指过去的交易或者事项形成的并由民间非营利组织拥有或者控制的资源，该资源预期会给民间非营利组织带来经济利益或者服务潜力。民间非营利组织会计存在文物文化资产和受托代理资产两项特有的资产。

负债是指过去的交易或者事项形成的现时义务，履行该义务预期会导致含有经济利益或者服务潜力的资源流出民间非营利组织，内容包括流动负债、长期负债和受托代理负债等。

民间非营利组织的净资产是资产减去负债后的余额，分为限定性净资产和非限定性净资产。

民间非营利组织的财务会计报告是反映民间非营利组织的财务状况、业务活动情况和现金流量的书面文件。民间非营利组织财务会计报告由会计报表、会计报表附注和财务情况说明书组成。会计报表主要包括资产负债表、业务活动表和现金流量表。

练习题

一、单项选择题

1. 民间非营利组织会计核算应当以(　　)为基础。

A. 权责发生制　B. 修正的应计制　C. 现金制　D. 修正的现金制

2. 在确定涉及补价的交易是否为非货币性交易时,收到补价的民间非营利组织应按收到的补价占换出资产公允价值的比例等于或低于(　　)确定。

A. 20%　B. 25%　C. 30%　D. 35%

3. 对于盘盈的存货,民间非营利组织应当按照其公允价值入账,并将其确认为当期(　　)。

A. 管理费用的减项　B. 存货成本的减项　C. 其他收入　D. 净资产

4. 一般情况下,民间非营利组织的(　　)不属于非限定性收入。

A. 会费收入　B. 提供服务收入　C. 商品销售收入　D. 捐赠收入

5. 期末,民间非营利组织应当将本期发生的各项费用结转至(　　),作为它的减项。

A. 非限定性净资产　B. 限定性净资产　C. 未分配利润　D. 净利润

6. 民间非营利组织年度财务会计报告至少应当于年度终了后(　　)个月内对外提供。

A. 2　B. 3　C. 4　D. 5

7. 民间非营利组织对外投资,而且占对被投资单位资本总额(　　)以上,应当编制合并会计报表。

A. 20%　B. 25%　C. 30%　D. 50%

8. 我国民间非营利组织现金流量表采用(　　)编制业务活动产生的现金流量。

A. 间接法　B. 直接法　C. 直接法或间接法　D. 调节法

二、多项选择题

1. 民间非营利组织应当同时具备(　　)特征。

A. 该组织不以营利为宗旨和目的

B. 资源提供者向该组织投入资源不取得经济回报

C. 资源提供者不享有该组织的所有权

D. 资源提供者期望按期收回所提供的资源

2. 存货在发出时,应当根据实际情况采用(　　)。

A. 个别计价法　B. 先进先出法　C. 加权平均法　D. 移动加权平均法

3. 固定资产可以按(　　)计价。

A. 历史成本　B. 公允价值　C. 净值　D. 现值

4. 计算提取坏账准备的方法有(　　)。

A. 应收款项余额百分比法　B. 账龄分析法

C. 直接核销法　D. 销货百分比法

5. 负债按其流动性,可分为(　　)等。

A. 流动负债　B. 或有负债　C. 长期负债　D. 受托代理负债

6. 净资产的计价要依赖(　　)的计价。

A. 资产　B. 负债　C. 收入　D. 支出

7. 净资产的来源渠道很多,主要包括(　　)。

A. 开办人的开办资金　B. 借入资金　C. 捐赠　D. 历年累计收支结余

8. 提供服务收入，是指民间非营利组织根据章程等的规定向其服务对象提供服务取得的收入，包括(　　)。

A. 学费收入　B. 捐赠收入　C. 医疗费收入　D. 培训收入

9. 财务情况说明书至少应当对下列情况做出说明：(　　)。

A. 民间非营利组织的宗旨、组织结构以及人员配备等情况

B. 民间非营利组织业务活动基本情况、年度计划和预算完成情况

C. 产生差异的原因分析、下一会计期间业务活动计划和预算等

D. 对民间非营利组织运作有重大影响的其他事项

10. 按报送的期限划分，财务会计报告分为(　　)。

A. 月度财务会计报告　B. 季度财务会计报告

C. 年度财务会计报告　D. 中期财务会计报告

三、判断题

1.《民间非营利组织会计制度》的颁布，标志着民间非营利组织游离于预算会计体系之外，拥有自身独特的会计规范。(　　)

2. 民间非营利组织应当定期或者至少于每年年度终了，对短期投资、应收款项、存货、长期投资等资产是否发生了减值进行检查。如果这些资产发生了减值，则应当计提减值准备，确认减值损失，并计入当期费用，但是不能转回已确认的减值损失。(　　)

3. 在非货币性交易中，如果同时换入多项资产，应按换入各项资产的公允价值占换入资产公允价值总额的比例，对换出资产的账面价值总额和应支付的相关税费进行分配，以确定各项换入资产的入账价值。(　　)

4. 用于展览、教育或研究等目的的历史文物、艺术品以及其他具有文化或者历史价值并作长期或者永久保存的典藏等，作为固定资产核算，并计提折旧。(　　)

5. 受托代理资产的确认和计量原则应依照民间非营利组织接受捐赠资产的确认和计量原则处理。(　　)

6. 民间非营利组织的净资产在法律上归属于社会，任何人都不能分割其净资产，但是当因故停止业务时，其净资产可用于向资源提供者分配。(　　)

7. 在会计期末，民间非营利组织应当将本期限定性收入和非限定性收入分别结转至净资产项下的限定性净资产和非限定性净资产。(　　)

8. 如果民间非营利组织从事的项目、提供的服务或者开展的业务种类较多，则民间非营利组织应当在“业务活动成本”项目下分别项目、服务或者业务大类进行核算和列报。(　　)

四、综合题

某民办医院在2015年发生如下业务：

(1)接受一外商捐赠的文物一件，报关单上显示金额为900 000元，发生运杂费、包装费共4 000元。

(2)出售一台不需用的设备，原价250 000元，已提折旧160 000元，实际出售价格71 000元并收回价款，支付清理费用3 500元。

(3)收到某单位委托向江河小学的捐款320 000元。

(4)应交营业税90 000元，按3.5%的计征比率缴纳教育费附加。

(5)发起成立一个基金会，通过审核后开立了临时科目，并通过银行转入该临时账户250 000元。

(6)原来捐赠人捐赠的100 000元约定的资产限制使用期限已满。

(7)根据捐赠协议，收到一项无条件的捐赠款220 000元，款项已收妥。某企业放弃90 000元的债权，作

为对该组织的捐赠款，条件是与该企业签订长期合作协议。

(8)计算 2015 年 9 月的工资为 108 000 元，其中，医务人员工资 70 000 元、管理人员工资 30 000 元、专门负责资金募集人员工资 8 000 元。

要求：请对上述业务进行恰当的会计处理。

五、简答题

1. 民间非营利组织有哪些特征？
2. 民间非营利组织的会计目标是什么？
3. 民间非营利组织会计的收入包括哪些内容？应当如何进行分类？
4. 民间非营利组织的非交换交易收入应当如何确认？
5. 民间非营利组织的商品销售收入应当如何确认？
6. 民间非营利组织的提供服务收入应当如何确认？
7. 民间非营利组织的费用包括哪些内容？
8. 什么是文物文化资产？什么是受托代理资产？
9. 民间非营利组织会计的捐赠与受托代理事项应当如何区分？
10. 民间非营利组织会计在期末如何进行净资产的结转？
11. 民间非营利组织的财务报告包括哪些内容？

练习题参考答案

第一篇　基础理论篇

第一章　政府与非营利组织会计概述

一、单项选择题

1. A　2. C　3. B　4. A　5. A　6. A　7. B　8. A　9. A　10. B

二、多项选择题

1. ABCD　2. ABCD　3. ABD　4. ABC　5. ABC　6. ABC　7. AB
8. ACD

三、判断题

1. ×　2. √　3. ×　4. ×　5. ×

四、简答题

略。

第二章　政府与非营利组织会计基本理论和方法

一、单项选择题

1. D　2. C　3. C　4. B　5. A

二、多项选择题

1. BCD　2. ABC　3. ABCD　4. ABCDE　5. ABD　6. ABCD　7. AC

三、判断题

1. √　2. √　3. ×　4. ×　5. √

第二篇　财政总预算会计

第三章　财政总预算会计概述

一、单项选择题

1. A　2. A　3. D　4. C　5. D　6. A

二、多项选择题

1. ABCDE　2. BCD　3. ABCD　4. ABCD　5. ABCDE

三、判断题

1. ×　2. √　3. √　4. ×　5. ×　6. √

第四章　财政总预算会计资产的核算

一、单项选择题

1. C　2. A　3. D　4. C　5. A　6. D

二、多项选择题

1. BCD　2. ACD　3. AB　4. ABCD　5. ABCD

三、判断题

1. √　2. √　3. ×　4. ×　5. √

四、综合题

(1)借:国库存款——一般预算存款	163 500	
——基金预算存款	5 200	
贷:一般公共预算本级收入		163 500
政府性基金预算本级收入		5 200
(2)借:一般公共预算本级支出	59 800	
政府性基金预算本级支出	4 500	
贷:国库存款——一般预算存款		59 800
——基金预算存款		4 500
(3)借:其他财政存款——专用基金存款	36 500	
贷:专用基金收入		36 500
(4)借:专用基金支出	28 200	
贷:其他财政存款——专用基金存款		28 200
(5)借:有价证券	63 800	
贷:国库存款——一般预算存款		63 800
(6)借:国库存款——一般预算存款	58 400	
贷:有价证券		48 300
一般公共预算本级收入		10 100
(7)借:与下级往来——某县财政	15 800	
贷:上解收入		15 800
(8)借:补助支出	8 900	
贷:与下级往来——某区财政		8 900
(9)借:其他应收款——某预算单位	20 000	
贷:国库存款——一般预算存款		20 000
借:一般公共预算本级支出	15 000	
国库存款——一般预算存款	5 000	
贷:其他应收款——某预算单位		20 000

(10)在上年度账上:

借:在途款 7 500
　　贷:一般公共预算本级收入 7 500
在新年度账上:
　借:国库存款——一般预算存款 7 500
　　贷:在途款 7 500
(11)借:预拨经费——某预算单位 80 000
　　贷:国库存款——一般预算单位 80 000
　借:一般公共预算本级支出 80 000
　　贷:预拨经费——某预算单位 80 000

五、简答题

略。

第五章　财政总预算会计负债的核算

一、单项选择题

1. A　2. A　3. C　4. B　5. D　6. C　7. A　8. B　9. C

二、多项选择题

1. AC　2. AD　3. ABC　4. BC　5. ABCD

三、判断题

1. ×　2. ×　3. √　4. √　5. ×

四、综合题

(1)借:上解支出 9 600
　　贷:与上级往来——一般预算资金 9 600
(2)借:国库存款——一般预算存款 3 500
　　贷:与上级往来——一般预算资金 3 500
　借:与上级往来——一般预算资金 3 500
　　贷:补助收入 3 500
(3)借:国库存款——一般预算存款 3 800
　　贷:其他应付款——某单位 3 800
　借:其他应付款——某单位 3 800
　　贷:国库存款——一般预算存款 3 800

五、简答题

略。

第六章　财政总预算会计净资产的核算

一、单项选择题

1. D　2. A　3. B

二、多项选择题

1. ABCD　2. AB　3. ABCDE

三、判断题

1. √　2. ×　3. ×　4. √　5. √

四、综合题

(1)借:一般公共预算本级收入　250 000
　　补助收入——一般公共预算补助收入　48 500
　　上解收入——一般公共预算上解收入　44 500
　　调入资金——一般公共预算调入资金　4 500
　　　贷:一般公共预算结转结余　307 500
　借:一般公共预算结转结余　321 500
　　　贷:一般公共预算本级支出　251 000
　　　　补助支出——一般公共预算补助支出　66 500
　　　　上解支出——一般公共预算上解支出　4 000
(2)借:政府性基金预算本级收入　85 500
　　补助收入——政府性基金预算补助收入　3 000
　　　贷:政府性基金预算结转结余　88 500
　借:政府性基金预算结转结余　22 200
　　　贷:政府性基金预算本级支出　18 000
　　　　补助支出——政府性基金预算补助支出　4 200
(3)借:专用基金收入——粮食风险基金　5 400
　　　贷:专用基金结余——粮食风险基金　5 400
　借:专用基金结余——粮食风险基金　6 200
　　　贷:专用基金支出——粮食风险基金　6 200
(4)借:一般公共预算结转结余　58 000
　　　贷:预算周转金　58 000
(5)借:预算周转金　50 000
　　　贷:预算稳定调节基金　50 000

五、简答题

略。

第七章　财政总预算会计收入的核算

一、单项选择题

1. D　2. C　3. B　4. B　5. C

二、多项选择题

1. ACD　2. ABC　3. ABCD　4. AC

三、判断题

1. ×　2. √　3. ×　4. ×　5. √

四、综合题

(1)借:国库存款——一般预算存款　175 000
　　　贷:一般公共预算本级收入　175 000
(2)借:一般公共预算本级收入　258 000
　　　贷:一般公共预算结转结余　258 000

(3)借:国库存款——基金预算存款 15 000
　　贷:政府性基金预算本级收入 15 500
(4)借:政府性基金预算本级收入 84 500
　　贷:政府性基金预算结转结余 84 500
(5)借:一般公共预算本级支出 15 000
　　贷:国库存款 15 000
　借:其他财政存款——专用基金存款 15 000
　　贷:专用基金收入——粮食风险基金 15 000
　借:专用基金收入——粮食风险基金 15 000
　　贷:专用基金结余——粮食风险基金 15 000
(6)借:国库存款——一般预算存款 204 600
　　　　——基金预算存款 51 000
　　贷:补助收入 255 600
(7)借:补助收入 258 000
　　贷:一般公共预算结转结余 243 000
　　　政府性基金预算结转结余 15 000
(8)借:国库存款——一般预算存款 18 000
　　　　——基金预算存款 1 500
　　贷:上解收入 19 500
(9)借:上解收入 46 600
　　贷:一般公共预算结转结余 41 600
　　　政府性基金预算结转结余 5 000
(10)借:调出资金——政府性基金预算调出资金 90 000
　　贷:调入资金——一般公共预算调入资金 90 000
(11)借:调入资金——一般公共预算调入资金 50 000
　　贷:一般公共预算结转结余 50 000

五、简答题

略。

第八章　财政总预算会计支出的核算

一、单项选择题

1. A　2. B　3. A　4. D

二、多项选择题

1. ACD　2. AD　3. ABCD　4. AD　5. AB

三、判断题

1. ×　2. √　3. ×　4. √　5. √

四、综合题

(1)借:一般公共预算本级支出 48 000
　　贷:国库存款——一般预算存款 48 000
(2)借:一般公共预算本级支出 5 500
　　贷:应付国库集中支付结余 5 500

(3)借:一般公共预算结转结余 285 500
　　贷:一般公共预算本级支出 285 500
(4)借:政府性基金预算本级支出 18 800
　　贷:国库存款——基金预算存款 18 800
(5)借:政府性基金预算结转结余 36 500
　　贷:政府性基金预算本级支出 36 500
(6)借:专用基金支出——粮食风险基金 9 500
　　贷:其他财政存款——专用基金存款 9 500
(7)借:专用基金结余——粮食风险基金 9 500
　　贷:专用基金支出——粮食风险基金 9 500
(8)借:补助支出 130 000
　　贷:国库存款——一般预算存款 130 000
(9)借:一般公共预算结转结余 355 000
　　政府性基金预算结转结余 45 000
　　贷:补助支出 400 000
(10)借:上解支出 85 600
　　贷:国库存款——一般预算存款 85 600
(11)借:一般公共预算结转结余 65 000
　　政府性基金预算结转结余 5 000
　　贷:上解支出 70 000
(12)借:调出资金 16 500
　　贷:国库存款——基金预算存款 16 500
　借:国库存款——一般预算存款 16 500
　　贷:调入资金 16 500
(13)借:政府性基金预算结转结余 9 500
　　贷:调出资金 9 500

五、简答题

略。

第九章 财政总预算会计的会计报表

一、多项选择题

1. ABCD　2. ABCD　3. CD　4. ABCDE

二、判断题

1. ×　2. √　3. √　4. √　5. ×

三、简答题

略。

第三篇　行政单位会计

第十章　行政单位会计概述

一、单项选择题

1. B　2. C　3. A　4. B　5. C

二、多项选择题

1. ABCD　2. ABCD　3. ABCD　4. ABD　5. ABC

三、判断题

1. ×　2. √　3. ×　4. √　5. √

四、简答题

略。

第十一章　行政单位资产的核算

一、单项选择题

1.D　2.D　3.C　4.C　5.A　6.A　7.B　8.A　9.D

二、多项选择题

1.ABC　2.ABC　3.ABCD　4.ABCD　5.ACD　6.ABCD　7.AC

三、判断题

1.√　2.√　3.×　4.√　5.×　6.√　7.×　8.×　9.√　10.×

四、综合题

1.(1)借:库存现金　6 000
　　贷:零余额账户用款额度　6 000
(2)借:经费支出　300
　　贷:库存现金　300
(3)借:其他应收款——李某　600
　　贷:库存现金　600
(4)借:经费支出——财政拨款支出——基本支出　3 000
　　贷:银行存款　3 000
(5)借:银行存款　350
　　贷:其他收入——存款利息　350
(6)借:经费支出　650
　　贷:库存现金　50
　　　　其他应收款——李某　600
(7)借:待处理财产损溢　1 200
　　贷:库存现金　1 200
　借:其他应收款——王某　500
　　经费支出　700
　　贷:待处理财产损溢　1 200

(8)借:存货 5 000
　　贷:资产基金——库存材料及储备物资 5 000
　借:经费支出 5 000
　　贷:零余额账户用款额度 5 000
(9)借:银行存款 3 100
　　贷:其他收入——利息收入 3 100
(10)借:零余额账户用款额度 100 000
　　贷:财政拨款收入——基本支出拨款 100 000
(11)借:经费支出——财政拨款支出——基本支出 5 200
　　贷:零余额账户用款额度 5 200
(12)借:应收账款——A 公司 100 000
　　贷:其他应付款 100 000
(13)借:银行存款 100 000
　　贷:应收账款——A 公司 100 000
　借:其他应付款 100 000
　　贷:应交税费 5 000
　　　应缴财政款 95 000
(14)借:预付账款——某会议中心 30 000
　　贷:资产基金——预付款项 30 000
　借:经费支出——财政拨款支出——基本支出 30 000
　　贷:零余额账户用款额度 30 000
(15)借:资产基金——预付款项 30 000
　　贷:预付账款——某会议中心 30 000
　借:经费支出——财政拨款支出——基本支出 30 000
　　贷:零余额账户用款额度 30 000
(16)借:存货——B 材料 27 800
　　贷:资产基金——存货 27 800
　借:经费支出——财政拨款支出——基本支出 27 800
　　贷:财政拨款收入——基本支出拨款 27 800
(17)借:存货——委托加工存货 5 000
　　贷:存货——D 材料 5 000
　借:经费支出——财政拨款支出——基本支出 2 000
　　贷:零余额账户用款额度 2 000
　借:存货——委托加工存货成本 2 000
　　贷:资产基金——存货 2 000
(18)借:存货——G 材料 7 000
　　贷:存货——委托加工存货成本 7 000
(19)借:资产基金——存货 50 000
　　贷:存货——图书 50 000
　借:经费支出 1 500
　　贷:银行存款 1 500
(20)借:待处理财产损溢——待处理流动资产损溢 60 000
　　贷:存货——图书 60 000

借:资产基金——存货	60 000	
贷:待处理财产损溢——待处理流动资产损溢		60 000
2.(1)借:待处理财产损溢——待处理资产价值	1 000 000	
累计折旧	1 500 000	
贷:固定资产		2 500 000
借:资产基金——固定资产	1 000 000	
贷:待处理财产损溢——待处理资产价值		1 000 000
借:银行存款	35 000	
贷:待处理财产损溢——处理净收入		35 000
借:待处理财产损溢——处理净收入	3 000	
贷:银行存款		3 000
借:待处理财产损溢——处理净收入	32 000	
贷:应缴财政款		32 000
(2)借:固定资产——网络设备	50 000	
贷:资产基金——固定资产		50 000
借:经费支出——财政拨款支出——基本支出	50 000	
贷:财政拨款收入——基本支出拨款		50 000
(3)借:固定资产——专用设备	5 000	
贷:资产基金——固定资产		5 000
(4)借:资产基金——固定资产	1 860 000	
累计折旧	1 240 000	
贷:固定资产——办公楼		3 100 000
借:在建工程——办公楼修缮工程	1 860 000	
贷:资产基金——在建工程		1 860 0000
支付工程款时:		
借:经费支出——财政拨款支出——项目支出	650 000	
贷:财政拨款收入——项目支出拨款		650 000
借:在建工程——办公楼修缮工程	650 000	
贷:资产基金——在建工程		650 000
办公楼验收时:		
借:资产基金——在建工程	2 510 000	
贷:在建工程——办公楼修缮工程		2 510 000
借:固定资产——办公楼	2 510 000	
贷:资产基金——固定资产		2 510 000
(5)借:固定资产——××设备	62 000	
贷:资产基金——固定资产		62 000
(6)①转入待处理资产时:		
借:待处理财产损溢——待处理资产价值	22 000	
累计折旧——固定资产累计折旧	16 000	
贷:固定资产——办公设备		38 000
②出售时:		
借:资产基金——固定资产	22 000	
贷:待处理财产损溢——待处理资产价值		22 000

③收款时：		
借：银行存款	28 000	
贷：待处理财产损溢——处理净收入		28 000
同时：		
借：待处理财产损溢——处理净收入	1 400	
贷：应交税费		1 400
④支付费用时：		
借：待处理财产损溢——处理净收入	500	
贷：银行存款		500
⑤净收入缴入国库时：		
借：待处理财产损溢——处理净收入	26 100	
贷：应缴财政款		26 100
(7)借：预付账款	60 000	
贷：资产基金——预付款项		60 000
借：经费支出	60 000	
贷：零余额账户用款额度		60 000
(8)借：无形资产	180 000	
贷：资产基金——无形资产		180 000
借：经费支出	120 000	
贷：零余额账户用款额度		120 000
借：资产基金——预付款项	60 000	
贷：预付账款		60 000
(9)借：资产基金——无形资产	12 000	
贷：累计摊销		12 000
(10)借：无形资产——管理信息系统	20 000	
贷：资产基金——无形资产		20 000
借：经费支出——其他资金支出——项目支出	20 000	
贷：银行存款		20 000
(11)借：资产基金——无形资产	54 000	
累计摊销	26 000	
贷：无形资产——软件技术		80 000
(12)借：政府储备物资	180 000	
贷：资产基金——政府储备物资		180 000
同时：		
借：经费支出——财政拨款支出——项目支出	1 80 000	
贷：财政拨款收入——项目支出拨款		1 80 000
(13)借：资产基金——政府储备物资	70 000	
贷：政府储备物资		70 000

五、简答题

略。

第十二章　行政单位负债的核算

一、单项选择题

1.B　2.C　3.C　4.D　5.B

二、多项选择题

1.ABC　2.BC　3.CD　4.ABC　5.ABCD

三、判断题

1.×　2.×　3.√　4.×　5.√

四、综合题

(1)借:银行存款	500	
贷:应缴财政款——行政性收费收入		500
(2)借:银行存款	6 000	
贷:应缴财政款——罚没收入		6 000
(3)借:银行存款	60 000	
贷:应交税费		2 500
应缴财政款——租金收入		57 500
(4)借:应缴财政款——行政性收费收入	500	
——罚没收入	6 000	
——租金收入	57 500	
贷:银行存款		64 000
(5)借:应交税费	2 500	
贷:银行存款		2 500
(6)借:经费支出	840 000	
贷:应付职工薪酬——工资		600 000
——离退休费		100 000
——地方津贴补贴		60 000
——住房公积金		60 000
——社会保险费		20 000
(7)借:应付职工薪酬	94 000	
贷:其他应付款——社会保险费		14 000
——住房公积金		60 000
应交税费——个人所得税		20 000
(8)借:应付职工薪酬	726 000	
其他应付款——社会保险费	14 000	
——住房公积金	60 000	
应交税费——个人所得税	20 000	
贷:财政拨款收入		820 000
(9)借:应付职工薪酬——社会保险费	20 000	
——住房公积金	60 000	
贷:财政拨款收入		80 000

(10)借:存货　3 500
　　贷:资产基金——存货　3 500
　借:待偿债净资产　3 500
　　贷:应付账款　3 500
(11)借:应付账款——乙企业　3 500
　　贷:待偿债净资产　3 500
　借:经费支出　3 500
　　贷:财政拨款收入　3 500
(12)借:经费支出——财政拨款支出——项目支出　100 000
　　贷:应付政府补贴款——养老院床位补贴款　100 000
　借:应付政府补贴款——养老院床位补贴款　100 000
　　贷:零余额账户用款额度　100 000
(13)借:银行存款　2 200
　　贷:其他应付款——书报费　2 200
(14)借:其他应付款——书报费　2 200
　　贷:银行存款　2 200
(15)购入设备时:
　借:固定资产　180 000
　　贷:资产基金——固定资产　180 000
　借:待偿债净资产　180 000
　　贷:长期应付款——固定资产——某公司　180 000
年末通过单位零余额账户偿还某公司设备价款时:
　借:经费支出　60 000
　　贷:零余额账户用款额度　60 000
　借:长期应付款——固定资产——某公司　60 000
　　贷:待偿债净资产　60 000

五、简答题

略。

第十三章　行政单位净资产的核算

一、单项选择题

1. D　2. B　3. A　4. A　5. D

二、多项选择题

1.ABC　2.AB　3.ABCD　4.AB　5.ABC

三、判断题

1. ×　2. √　3. ×　4. ×　5. √

四、综合题

(1)借:零余额账户用款额度　15 000
　　贷:财政拨款结转——年初余额调整　15 000
(2)借:零余额账户用款额度　10 000
　　贷:财政拨款结转——归集调入　10 000

(3)借:财政拨款结转——归集上缴	60 000	
贷:财政应返还额度——财政直接支付		60 000
(4)借:财政拨款结余——单位内部调剂(M)	20 000	
贷:财政拨款结转——单位内部调剂(N)		20 000
(5)借:财政拨款收入——基本支出拨款	2 500 000	
——项目支出拨款	400 000	
贷:财政拨款结转——收支转账(基本支出结转)		2 500 000
——收支转账(项目支出结转)		400 000
借:财政拨款结转——收支转账(基本支出结转)	1 100 000	
——收支转账(项目支出结转)	185 000	
贷:经费支出——财政拨款支出(基本支出)		1 100 000
——财政拨款支出(项目支出)		185 000
(6)借:零余额账户用款额度	12 000	
贷:财政拨款结余——年初余额调整		12 000
(7)借:其他资金结转结余——项目结转(结余调剂 F)	32 000	
贷:银行存款		32 000
(8)借:存货——专用材料	7 000	
固定资产——专用设备	55 000	
无形资产——专用软件	46 000	
贷:资产基金——存货		7 000
——固定资产		55 000
——无形资产		46 000
借:经费支出——财政拨款支出——项目支出	108 000	
贷:财政拨款收入——项目支出拨款		108 000
(9)借:资产基金——预付款项	50 000	
贷:预付账款——某供应商		50 000
借:存货——特种物资	50 000	
贷:资产基金——存货		50 000
(10)借:长期应付款——某设备商	50 000	
贷:待偿债净资产		50 000

五、简答题

略。

第十四章　行政单位收入的核算

一、单项选择题

1. A　2. D　3. C　4. A　5. D

二、多项选择题

1. CD　2. ABC　3. AC　4. BC　5. BC

三、判断题

1.✓　2.×　3.✓　4.×　5.✓

四、综合题

(1)借:经费支出 50 000
　　贷:财政拨款收入——基本支出拨款——日常公用经费 50 000

(2)借:应付职工薪酬 150 000
　　贷:财政拨款收入——基本支出拨款——人员经费 150 000

(3)借:经费支出 60 000
　　贷:财政拨款收入——项目支出拨款 60 000

(4)借:经费支出 60 000
　　贷:财政拨款收入——项目支出拨款 60 000

(5)借:财政拨款收入——基本支出拨款——日常公用经费 50 000
　　贷:经费支出 50 000

(6)借:零余额账户用款额度 20 000
　　贷:财政拨款收入——项目支出拨款 20 000

(7)借:银行存款 10 000
　　贷:其他收入——利息收入 10 000

(8)借:银行存款 40 000
　　贷:其他收入——后勤服务收入 40 000

(9)借:银行存款 50 000
　　贷:其他收入——项目资金收入 50 000

(10)发现现金溢余时:
　借:库存现金 2 000
　　贷:待处理财产损溢 2 000
报经批准时:
　借:待处理财产损溢 2 000
　　贷:其他收入——库存现金溢余 2 000

(11)借:财政应返还额度——财政授权支付 300 000
　　贷:财政拨款收入——基本支出拨款 200 000
　　　　　　　　　——项目支出拨款 100 000

(12)借:财政拨款收入——基本支出拨款——日常公用经费 3 000 000
　　　　　　　　　　　　　　——人员经费 2 550 000
　　财政拨款收入——项目支出拨款 1 000 000
　　贷:财政拨款结转 6 550 000

(13)借:其他收入——利息收入 20 000
　　　　　——后勤服务收入 50 000
　　　　　——项目专项收入 60 000
　　　　　——库存现金溢余 2 000
　　贷:其他资金结余 1 32 000

五、简答题

略。

第十五章　行政单位支出的核算

一、单项选择题

1.D　2.A　3.B　4.B　5.A

二、多项选择题

1. ABC　2. CD　3. ABCD　4. ABD　5. AB

三、判断题

1. √　2. √　3. ×　4. ×　5. √

四、综合题

(1)计提行政单位职工薪酬时：

借：经费支出——财政拨款支出(基本支出)	850 000	
贷：应付职工薪酬		850 000

实际支付时：

借：应付职工薪酬	850 000	
贷：财政拨款收入——基本支出拨款		850 000
(2)借：经费支出——财政拨款支出(基本支出)	50 000	
贷：应交税费——个人所得税		5 000
零余额账户用款额度		45 000
(3)借：经费支出——财政拨款支出(基本支出)	3 000	
贷：零余额账户用款额度		3 000
(4)借：经费支出——财政拨款支出(基本支出)	20 000	
贷：零余额账户用款额度		20 000
借：存货——专用材料	20 000	
贷：资产基金——存货		20 000
(5)借：经费支出——财政拨款支出(基本支出)	120 000	
贷：财政拨款收入——基本支出拨款		120 000
借：固定资产	120 000	
贷：资产基金——固定资产		120 000
(6)借：经费支出——财政拨款支出(基本支出)	35 000	
贷：财政拨款收入——基本支出拨款		35 000
借：预付账款——甲公司	35 000	
贷：资产基金——预付款项		35 000
(7)借：经费支出——财政拨款支出(基本支出)	14 000	
贷：财政拨款收入——基本支出拨款		14 000
借：应付账款——甲企业	14 000	
贷：待偿债净资产		14 000
(8)借：经费支出——财政拨款支出(基本支出)	7 000	
贷：财政拨款收入——基本支出拨款		7 000
(9)借：经费支出——财政拨款支出(基本支出)	10 000	
贷：零余额账户用款额度		10 000
(10)借：经费支出——财政拨款支出(项目支出)	50 000	
贷：零余额账户用款额度		50 000
(11)借：经费支出——财政拨款支出(项目支出)	350 000	
贷：零余额账户用款额度		350 000

(12)借:财政拨款结转　　56 690 000
　　其他资金结转结余　　90 000
　　贷:经费支出——财政拨款支出(基本支出)　　56 000 000
　　　　——财政拨款支出(项目支出)　　690 000
　　　　——其他资金支出(项目支出)　　90 000
(13)借:拨出经费——A单位——基本支出　　300 000
　　　　——项目支出　　200 000
贷:银行存款　　500 000

五、简答题

略。

第十六章　行政单位财务报表

一、单项选择题

1. B　2. A　3. D　4. D　5. C

二、多项选择题

1. ABCD　2. ABCD　3. ABC　4. ABD　5. ABC

三、判断题

1. ×　2. ✓　3. ×　4. ×　5. ✓

第四篇　事业单位会计

第十七章　事业单位会计概述

一、单项选择题

1. C　2. D　3. D　4. A　5. C　6. C

二、多项选择题

1. AD　2. ACD　3. ABCD　4. BC　5. ABCD

三、判断题

1. ×　2. ×　3. ✓　4. ✓　5. ✓

四、简答题

略。

第十八章　事业单位资产的核算

一、单项选择题

1. A　2. C　3. C　4. D　5. A　6. A　7. B

二、多项选择题

1. AC　2. CD　3. BCD　4. ABC　5. ABC　6. ABC　7. ABC
8. ABD

三、判断题

1.✓　2.✓　3.×　4.×　5.✓

四、综合题

1.(1)①2015 年 12 月 31 日：

借：财政应返还额度——财政直接支付　200 000

　贷：财政补助收入　200 000

②2016 年 1 月 20 日：

借：存货　80 000

　贷：财政应返还额度——财政直接支付　80 000

(2)①收到授权支付额度时：

借：零余额账户用款额度　90 000

　贷：财政补助收入　90 000

②购买材料时：

借：存货　65 000

　贷：零余额账户用款额度　65 000

③开展专业业务活动领用材料时：

借：事业支出　65 000

　贷：存货　65 000

④支付供应商服务费时：

借：事业支出　25 000

　贷：零余额账户用款额度　25 000

(3)①2015 年 12 月 31 日注销额度时：

借：财政应返还额度——财政授权支付　2 000 000 000

　贷：零余额账户用款额度　2 000 000 000

②2015 年 12 月 31 日补记下达额度款时：

借：财政应返还额度——财政授权支付　3 000 000 000

　贷：财政补助收入　3 000 000 000

③2016 年度，乙单位收到代理银行提供的“财政授权支付额度恢复到账通知书”时：

借：零余额账户用款额度　2 000 000 000

　贷：财政应返还额度——财政授权支付　2 000 000 000

④借：零余额账户用款额度　3 000 000 000

　贷：财政应返还额度——财政授权支付　3 000 000 000

(4)①借：应收票据——乙公司　117 000

　贷：经营收入　100 000

　　应交税费——应交增值税(销项税额)　17 000

②票据到期值为 124 020 元(117 000＋117 000×12%×6/12)，贴现息为 7 441 元(124 020×9%×4/6)，贴现所得为 116 579 元(124 020－7 441)。

借：银行存款　116 579

　经营支出　421

　贷：应收票据　117 000

2.(1)①发生建造费用时：

借：在建工程——图书馆 9 000 000

贷：非流动资产基金——在建工程 9 000 000

借：事业支出——项目支出 9 000 000

贷：财政补助收入 9 000 000

②发生借款利息时：

借：在建工程——图书馆 60 000

贷：非流动资产基金——在建工程 60 000

同时：

借：其他支出——图书馆 60 000

——利息 40 000

贷：银行存款 100 000

③图书馆完工投入使用时：

借：固定资产——图书馆 9 060 000

贷：非流动资产基金——固定资产 9 060 000

借：非流动资产基金——在建工程 9 060 000

贷：在建工程 9 060 000

④购入图书时：

借：事业支出 150 000

贷：银行存款 150 000

同时：

借：固定资产 150 000

贷：非流动资产基金——固定资产 150 000

⑤接受捐赠时：

借：固定资产——专用设备 1 200 000

贷：非流动资产基金——固定资产 1 200 000

(2)借：固定资产 6 060 000

贷：长期应付款 6 000 000

非流动资产基金——固定资产 60 000

同时，按照实际支付的相关税费、运输费、保险费、安装调试费：

借：事业支出 60 000

贷：银行存款 60 000

定期支付租金时：

借：事业支出 2 000 000

贷：银行存款 2 000 000

借：长期应付款 2 000 000

贷：非流动资产基金——固定资产 2 000 000

(3)①固定资产转入待处置资产时：

借：待处置资产损溢 2 000 000

贷：固定资产 2 000 000

②固定资产报经批准予以处置时：

借：非流动资产基金——固定资产 2 000 000

贷：待处置资产损溢 2 000 000

③发生清理费用时：

借：待处理资产损溢　　50 000

　　贷：银行存款　　50 000

④收到残料变价收入时：

借：银行存款　　75 000

　　贷：待处置资产损溢　　75 000

⑤结转固定资产处置净收入时：

借：待处置资产损溢(2 000 000－2 000 000－50 000＋75 000)　　25 000

　　贷：应缴国库款　　25 000

(4)①2015 年 7 月 1 日购入国债时：

借：长期投资　　1 000 000

　　贷：银行存款　　1 000 000

同时：

借：事业基金　　1 000 000

　　贷：非流动资产基金——长期投资　　1 000 000

②2016～2019 年，每年 7 月 1 日收到利息时：

借：银行存款(1 000 000×3%)　　30 000

　　贷：其他收入——投资收益　　30 000

③2020 年 7 月 1 日，收回债券本息时：

借：银行存款　　1 030 000

　　贷：长期投资　　1 000 000

　　　　其他收入——投资收益　　30 000

同时：

借：非流动资产基金——长期投资　　1 000 000

　　贷：事业基金　　1 000 000

(5)①2015 年 5 月 15 日投资甲企业时：

借：长期投资　　10 000 000

　　贷：银行存款　　10 000 000

同时：

借：事业基金　　10 000 000

　　贷：非流动资产基金——长期投资　　10 000 000

②2016 年 4 月 20 日收到利润 10 万元(50×20%)时：

借：银行存款　　100 000

　　贷：其他收入——投资收益　　100 000

(6)借：无形资产　　10 000 000

　　贷：非流动资产基金——无形资产　　10 000 000

借：事业支出　　10 000 000

　　贷：财政补助收入　　10 000 000

(7)①无形资产转入待处置资产时：

借：待处置资产损溢　　168 000

　　累计摊销　　12 000

　　贷：无形资产　　180 000

②无形资产实际转让时：

借：非流动资产基金——无形资产　168 000

　贷：待处置资产损溢　168 000

③取得转让收入时：

借：银行存款　2 000 000

　贷：待处置资产损溢　2 000 000

④结转无形资产转让收入时：

借：待处置资产损溢　2 000 000

　贷：应缴国库款　2 000 000

五、简答题

略。

第十九章　事业单位负债的核算

一、单项选择题

1. A　2. A　3. C　4. C　5. D

二、多项选择题

1. AB　2. ABCD　3. BCD　4. AB　5. ABCD

三、判断题

1. ✓　2. ✓　3. ×　4. ✓　5. ×

四、综合题

1.(1)①转让该项无形资产时：

借：待处置资产损溢——专利权　90 000

　累计摊销　60 000

　贷：无形资产——专利权　150 000

同时：

借：非流动资产基金——无形资产　90 000

　贷：待处置资产损溢——专利权　90 000

②取得转让收入时：

借：银行存款　100 000

　贷：待处置资产损溢——专利权　100 000

③上缴国库时：

借：待处置资产损溢——专利权　100 000

　贷：应缴国库款　100 000

④月末计算出按规定应负担的税金及附加时：

应交营业税＝100 000×5%＝5 000(元)

应交城市维护建设税＝5 000×7%＝350(元)

应交教育费附加＝5 000×3%＝150(元)

借：事业支出　5 500

　贷：应交税费——应交营业税　5 000

　　——应交城市维护建设税　350

　　其他应付款——教育费附加　150

⑤缴纳税金及附加费时：		
借:应交税费——应交营业税	5 000	
——应交城市维护建设税	350	
其他应付款——教育费附加	150	
贷:银行存款		5 500
(2)①借:事业支出——基本支出——基本工资	300 000	
贷:应付职工薪酬		300 000
借:应付职工薪酬	270 000	
贷:财政补助收入——基本支出——财政直接支付		270 000
借:应付职工薪酬——基本支出——住房公积金	30 000	
贷:财政补助收入——基本支出——财政直接支付		30 000
②借:事业支出——基本支出——退休费	120 000	
贷:应付职工薪酬		120 000
借:应付职工薪酬	120 000	
贷:零余额账户用款额度		120 000
③借:事业支出——基本支出——工会支出	10 000	
贷:零余额账户用款额度		10 000
2.(1)①借:固定资产——办公楼	1 500 000	
贷:非流动资产基金——固定资产		1 500 000
借:事业支出——其他资金支出	1 500 000	
贷:银行存款		1 200 000
长期应付款——质量保证金		300 000
②借:长期应付款——质量保证金	300 000	
贷:银行存款		300 000
(2)①借:固定资产——检测设备	72 500	
贷:长期应付款——检测设备款		72 000
非流动资产基金——固定资产		500
借:事业支出——财政补助支出	500	
贷:零余额账户用款额度		500
②借:事业支出——财政补助支出	36 000	
贷:零余额账户用款额度		36 000
借:长期应付款——检测设备款	36 000	
贷:非流动资产基金——固定资产		36 000
支付第二笔款项分录同上。		
(3)①租入固定资产时：		
借:固定资产	257 000	
贷:其他应付款——某公司		255 000
非流动资产基金——固定资产		2 000
②每年支付租金 50 000 元时：		
借:事业支出	50 000	
贷:非流动资产基金——固定资产		50 000
同时：		

借:其他应付款——某公司　　50 000
　　贷:银行存款　　50 000

③付清最后一笔租金并支付 5 000 元优惠价格购买该专用设备时:

借:事业支出　　55 000
　　贷:非流动资产基金——固定资产　　55 000

同时:

借:其他应付款——某公司　　55 000
　　贷:银行存款　　55 000

五、简答题

略。

第二十章　事业单位净资产的核算

一、单项选择题

1. B　2. B　3. B　4. D　5. B

二、多项选择题

1. ACD　2. AB　3. ABC　4. ABD　5. ABCD

三、判断题

1. ×　2. √　3. √　4. ×　5. ×

四、综合题

(1)①将"事业结余""经营结余"科目转入"非财政补助结余分配"科目贷方:

借:事业结余　　400 000
　　经营结余　　100 000
　　贷:非财政补助结余分配　　500 000

②按规定对结余进行分配:

借:非财政补助结余分配——应交所得税　　25 000
　　　　　　　　　　——提取专用基金　　160 000
　　贷:应交税费——应交所得税　　25 000
　　　　专用基金——职工福利基金　　160 000

③将余额 315 000 元(400 000＋100 000－25 000－160 000)转入"事业基金"科目:

借:非财政补助结余分配　　315 000
　　贷:事业基金　　315 000

(2)①结转财政补助收入:

借:财政补助收入——基本支出　　40 000 000
　　　　　　　　——项目支出　　10 000 000
　　贷:财政补助结转——基本支出结转　　40 000 000
　　　　　　　　　　——项目支出结转　　10 000 000

②结转财政补助支出:

借:财政补助结转——基本支出结转　　40 000 000
　　　　　　　　——项目支出结转　　8 000 000
　　贷:事业支出——财政补助支出(基本支出)　　40 000 000
　　　　　　　——财政补助支出(项目支出)　　8 000 000

(3)借:财政补助结转——项目支出结转 450 000
　　贷:财政补助结余 450 000
(4)①结转上级补助收入中该科研专项资金收入:
借:上级补助收入 50 000 000
　　贷:非财政补助结转 50 000 000
②结转事业支出中该科研专项支出:
借:非财政补助结转 48 000 000
　　贷:事业支出——非财政专项资金支出 48 000 000
③经批准确定结余资金留归本单位使用时:
借:非财政补助结转 2 000 000
　　贷:事业基金 2 000 000
(5)①结转本月非财政、非专项资金收入:
借:事业收入 10 000 000
　上级补助收入 2 000 000
　　贷:事业结余 12 000 000
②结转本月非财政、非专项资金支出:
借:事业结余 11 000 000
　　贷:事业支出——其他资金支出 8 000 000
　　　其他支出 1 000 000
　　　对附属单位补助支出 2 000 000
③结转本月经营收入:
借:经营收入 940 000
　　贷:经营结余 940 000
④结转本月经营支出:
借:经营结余 640 000
　　贷:经营支出 640 000
(6)①结转事业结余:
借:事业结余 400 000
　　贷:非财政补助结余分配 400 000
②结转经营结余:
借:经营结余 300 000
　　贷:非财政补助结余分配 300 000
③确认应缴企业所得税:
借:非财政补助结余分配 60 000
　　贷:应交税费——应缴企业所得税 60 000
④提取专用基金:
借:非财政补助结余分配 100 000
　　贷:专用基金——职工福利基金 100 000
⑤将“非财政补助结余分配”科目余额转入事业基金:
借:非财政补助结余分配 540 000
　　贷:事业基金 540 000

五、简答题

略。

第二十一章　事业单位收入的核算

一、单项选择题

1. A　2. C　3. D　4. A　5. D

二、多项选择题

1. ABD　2. CD　3. ABC　4. ABC　5. ABC

三、判断题

1. ✓　2. ×　3. ×　4. ×　5. ✓

四、综合题

(1)借:银行存款　189 000
　　贷:应缴财政专户款　189 000
(2)借:银行存款　150 000
　　贷:事业收入——检测业务——××收费项目　150 000
(3)借:事业支出——财政补助支出——基本支出　101 000
　　贷:事业收入——检验业务——××收费项目　101 000
(4)借:银行存款　13 520
　　贷:事业收入——展览业务——门票收入　13 520
(5)借:银行存款　720
　　贷:经营收入——复印业务——复印费　720
(6)借:银行存款　200 000
　　贷:附属单位上缴收入——招待所2015年分成款　200 000

五、简答题

略。

第二十二章　事业单位支出的核算

一、单项选择题

1. A　2. B　3. D　4. A　5. A

二、多项选择题

1. ABC　2. AB　3. ABCD　4. BC　5. ABC

三、判断题

1. ×　2. ✓　3. ✓　4. ×　5. ×

四、综合题

(1)借:事业支出——财政补助支出——基本支出　20 000
　　贷:银行存款　20 000
(2)借:事业支出——非财政专项资金支出——项目支出　10 000
　　贷:银行存款　10 000
(3)借:事业支出——财政补助支出——项目支出　125 000
　　贷:零余额账户用款额度　125 000

(4)借:经营支出——检测业务——检测用品　　5 600
　　贷:银行存款　　3 000
　　　　应付账款　　2 600
(5)借:上缴上级支出——上级单位　　150 000
　　贷:银行存款　　150 000

五、简答题

略。

第二十三章　事业单位会计结账和会计报表

一、单项选择题

1. B　2. B　3. D　4. A　5. A

二、多项选择题

1. CD　2. AB　3. ABCD　4. AB　5. ABCD

三、判断题

1. ×　2. ✓　3. ×　4. ✓　5. ✓

四、简答题

略。

第二十四章　医院会计

一、单项选择题

1. A　2. D　3. B　4. C　5. A

二、多项选择题

1. ABC　2. ABCD　3. AD　4. ACD　5. ACD

三、判断题

1. ×　2. ✓　3. ×　4. ✓　5. ✓

第五篇　民间非营利组织会计

第二十五章　民间非营利组织会计

一、单项选择题

1. A　2. B　3. C　4. D　5. A　6. C　7. D　8. B

二、多项选择题

1. ABC　2. ABCD　3. ABC　4. ABC　5. ACD　6. ABCD　7. AD
8. ACD　9. ABCD　10. CD

三、判断题

1. ✓　2. ×　3. ✓　4. ×　5. ✓　6. ×　7. ×　8. ✓

四、综合题

(1)借:文化文物资产	904 000	
贷:捐赠收入		900 000
银行存款		4 000
(2)借:固定资产清理	50 000	
累计折旧	200 000	
贷:固定资产		250 000
借:银行存款	71 000	
贷:固定资产清理		71 000
借:固定资产清理	3 500	
贷:银行存款		3 500
借:固定资产清理	17 500	
贷:其他收入——出售固定资产净收益		17 500
(3)借:银行存款——受托代理资产	320 000	
贷:受托代理负债——江河小学		320 000
(4)借:业务活动成本	100 000	
贷:应交税费——应交增值税		100 000
借:业务税金及附加	3 500	
贷:其他应交款——应交教育费附加		3 500
(5)借:银行存款——临时科目	250 000	
贷:非限定性净资产		250 000
(6)借:限定性净资产	100 000	
贷:非限定性净资产		100 000
(7)借:银行存款	220 000	
贷:捐赠收入——非限定性收入		220 000
借:应付账款——某企业	90 000	
贷:捐赠收入——限定性收入		90 000
(8)借:业务活动成本	70 000	
管理费用	30 000	
筹资费用	8 000	
贷:应付工资		108 000

五、简答题

略。